Allen W. Stokes · Klaus Immelmann

Praktikum der Verhaltensforschung

Praktikum
der Verhaltensforschung

Herausgegeben von
ALLEN W. STOKES, Utah State University

Deutsche Ausgabe herausgegeben von
KLAUS IMMELMANN
Universität Bielefeld

2., erweiterte Auflage

96 Abbildungen und 13 Tabellen

Gustav Fischer Verlag · Stuttgart · New York · 1978

Titel der Originalausgabe: «Animal Behavior in Laboratory and Field», Second Edition,
Edited by Edward O. Price and Allen W. Stokes
© 1968 and 1975 by W. H. Freeman and Company, San Francisco

CIP-Kurztitelaufnahme der Deutschen Bibliothek

Praktikum der Verhaltensforschung / hrsg. von Allen
W. Stokes. Dt. Ausg. hrsg. von Klaus Immelmann. –
2., erw. Aufl. – Stuttgart, New York : Fischer,
1978.
  Einheitssacht.: Animal behavior in laboratory
and field ‹dt.›
  ISBN 3-437-20181-6

NE: Stokes, Allen W. [Hrsg.]; Immelmann, Klaus
[Hrsg.]

© Gustav Fischer Verlag · Stuttgart · New York · 1978
Alle Rechte vorbehalten
Gesamtherstellung: W. F. Mayr, Miesbach
Printed in Germany

Vorwort zur zweiten Auflage

Die Tatsache, daß bereits nach relativ kurzer Zeit eine Neuauflage des »Praktikums der Verhaltensforschung« erforderlich wurde, zeigt, wie groß der Bedarf an einer ethologischen Kursanleitung war und ist. Seit dem Erscheinen der 1. Auflage hat sich die Situation in zweifacher Hinsicht verändert: Zum einen liegt die amerikanische Originalausgabe des Buches inzwischen in einer 2. Auflage vor, die eine Anzahl von Änderungen, Ergänzungen und Umstellungen enthält; und zum anderen hat der Umfang ethologischer Kurs- und Praktikumsveranstaltungen auch bei uns in neuerer Zeit in erfreulicher Weise zugenommen. Dabei konnten mancherlei neue Erfahrungen gesammelt werden, und so bietet die Neuauflage der deutschsprachigen Ausgabe die willkommene Möglichkeit, die gewonnenen Erkenntnisse für den Unterricht allgemein nutzbar zu machen.

In der Auswahl der Beiträge und ihrer Anordnung weist die vorliegende Neuauflage einige Umstellungen und Neuerungen auf: Mehrere Anleitungen aus der 1. Auflage wurden fortgelassen, weil sich die betreffenden Versuche unter den bei uns gegebenen Unterrichtsbedingungen (Räumlichkeiten, Tiermaterial usw.) als nicht oder nur bedingt durchführbar erwiesen haben oder weil ihre Aussagefähigkeit im Verhältnis zum Aufwand zu gering erschien. Zum Ausgleich und zur Ergänzung wurden einige Kapitel aus der 2. Auflage der amerikanischen Ausgabe neu übersetzt und außerdem eine Anzahl neuer Originalbeiträge hinzugefügt.

Da die Art und die Zeitdauer ethologischer Kurs- und Praktikumsveranstaltungen an den einzelnen Schulen und Hochschulen sehr unterschiedlich ist, war es schwierig bzw. unmöglich, eine auch nur annähernde Vereinheitlichung oder Aufteilung der Versuche in bezug auf ihren Zeitaufwand vorzunehmen. Die 1. Auflage enthält daher Versuche von sehr unterschiedlicher Zeitdauer, und das gleiche trifft für die vorliegende Neuauflage zu. Als Beginn einer gewissen Neuordnung, die sich mit zunehmenden praktischen Erfahrungen in Zukunft sicher wird vervollkommnen lassen, wurde jedoch versucht, eine ganz grobe Aufteilung in »Kurzzeit«- und »Langzeitversuche« vorzunehmen. Die Kurzversuche, deren Beschreibung den Hauptteil des Buches einnimmt, sind in der Regel innerhalb einer Halbtagsveranstaltung, d. h. innerhalb eines zwei- bis vierstündigen Kurses, durchführbar. Dabei wurde – um der unterschiedlichen Zeitdauer ethologischer Kursveranstaltungen Rechnung zu tragen – durch Hinweise auf mögliche weitere Versuche in einigen Fällen auch eine längere Dauer vorprogrammiert, während in anderen Kapiteln die Grundversuche so kurz sind, daß sie auch in einer weniger als zweistündigen Demonstration vorgeführt bzw. innerhalb eines längeren Kurses mit einem anderen Versuch kombiniert werden können. Bei manchen Versuchen ist ein gelegentliches Nachschauen auch in den Stunden oder Tagen nach Kurs-Ende vorteilhaft oder erforderlich. Erfahrungsgemäß lassen sich solche Kontrollen relativ leicht zwischen andere Lehrveranstaltungen einschieben.

Der zweite Abschnitt des Buches ist längerfristigen, d. h. mehrtägigen bis -wöchigen Versuchen gewidmet, um dem immer größeren Bedarf an ethologischen Veranstaltungen innerhalb von Groß- und Blockpraktika Rechnung zu tragen. Auch hier wurde versucht, die Anleitung so flexibel zu gestalten, daß der für die betreffende Lehrveranstaltung erforderliche Zeitaufwand sehr verschieden bemessen werden kann. Eine scharfe Grenze zwischen »Kurzzeit«- und »Langzeitversuchen« kann allerdings trotz der versuchten Einteilung nicht gezogen werden, da die wirkliche Veranstaltungsdauer in jedem Einzelfall zu stark von den jeweiligen Kurszielen und örtlichen Gegebenheiten und Möglichkeiten abhängt.

Ein letztlich unlösbares Problem war die Anordnung der einzelnen Kapitel innerhalb dieses Buches, da die meisten der Kursanleitungen gleichzeitig mehrere Themenkreise (z. B. Balz, Revier und Aggression) und/oder mehrere Untersuchungsmethoden ansprechen. Dadurch war eine »lineare« Anordnung nach behandelten Begriffen, berührten Funktionskreisen und angewandten Methoden nicht durchgehend möglich und konnte nur in wenigen Fällen andeutungsweise versucht werden, während an anderen Stellen – vor allem in der Rubrik »Soziale Verhaltensweisen« – auf eine Anordnung nach der systematischen Stellung der zu verwendenden Versuchstiere zurückgegriffen werden mußte.

Einige der beschriebenen Versuche, vor allem unter den »Kurzzeitversuchen«, haben absichtlich einen methodisch sehr »einfachen« Charakter. Das hat zwei Gründe: Zum einen können gerade ganz einfache Versuche das »Einsehen« in das Verhalten von Tieren erleichtern, und zum anderen können sie den Lehramts-Studenten Anregungen für entsprechende Versuche oder Demonstrationen im Rahmen des Schulunterrichts übermitteln.

Die Übersetzung der aufgenommenen Beiträge aus der 2. Auflage der amerikanischen Ausgabe des Werkes besorgte Herr Dr. Bodo Müller; die Zeichnungen für die neu hinzugefügten Originalbeiträge wurden von Herrn Klaus Weigel (beide Fakultät für Biologie der Universität Bielefeld) angefertigt. Hierfür sei auch an dieser Stelle sehr herzlicher Dank ausgesprochen. Großen Dank schulde ich ferner meinen Kollegen und Mitarbeitern in Bielefeld, allen voran den Herren Dr. H.-J. Bischof, Dr. Dr. H. Hendrichs, H. H. Kalberlah, Dr. E. Pröve, Dr. S. Sjölander und Dr. R. Sossinka, die mit vielen Anregungen und mit den Erfahrungen, die sie während der von ihnen aufgebauten und durchgeführten Kursversuche gesammelt haben, in entscheidender Weise zur Gestaltung dieser Neuauflage beitrugen.

Das Buch sei dem Andenken des allzu früh verstorbenen jungen Zoologen Dr. Ulrich Haacker gewidmet. Er hat sich mit der Herausgabe der ersten Auflage des Buches, mit der er zum ersten Mal für den deutschsprachigen Raum eine Praktikumsanleitung für den ethologischen Hochschulunterricht schuf, unschätzbare Verdienste erworben, und sein Name wird dauerhaft mit diesem Werk verbunden bleiben.

KLAUS IMMELMANN

Einleitung

Lernziele ethologischer Praktika

Ethologische Kurs- und Praktikumsveranstaltungen haben unterschiedliche und durchaus vielfältige Ziele: Sie können Einführungs- und Spezialvorlesungen stofflich ergänzen und die dort erörterten Grundbegriffe und Beispiele »am Objekt« verdeutlichen. Das gilt namentlich für viele »klassische« Arbeiten der vergleichenden Verhaltensforschung (z.B. Stichlingsbalz und -kampf, Eirollbewegung bodenbrütender Vögel, Beutefangschlag von Libellenlarven). Sie können ferner mit den Methoden der ethologischen Arbeit in der Praxis vertraut machen und in die Technik des Beobachtens und des Beschreibens von Verhaltensweisen einführen. Sie können das Zerlegen komplexer Verhaltensmerkmale in kleinste, wiedererkennbare und benennbare Einheiten und das Gewinnen quantitativer Daten (Häufigkeit, Ausrichtung, Aufeinanderfolge von Verhaltensweisen usw.) üben (vgl. Kap. 1). Schließlich können ethologische Kurse auch eine gewisse Tierkenntnis und vor allem entsprechende Erfahrungen im Umgang mit Tieren (Halten, Versorgen, Herausfangen usw.) vermitteln.

Diesen verschiedenen Zielen sollte ein ethologischer Kurs Rechnung tragen (und im Hinblick auf diese Ziele wurde auch die Auswahl der Beiträge für das vorliegende Buch versucht). So erscheint es erstrebenswert, innerhalb des Kurses möglichst viele Teilgebiete der Ethologie (z.B. »klassische« Verhaltensforschung, Hormon-Ethologie, Lernpsychologie) und möglichst viele Funktionskreise des Verhaltens (z.B. Balz-, Aggressions-, Brutpflegeverhalten, Verhalten bei der Nahrungsaufnahme usw.) zu behandeln. Sehr lohnenswert ist es, dasselbe Thema (z.B. Formen der Aggression) an zwei oder mehreren Tierarten vergleichend zu behandeln. Ferner sollte stets versucht werden, die Kursteilnehmer mit der Verwendung unterschiedlicher Hilfsmittel (Tonband, Sonagraph, Video-Recorder, Vielkanalschreiber usw.) vertraut zu machen, und schließlich kann die oben angesprochene Tierkenntnis dadurch gefördert werden, daß für die einzelnen Versuche Tiere aus verschiedenen Verwandtschaftsgruppen herangezogen werden.

Vor- und Nacharbeiten

Eine gute Vorbereitung von Seiten der Lernenden und der Veranstalter kann – dies sei erwähnt, obwohl es selbstverständlich ist – sehr wesentlich zum Erfolg einer ethologischen Lehrveranstaltung beitragen. Der vorausgegangene Besuch einer einführenden Vorlesung sollte daher die wichtigste Eingangsvoraussetzung für die Kursteilnahme darstellen. Außerdem ist es vorteilhaft, wenn am Beginn des Kurses zunächst eine Informationsveranstaltung stattfindet. Sie kann speziell auf den Kurs ausgerichtete theoretische und praktische Hinweise geben und bietet außerdem die Gelegenheit, durch mehrmaliges Vorführen eines hierfür besonders geeigneten Filmes und dessen anschließende Besprechung ein gewisses »Einsehen« in die Beobachtung und Darstellung tierlicher Verhaltensweisen zu vermitteln.

Von großem Wert für ein besseres Verständnis der spezifischen Aussagefähigkeit eines jeden Kurses ist das Studium der zugehörigen Fachliteratur. Es empfiehlt sich daher, den Kursteilnehmern die wichtigsten Original- und/oder Übersichtsarbeiten rechtzeitig vor dem Beginn jedes Einzelkurses zugänglich zu machen. Die Art und Weise, wie dies geschieht, muß sich nach dem Kursverlauf und den jeweiligen Möglichkeiten richten. Bei einem rotierenden Kurssystem hat sich die Anfertigung von Literaturmappen für jeden einzelnen Kurs, die jeweils an die nächstfolgende Gruppe weitergereicht werden, gut bewährt.

Sehr wichtig, vor allem im Hinblick auf einen dauerhaften Nutzen für die Kursteilnehmer, ist die abschließende Auswertung der Versuche. Zu ihr gehören die Anfertigung von Protokollen sowie wiederholte Diskussionen mit allen Teilnehmern des Kurses, die nach Möglichkeit in kurzer Form am Beginn oder Ende eines jeden Einzelkurses und in ausführlicher Form am Schluß der Kursveranstaltung durchgeführt werden sollten. Die Protokolle können in ihrer Gestaltung durchaus der einer wissenschaftlichen Veröffentlichung entsprechen und damit auch bereits eine gewisse Übung in dieser Hinsicht vermitteln: Sie sollten in einer kurzen Einleitung die zu untersuchende Fragestellung aufzeigen, anschließend die angewandten Methoden und Hilfsmittel beschreiben oder zumindest erwähnen, danach die erzielten Ergebnisse darstellen und in einem abschließenden Abschnitt diese Ergebnisse erörtern.

Auf zwei Dinge ist bei den Protokollen erfahrungsgemäß besonders zu achten: Auf eine genaue, korrekte und wenn möglich quantitative Beschreibung des Kursverlaufes und der Ergebnisse (vorzugsweise unter Verwendung von Tabellen und/oder graphischen Darstellungen und unter Anwendung statistischer Auswertungsmethoden) und vor allem auf eine sachliche Form der Diskussion, die sich jeder vorschnellen oder gar vermenschlichenden Deutung enthält. In dieser Beziehung hat es sich stets als günstig erwiesen, wenn die Protokolle auszugsweise mit allen Kursteilnehmern diskutiert und typische Fehler anhand von Beispielen aus den Protokollen besprochen werden. Das sollte nicht nur in der Schlußdiskussion, sondern als Hilfe für eine verbesserte Protokollführung auch schon nach den ersten Einzelkursen geschehen. Zur Überwindung von Anfangsschwierigkeiten können auch in der erwähnten Informationsveranstaltung Protokoll-Beispiele als »Muster« vorgegeben und besprochen werden (wobei sie nach Möglichkeit Versuche beschreiben sollen, die im laufenden Kurs *nicht* vorkommen). Sehr lehrreich für die Kursteilnehmer ist es, wenn zwei oder mehr Gruppen völlig unabhängig voneinander denselben Versuch durchführen und ihre Beobachtungen und Ergebnisse nach dessen Ende gemeinsam diskutieren. Anregungen für die allgemeinen Diskussionen sind in Form von Fragen im Verlauf oder am Ende vieler Kapitel dieses Buches enthalten.

In der generellen Schlußdiskussion am Ende des Kurses kann neben der gemeinsamen Besprechung der Protokolle auch zu einer allgemeinen und vor allem gegenseitigen Kritik aufgefordert werden, etwa über den Lern- und Aussagewert der einzelnen Versuche und/oder über die Beschränkung der Aussagefähigkeit, die durch zu kleine Stückzahlen, technische Mängel oder andere Störfaktoren bedingt sein kann.

Abschließend muß noch ein genereller Hinweis gegeben werden: Es ist selbstverständlich, daß bei der Arbeit mit lebenden Tieren nicht alle Versuche auf Anhieb klappen. Die Gründe hierfür liegen häufig in den Tieren selbst (Krankheit, Erschrecken) und sind vielfach nicht klar erkennbar. Es empfiehlt sich daher, die Kursteilnehmer von vornherein auf die Möglichkeit des Scheiterns eines Versuches hinzuweisen und außerdem stets eine Anzahl von »Ausweichexperimenten« vorzubereiten und bereitzuhalten, die ersatzweise durchgeführt werden können.

Inhalt

Vorwort V

Einleitung VII

I. Einführung in das Studium tierischen Verhaltens 1

1. Die Analyse von Verhaltensweisen
   von Peter Marler 1

2. Beobachtung und Vergleich von Verhaltensweisen
   von William H. Calhoun 4

KURZZEITVERSUCHE

II. Verhalten von Einzeltieren 8

3. Fortbewegung bei Tieren
   von Dietland Müller-Schwarze 8

4. Flug der Insekten
   von John A. King 15

5. Optische Orientierung bei Fliegenlarven
   von J. Jennings und T. H. Clack 16

6. Pheromone und Spurlegen bei Ameisen
   von Walter W. Kanzler 19

7. Formensehen und Werbetänze von Honigbienen
   von Carl W. Rettenmeyer 20

8. Wandkontaktsuche bei Mäusen
   von Lowell L. Brubaker 26

9. Optisch ausgelöste Schreckreaktionen
   von William N. Hayes 29

10. Zur Formkonstanz des Labiumschlages der Larve von *Aeschna cyanea*
    von Christiane Buchholtz 32

11. Das Verhalten von Eintagsküken
    von Peter Marler 39

12. Optische Unterscheidungsfähigkeit bei Vögeln
    von Martin W. Schein 42

13. Trinkverhalten von Kleinvögeln
    von Klaus Immelmann 45

14. Netzbau bei Spinnen
    von Peter N. Witt 47

III. Soziale Verhaltensweisen 52

15. Gruppenbildungen bei Planarien
    von James H. Reynierse 52

16. Soziale Organisation von Flußkrebsen
    von David C. Newton 55

17. Das Paarungsverhalten von *Drosophila*
    von Peter Marler 58

18. Geschlechtliche Isolation bei *Drosophila*
    von Lee Ehrman 63

19. Analyse der räumlichen und zeitlichen Bewegungsmuster von *Calopteryx splendens*
    von Christiane Buchholtz 66

20. Territorialverhalten von Großlibellen (Anisoptera)
    von Bedford M. Vestal 72

21. Beobachtungen und Experimente zur Ethologie der Grillen
    von Martin Dambach 75

22. Das Fortpflanzungsverhalten des Dreistachligen Stichlings
    von Dietland Müller-Schwarze 83

23. Das soziale Verhalten des Grünen Schwertträgers
    von Dierk Franck 90

24. Das Nachfolgeverhalten junger Maulbrüter
    von Wolfgang Heinrich 96
25. Das agonistische Verhalten des Kampffisches *(Betta splendens)*
    von Wolfgang Heinrich 100
26. Schwarmbildungsverhalten bei Fischen
    von Miles H. Keenleyside 104
27. Beobachtungen und Versuche zum Verhalten der Froschlurche
    von Hans Schneider 107
28. Balzverhalten von Zebrafinken
    von Klaus Immelmann 113
29. Balz und Paarung von Japan-Wachteln
    von William C. Calhoun 117
30. Soziale Organisation und Balzverhalten bei Hühnern
    von Allen W. Stokes 120
31. Flugfeinderkennen bei Hühner- und Entenvögeln
    von Roland Sossinka 124
32. Reaktionen auf ruhende Feinde bei Vögeln: Hassen bei Singvögeln
    von Roland Sossinka 127
33. Sozialverhalten bei Meerschweinchen
    von Hubert Hendrichs 130
34. Das agonistische Verhalten von Mäusen
    von William C. Calhoun 132
35. Das Sexualverhalten von Mäusemännchen
    von Thomas E. McGill 136
36. Das Brutpflegeverhalten von Laborratten
    von Hans-Joachim Bischof 139
37. Hormonale und soziale Einflüsse auf das Duftmarkier-Verhalten von Rennmäusen
    von Lee C. Drickamer 142

IV. Entwicklung und Lernen 145

38. Die Stimmentwicklung vor dem Schlüpfen bei Vögeln
    von Gilbert Gottlieb 145
39. Die Entwicklung der Bewegungsfähigkeit und anderer Verhaltensweisen vor dem Schlüpfen bei Vögeln
    von Gilbert Gottlieb 149
40. Soziale Integration bei Vögeln
    von Martin W. Schein 155
41. Die operante Konditionierung von Ratten
    von Hans-Joachim Bischof 157
42. Sexuelle Prägung
    von Klaus Immelmann 160

LANGZEITVERSUCHE

43. Die Auslösung von Nachfolge- und Brutpflegeverhalten bei Buntbarschen (Cichlidae)
    von Peter Kuenzer 165
44. Nachfolgeprägung bei Entenküken
    von Ekkehard Pröve 170
45. Das Fortpflanzungsverhalten der Lachtaube
    von Wolfgang Heinrich 173
46. Die Wechselwirkung von Raum- und Rangbeziehungen bei Hausmeerschweinchen
    von Hubert Hendrichs 178
47. Kastration und Testosteronsubstitution bei Zebrafinken
    von Ekkehard Pröve 181
48. Hormone und Verhalten bei Nagetieren
    von Milton Diamond 186
49. Ethologische Lehrveranstaltungen im Zoologischen Garten
    von Klaus Immelmann 196

Literaturverzeichnis 201

Register 202

I. Einführung in das Studium tierischen Verhaltens

1. Die Analyse von Verhaltensweisen

Peter Marler

Rockefeller University, New York

A. Allgemeine Gesichtspunkte zur Methode der Verhaltensforschung

Im Zentrum der modernen, analytischen Erforschung von Verhaltensweisen bei Tieren steht das Problem der Beschreibung. In der Physik besteht allgemeine Einigkeit über die Parameter, die zum Zweck der Analyse beobachtet und gemessen werden müssen. Ein geübter Experimentator, der sich einem völlig neuen Problem gegenüber sieht, kann vorher sehr genau die Merkmale angeben, auf die er bei dem Versuch, das neue Phänomen in das allgemeine Wissen einzuordnen, achten wird. Das ist natürlich eine unzulässige Verallgemeinerung; aber wesentlich ist, daß ein Verhaltensforscher oft nicht in der Lage ist, so vorzugehen. Vielmehr muß er an jede neue Tierart unvoreingenommen herangehen und solche Verhaltensparameter neu entdecken, die zu einem allgemeineren Verständnis führen können. Ist der Untersucher bereits mit Tieren vertraut, die mit dem Untersuchungsobjekt nah verwandt sind, kann er das Verfahren abkürzen. Aber auch dann sind vorgegebene Vorstellungen gefährlich und dürfen bei der Beobachtung in dieser Phase nicht maßgebend sein. Die erste Aufgabe besteht also darin, das Verhalten einfach unter möglichst vielen Gesichtspunkten zu beobachten. Da wir wissen, daß die Umgebung Verhaltensweisen verändern und verfälschen kann, sollte die Untersuchung unter möglichst natürlichen Bedingungen vorgenommen werden. Im Idealfall würden wir dem Versuchstier im Freiland bei seinen täglichen Routinehandlungen folgen. In der Praxis müssen wir meist einen Kompromiß eingehen. Eine übliche Lösung besteht darin, das Tier so komfortabel wie möglich unterzubringen und ihm ohne Störung ein möglichst natürliches Verhalten zu erlauben. Auf diese Weise werden die meisten Verhaltensdaten gesammelt und so weit wie möglich durch Feldbeobachtungen ergänzt. Allmählich entsteht so ein Bild der Bewegungsmuster, die das Tier in seinem täglichen Leben gebraucht, der Reize (physikalischer und chemischer Art), auf die es anscheinend reagiert, und der Verhaltensänderungen, die einer Veränderung im physiologischen Zustand des Tieres parallel laufen. Auch ein unvollständiges Bild ist besser als überhaupt keines als Voraussetzung der Auswahl von Verhaltensparametern für ein bestimmtes Versuchsziel.

Das Sammeln solcher Daten ist schwierigster und anspruchsvollster Teil einer Verhaltensuntersuchung. Es zwingt dazu, viel Zeit mit der Beobachtung der Tiere zu verbringen und sie dabei so wenig wie möglich die eigene Gegenwart merken zu lassen. Zunächst verwirrt die große Vielfalt komplexer Bewegungen, die so schnell aufeinander folgen, daß man nicht sieht, was eigentlich vorgeht. Dann beginnt man, Anzeichen einer Ordnung zu erkennen: den ständigen Gebrauch einer bestimmten Haltung in Kampf- oder Drohsituationen, z. B. bei einem Vogel oder einer Maus, oder ein bestimmtes Zusammenwirken von Flossenformen und -farbe bei einem Fisch-Männchen, das vor einem Weibchen balzt. Wenn man jede kleinste Beobachtung dieser Art aufschreibt, kann man bald vorhersagen, was ein Tier in einer neuen Situation tun wird und unterscheiden, welche Verhaltensmuster starr und stereotyp und welche veränderlich sind. Setzt man diese Befunde zu den unterschiedlichen Begleitumständen des

Verhaltens in Beziehung, beginnt man seine Motivation zu verstehen usw.

Ein vollständiges Bild jeder untersuchten Verhaltensweise werden Sie nur näherungsweise erreichen. Versuchen Sie aber, wenn Sie ein Problem angehen, das Ziel eines vollständigen Bildes im Sinn zu behalten; sammeln Sie Ihre eigenen Eindrücke, statt einfach nach Verhaltensweisen zu suchen, die vielleicht in einer Anleitung erwähnt sind.

B. Terminologie

Der Vorgang des Beschreibens erfordert unvermeidlich das Benennen von Dingen. Das heißt, daß wir uns klar machen müssen, was der Vorgang des Benennens bedeutet. Mit der Namensgebung sind oft ganz unbewußt gewisse Annahmen verbunden. Diese Annahmen sind teils eine Hilfe, teils ein Hindernis beim Verfolgen des unerreichbaren Ziels einer vollkommenen Beschreibung, die wir dennoch anstreben. Betrachten wir ein Beispiel.

Wir haben eine Anzahl zylindrischer, hohler Glasgegenstände mit flachem Boden und zylindrischem Hals, der üblicherweise durch ein zylindrisches Stück Kork verschlossen wird. Diese Glasgegenstände nennen wir Flaschen. Jedesmal, wenn wir etwas einfach eine Flasche nennen, setzen wir voraus, daß es für die Zwecke des Gesprächs unnötig sei, die individuellen Eigenschaften dieses Gegenstandes, die ihn von anderen Flaschen unterscheiden, anzugeben. Der Gebrauch einer Sprache zur Beschreibung begünstigt die Betonung von Eigenschaften, die bestimmte Objekte als Klasse gemeinsam haben. Sobald ein Name gegeben ist, neigen wir dazu, Unterschiede innerhalb der Klasse zu übersehen – eine Neigung, die vielleicht ein wesentlicher Teil des Wahrnehmungsvorganges ist. Der Ausweg aus diesem Paradox besteht darin, den ersten Namen näher zu bestimmen, so daß wir z. B. Tintenflaschen, Milchflaschen oder Weinflaschen vor uns haben. Ein solches System funktioniert bei der Beschreibung von Gegenständen des täglichen Lebens sehr gut. Statt unsere physikalische Beschreibung verschiedener Flaschen auf streng empirischer Basis fortzusetzen, nehmen wir eine Abkürzung vor und definieren sie nach den Flüssigkeiten, die sie normalerweise enthalten, normalerweise, aber keinesfalls ausschließlich.

Wir gelangen so statt zu einer empirischen zu einer funktionellen Beschreibung; sie wird dadurch mißverständlich, daß in einigen Teilen der Welt Milch in Flaschen verkauft wird, die wir Weinflaschen nennen würden. Um diese Unklarheit zu beseitigen, müssen wir einen Schritt zurückgehen und beschreiben, was wir unter einer Weinflasche über die Aussage «eine Flasche, die Wein enthält» hinaus verstehen.

Bei der Beschreibung von Verhaltensweisen verfällt man leicht in dasselbe Verfahren. Dabei ändert man jedoch unmerklich die Beschreibung auf eine Weise, die für die Verhaltensanalyse außerordentlich gefährlich und irreführend sein kann.

Sie können diese Fehlerquelle nur dadurch vermeiden, daß Sie auf streng empirischer Grundlage beschreiben. Wenn Sie beobachten, daß Vögel beim Kämpfen eine aufrechte Haltung einnehmen, dann bezeichnen Sie das als aufrechte Haltung und nicht als aggressive, aufrechte Haltung. Vielleicht stellen Sie später fest, daß dieser Vogel die gleiche Haltung auch in anderen Situationen benutzt. Wenn der verwendete Name eine funktionelle Nebenbedeutung einschließt, beeinflußt er vielleicht die späteren Beschreibungen in irreführender Weise. Auch wenn die anfängliche Beurteilung für diese Art richtig ist, können verwandte Arten die gleiche oder eine ähnliche Haltung in ganz anderen Umständen benutzen. In mehreren bekannten Fällen führte die Voreingenommenheit durch funktionelle Definitionen dazu, daß solche Parallelen übersehen wurden, einfach deswegen, weil man nicht erwartete, dieselbe Haltung in einem anderen Zusammenhang zu beobachten. Solche Fehler lassen sich vermeiden durch Benutzung von Ausdrücken, die nicht, wie «Unterwerfung», «Beschwichtigung», «aggressiv» und «sexuell», von vornherein mit einer bestimmten, funktionellen Situation verknüpft sind. Nur so können wir ein Wissensgebäude errichten, in dem sowohl intra- als auch interspezifische Vergleiche ungehindert möglich sind.

C. Die Auswahl von Versuchstieren und Verhaltensparametern für bestimmte Zwecke

Der Erfolg von Verhaltensuntersuchungen hängt sehr von der Wahl eines für das Interessengebiet geeigneten Objektes ab. Es liegt auf der Hand, daß ein Vogel wahrscheinlich schlecht geeignet ist für eine Untersuchung der Rolle des Geruchssinns in der sozialen Kommunikation. Legt man genauere Maßstäbe an, muß auch der Grad der Zahmheit oder Scheu eines Versuchstieres im Hinblick auf ein geplantes Projekt berücksichtigt werden. Die Kenntnis der Biologie des Tieres ist also entscheidend für eine vernünftige Auswahl.

Das im vorigen Abschnitt diskutierte, beschreibende Vorgehen ist die Voraussetzung für den nächsten Schritt, die Auswahl von Parametern, die zur Quantifizierung geeignet sind. Dieser Schritt ist ziemlich entscheidend; von unschätzbarem Wert sind dabei die während der beschreibenden Untersuchung gewonnenen Einsichten. Mit ihrer Hilfe läßt sich sicherstellen, daß mit einem Minimum an Aufwand ein Maximum an biologisch sinnvoller Information erreicht wird. Das Schrifttum enthält eine Fülle von Veröffentlichungen über umfassende und gewissenhafte Messungen bestimmter Verhaltensaspekte, die zweifellos eines Tages nützlich sein werden. Heute aber vermitteln diese Studien weder Einsichten noch neue Hypothesen, sondern beweisen einzig und allein, daß jemand mit Erfolg irgend etwas gezählt hat.

In Untersuchungen zur Orientierung von Vögeln hat F. Sauer gezeigt, daß sich einige Arten nach den Sternen in der zutreffenden Zugrichtung orientieren können. Nehmen wir an, Sie wollen eine weitere Vogelart auf diese Fähigkeit hin prüfen, indem Sie sie in einem Planetarium in einen runden Käfig setzen. Dann stellt sich als nächstes die Frage, was Sie messen wollen. Sie können rundherum Registrier-Sitzstangen anbringen und damit feststellen, in welchen Käfigsektor sich der Vogel vorzugsweise begibt. Der entscheidene Faktor könnte aber statt des Sektors, in dem er sich aufhält, auch die Richtung sein, in die er blickt. Bei einigen Vogelarten ist die Aufenthaltswahl, bei anderen die Blickrichtung zum Nachweis der Nachtorientierung verwendbar. Würden Sie nur die falsche Reaktion messen, könnten Sie keine Orientierung feststellen.

Deshalb ist es am besten, sich nicht zu hastig dafür zu entscheiden, bloß ein oder zwei Parameter einer Reaktion quantitativ zu untersuchen. Beobachten Sie zunächst möglichst viele Verhaltensweisen. Wenn Sie vorhaben, mehrere Monate etwas zu messen, lohnen sich ein oder zwei Vorbereitungswochen, um erst einmal sicherzustellen, daß Sie auch das Richtige messen.

Viele beschreibende Untersuchungen vergleichend-ethologischer Art enthalten überhaupt keine ausdrücklich quantitativen Daten. Wir müssen jedoch daran denken, daß die Erstellung von Beschreibungen selbst ein quantitativer Vorgang ist, auch wenn die Quantifizierung intuitiv und vielleicht teilweise unbewußt geschieht. Nur insofern kann man sich auf intuitive Vorgänge verlassen.

Sobald die Beziehungen, die wir festzustellen suchen, komplizierter oder weitläufiger werden – z.B. wenn sich in einer neuen Situation eine geringe Gleichgewichtsverschiebung zwischen Angriffs- und Fluchttendenzen zeigt, oder wenn sich zeitliche Korrelationen zwischen mehreren Verhaltensreaktionen ergeben – müssen quantitative Messungen durchgeführt werden.

Literatur

Lorenz, K.: Prinzipien der vergleichenden Verhaltensforschung. Fortschr. Zool. **12**, 265–294 (1961).
– Methoden der Verhaltensforschung. In W. Kükenthal, Handbuch der Zoologie **8**, 10 (1), 1–22 (1957).
Sauer, F.: Die Sternenorientierung nächtlich ziehender Grasmücken *(Sylvia atricapilla, borin* und *curruca)*. Z. Tierpsychol. **14**, 29–70 (1957).

2. Beobachtung und Vergleich von Verhaltensweisen

WILLIAM C. CALHOUN
University of Tennessee, Knoxville

Der erste Schritt bei der Untersuchung von Verhaltensweisen besteht darin, festzulegen, was beobachtet werden soll. Wir müssen Namen und Beschreibungen der Verhaltenseinheiten entwickeln, ferner Methoden, um ihr Auftreten festzustellen und zu registrieren. Die grundlegende Einheit nennen wir eine «Reaktion»; ihre Auswahl und Definition kann bis zu einem gewissen Grad willkürlich sein. Das Erkennen und Auswählen von Reaktionen für eine Untersuchung erfordert einige Überlegungen.

Erstens müssen Sie in der Lage sein, die Reaktion zu beschreiben und zu benennen. Sie müssen wissen, wann diese Reaktion in Verbindung mit anderen Vorgängen auftritt, und einem anderen mitteilen können, was Sie beobachten, damit es reproduziert werden kann. Das trägt zur Verläßlichkeit der Beobachtungen bei. Zweitens sollten die zur Untersuchung ausgewählten Reaktionen leicht zu quantifizieren sein. Sie werden nicht nur das Verhalten eines Tieres in irgendeiner Situation beschreiben, sondern auch Häufigkeit und Dauer der Reaktion beachten müssen, vor allem bei intra- und interspezifischen Vergleichen oder bei Anwendung experimenteller Methoden.

Wenn eine Reaktion einheitlich und klar umrissen ist, macht es wenig Schwierigkeiten, die Beschreibungs- und Registriertechnik auszuarbeiten. Man trifft einfach die Feststellung: sie tritt auf oder sie tritt nicht auf. Bei vielen Tieren, zum Beispiel der Ratte (*Rattus norvegicus*), ist die Kotabgabe ein Beispiel dieses Reaktionstyps. Es ist für einen Beobachter leicht, zu registrieren: «das Tier defäzierte». Außerdem sind die meisten Reaktionen dieses Typs leicht in Form von Zahlen oder Frequenzangaben zu quantifizieren (z. B.: 6 Kotballen).

Einige Reaktionen treten aber im typischen Fall entweder kurz oder kontinuierlich auf. Ein Tier kann sich z. B. häufig, aber immer nur kurz putzen. Ein Verfahren, dieses Verhalten zu quantifizieren, besteht im summarischen Registrieren der während der Beobachtungsperiode mit Putzen verbrachten Zeit.

Die meisten Reaktionen sind nicht derartig einfach, sondern bestehen aus Untereinheiten. Zum Vorgang des Fressens gehören z. B. das Erfassen der Nahrung mit Händen oder Vorderpfoten, das Aufnehmen in den Mund, das Lecken, das Kauen, das Schlucken usw. Die Beschreibung von Reaktionen dieses Typs ist schwierig, wenn nur ein oder zwei Komponenten des vollständigen Verhaltensmusters auftreten. Man könnte versuchen, diese Schwierigkeit zu vermeiden, indem man die Grundeinheiten so klein wie möglich wählt. Das ist aber kaum durchführbar. Erstens fehlen deutliche Grenzpunkte zwischen den Untereinheiten, und zweitens würde die Zahl der für eine vollständige Verhaltensbeschreibung nötigen Reaktionen unpraktisch groß werden. Wenn wir z. B. eine Kopulation nicht als Reaktionseinheit auffassen (weil das zu allgemein wäre), sondern etwa schon das Aufreiten, haben wir damit auch die übrigen Untereinheiten sinnvoll abgegrenzt? Das Aufreiten kann seinerseits weiter unterteilt werden. Die Definition einer umfassenden Reaktion ist praktischer. Eine Kopulation bedeutet z. B. eine soziale Wechselwirkung zwischen Männchen und Weibchen; dagegen kann Aufreiten auch zwischen Männchen stattfinden.

Für alle diese Probleme gibt es weder eine Einheitslösung noch feste Vorschriften. Man sollte aber die möglichen Schwierigkeiten kennen und schon ehe oder während sie auftreten Auswege entwickeln.

Hat man eine Reihe brauchbarer Reaktionen definiert, besteht der nächste Schritt darin, ein Schema für das Einordnen der Reaktionen in komplexere Verhaltenssysteme auszuarbeiten (vgl. Scott).

Ein weiterer Schritt im Studium tierischen Verhaltens führt zum Vergleich verschiedener Arten oder Unterarten im Hinblick auf Reaktionen oder größere Verhaltenseinheiten und ihr Auftreten. Das ist nur zufriedenstellend möglich, nachdem die vorigen Schritte abgeschlossen sind.

Die folgende Übung soll Sie mit den grundlegenden Schritten der Verhaltensbeobachtung vertraut machen: der Auswahl von Reaktionen, der Technik des Beobachtens und Quantifizierens und der Ausarbeitung von Kriterien, anhand derer das Verhalten verschiedener Arten verglichen werden kann. Während einer anfänglichen Beobachtungsphase sollen Sie einfach die auftretenden Reaktionen feststellen. Aufgrund dieser einleitenden Beobachtungen wählen Sie dann für eine zweite Beobachtungsphase Reaktionen zur Quantifizierung aus. Um die Schwierigkeit der Aufgabe möglichst klein zu halten, werden Sie statt im Freiland in einer kontrollierten Situation beobachten. Die bei dieser Übung entwickelten Prinzipien können Sie dann auf andere Situationen anwenden.

A. Versuchsanordnung

Zu Beobachtungszwecken wird das Tier in einen aus Sperrholz oder ähnlichem Material gebauten Kasten gebracht, dessen Boden in ein Gitter aus kleinen Quadraten eingeteilt ist, damit die Bewegung des Tieres gemessen werden kann (Abb. 1). Ein gelenkig angebrachter Deckel aus durchsichtigem Plastikmaterial oder mit einem Einwegspiegel ist nützlich, aber nicht unbedingt notwendig. (Ein Deckel hindert das Tier am Entkommen, ein Spiegel erlaubt, das Tier zu beobachten, ohne daß man selbst gesehen wird.)

Zum Vergleich verschiedener Arten verwenden Sie am besten Kästen, die der relativen Größe der Tiere angepaßt sind. Streichen Sie das Innere des Kastens in einer neutralen Farbe (grau). Teilen Sie den Boden in 36 Quadrate, deren Seitenlänge etwa das eineinhalbfache der Körperlänge des erwachsenen Versuchstieres mißt (für eine Maus 10 × 10 cm). Die Gitterlinien werden direkt auf den Boden gezeichnet; weiß ergibt den besten Kontrast.

Statten Sie jeden Kasten mit zwei Beleuchtungssystemen (weiß und rot) aus. Die meisten Nachttiere (z. B. Ratten und Mäuse) besitzen eine Retina vom Stäbchen-Typ und können zwischen Dunkelheit und schwachem Rotlicht nicht unterscheiden. Da Nachttiere im Dunkeln aktiver sind, können Sie bei Rotlicht die wichtigsten Aktivitäten solcher Tiere beobachten. Die Beleuchtung kann unter dem Deckel oder oben an den Seitenwänden angebracht werden. Für einen Kasten von 30 × 30 cm brauchen Sie zwei Lampen, für einen größeren vier.

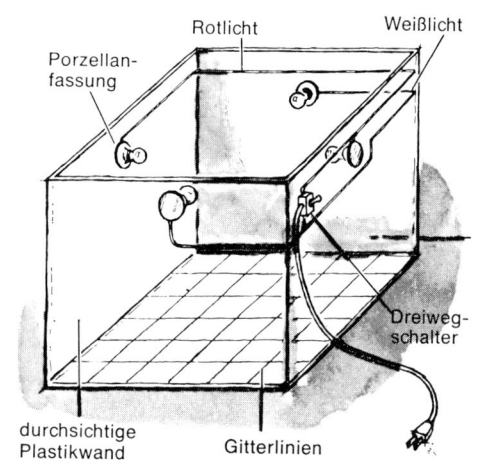

Abb. 1: Beobachtungsbehälter

Es gibt mehrere Möglichkeiten der Beleuchtungsinstallation. Bei vier Lampen bringen Sie an jeder Innenwand eine Fassung an, verbinden mit isolierten Leitungen die gegenüberliegenden Fassungen und schließen sie an einen Dreifachschalter an, der von außen bedient werden kann. Der Schalter wird über eine Steckdose aus dem vorhandenen Stromnetz gespeist (VDE-Vorschriften beachten!). Diese einfache Anordnung erlaubt, da gleichfarbige Lichter gegenüberliegen, von «aus» auf weißes oder rotes Licht zu schalten, während das Versuchstier im Behälter ist. Der Boden wird außerdem gleichmäßig ausgeleuchtet.

Untersuchen Sie als Grundlage für den Verhaltensvergleich wenigstens drei Versuchstierarten. Goldhamster (*Mesocricetus*), Meerschweinchen (*Cavia*), Ratten (*Rattus*), Mäuse (*Mus*) und Schaben (*Periplaneta* oder *Blatta*) sind geeignet. Verwenden Sie adulte Tiere und untersuchen Sie nur ein Geschlecht. Männchen sind vorzuziehen, weil bei den Weibchen der Oestrus gegenüber dem Anoestrus starke Verhaltensänderungen hervorrufen und dadurch eine auffallende Variabilität bewirken kann.

B. Versuchsdurchführung

Die Beobachtung erfolgt in zwei Schritten, die nach Möglichkeit in zwei getrennten Kursen durchgeführt werden sollten. Eine solche Einteilung gestattet eine sorgfältige Diskussion im Anschluß an den ersten Beobachtungsabschnitt und läßt zwischendurch Zeit zum Lesen der angegebenen Literatur. Das erleichtert Planung und Ausführung der Beobachtungen im zweiten Abschnitt.

Abschnitt I: Jede Arbeitsgruppe (2–4 Teilnehmer) erhält einen Beobachtungskasten mit einer geeigneten Versuchstierart. Damit jede Gruppe alle verfügbaren Arten beobachten kann, wird alle 20 Minuten gewechselt. Die Kästen werden jedesmal nach Entfernen des Versuchstieres mit feuchten Papierhandtüchern gesäubert. Eine schwache Essiglösung (2 bis 4 %) kann benutzt werden, um Restdüfte zu beseitigen.

Wenn Sie alles vorbereitet haben, setzen Sie das Versuchstier bei Rotlicht in den Kasten. Sehen Sie dem Tier zunächst einfach zu. Sobald es irgendeine Reaktion zeigt (an diesem Punkt sollten Sie definieren, was eine «Reaktion» ist), geben Sie davon eine kurze Beschreibung und führen eine kurze, deskriptive Bezeichnung ein. Vermeiden Sie Namen, die etwas über Ursache oder Funktion aussagen. Sie können beispielsweise notieren: Putzen–Gesichtreinigen mit den Vorderpfoten. Im ersten Beobachtungsabschnitt kommt es nicht darauf an, wie oft Reaktionen auftreten, sondern welche Reaktionen im Verhaltensinventar des Tieres vorhanden sind, und ob sie mit den von anderen Beobachtern festgestellten übereinstimmen.

Nachdem die Beobachtungen abgeschlossen sind, sollten die Kursteilnehmer sich zusammensetzen und nacheinander für jede Art die beobachteten Reaktionen und auffallende Beziehungen zwischen ihnen diskutieren. Jede Gruppe liest ihre Beobachtungsliste vor und schreibt die einzelnen Reaktionen an die Tafel. Alle bei der Beobachtung festgestellten Probleme werden diskutiert und geeignete Lösungen entwickelt. Hauptziel der Diskussion ist es, für jede Art eine vollständige Liste der Reaktionen anzufertigen, damit im zweiten Beobachtungsabschnitt Häufigkeit und Dauer jeder Reaktion systematisch registriert werden können. Einigen Sie sich auf eine einheitliche Liste von Bezeichnungen und Beschreibungen, und legen Sie für alle Gruppen einheitliche Beobachtungsvorschriften fest.

In dieser ersten Übung sollen Sie lernen, wie man Verhaltensbeschreibungen induktiv entwickelt und dabei auftretende Probleme löst. Es gibt kein «richtiges» Resultat. Anschließend wissen Sie genug, um selbst Fragen zu stellen und von der Lektüre der angegebenen Veröffentlichungen zu profitieren.

Abschnitt II: Bereiten Sie für jede Art unter Benutzung der erarbeiteten Reaktionsliste eine Tabelle zum Eintragen der Ergebnisse vor (Tabelle 1). Die Kursteilnehmer werden wieder in kleinen Gruppen zusammengefaßt. Jeder braucht Papier, Bleistift und Stoppuhr. Jede Gruppe kann diesmal nur ein oder zwei Tiere beobachten. Versuchen Sie, um die Befunde abzusichern, Daten für mindestens zwei Vertreter jeder Art zu sammeln. Fangen Sie wieder bei Rotlicht an. Beobachten Sie kontinuierlich während fünf aufeinanderfolgender 3-Minuten-Perioden. Durch Vergleich der Daten der ersten mit denen einer späteren Periode können Sie feststellen, ob sich die Reaktionen des Versuchstieres verändern. Ein Rückgang der Häufigkeit und/oder der Dauer einer Reaktion zeigt an, daß eine Gewöhnung (Habituation) stattgefunden hat. Im Anschluß an die fünf Beobach-

Tabelle 1: Standardtabelle zur Aufzeichnung von Verhaltensreaktionen

Beobachtetes Verhalten	Häufigkeit der Reaktionen in aufeinanderfolgenden Beobachtungsperioden					Vorhergehende Reaktion	Nachfolgende Reaktion
	1	2	3	4	5		
1. Begegnung							
2. Putzen							
3. Schnuppern							
4. Aufrichten							
5.							
6.							
7.							

tungsperioden bei Rotlicht, gehen alle Gruppen zu weißem Licht über und beobachten weitere drei 3-Minuten-Perioden lang. Obwohl die Tiere nach der 15minütigen Exposition bei konstanten Bedingungen nicht mehr so reaktionsfreudig sein werden wie neue Tiere, müßte jede wichtigere, durch den Lichtwechsel bewirkte Veränderung feststellbar sein.

Nach Abschluß der Beobachtungen und Tabellierung der Daten in geeigneter Form kommen die Gruppen wieder zusammen und vergleichen ihre Werte für die verschiedenen Arten. Jede Gruppe schreibt die Ergebnisse ihrer Beobachtungen an die Tafel, damit alle sehen können, wie Tiere der gleichen Art ähnlich (oder unterschiedlich) und Tiere verschiedener Arten unterschiedlich (oder ähnlich) reagiert haben.

Jeder Teilnehmer fertigt ein Protokoll an, in dem er seine Ergebnisse vorlegt und folgende Fragen diskutiert:
1. Welche Probleme treten auf?
2. Welche Schritte wurden im wesentlichen unternommen, um Parameter für die einzelnen Reaktionen zu definieren und wie wurden sie registriert?
3. Fand mit zunehmender Aufenthaltsdauer im Versuchsbehälter eine Änderung im Verhalten statt?
4. Traten einige Reaktionen anscheinend gemeinsam auf? Konnten sie in einer gemeinsamen Kategorie zusammengefaßt werden, und wenn ja, konnten nur ein oder zwei Reaktionen dieser Kategorie registriert werden? Finden Sie eine Bezeichnung für diese Kategorie.
5. Was waren die wichtigsten Übereinstimmungen und Unterschiede zwischen den untersuchten Arten?
6. Könnten die in diesem Versuch benutzten Methoden auch zur Beobachtung freilebender Tiere angewandt werden?
7. Stellen Sie sich vor, Sie sollten das Verhaltensinventar einer kürzlich entdeckten Art beschreiben. Wie würden Sie, kurz gesagt, an diese Aufgabe herangehen?

Literatur

Die folgenden Veröffentlichungen behandeln das Problem der Beobachtung und Quantifizierung von Verhaltensweisen.

Barker, R. G.: The stream of behavior. Appleton-Century-Crofts, New York. 1963.
Bindra, D.: Motivation: A systematic reinterpretation. Ronald, New York. 1959.
Eibl-Eibesfeldt, I.: Grundriß der vergleichenden Verhaltensforschung. Piper, München. 1969.
Lorenz, K.: Methoden der Verhaltensforschung. In W. Kükenthal, Handbuch der Zoologie **8**, 10 (1), 1–22 (1957).
Schneirla, T. C.: The relationship between observation and experimentation in the field study of behavior. N. Y. Acad. Sci. **51**, 1022–1044 (1950).
Scott, J. P.: Animal behavior. University of Chicago Press, Chicago. 1958.
Tembrock, G.: Grundriß der Verhaltenswissenschaften. Fischer, Jena und Stuttgart. 1973.
Wickler, W.: Vergleichende Verhaltensforschung und Phylogenetik. In G. Heberer, Die Evolution der Organismen I. Fischer, Stuttgart. 1967.

KURZZEITVERSUCHE

II. Verhalten von Einzeltieren

3. Fortbewegung bei Tieren

DIETLAND MÜLLER-SCHWARZE

State University of New York, Syracuse

Die Bewegungsweisen der Tiere sind so verschieden wie ihre Formen und Lebensräume. Die Pseudopodienbewegung einer Amöbe, die Geißelbewegung von *Euglena*, das Rückstoßschwimmen einer Qualle, das Kriechen eines Regenwurms, der Flug eines Schmetterlings, das Winden einer Klapperschlange und der Galopp eines Rennpferdes sind nur einige Beispiele dafür.

Arthropoden und Wirbeltiere sind die einzigen Tiergruppen, die bei der Fortbewegung das Prinzip des Hebels benutzen. Sie sind ferner als einzige an Fortbewegung in Wasser wie auch in der Luft und auf dem Lande angepaßt. Insekten und Säugetiere sind gute Beispiele für diese beiden Gruppen. In der folgenden Übung sollen Sie versuchen zu beobachten, wie sich einige Insekten, Tausendfüßler und Säugetiere fortbewegen und ihre Bewegungskoordinationen vergleichen.

Fortbewegung bei Insekten und Tausendfüßlern

Die gewöhnliche Schrittfolge eines Insektes besteht aus der gleichzeitigen Bewegung dreier Beine, der die gleichzeitige Bewegung der restlichen drei folgt: Vorder- und Hinterbeine einer Seite (die ipsilateralen Beine) werden gemeinsam mit dem Mittelbein der anderen Seite (dem kontralateralen Bein) bewegt.

Insekten können noch laufen, wenn zwei Beine entfernt werden. Die verschiedenen Möglichkeiten der Beinkoordination bei amputierten Tieren lassen sich anhand eines einfachen Schemas beschreiben. Bei einem intakten Insekt werden die drei Beine einer Seite in konstanter Folge von hinten nach vorn bewegt: rechts R_3, R_2, R_1 und links L_3, L_2, L_1. Bei sehr langsamer Laufgeschwindigkeit folgt die Bewegung einer Seite der anderen Seite ohne Überlappung:

$R_3 R_2 R_1 \qquad R_3 R_2 R_1 \qquad R_3 R_2 R_1$
$\quad L_3 L_2 L_1 \qquad L_3 L \ \ L_1 \qquad\qquad$ usw.

Bei höheren Geschwindigkeiten kann der Abstand zwischen zwei Schrittfolgen derselben Seite sehr viel kürzer sein:

$R_3 R_2 R_1 \quad R_3 R_2 R_1 \quad R_3 R_2 R_1$
$\ \ |\quad\ \ |\ \ |\quad\ \ |\ \ |\quad\ \ |\ \ |$
$\ L_1 \quad L_3 L_1 L_1 \quad L_3 L_2 L_1 \quad L_3 L_2 L_1 \quad$ usw.

Dann überlappen sich die Schrittfolgen der rechten und linken Seite: das rechte Vorderbein wird gleichzeitig mit dem linken Hinterbein bewegt (hier und in den folgenden Diagrammen sind die sich gleichzeitig bewegenden Beine durch senkrechte Striche verbunden). Wenn wir beide Mittelbeine entfernen, erhalten wir die Gangart eines vierbeinigen Tieres:

$R_3 R_1 R_3 R_1$
$\ |\ \ |\ \ |\ \ |$
$L_1 L_3 L_1 L_3 \quad$ usw.

Wenn die Bewegung noch schneller wird, bewegt sich das rechte Hinterbein gleichzeitig mit dem rechten Vorderbein:

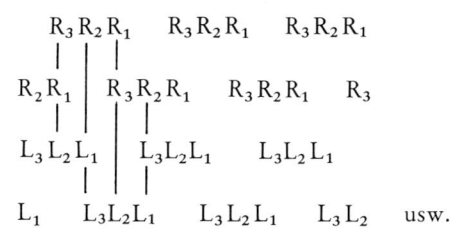

$$\begin{array}{cccc}
R_3 R_2 R_1 & R_3 R_2 R_1 & R_3 R_2 R_1 & \\
| \quad | \quad | & | & | \quad | \quad | & \\
R_2 R_1 & R_3 R_2 R_1 & R_3 R_2 R_1 & R_3 \\
| \quad | & | \quad | \quad | & | \quad | \quad | & \\
L_3 L_2 L_1 & L_3 L_2 L_1 & L_3 L_2 L_1 & \\
| \quad | \quad | & | & | \quad | \quad | & \\
L_1 & L_3 L_2 L_1 & L_3 L_2 L_1 & L_3 L_2 \quad \text{usw.}
\end{array}$$

Das ist das typische Laufmuster der Insekten. Vorder- und Hinterbein einer Seite (R_1 und R_3) sowie das Mittelbein der Gegenseite (L_2) werden dabei – wie im obigen Diagramm durch die senkrechten Verbindungslinien dargestellt – gleichzeitig bewegt. Durch leichte Phasen- oder Geschwindigkeitsveränderung kann eine Vielzahl von Laufmustern erzielt werden. So kann sich das Insekt an Verlust oder Beschädigung eines oder mehrerer Beine anpassen. Ein unverletztes Insekt steht in einem gegebenen Moment immer auf wenigstens drei Beinen, die den Schwerpunkt des Tieres einschließen.

A. Die Fortbewegung von Schaben

1. Betrachten Sie die Fortbewegung einer intakten Schabe (*Periplaneta americana* oder *Blatta orientalis*). Beobachten Sie die Koordination der Beine; welche werden gleichzeitig bewegt?
2. Bestimmen Sie mit Hilfe einer Stoppuhr folgende Werte:
a) die Laufgeschwindigkeit der Schabe,
b) die Dauer einer vollständigen Bewegungsfolge aller sechs Beine (Schrittfolgendauer),
c) den Zeitabstand zwischen der Bewegung eines Beines und der des entsprechenden kontralateralen Beines.
3. Trennen Sie das linke Vorderbein ab und beobachten Sie das Koordinationsmuster. Welche Beine werden gleichzeitig bewegt?
4. Trennen Sie einer anderen Schabe das linke Mittelbein ab. Welche Beine werden gleichzeitig bewegt?
5. Entfernen Sie bei den betreffenden Schaben das zweite Vorder- bzw. Mittelbein. Bestimmen Sie Koordinationsmuster, Laufgeschwindigkeit und Dauer einer Schrittfolge bei den so amputierten Tieren.

B. Die Fortbewegung von Hundertfüßern

1. Versuchen Sie das Koordinationsmuster der Beine eines Hundertfüßers (*Lithobius*) zu beschreiben (s. Kaestner).
2. Trennen Sie alle Beine mit Ausnahme eines vorderen, eines mittleren und eines hinteren Paares ab (die Endbeine werden nicht zum Laufen benutzt) und beobachten Sie die Bewegungskoordination.
3. Trennen Sie auch das mittlere Paar ab und beobachten Sie, wie das Vorderpaar mit dem Hinterpaar koordiniert ist.
4. Welche Übereinstimmungen und welche Unterschiede bestehen in der Fortbewegung von Schaben und Hundertfüßern?

Fortbewegung bei Säugetieren

Die Fortbewegung von Säugetieren hat die Menschen immer fasziniert. Die alten Ägypter diskutierten leidenschaftlich darüber, ob bei einem Pferd irgendwann während des Laufes alle vier Füße gleichzeitig in der Luft sind. Muybridge begann 1872 das Problem mit Hilfe der neu entwickelten Fotografie zu untersuchen. Er bewies, daß in einer Phase des Galopps das Pferd mit keinem Fuß den Boden berührt. Unter Verwendung einer einfallsreichen Methode untersuchte Muybridge die Gangart vieler Säugetiere. Da Filmen noch nicht möglich war, benutzte er 24 Kameras, deren Verschlüsse automatisch nacheinander elektrisch ausgelöst wurden. So konnte er Bilder von aufeinander folgenden Phasen einer einzelnen Schrittfolge aufnehmen. 1899 veröffentlichte er sein klassisches Buch «Tiere in Bewegung», das die Gangarten von 25 Tierarten behandelt.

A. Typen der Fortbewegung

Muybridge unterschied für Säugetiere acht verschiedene Systeme der Fortbewegung:
1. Schritt
2. beschleunigter Schritt
3. Trab
4. Paßgang
5. Kanter
6. Galopp
7. Galopp mit rotierender Fußfolge
8. Prallen (Känguruhsprung)

Beim Pferd bilden diese Gangarten ein Kontinuum; einige sind selten, einige ergeben sich nur durch Dressur. Die normalen Gangarten sind bloß Ausschnitte aus diesem Kontinuum.

Die Bewegung eines Beines von Bodenkontakt zu Bodenkontakt ist ein *Schritt*, der vollständige Zyklus aller vier Beine eine *Schrittfolge*. Bei «symmetrischen Gangarten» ist die Zeit, die zwischen dem Tritt des rechten Vorderbeines und dem Tritt des linken verstreicht, gleich der Zeit, die zwischen letzterem und dem nächsten Tritt des rechten Vorderbeines verstreicht; dies gilt sinngemäß auch für die Zeit zwischen den Tritten der Hinterbeine.

Bei «asymmetrischen Gangarten» ist die Zeit zwischen dem Auftreten des linken und des rechten Beines eines Paares (vorn oder hinten) ungleich der Zeit zwischen dem Auftreten des rechten und des linken Beines; der asymmetrische Gang eines Pferdes gleicht also dem Hinken eines Menschen.

1. Der *Schritt*, eine Gangart, die von allen terrestrischen Wirbeltieren benutzt wird, ist langsam und wird als ursprüngliches Fortbewegungsmuster angesehen. Im sehr langsamen Schritt (z. B. dem eines Elefanten oder eines Kindes) wird nur ein Bein auf einmal bewegt. Im rascheren Schritt (wie beim Pferd) wird ein zweites Bein schon angehoben, bevor das erste den Boden wieder berührt. Muybridge drückte das Muster der Beinbewegungen in bildhaften Trittformeln aus (Abb. 2).

Während des Schrittes wird der Körper von den Beinen in unterschiedlicher Kombination getragen, wie die *Trittformel* zeigt, die aus einer Folge von 8 Stützmustern besteht (Abb. 3). Der Körper wird alternierend durch drei Beine (Phasen 1, 3, 5 und 7) und diagonale (Phasen 2 und 6) oder seitliche (Phasen 4 und 8) Paare von Beinen gestützt. Ein Nachteil der Trittformel ist, daß sie nichts über die relative Dauer jeder einzelnen Phase aussagt. Hildebrand hat deshalb *Gangdiagramme* vorgeschlagen. Das Gangdiagramm wird normalerweise aus Filmbildern abgeleitet (Abb. 4); es gibt für jedes Bein die Dauer des Bodenkontaktes während einer Schrittfolge an.

Um über eine universelle Formel zum Vergleich aller möglichen symmetrischen Gangarten zu verfügen, entwickelte Hildebrand die *Gangformel*. Sie besteht aus zwei Prozentzahlen:

a) der Zeit (in Prozent der Dauer einer Schrittfolge), die jedes Hinterbein auf dem Boden ist. Z.B. hat eine langsam laufende Schildkröte jedes Hinterbein 85%, ein schnell trabendes Pferd etwa 22% der Schrittfolgendauer auf dem Boden.

b) der Zeit (ebenfalls in Prozent der Dauer einer Schrittfolge) zwischen dem Auftreten eines Vorderfußes und dem Auftreten des gleichseitigen Hinterfußes.

Diese beiden Prozentwerte liefern ausreichende Information, um jede symmetrische Gangart zu beschreiben. Die Ableitung der Prozentwerte a und b ist in Abb. 5 dargestellt. Gangformeln für 20 verschiedene Gangarten des Pferdes sind in Abb. 6 und 7 wiedergegeben.

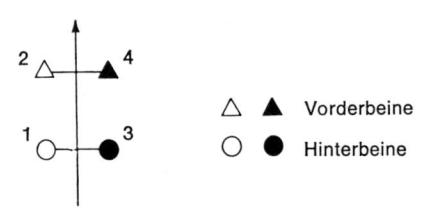

Abb. 2: Trittfolge beim Schritt (nach Muybridge). Der Pfeil zeigt in Bewegungsrichtung; die Beine werden in der Reihenfolge der Ziffern bewegt

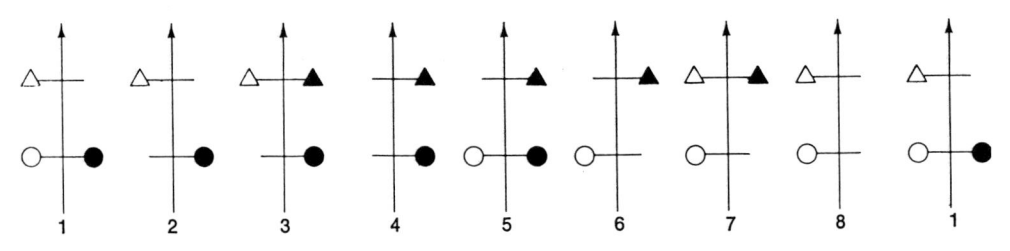

Abb. 3: Trittformel für den Schritt. Das Fehlen eines Symbols gibt an, daß das betreffende Bein zu diesem Zeitpunkt nicht den Boden berührt

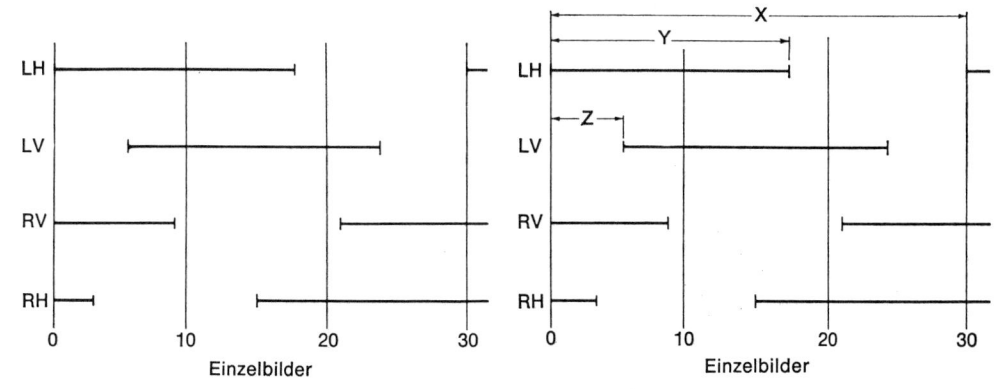

Abb. 4: Gangdiagramm (nach Hildebrand 1966). Die waagerechten Linien geben die Dauer des Bodenkontaktes für jedes Bein an (LH: linkes Hinterbein, LV: linkes Vorderbein usw.)

Abb. 5: Ableitung der Gangformel aus dem Gangdiagramm.
Faktor a = Y; Faktor b = 100 Z; beim langsamen Schritt: b = 25, a = 73; beim Paßgang b = 0, a = 31 (Pferd)

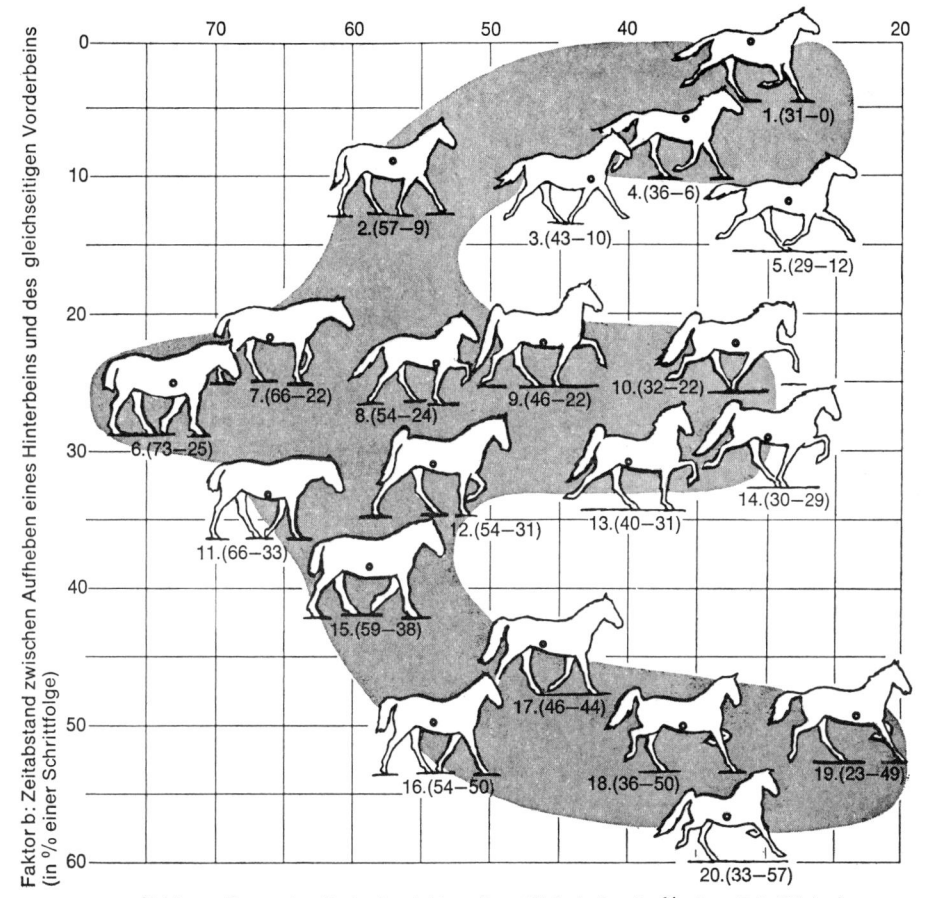

Abb. 6: Formeln für 20 symmetrische Gangarten des Pferdes. Die Zahlen in Klammern geben die Werte von a bzw. b an. Die Umrisse der Pferde zeigen die Koordination; bei allen hat der linke Hinterfuß gerade den Boden berührt (nach Hildebrand 1965. Copyright: Amer. Ass. Adv. Science). Zum Identifizieren der abgebildeten Gangarten s. Abb. 7

2. Im *beschleunigten Schritt* ist die Reihenfolge des Fußaufsetzens dieselbe wie im Schritt: ipsilaterale und kontralaterale (diagonale) Beinpaare wechseln im Tragen des Körpers ab. Da aber die Aufeinanderfolge der Tritte rascher abläuft, alterniert eine Phase mit drei abgehobenen Beinen mit einer, bei der lediglich zwei Beine abgehoben sind.

Muybridge gibt für den beschleunigten Schritt 8 aufeinander folgende Stützmuster an (Abb. 8).

3. Beim *Trab* werden abwechselnd die diagonalen Fußpaare mehr oder weniger synchron abgehoben, nach vorn geschoben und wieder aufgesetzt. Der Körper ist zweimal während jeder Schrittfolge vorübergehend ohne Stütze (Abb. 9); alle vier Beine befinden sich dann in der Luft.

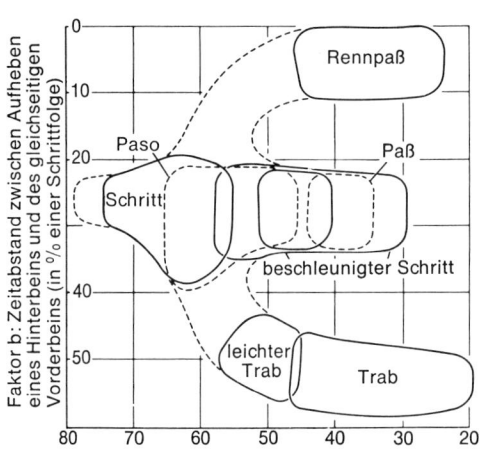

4. Im *Paßgang* werden die ipsilateralen Beine mehr oder weniger gleichzeitig bewegt (Abb. 10). Viele Raubtiere, wie die großen Katzen, benutzen diese Gangart, ebenso Antilopen, Kamele und Giraffen. Nach Walther wird der Paßgang unter den Cavicornia vorwiegend von Steppenbewohnern benutzt, während Wald- und Gebirgsbewohner den Trab benutzen, der meist langsamer und stabiler ist.

5. Der *Kanter* (kurzer Galopp) ist eine seltene Gangart, die hier nicht diskutiert werden soll. Der Galopp ist die schnellste aller vierbeinigen Gangarten und wird von fast allen Säugetieren benutzt.

6. *Normaler Galopp:* Die Tritte folgen in der Reihenfolge von Abb. 11.

7. *Rotierender Galopp:* Die Tritte folgen in der Reihenfolge von Abb. 12.

8. Das *Prallen* (Rikoschet) ist die Gangart der Känguruhs; nur die Hinterbeine werden zur Fortbewegung benutzt und dabei von dem kräftigen Schwanz unterstützt (Abb. 13).

B. Beobachtung der Fortbewegung

Bei der Untersuchung von Gangarten ist sorgfältige Beobachtung unerläßlich. Wie viele Verhaltensweisen kann die Fortbewegung, besonders bei höheren Geschwindigkeiten, nur mit Hilfe von Filmaufnahmen gründlich untersucht werden. Bevor Sie beginnen, Säugetiere in Bewegung zu beobachten, vergewissern Sie sich, daß Sie folgende Begriffe verstehen:
1. Schritt,
2. Schrittfolge,
3. Stützmuster,
4. Trittformel,
5. Gangdiagramm,
6. Gangformel.

Abb. 7: Die Beziehungen zwischen den üblicherweise unterschiedenen Gangarten und ihren Gangformeln (nach Hildebrand 1965. Copyright: Amer. Ass. Adv. Science)

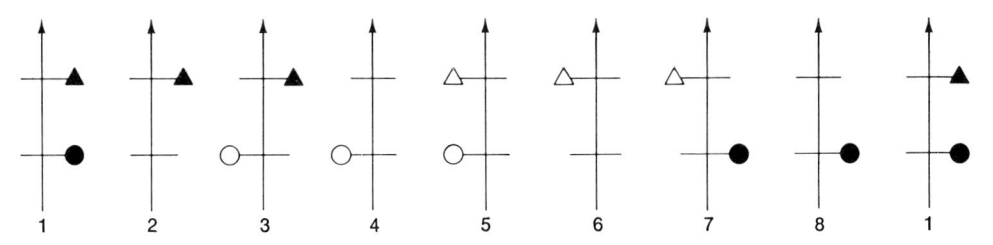

Abb. 8: Trittformel für den beschleunigten Schritt (nach Muybridge)

Fortbewegung bei Tieren   13

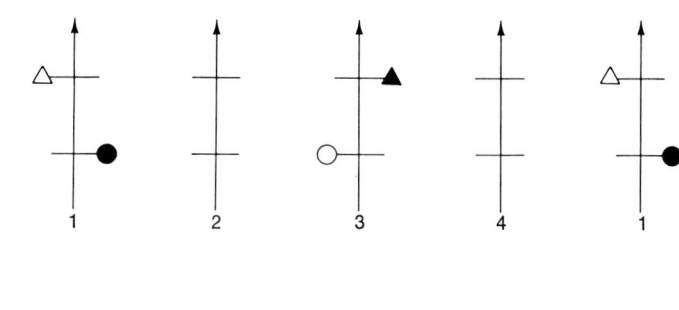

Abb. 9:
Trittformel für den Trab
(nach Muybridge)

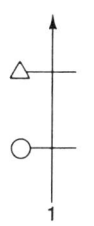

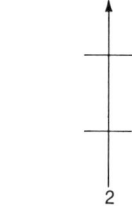

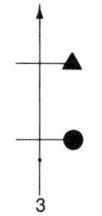

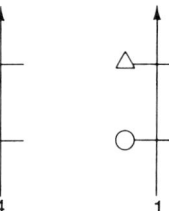

Abb. 10:
Trittformel für den Paßgang
(nach Muybridge)

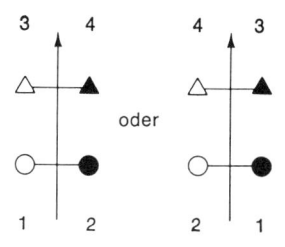

Abb. 11: Trittformel für den normalen Galopp (nach Muybridge)

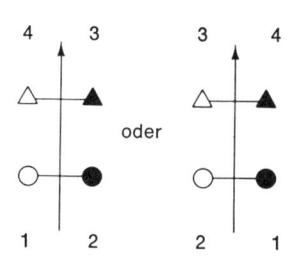

Abb. 12: Trittformel für den rotierenden Galopp (nach Muybridge). Hier ist der Körper während jeder Schrittfolge zweimal ohne Stütze: nach dem Aufschlag der Vorder- und nach dem Aufschlag der Hinterbeine

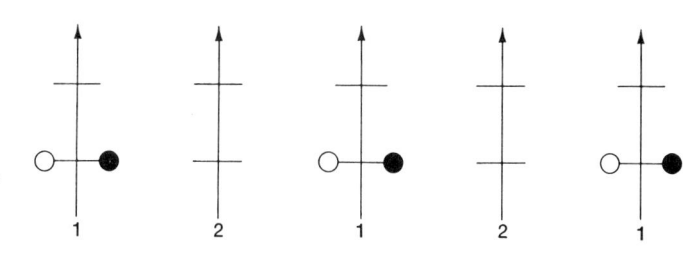

Abb. 13: Trittformel für das Prallen (Rikoschet) (nach Muybridge)

1. Direkte Beobachtung

Beobachten Sie beim Besuch des lokalen Zoos oder eines Wildparks die Gangarten von Säugetieren. Benutzen Sie die Registriermethode von Muybridge (Trittformeln und Stützmuster), um folgende Fragen zu beantworten:
1. Beobachten Sie, welche Gangarten bei einigen Säugetieren am häufigsten vorkommen und versuchen Sie sie bei jedem Tier mit den Erfordernissen seines Lebensraumes in Beziehung zu setzen.
2. Sind bestimmte Gangarten für bestimmte, systematische Gruppen typisch?
3. Setzen Sie die Gangarten zu den darin erreichten Geschwindigkeiten in Beziehung.
4. Vergleichen Sie Arten derselben Familie. Sind Unterschiede in Körpergröße oder -proportionen mit Unterschieden in der Gangart verbunden?

2. Filmbildanalyse

Beschaffen Sie sich Filme, die verschiedene, sich bewegende Tiere zeigen, wenn möglich in Zeitdehnung. Analysieren Sie sie Bild für Bild mit Hilfe eines Moviskops oder eines Einzelbildprojektors.
1. Zeichnen Sie Gangdiagramme derselben Tierart bei verschiedenen Geschwindigkeiten.
2. Errechnen Sie für mehrere Arten Gangformeln bei verschiedenen Geschwindigkeiten.

Falls Filme nicht zur Verfügung stehen, untersuchen Sie die Gangart im Tierhandel erhältlicher Kleinsäuger.

Literatur

Gray, J.: How animals move. Cambridge University Press, Cambridge. 1953.
Hildebrand, M.: How animals run. Sci. Amer. 202, 148–157 (1960).
– Symmetrical gaits of horses. Science 150, 701–708 (1965).
– Analysis of the symmetrical gaits of Tetrapods. Folia Biotheor. 6, 9–22 (1966).
Hinde, R. A.: Das Verhalten der Tiere. 2 Bände. Suhrkamp, Frankfurt. 1973.
Holst, E. von: Über die relative Koordination bei Arthropoden. Pflüg. Arch. 246, 847–865 (1943).
Hughes, G. M.: The co-ordination of insect movements. I. The walking movements of insects. J. Exper. Biol. 29, 267–284 (1952).
– The co-ordination of insect movements. II. The effect of limb amputation and the cutting of commissures in the cockroach (*Blatta orientalis*). J. Exper. Biol. 34, 306–333 (1957).
Kaestner, A.: Lehrbuch der Speziellen Zoologie, Teil I, 5. Lief. Fischer, Jena und Stuttgart. 1963.
Muybridge, E.: Animals in motion. Chapman and Hall, London. 1925.
Walther, F.: Mit Horn und Huf. Parey, Hamburg. 1966.
Wendler, G.: Ein Analogmodell der Beinbewegungen eines laufenden Insekts. Kybernetik (Beih. zu Elektron. Rechenanlagen) 18, 67–74 (1968).
Wilson, D. M.: Insect walking. Ann. Rev. Entomol. 11, 103–122 (1966).

Filme

Leyhausen, P.: *Elephas maximus* – Trab. Encyclopaedia cinematographica E 60. Göttingen. 1952 und 1954.
– *Elephas maximus* – Schritt II. Encycl. cin. E 86. Göttingen. 1954.
– *Lama huacanus* – Galopp. Encycl. cin. E 2. Göttingen. 1952.
– *Lama huacanus* – Schritt. Encycl. cin. E 59. Göttingen. 1954.
– *Rhinoceros unicornis* – Schritt. Encycl. cin. E 306. Göttingen. 1959.
– *Rhinoceros unicornis* – Trab. Encycl. cin. E 307. Göttingen. 1959.
– *Rhinocerus unicornis* – Galopp. Encycl. cin. E 308. Göttingen. 1959.

4. Der Flug der Insekten

JOHN A. KING

Michigan State University, East Lansing

Die Flugeigenschaften von Insekten stellen viele Fragen, darunter auch hochkomplizierte, aerodynamische Probleme. In der folgenden Übung lernen Sie dadurch, daß Sie ein Insekt auf einen Beobachtungsraum beschränken, einige Flugmerkmale kennen.

Zunächst untersuchen Sie einige Flugparameter: Reize, die den Flug auslösen, Flugdauer, Flugrichtung, Flugtypen und schließlich Reize, die den Flug beenden.

Die Versuchsanordnung gestattet anschließend die Untersuchung optischer oder olfaktorischer Reize und möglicher Lernleistungen bei einem sich schnell bewegenden Insekt.

A. Material

Jedes beliebige flugfähige Insekt, zunächst jedoch eine Stubenfliege *(Musca)*. Nylonfaden (aus einem Nylonstrumpf) von ungefähr 50 cm Länge. Nagellack, Modellbauleim oder irgendein schnelltrocknender Klebstoff. Eine Aufhängevorrichtung; in Reichweite des Fadens sollen sich keine Gegenstände befinden.

Für bestimmte Versuche kann die Aufhängevorrichtung modifiziert werden. Im Idealfall besteht sie aus einem festen, von der Decke herabstehenden Stab, an dessen freiem Ende der Nylonfaden befestigt ist. Ein ungemustertes Papier oder Tuch umgibt den Stab im Abstand von etwas mehr als Fadenlänge. Der Stab bietet einen minimalen Landeplatz für die Fliege, das Papier erzeugt ein einheitliches Gesichtsfeld. Der Papierzylinder (Höhe und Durchmesser ungefähr 1 m) sollte etwa 30 cm über das freie Stabende hinausragen; er kann auf dem Boden oder einem niedrigen Tisch stehen, damit die Kursteilnehmer die Fliege leicht von oben beobachten können (Abb. 14).

Nehmen Sie eine lebhafte, gesunde Stubenfliege und halten sie mit einer Hand am Körper oder an den Beinen fest. Geben Sie dann einen sehr kleinen Tropfen Klebstoff auf den Thorax der Fliege; achten Sie darauf, daß keinesfalls Klebstoff an die Flügel gerät. Halten Sie dann das Ende des Nylonfadens in den Klebstoff und lassen ihn trocknen. Die Fliege ist dann am Faden befestigt und kann transportiert werden, indem man den Faden am andern Ende anfaßt. Das freie Ende des Fadens befestigt man am freien Ende des Aufhängestabes; damit ist die einfache Versuchsanordnung fertig.

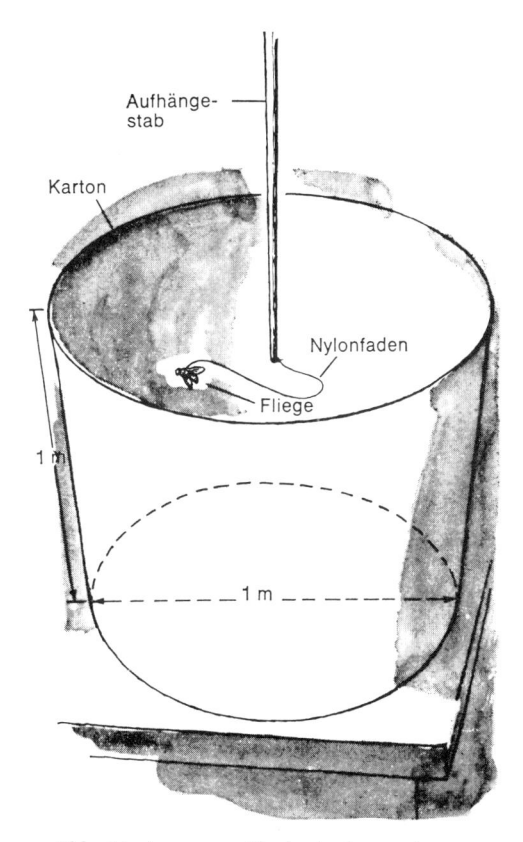

Abb. 14: Arena zur Flugbeobachtung einer Fliege

B. Methode

Flugauslösung. Das Versuchstier fliegt, sobald es aufgehängt ist. Nehmen Sie ein kleines Stück Tuch oder leichtes Papier und halten es der Fliege unter die Füße. Hört sie auf zu fliegen? Hält sie sich am Papier fest? Läuft sie, das heißt, bewegen sich ihre Füße über das Papier? Entfernen Sie das Papier und bringen es mehrfach wieder unter die Füße der Fliege. Welche Beziehung besteht zwischen Flug und Tarsenkontakt mit der Unterlage?

Flugdauer. Wie lange fliegt die Fliege bei Fehlen einer Unterlage? (Verwenden Sie nach Möglichkeit eine Stoppuhr.) Wieviel Zeit verstreicht zwischen einem Flug und Bewegungslosigkeit am Ende des Fadens? Welcher physiologische Mechanismus könnte das Einstellen des Fluges erklären?

Flugmuster. Registrieren Sie die Flugrichtung. Wie oft in der Minute ändert die Fliege die Richtung? Wie lange fliegt sie im selben Quadranten der Kreisbahn? Wie oft fliegt sie höher als das Ende des Stabes reicht? Fliegt sie mit straffem Faden bis zur Ermüdung in einer Richtung?

Optische Orientierung. Stellen Sie aus einer Scheibe von 2,5 cm Durchmesser, deren Farbe mit dem Hintergrund kontrastiert, eine Landefläche für die Fliege her, indem Sie die Scheibe an einem dünnen Stab befestigen und in Reichweite der Fliege halten. Fliegt sie auf die Scheibe zu? Wenn ja, wie landet sie? Halten Sie die Scheibe in die Flugbahn der Fliege, um sie zum Landen zu veranlassen. Entfernen Sie die Scheibe mehrmals und bieten sie erneut an. Bewegen Sie dann die Scheibe aus der Flugbahn heraus. Folgt die Fliege der Landefläche? Hat sie gelernt, die Scheibe als Landefläche zu erkennen? Prüfen Sie andere optische Reize (Spiegel, Blitzlicht, Streifenmuster) und stellen Sie fest, ob sich die Fliege danach orientiert. Wiederholen Sie die Ergebnisse mit anderen, verfügbaren Insekten wie Libellen, Bienen, Wespen oder Schwebfliegen.

Literatur

Dethier, V. G.: The physiology of insect senses. Wiley, New York. 1963.

Hyzer, W. G.: Flight behavior of a fly. Science **137**, 609–610 (1962).

Nachtigall, W.: Die Kinematik der Schlagflügelbewegungen von Dipteren. Methoden und analytische Grundlagen zur Biophysik des Insektenflugs. Z. vergl. Physiol. **52**, 155–211 (1965).

– Elektrophysiologische und kinematische Untersuchungen über Start und Stop des Flugmotors von Fliegen. Z. vergl. Physiol. **61**, 1–20 (1968).

– Gläserne Schwingen. Moos, Gräfelfing. 1968.

5. Optische Orientierung bei Fliegenlarven

J. Jennings und T. H. Clack jr.

University of Montana, Missoula

Die meisten Insekten reagieren auf Reizung durch Licht, einige positiv, andere negativ. Bei manchen Insekten löst das Licht lediglich eine Bewegung aus, bei anderen dient es zur Orientierung der Bewegung.

Eine gerichtete Bewegung in Reaktion auf eine Lichtquelle bezeichnet man als Phototaxis, eine Reaktion, an der ein einzelner Photorezeptor beteiligt ist, als Photoklinotaxis. In der folgenden Übung beobachten Sie die Reaktion von Schmeißfliegenlarven *(Calliphora)* auf eine oder zwei gleichzeitige Lichtquellen, die in verschiedener Weise angeordnet sind, ferner auf Lichter unterschiedlicher Stärke und Farbe. Nach Abschluß der Beobachtungen benutzen Sie die Literaturhinweise, um festzustellen, welche Reaktionstypen die Schmeißfliegenlarven gegenüber Licht zeigen.

A. Reaktion auf einen einzelnen Lichtstrahl

Benötigt werden schwarzer Karton und Lampen; besonders geeignet sind Mikroskopleuchten mit Irisblende. Setzen Sie die Larve nahe am Rand auf den Karton und stellen Sie die Lichtquelle 20–30 cm von der Larve entfernt in einem Winkel von etwa 30° zur Waagerechten auf. Schalten Sie dann das Licht ein und beobachten Sie das Verhalten der Larve; lassen Sie das Licht an, bis die Larve vom Papier heruntergekrochen ist. Welche Richtung zur Lichtquelle hat sie eingeschlagen? Die Schmeißfliegenlarve besitzt funktionell gesehen nur einen Photorezeptor. Überlegen Sie, mit Hilfe welches Mechanismus sie sich nach der Lichtquelle orientiert.

B. Reaktion auf alternierende Lichtstrahlen

Bringen Sie zwei Lampen so an, daß sich ihre Strahlen in der Mitte des Kartons rechtwinkelig kreuzen. Setzen Sie die Larve bezüglich der einen Lampe an dieselbe Stelle wie unter A. Schalten Sie die betreffende Lampe ein und lassen sie brennen, bis sich die Larve einige Zentimeter oder bis in die Mitte der Kartonunterlage gerichtet fortbewegt hat. Schalten Sie dann die erste Lampe aus und die zweite ein; lassen Sie sie brennen, bis die Larve einen Rand des Kartons erreicht hat. Zeichnen Sie den Laufweg auf und achten Sie dabei besonders auf jeden Richtungswechsel beim Aus- bzw. Einschalten der Lampen.

C. Reaktion auf kurzfristig eingeschaltetes Licht

Setzen Sie die Larve in die Mitte des Kartons. Wenn sie den Vorderkörper nach einer Seite schwingt, schalten Sie das Licht von oben ein und wieder aus, ehe das Vorderende zur anderen Seite schwingt. Schalten Sie jedes Mal, wenn die Larve ihren Vorderkörper nach dieser einen Seite schwingt, das Licht kurz ein. Wenn Sie diesen Vorgang variieren, können Sie unterschiedliche Laufrichtungen auslösen.

D. Reaktion auf zwei Lichtstrahlen

Bringen Sie die Lampen so an, daß sich ihre Strahlen rechtwinklig an einem Punkt schneiden, der auf einer Diagonalen der quadratischen Kartonunterlage liegt, möglichst um ungefähr ein Viertel der Diagonalen von einer Ecke entfernt. Setzen Sie die Larve in die Nähe dieser Ecke. Schalten Sie dann gleichzeitig beide Lampen ein und beobachten Sie das Verhalten der Larve aus der Nähe. Wenn sie sich gerichtet 10–12 cm fortbewegt hat, schalten Sie die Lampen aus, entfernen die Larve und ändern die Anordnung der Lampen. Eine lassen Sie an der alten Stelle, die andere setzen Sie weiter weg, aber so, daß sich beide Strahlen am selben Punkt wie vorher kreuzen. Registrieren Sie nach Einschalten der Lampen wieder sorgfältig das Verhalten der Larve, besonders jede Abweichung vom erst eingeschlagenen Weg. Dann schalten Sie die Lampen wieder aus, entfernen die Larve und bringen nun die zweite Lampe in die gleiche Entfernung wie die vorher versetzte. Beobachten Sie nach Einschalten der Lampen wieder genau den Weg des Tieres.

Wiederholen Sie den Versuch mit den obigen Lampenanordnungen fünf- oder sechsmal. Ermitteln Sie für jede der drei Lampenanordnungen den durchschnittlichen Weg und vergleichen Sie diese Durchschnittswege.

Gelegentlich richtet sich die Larve während der Anfangsorientierung gerade auf eine Lichtquelle aus und kriecht dann direkt auf das Licht zu. Um diesen Vorgang zu verstehen, vergleichen Sie mit der bei Fraenkel und Gunn dargestellten Untersuchung von Loeb. Wenn Ihr Versuchstier von Anfang an keine Reaktion zeigt, steht es vielleicht vor der Verpuppung und muß ersetzt werden. Wird die Larve während der Versuche inaktiv, hat sie sich vielleicht an den Lichtreiz gewöhnt. Eine zehnminütige Dunkelhaltung wird die Aktivität meist wiederherstellen.

E. Weitere Untersuchungen

Die Lichtreaktion der Fliegenlarven ist zuverlässig genug, um zur Feststellung anderer Reaktionsleistungen verwendet zu werden. Die taktische Reaktion kann z.B. als Anzeiger dafür benutzt werden, ob Lichter verschiedener Frequenz dem Tier gleich hell erscheinen. Das hat nichts mit Farbensehen zu tun, die Frage ist vielmehr, ob die Larve verschiedenen Wellenlängen mit gleicher Intensität zu entkommen versucht.

Benötigt wird rotes, blaues und grünes Cellophan. Falls verfügbar, kann man noch weitere Farben benutzen. Das Cellophan dient als Farbfilter. Die Versuchsanordnung ist die gleiche wie im ersten Teil von Versuch D (s. o.). Bei 3 Farben und 2 Lampen kann man 6 verschiedene Farbkombinationen erzielen. Überzeugen Sie sich mit Hilfe eines Belichtungsmessers, daß die Farblichter physikalisch von gleicher Intensität sind. Benutzen Sie farbloses Transparentpapier zur Angleichung der Intensitäten, wenn Korrekturen notwendig sind.

Welchen Weg bezüglich der beiden gekreuzten Lichtstrahlen würde nach Ihrer Erwartung die Larve nehmen, wenn beide Farblichter gleich abschreckend wären? Was können Sie nach dem Versuch über die abschreckenden Eigenschaften der beiden Farben sagen?

Wiederholen Sie Versuch C, um festzustellen, wie leicht sich die Larve an Licht gewöhnt. Dehnen Sie ihn sehr viel länger aus und registrieren Sie jede Abnahme in der Reaktionsbereitschaft des Tieres gegenüber Licht. Wie lange dauert die Erholungsphase im Anschluß an die Gewöhnung? Die Frage der Gewöhnung wird unter anderem diskutiert bei Thorpe und Tembrock.

F. Fragen

1. Fassen Sie zusammen, wie sich die Schmeißfliegenlarve nach Licht orientiert.
2. Wie bezeichnet man diesen Typ der optischen Orientierung?
3. Was nützt diese Orientierungsweise der Larve unter natürlichen Bedingungen?
4. Welche Bedingungen bezüglich Reiz und Rezeptor müssen bestehen, um eine thermische und eine chemische Klinotaxis zu ermöglichen?
5. Inwiefern beweist die Orientierung des Versuchstieres zwischen zwei Lampen, daß seine Phototaxis von äußeren Reizen gesteuert wird?
6. Weist das taktische Verhalten des Tieres auf die Existenz einer Art von Gedächtnis hin?
7. Was macht die Larve beim Abbiegen des Vorderkörpers? (Sie täte es nicht, wenn ihr Photorezeptor wie ein Tischtennisball auf einem Zahnstocher säße.)
8. Welche Änderung in Bau oder Leistung der Sinnesorgane der Schmeißfliegenlarve könnte die Notwendigkeit überflüssig machen, den Vorderkörper hin- und herzuschwingen?

G. Lichtorientierung bei anderen Tieren

Wir haben die Photoklinotaxis untersucht. Andere Orientierungsreaktionen auf Licht sind Tropo-, Telo- und Menotaxien, ferner Ortho- und Klinokinesen. Die Veröffentlichungen von Kühn, Jander, Carthy und Fraenkel und Gunn liefern Erklärungen für diese Orientierungsweisen. Fast jede Arthropodenart ist zur Untersuchung geeignet; prüfen Sie sowohl terrestrische wie aquatische Formen. Leicht zu beschaffen sind z. B. *Artemia*, *Daphnia* und *Tenebrio*. Inwieweit sind diese Orientierungsweisen der Umgebung angepaßt, in der das jeweilige Tier lebt?

Literatur

Carthy, J. D.: An introduction to the behaviour of invertebrates. Allen & Unwin, London. 1958.
Dethier, V. G.: The physiology of insect senses. Wiley, New York. 1963.
Fraenkel, G. S. und Gunn, D. L.: The orientation of animals. Dover, New York. 1961.
Jander, R.: Die optische Richtungsorientierung der Roten Waldameise *(Formica rufa)*. Z. vergl. Physiol. 40, 162–238 (1957).
– Insect orientation. Ann. Rev. Entomol. 8, 95–114 (1963).
– Die Phylogenie von Orientierungsmechanismen der Arthropoden. Zool. Anz. Suppl. 29, 266–306 (1966).
Kühn, A.: Die Orientierung der Tiere im Raum. Fischer, Jena. 1919.
Loeb, J.: Die Tropismen. Handb. vergl. Physiol. 4 (1913).
Thorpe, W. H.: Learning and instinct in animals. Harvard Univ. Press, Cambridge. 1963.

6. Pheromone und Spurlegen bei Ameisen

WALTER W. KANZLER

Wagner College, Staten Island

Pheromone (vor 1959 Ektohormone genannt) sind von einem Tier sezernierte, chemische Substanzen, die das Verhalten von Artgenossen beeinflussen – entweder direkt, indem sie das Zentralnervensystem zu einer sofortigen Verhaltensänderung veranlassen (Auslöser-Wirkung), oder indirekt durch Veränderung eines Systems langfristiger, physiologischer Bedingungen, so daß das Verhalten des Empfängers sich später auf zusätzliche Reize hin ändert («Primer»-Wirkung).

Kommunikation durch Pheromone kann gut am Spurlegen von Ameisen veranschaulicht werden. In diesem Fall bewirken die Pheromone einen einfachen Auslöser-Effekt. Die Spursubstanzen werden je nach Art in verschiedenen Drüsen produziert. Bei vielen Formen sind sie in einer Rektalampulle vorhanden, z. B. bei den für diese Übung geeigneten, mitteleuropäischen Gattungen *Lasius*, *Formica* und *Myrmica* (s. Hangartner). Die Bestimmung der Ameisen kann nach Stitz erfolgen. Für den Versuch werden entweder Ameisennester im Freien oder Kunstnester benutzt.

Präparieren Sie unter Benutzung von Präparierschale (mit Wachs gefüllte Petrischale), Binokular und Mikropräpariergeräten (Rasierklingensplitter in Reißfeder), die Rektalampullen aus Arbeiterinnen heraus. Zehn Ampullen auf 0,1 ml Aqua dest. ergeben eine geeignete Standardlösung. Wenn die Präparation zu schwierig erscheint, können Sie zur Erzeugung einer Spur auch die Gaster frisch getöteter Ameisen auf dem Boden reiben. Die Standardlösung wird mit einem feinen Pinsel oder einem Zahnstocher aufgetragen. Beginnen Sie am Ameisennest und ziehen Sie auf dem Boden eine gerade Linie ungefähr 20 cm vom Nest weg.

1. Wie viele Arbeiterinnen werden von dieser künstlichen Spur angezogen?
2. Wie lange dauert es, bis die Spur verdunstet?
3. Versuchen Sie dasselbe Experiment mit Spuren verschiedener Form und Länge. Schreiben Sie Ihre Beobachtungen auf. Ziehen Sie eine Spur von 20 cm Länge und setzen Sie an das nestabgewandte Ende einige Tropfen Zuckerlösung.
4. Warum finden die Ameisen den Ort der Zuckerlösung noch lange Zeit, obwohl diese künstliche Spur vermutlich in ungefähr der gleichen Zeit verdunstet wie die künstliche Spur, die nicht zu einer Nahrungsquelle führte? Das folgende Experiment kann dazu einen Anhaltspunkt geben. Setzen Sie 20 cm vom Nest entfernt einige Tropfen Zuckerlösung ab. Zwischen Zuckerlösung und Nest legen Sie ein Stück Papier auf den Boden. Nachdem die erste Ameise den Zucker gefunden hat und zum Nest zurückgelaufen ist, um andere Ameisen zu alarmieren, drehen Sie das Papier um 35° nach rechts oder links von der Zuckerlösung weg.
5. Was geschieht, wenn die Ameisen aus dem Nest kommen? In welche Richtung laufen sie? Warum?
   Tropfen Sie 20 cm vom Nest entfernt etwas Zuckerlösung auf den Boden. Legen Sie wieder ein Blatt Papier zwischen Nahrung und Nest. Sobald sich ein ständiger Strom von Ameisen zwischen Nest und Futter gebildet hat, entfernen Sie das ursprüngliche Papier und ersetzen es durch ein neues. Beobachten Sie das Verhalten der von der Nahrungsquelle zurückkehrenden und der aus dem Nest kommenden Ameisen.
6. Beschreiben Sie das Verhalten der Ameisen, wenn Sie mit einer verlorengegangenen Spur konfrontiert sind.
7. Wie lange dauert es, bis die Spur wieder deutlich angelegt ist? Lackieren Sie die Antennen einer Ameise und setzen Sie sie auf eine künstliche Spur.
8. Findet sie die Spur und folgt ihr?
9. Was besagt dies über die vermutliche Lage der Geruchsorgane bei dieser Ameise?

Literatur

Goetsch, W.: Untersuchungen über die Zusammenarbeit im Ameisenstaat. Z. Morph. Ökol. Tiere **28**, 319–401 (1934).
– Die Staaten der Ameisen. Springer, Berlin. 1937.
Hangartner, W.: Spezifität und Inaktivierung des Spurpheromons von *Lasius fuliginosus* Latr. und Orientierung der Arbeiterinnen im Duftfeld. Z. vergl. Physiol. **57**, 103–136 (1967).
Illies, J.: Wir beobachten und züchten Insekten. Franckh, Stuttgart. 1956.
Karlson, P.: Pheromone. Ergebn. Biol. **22**, 212–225 (1960).
Maidl, F.: Lebensgewohnheiten und Instinkte der staatenbildenden Insekten. Wagner, Wien. 1934.
Stitz, H.: Ameisen oder Formicidae. In F. Dahl: Die Tierwelt Deutschlands und der angrenzenden Meeresteile, **37**. Fischer, Jena. 1939.
Wheeler, W. M.: Ants: their structure development and behavior. Columbia University Press, New York. 1960.
Wilson, E. O.: Pheromones. Sci. Amer. **208**, 100–114 (1963).
– The social biology of ants. Ann. Rev. Entomol. **8**, 345–368 (1963).

7. Formensehen und Werbetänze von Honigbienen

CARL W. RETTENMEYER

Kansas State University, Manhattan

Honigbienen *(Apis mellifera)* ernähren sich fast ausschließlich von Nektar und Pollen. Sie können besser sehen als viele andere Tiere (einschließlich einiger Wirbeltiere) und können Blüten von anderen Teilen der Pflanze an ihren Farben und Formen unterscheiden. Wenn aber einmal eine gute Nektar- oder Pollenquelle gefunden ist, bedarf es zur maximalen Nutzung dieser potentiellen Nahrung eines viel komplizierteren Verhaltens. Eine Sammelbiene muß fähig sein, Informationen über die gefundene Nahrung an andere Bienen im Stock weiterzugeben. Ein rasches Anwerben weiterer Bienen zum Besuch einer Futterquelle ist aus mehreren Gründen wichtig. Andere Honigbienenvölker, viele soziale oder solitäre Wildbienen und andere Insekten konkurrieren um dieselbe Nahrung. Außerdem ist in den meisten Blüten nur während kurzer Zeit Nektar vorhanden; für das Einbringen einer maximalen Futtermenge steht also unter Umständen nur wenig Zeit zur Verfügung.

Honigbienen sehen oder erkennen Formen in ganz anderer Weise als der Mensch. Muster, die wir sehen, können für Bienen schwierig oder überhaupt nicht zu unterscheiden sein. Andere, die für uns gleich aussehen, werden von Bienen mit Leichtigkeit auseinandergehalten. Die folgenden Versuche demonstrieren unter verschiedenen Gesichtspunkten die Fähigkeit der Bienen zur Unterscheidung schwarzweißer Muster. Wenn Ihre Bienen gelernt haben, einen Futtertisch zu besuchen, markieren Sie sie und beobachten, welchen Tanztyp sie im Beobachtungsstock ausführen. Der Tanz der zurückkehrenden Sammlerin zeigt Richtung und Entfernung zwischen Stock und Futterquelle an. Den Futterduft erfahren die anderen Bienen, indem sie die zurückkehrende Sammlerin mit den Antennen berühren oder von ihr mit einer kleinen Portion Nektar gefüttert werden.

Lesen Sie vor Beginn der Übung von Frischs Buch «Tanzsprache und Orientierung der Bienen»; es trägt zu einem besseren Verständnis der Verhaltensweisen bei, die Sie beobachten werden.

A. Ausrüstung

Beobachtungsstock für Honigbienen mit senkrechter Wabe, am besten mit Glasscheiben auf beiden Seiten. Wenn möglich, sollte sich der Stock im Erdgeschoß oder in der ersten Etage eines Gebäudes befinden.

Kleiner Tisch oder Kasten, eine 30 × 40 cm große Platte auf einem Kamerastativ ergibt einen geeigneten, leicht in der Höhe verstellbaren Tisch.

Schnelltrocknender, acetonlöslicher Lack in wenigstens drei Farben. Auch mit trockener Farbe und 100%igem Alkohol gemischter Schellack kann verwendet werden. Spitze Zahnstocher oder in Streichhölzern steckende Insektennadeln zum Aufmalen der Markierungsflecke.

Visierkompaß und 30-m-Bandmaß; wenn letzteres nicht verfügbar ist, kann die Entfernung in Schritten gemessen werden.

Lot oder kleine Wasserwaage, Winkelmesser, Tuschefeder (oder Rapidograph 00) und Wachsstift zum Schreiben auf Glas.

12 Uhrglasschalen (6,5 cm Außendurchmesser, durchsichtiger Boden), am besten mit geschliffenen Rändern.

Honig, Orangenextrakt, 2 Spritzflaschen aus Plastik.

Zeichenschablone zum Herstellen der in Abb. 15 gezeigten Muster.

Schwarzes Papier oder Karton zum Abdecken des Futtertisches; transparentes oder beidseitig klebendes Band zur Befestigung von Papier und Mustern.

2 Glasscheiben, etwa 30 × 40 cm, zum Abdecken des Tisches.

Stoppuhren zum Messen der Tanzdauer.

B. Vorbereitende Dressur

Honigbienen lernen die Lage einer guten Futterquelle leicht; es kann aber schwierig sein, ihnen das Honigsammeln aus Uhrglasschalen anzudressieren, wenn sich in der Nähe viele ausgezeichnete Nektarquellen befinden. Die Dressur gelingt am ehesten an klaren, ruhigen, warmen Vormittagen im Vorfrühling. Zwecks rascher Anfangsdressur sollte der Futtertisch möglichst nah am Stockeingang stehen. Wenn die Bienen am Morgen den Stock verlassen, werden sie in der Regel anhalten und saugen, wenn am Eingang einige Tropfen Honiglösung angebracht sind. Verdünnter Honig (ein oder zwei Teile destilliertes Wasser) ist attraktiver als Zuckerwasser. Fügt man ein oder zwei Tropfen Orangenextrakt hinzu, nimmt die Honiglösung einen deutlichen Orangengeruch an, den die Bienen erkennen und mit dem Dressurtisch assoziieren können.

Ein Tropfen mit Honig, der den Bienen vorgehalten wird, führt sie zum Rand eines Uhrglases, das mit demselben Honig gefüllt ist. Wenn zwei oder drei Bienen auf dem Uhrschälchen sitzen, stellt man es auf den Tisch. Diese Bienen finden leicht den Weg zum Stock zurück; Sie müssen aber unter Umständen 10 bis 20 Uhrschälchen zum Tisch tragen, bis die Bienen diesen anfliegen. Wenn die Bienen den Tisch ohne Unterbrechung besuchen, versetzen Sie ihn in Abständen von 1–1,5 m, bis er schließlich wenigstens 90 m vom Stock entfernt ist. Setzen Sie jedesmal, wenn der Tisch versetzt wird, ein Honigschälchen dorthin, wo der Tisch gestanden hat. Nach und nach entfernen Sie, wenn die Bienen auch die weiteren Punkte besuchen, die dem Stock am nächsten gelegenen Schälchen. Die endgültige Aufstellung des Tisches sollte an einem sonnigen Platz geschehen, von dem aus Sie den Stock sehen oder seine Lage genau mit dem Kompaß orten können. Stellen Sie den Tisch nicht so auf, daß die Bienen vom Stock zur Futterquelle entlang einer durchgehenden Landmarke fliegen können (z.B. Straße, Seeufer oder Waldrand). Vermeiden Sie, während der Versuche zwischen Stock und Futtertisch zu stehen und gehen Sie nicht mehr als notwendig in der Nähe des Tisches herum.

Wenn sich in der Nähe weitere Bienenstöcke befinden, lockt der Honig unter Umständen mehr fremde Bienen als Bienen aus dem Beobachtungsstock an. Bienen aus anderen Völkern sind meist an ihrer Flugrichtung zu erkennen; sie unterscheiden sich von denen des Beobachtungsstockes vielleicht auch in der Färbung. Diese fremden Bienen sollten getötet werden, sobald sie an der Futterstelle erscheinen. (Im späteren Verlauf des Versuches werden die meisten Bienen markiert und leichter zu erkennen sein.)

Wenn die Bienen einen oder mehrere Tage lang darauf dressiert sind, den Tisch in der Nähe des Beobachtungsstockes zu besuchen, kann der eigentliche Versuch mit 2–8 Teilnehmern in vier Stunden durchgeführt werden. Wird der gesamte Versuch an einem einzigen Tag durchgeführt, sollte das vorbereitende Anfüttern wie nachfolgend beschrieben auf den Mustern vorgenommen werden. Bei Gruppen mit mehr als 20 Teilnehmern kann man zwei um mindestens 30° auseinanderliegende Tische benutzen und

Tabelle 2: Häufigkeit der Besuche der Bienen

Beobachtungs-periode (15 Minuten)	Zeit	Von den Bienen besuchte Muster					
		Weiße Blüte	Schwarze Blüte	Weißes Dreieck	Schwarzes Dreieck	Weißes Quadrat	Weißer Kreis
1							
2							
3							
4							
5							
6							
7							
8							
9							
10							
11							
12							
	Summe %						

die Bienen entweder auf dieselben oder auf andere Muster dressieren. Es können am gleichen Ort auch zwei oder mehr Beobachtungsstöcke benutzt werden.

C. Musterdressur

Zeichnen Sie die sechs in Abb. 15 gezeigten Muster mit Tusche auf weißen Karton und schneiden Sie die Kreise aus. Nachdem die Bienen darauf dressiert sind, einen wenigstens 90 m vom Beobachtungsstock entfernten Futtertisch zu besuchen, verteilen Sie auf dem Tisch die sechs Muster gleichmäßig auf schwarzem Papier, bedecken sie mit einer Glasplatte und stellen auf jedes Muster ein Uhrschälchen. Die Schälchen a, c und e füllen Sie mit verdünntem Honig, die übrigen mit destilliertem Wasser. Parfümieren Sie beide Flüssigkeiten mit einigen Tropfen Orangenextrakt, um die Möglichkeit zu verringern, daß die Bienen den Honig nach dem Duft statt durch Wiedererkennen der Muster finden.

Bestimmen Sie in aufeinanderfolgenden 15-Minuten-Perioden für jedes Muster die Gesamtzahl der anfliegenden Bienen (Tab. 2). Für eine sorgfältige Registrierung brauchen Sie bei zunehmender Aktivität unter Umständen 2–4 Personen. Registrieren Sie nur jene Bienen, die in der Nähe einer Schale landen oder daraus trinken. Bienen, die über einer Schale schweben, ohne dort zu landen, zählen Sie nicht mit. Füllen Sie Honig und Wasser nach und ersetzen

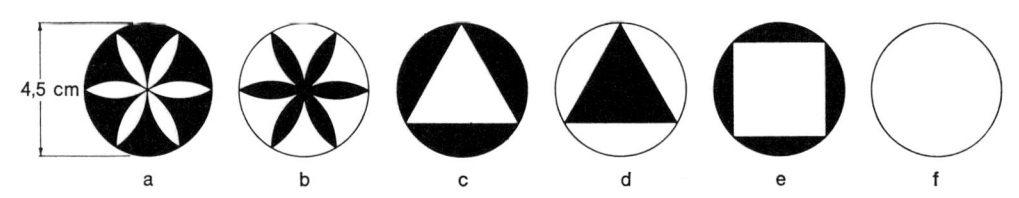

Abb. 15: Muster zur Prüfung des Formensehens bei Bienen

Formensehen und Werbetänze von Honigbienen 23

Tabelle 3: Reaktion der Bienen auf Muster bei Fehlen von Futter

Beobachtungs-periode (30 Sekunden)	Zeit	Weiße Blüte			Schwarze Blüte			Weißes Dreieck			Schwarzes Dreieck			Weißes Quadrat			Weißer Kreis		
		S	L	T	S	L	T	S	L	T	S	L	T	S	L	T	S	L	T
1																			
2																			
3																			
4																			
5																			
6																			
7																			
8																			
9																			
10																			
11																			
12																			
13																			
14																			
15																			
	Summe %																		

S: Schweben über der Schale; L: Landen auf oder neben der Schale; T: Trinken. Die Angaben der Besuche in % beziehen sich auf die Summe der 3 Gruppen (S, L und T) für die 6 Muster.

Sie die Abdeckscheibe, sobald sie schmutzig wird, durch eine saubere. Ändern Sie alle 30–60 Minuten die Anordnung der Muster und der zugehörigen Futterschälchen. Setzen Sie das Füttern mindestens eine Stunde, am besten zwei bis drei Stunden fort.

D. Versuch zum Mustererkennen und Lernen

Das Sammeln der Versuchsdaten dauert 5–15 Minuten. Wenn die Schwänzeltänze am selben Tag untersucht werden, kann der Versuch zum Mustererkennen auch nach den Tanzversuchen durchgeführt werden. Nachdem die Bienen 1–3 Stunden lang mit Honig gefüttert wurden (s. o.), ersetzen Sie die Glasplatte und wechseln alle Futterschälchen gegen neue, *saubere* aus, die destilliertes Wasser mit Orangenduft enthalten. Notieren Sie, wann die Wasserschalen aufgestellt wurden und registrieren Sie danach alle

30 sek. die Zahl der Bienen, die 1. jede Schale anfliegen oder darüber schweben, 2. auf oder nahe bei einer Schale landen und 3. aus der Schale trinken (Tabelle 3). Die Beobachter müssen *vorher* angewiesen werden, wie man beobachtet und registriert. Die meisten Werte werden Sie innerhalb der ersten beiden Minuten nach dem Austausch von Honig gegen Wasser erhalten. Sind die Bienen zahlreich, ist es zweckmäßig, die Besuche durch wenigstens 6 Teilnehmer beobachten und registrieren zu lassen. Ermitteln Sie jeweils die Summen für 30-sek.-Intervalle und vergleichen Sie die relative Anzahl auf allen Mustern.

1. Wieviel Prozent der Bienen entfallen auf jedes Muster?
2. Ist damit nachgewiesen, daß die Bienen die Muster, bei denen es vorher Futter gab, erlernt haben?
3. Besuchten die Bienen die Muster, wenn kein Futter vorhanden war, in derselben relativen

Häufigkeit wie vorher, als Futter angeboten wurde?
4. Welche Hypothesen können Sie bezüglich der relativen Attraktivität der Muster aufstellen? Beschreiben Sie, wie man durch ähnliche Versuche diese Hypothesen nachprüfen könnte.

E. Anzeige der Futterrichtung durch den Schwänzeltanz

Wenn die Bienen begonnen haben, den Futtertisch in mindestens 90 m Entfernung vom Stock zu besuchen, beginnen Sie mit ihrer Markierung. Setzen Sie unter Verwendung eines angespitzten Zahnstochers oder eines Stäbchens, in dessen Ende eine Insektennadel steckt, einen Lackfleck (für alle Bienen die gleiche Farbe) von oben auf die Thoraxmitte. Die Punkte sollten etwa die Hälfte der Thoraxbreite einnehmen. Vermeiden Sie unbedingt, Farbe auf die Flügelansätze zu bringen. Während der Markierung bestimmen Sie mit dem Kompaß die Richtung vom Futtertisch zum Stock und zur Sonne. Schauen Sie dabei nicht direkt in die Sonne, sondern visieren Sie den Schatten an, den die Sonne auf den Kompaß wirft. Die Höhe des Sonnenstandes über dem Horizont können Sie vernachlässigen. Da sich die Stellung der Sonne ständig verändert, wird sie am besten alle 10 Min. registriert. Zeichnen Sie wenigstens eine Beobachtungsperiode lang für jede neue Tischstellung ein Diagramm ähnlich Abb. 16, das die Winkel zwischen Stock, Sonne und Futter wiedergibt. Da die Sonne praktisch unendlich entfernt ist, ist ihr Winkel zum Stock derselbe wie der zum Futter. Alle Richtungen werden in ° westlich oder östlich von der Nordrichtung registriert. Dann bestimmen Sie aus dem Diagramm den Winkel, unter dem Sonne und Futtertisch vom Stock aus erscheinen. Es ist der Winkel, der von den Bienen den Stockgenossen mitgeteilt wird. Bestimmen Sie diesen Winkel für jeden registrierten Sonnenstand und geben Sie an, ob sich das Futter rechts oder links von der Sonne befindet.

Während die Bienen markiert werden, zeichnen ein oder zwei Beobachter am Stock außen auf den Glasscheiben die Umrisse des Schwänzeltanzes jeder markierten Biene nach (Abb. 17). Senkrechte Linien können mit Hilfe eines Lotes oder einer Wasserwaage auf das Glas gezeichnet werden; zur Messung des Winkels des Schwänzeltanzes (des relativ geraden Mittelteils der achtförmigen Tanzfigur) wird ein Winkelmesser verwendet. Zeichnen Sie von jedem Tanz auf Papier ein Diagramm und notieren Sie den Zeitpunkt des Tanzes, die Zahl der Schwänzelbewegungen pro Minute und die Markierungsfarbe der Biene.

Nach Beendigung der ersten Markierperiode warten Sie wenigstens 5 Minuten oder so lange, bis die Beobachter am Stock mehrere Winkelablesungen durchgeführt haben. Dann versetzen Sie den Tisch schrittweise in Abständen von

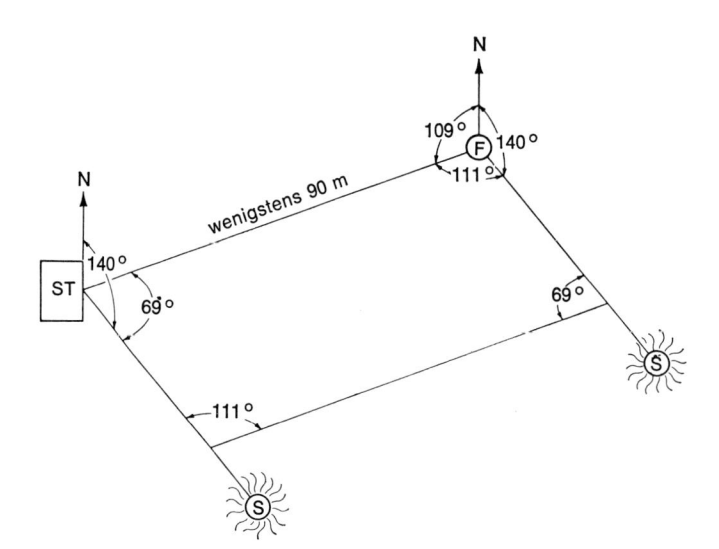

Abb. 16:
Methode der Winkelangabe zwischen Stock, Futter und Sonne (in Grad der Abweichung von der Nordrichtung)

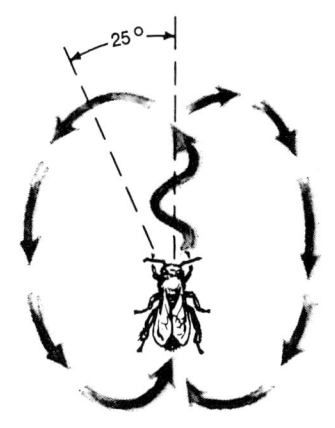

Abb. 17: Messung der Orientierungsrichtung des Schwänzeltanzes (in Grad der Abweichung von der Senkrechten)

1,50 m um 30–40° seitlich vom ersten Standort. Nachdem Sie wenigstens 15 Minuten gewartet haben, bis sich die meisten Bienen an die neue Lage gewöhnt haben, markieren Sie eine weitere Serie von Sammlerinnen mit einer anderen Farbe. Alle schon vorher markierten Bienen, die an diesen zweiten Standort kommen, werden erneut markiert. Am besten setzen Sie die neuen Marken mitten auf den alten Fleck, weil das Anbringen von Farbe auf dem Abdomen Atmung oder Bewegung der Biene beeinträchtigen könnte. Registrieren Sie den Zeitpunkt aller Ortsveränderungen des Tisches, den Winkel zum Stock und (alle 10 Minuten) den Winkel zur Sonne. Wenn die Beobachter am Stock feststellen, daß die Bienen nach verschiedenen Winkeln orientierte Tänze ausführen, warten Sie 15–30 Minuten ohne weitere Versetzung des Tisches. Markieren Sie dann mit einer dritten Farbe alle Bienen, die den Tisch besuchen. Bringen Sie den Tisch, wenn es die Zeit erlaubt, in eine dritte Winkelstellung oder weiter vom Stock weg und wiederholen Sie das ganze Verfahren.
1. Wie wurde das Verhalten der den Tisch besuchenden Bienen durch die Versetzung beeinflußt? Wie genau waren die Bienen im Wiederauffinden der Futterquelle und in der Mitteilung von Entfernung und Richtung des Futters an andere Bienen?
2. Wie hängt die Futterrichtung mit der Tanzrichtung zusammen? In welcher Richtung befindet sich das Futter, wenn der Schwänzeltanz auf der Wabe senkrecht nach oben verläuft? In welcher Richtung liegt das Futter, wenn der gerade Lauf um 45° nach rechts von der Senkrechten abweicht? Diskutieren Sie anhand Ihrer Winkelmessungen die Genauigkeit dieser Methode, eine Richtung mitzuteilen.
3. Wie lange brauchte eine Biene für einen vollständigen Rundflug vom Stock oder vom Futtertisch aus? Wie schnell erfolgte die Anwerbung anderer Bienen? Welche Beweise gab es dafür, daß einige Bienen von anderen Völkern als dem Beobachtungsvolk kamen?
4. Nehmen Sie an, die Futterquelle ist eine Gruppe von Blumen, die zu blühen beginnen und nur einen Tag lang Nektar erzeugen. Erörtern Sie, wie die Geschwindigkeit des Auffindens dieser Trachtquelle durch die Kundschafterinnen und die Geschwindigkeit des Sammelns und Anwerbens in Beziehung zur Nektargewinnung und zur Konkurrenz mit anderen Völkern stehen.
5. Wie erhalten andere Bienen die Information über Entfernung, Richtung und Duft der Futterquelle, wenn eine zurückkehrende Sammelbiene im Stock tanzt?

F. Weitere Untersuchungen

Die obigen Untersuchungen beschränken sich auf die Fähigkeit der Bienen, schwarzweiße Muster zu unterscheiden und Informationen über die Lage von Futterquellen weiterzugeben. Bienen können außerdem verschiedene Farben, Gerüche und Stoffkonzentrationen (z. B. bei Zuckern) unterscheiden. Auch verfügen sie über einen Zeitsinn. Es ist relativ einfach, sich Versuchsanordnungen zum Nachweis dieser Reaktionen der Bienen auszudenken. Die angeführten Arbeiten, besonders das Buch von Frisch, können dabei zu Rate gezogen werden.

Literatur

Carthy, J. D.: An introduction to the behavior of invertebrates. Allen & Unwin, London. 1958.
Esch, H.: Über die Schallerzeugung beim Werbetanz der Honigbiene. Z. vergl. Physiol. **45**, 1–11 (1961).
– Beiträge zum Problem der Entfernungsweisung in den Schwänzeltänzen der Honigbiene. Z. vergl. Physiol. **48**, 534–546 (1964).

– The evolution of bee language. Sci. Amer. **216**, 96–102 (1967).
Frisch, K. von: Der Farben- und Formensinn der Bienen. Zool. Jb. Abt. allgem. Zool. Physiol. **35**, 1–188 (1915).
– Aus dem Leben der Bienen. 6. Aufl. Springer, Berlin, Heidelberg. 1959.
– Tanzsprache und Orientierung der Bienen. Springer, Berlin, Heidelberg, New York. 1965.
Johnson, D. L.: Honey bees: Do they use the direction information contained in their dance maneuver? Science **155**, 844–847 (1967).
Lindauer, M.: Über die Einwirkung von Duft- und Geschmacksstoffen sowie anderer Faktoren auf die Tänze der Bienen. Z. vergl. Physiol. **31**, 348–412 (1948).
– Communication among social bees. Harvard University Press, Cambridge. 1961.
Menzel, R.: Untersuchungen zum Erlernen von Spektralfarben durch die Honigbiene *(Apis mellifica)*. Z. vergl. Physiol. **56**, 22–62 (1967).
Ribbands, C. R.: The behaviour and social life of honeybees. London. 1953.
Thorpe, W. H.: Learning and instinct in animals. Methuen, London. 1963.
Wenner, A. M.: Honey bees: Do they use the distance information contained in their dance maneuver? Science **155**, 847–849 (1967).

8. Wandkontaktsuche bei Mäusen

Lowell L. Brubaker

Case Western Reserve University, Cleveland

Zu den unverkennbaren Merkmalen eines Tieres gehört der Lebensraum, den es aufsucht. Einige Tiere findet man in offener Umgebung, während andere eine Umgebung bevorzugen, die ihnen Deckung gewährt. Jeder, der Mäuse fangen will, wird seine Falle dicht an einer Wand aufstellen, weil die allgemeine Erfahrung lehrt, daß sich die Aktivität dieser Tiere auf geschützte Stellen beschränkt. Tatsächlich haben die Verhaltensforscher lange Zeit von der Neigung oder dem Instinkt dieser Nager gesprochen, Wandkontakt zu suchen. Die folgende Übung wird einige Aspekte dieses Verhaltens demonstrieren. Die Versuche werden auch zeigen, daß ein allem Anschein nach einfaches Verhalten viele Fragen aufwirft, die unter kontrollierten Laborbedingungen erforscht werden können.

Die grundsätzliche Tatsache des Kontaktsuchens an Wänden läßt sich leicht im Kursraum zeigen. Setzen Sie eine Maus *(Mus musculus)* einige Minuten lang in einen Karton. Wahrscheinlich bringt das Tier die meiste Zeit in nächster Nähe der Behälterwand zu und wagt sich nur gelegentlich in die Mitte vor. Die bei einer solchen Demonstration und in den folgenden Versuchen verwendeten Tiere sollten möglichst nicht schon vorher getestet worden sein; die Vorbehandlung könnte das Verhalten beeinflussen. Das Ergebnis der Demonstration im Kasten ist im allgemeinen eindeutig; doch ist eine quantitative Untersuchung des Problems wünschenswert.

Zwei Fragen sollen in dieser Übung beantwortet werden. Die erste betrifft die Quantifizierung der vorhergegangenen Demonstration. Läßt sich für die einfache Beobachtung des Kontaktsuchens der statistische Beweis führen? Neigen Mäuse dazu, den Rand eines Beobachtungskastens aufzusuchen und dort zu bleiben? Anders ausgedrückt, sind die Bewegungen von Mäusen zufällig verteilt oder konzentrieren sie sich auf bestimmte Teile eines Feldes, nämlich auf die Nähe seiner Ränder? Wir versuchen in diesem Experiment also zunächst, eine Hypothese zu erhärten.

Im zweiten Teil der Übung versuchen wir grundsätzliche Befunde zur Deutung des beobachteten Verhaltens zu gewinnen. Der Begriff «Wandkontaktsuche» beschreibt das Verhalten nicht nur, er interpretiert es auch. Er besagt letztlich, daß Wände Mäuse «anziehen»;

Wände *verursachen* die beobachtete, nicht zufällige Verteilung der Bewegung von Mäusen, die in eine neue Umgebung gesetzt werden. Diese ebenfalls eingeschlossene Hypothese kann geprüft werden, indem man die angebliche Ursache der nicht zufallsverteilten Bewegung variiert. Wenn man Mäuse den Versuchsbedingungen «mit Wänden (MW)» und «ohne Wände (OW)» unterwirft, können die in beiden Fällen gezeigten Verhaltensweisen verglichen werden. Daraus müßte sich ergeben, ob wirklich Wände notwendig sind, um die als Wandkontaktsuche bezeichnete, nicht zufallsverteilte Bewegungsverteilung auszulösen.

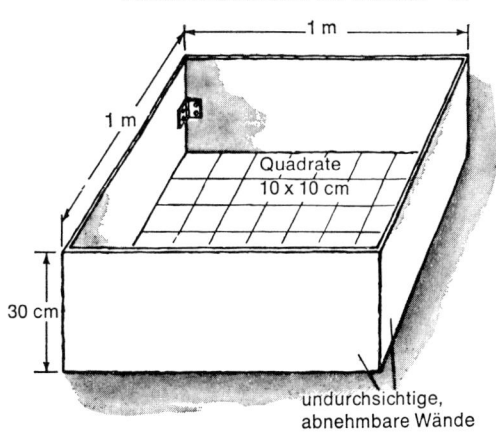

Abb. 18: Versuch mit Wänden

A. Material

Ein Versuchsbehälter von 80 × 80 cm ist am besten für diese Untersuchung geeignet (Abb. 18); die Wände des Kastens müssen wenigstens 30 cm hoch und abnehmbar sein, damit man, wenn das Experiment es erfordert, eine wandlose Platte erhält (Abb. 19). Diese Einrichtung erlaubt auch nach jedem Versuch eine bequeme Reinigung des Bodens. Den Kasten stellt man auf eine erhöhte Fläche, z. B. auf einen Tisch mit kleineren Ausmaßen als der Kastenboden, damit der Rand des Feldes eine echte Begrenzung darstellt und nicht bloß einen Schritt tiefer zu einem größeren Feld führt. Die Mäuse springen bei Abnahme der Wände nicht von der Fläche herab. Auf den Boden des Kastens zeichnet man ein Gitter, das das Feld in 64 Quadrate einteilt.

B. Reaktion auf periphere Wände

1. Methode

Die Kursteilnehmer werden in zwei Gruppen geteilt. Beide Gruppen gehen in derselben Weise vor, die eine benutzt jedoch die Bedingung MW, die andere die Bedingung OW.
Jede Gruppe sollte wenigstens zehn Mäuse verwenden. Jedes Tier wird einzeln 5 Minuten in der Apparatur getestet. Lassen Sie die Hälfte der Tiere in der Mitte des Kastens frei, die andere Hälfte in der Nähe der Wand bzw. des Randes. Registrieren Sie die Bewegungen der Maus folgendermaßen: notieren Sie alle 2 Sekunden nach dem Schlag eines Metronoms oder einem auf Band genommenen Piepton auf einem Registrierblatt mit 64 Quadraten den Aufenthalt des Tieres durch einen Strich in dem entsprechenden Quadrat. So erhalten Sie in einem 5-Min.-Test 150 Werte. Danach entfernen Sie die Maus, reinigen den Boden und setzen ein neues Versuchstier ein.

2. Analyse

Stellen Sie für den Versuch mit Wänden einen MW-Index, für den Versuch ohne Wände einen

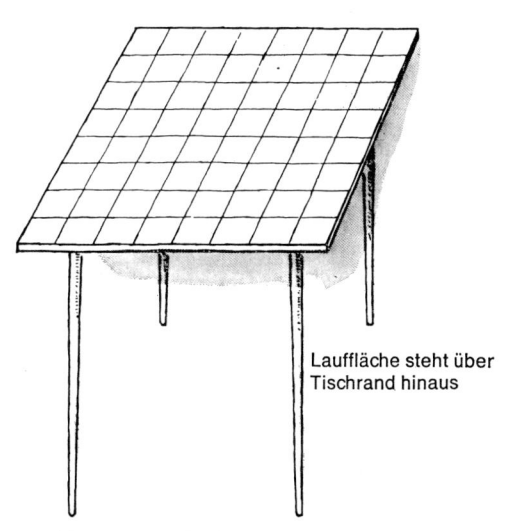

Abb. 19: Versuch ohne Wände

OW-Index auf, indem Sie die Striche in den 28 peripheren Quadraten des Registrierblattes addieren. Fassen Sie die MW- und OW-Indices aller Tiere in einer Tabelle zusammen und errechnen Sie die Mittelwerte und Standardfehler (s. Weber).

Die Analyse der Ergebnisse erfordert zwei Schritte, um die eingangs gestellten Fragen zu beantworten. Bestimmen Sie zunächst, ob die MW- und OW-Mittelwerte signifikant von einer theoretischen Verteilung abweichen, die aufgrund der Annahme errechnet wird, daß sich jede Maus im Versuchsbehälter ohne eine Bevorzugung eines Teiles der 64 Quadrate zufällig verteilt. Wenn diese Annahme zuträfe, sollte man 150/64, das heißt 2,34 Striche pro Quadrat erhalten. Da es 28 Randquadrate gibt, müßte man an der Peripherie 28 × 2,34 = 66 Striche erhalten. Das sind die theoretischen MW- und OW-Indices bei Annahme einer Zufallsverteilung der Tiere.

Vergleichen Sie mit diesen theoretisch abgeleiteten Werten die beobachteten MW- und OW-Werte und prüfen Sie zwischen ihnen auftretende Abweichungen mit dem t-Test nach Student (s. Weber). Die Ergebnisse dieser statistischen Auswertung werden zeigen, mit welcher Wahrscheinlichkeit man sagen kann, daß die Bewegung der Tiere im Versuchskasten nicht zufällig verteilt war.

Als nächstes vergleichen Sie MW- und OW-Werte untereinander, um festzustellen, ob irgendwelche signifikanten Unterschiede zwischen ihnen bestehen. Benutzen Sie auch dazu den t-Test, nur stellen Sie diesmal die beiden tatsächlich beobachteten Mittelwerte gegenüber, anstatt mit einem theoretischen Mittelwert zu vergleichen. Eine andere Möglichkeit der statistischen Prüfung bietet der U-Test nach Mann-Whitney (s. Weber).

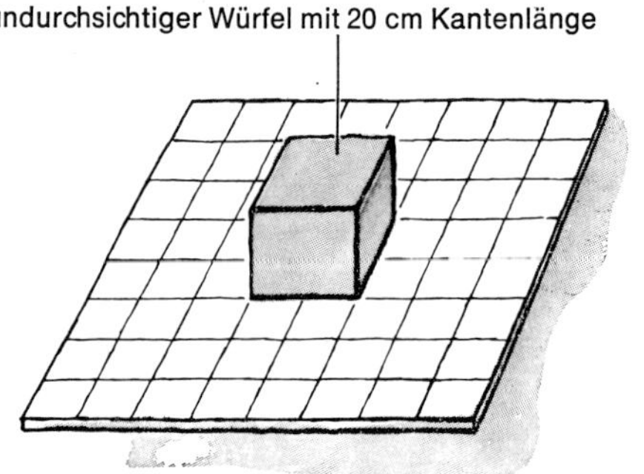

3. Diskussion

Ihre Beobachtungen sollten mehr ergeben als eine quantitative Bestätigung des Eindrucks, den Sie bei der anfänglichen Demonstration gewonnen haben. Sie sollten damit beginnen, die wirklichen Reizbedingungen aufzudecken, die das Verhalten auslösen.

Diskutieren Sie gemeinsam die Ergebnisse des obigen Versuchs im Hinblick auf Unterschiede und Gemeinsamkeiten der beiden benutzten Reizsituationen. Wenn die Mäuse sowohl unter MW- als auch unter OW-Bedingungen mehr Zeit am Rand des Feldes verbrachten als unter Annahme zufallsbedingter Verteilung erwartet werden konnte, ist die Hypothese der Wandkontaktsuche vielleicht keine geeignete Erklärung dieses Verhaltens.

C. Reaktion auf zentrale Wände

Nun ist eine andere Beobachtungsmethode zweckmäßig. Im MW-Versuch waren Wände vorhanden, im OW-Versuch nicht. Beide Situationen glichen sich jedoch darin, daß der variierte Reiz am Rand des Feldes lag. Was geschieht, wenn Sie die Versuchssituation dadurch ändern, daß Sie die Wände in der Mitte des Versuchsfeldes (ZW-Bedingung) anbringen? Wird sich die Aktivität der Mäuse immer noch auf den Rand des Feldes konzentrieren oder werden sie sich in der Nähe der zentralen Wände aufhalten? Benutzen Sie denselben Behälter wie im vorigen Versuch; stellen Sie aber auf die vier zentralen Quadrate einen 30 cm hohen Kasten (Abb. 20). Protokollieren Sie wie vorher auf einem gefelderten Registrierblatt; beachten Sie aber, daß nun die statistische Analyse geändert werden muß. Sie müssen für diesen ZW-Versuch einen anderen theoretischen Wert errechnen, gegen den die erhaltenen Mittelwerte abzusichern sind. Wenn Sie die Ergebnisse dieses Versuchs mit denen der vorigen vergleichen wollen, müssen Sie die Werte des ZW-Versuchs umrechnen, um sie direkt mit den Werten der vorigen Versuche vergleichbar zu machen. Die dazu notwendigen einzelnen

undurchsichtiger Würfel mit 20 cm Kantenlänge

Abb. 20: Versuch mit zentraler Lage der Wände

Schritte bleiben den Teilnehmern überlassen. In jedem Fall sollte der Bericht über die Ergebnisse dieser Übung eine Diskussion der verschiedenen Deutungsmöglichkeiten des bei MW-, OW- und ZW-Bedingungen beobachteten Verhaltens einschließen.

D. Vorschläge für weitere Untersuchungen

Mäuse sind im wesentlichen nächtlich lebende Tiere. Wäre ihr Verhalten im Versuchsbehälter unter Nachtbedingungen (das heißt bei Beobachtung unter Rotlicht) anders? Wie reagieren andere Tiere, z. B. Schaben oder Eidechsen, im Versuchskasten?

Literatur

Fredericson, E.: The wall-seeking tendency in three inbred mouse strains *(Mus musculus)*. J. Genet. Psychol. **82**, 143–146 (1953).

Thompson, W. R.: The inheritance of behaviour: Behavioural differences in fifteen mouse strains. Canad. J. Psychol. **7**, 145–155 (1953).

Weber, E.: Grundriß der Biologischen Statistik. Fischer, Jena und Stuttgart. 1967.

9. Optisch ausgelöste Schreckreaktionen

WILLIAM N. HAYES

State University of New York, Buffalo

Die meisten Wirbeltiere, wenn nicht sogar alle, ziehen sich vor einem schnell näherkommenden Objekt oder Muster zurück. Die Reaktion ist von Art zu Art unterschiedlich ausgeprägt, vom körperlichen Rückzug bis zum Augenblinzeln. Der Wert eines solchen Verhaltens für das Überleben ist klar: es trägt dazu bei, Schäden an Kopf und Gesicht zu verhindern. Diese Stellen erfordern stärkeren Schutz als andere Körperteile, da hier das Gehirn und viele Sinnesorgane, ferner Mund und Atemöffnung liegen. Es ist unklar, welche besonderen Kennzeichen der Situation das Zurückziehen auslösen; wahrscheinlich gibt aber die optische Vergrößerung des Objektes den Ausschlag.

Um festzustellen, ob der Gesichtssinn tatsächlich entscheidend ist, ahmt man unter kontrollierten Bedingungen die optische Veränderung nach, die von einem sich rasch nähernden Gegenstand oder Organismus hervorgerufen wird. Ein optischer Reiz, der leicht vergrößert und verkleinert werden kann, ohne mit taktilen oder akustischen Reizen verbunden zu sein, ist dafür am besten geeignet. Er läßt sich erzeugen, indem man einen Schatten auf einen Schirm projiziert. Wenn der Schatten werfende Gegenstand näher zur Lichtquelle gebracht wird, vergrößert sich der Schatten. Ein Versuchstier wird in dieser Situation reagieren, als ob ein Gegenstand schnell näher käme, und sich daraufhin zurückziehen oder eine andere Schreckreaktion zeigen.

In der folgenden Übung werden Sie einige Faktoren untersuchen, die die Häufigkeit und die Dauer der Rückziehreaktion beeinflussen könnten. Dazu zählen die «Richtung» des bewegten Gegenstands (das heißt Annäherung oder Rückzug), die Geschwindigkeit der Bewegung, die Häufigkeit des Beleuchtungswechsels und die Häufigkeit, mit der das Versuchstier dem bewegten Objekt ausgesetzt wird.

A. Ausrüstung

Die Versuchsanordnung zur Prüfung optischer Schreckreaktionen ist in Abb. 21 dargestellt. Folgendes ist dazu erforderlich:

Eine punktförmige Lichtquelle (Diaprojektor oder Mikroskopleuchte). Ein durchscheinender Schirm (gewöhnliches Papier genügt) von etwa 40 × 40 cm. Eine undurchsichtige, kleine Scheibe, die so vor die Lichtquelle gehalten wird, daß sie einen Schatten auf den Schirm wirft. Die Scheibe wird so auf einer Schiene befestigt, daß sie geradlinig und mit variabler Geschwindigkeit auf den Schirm zu oder von ihm weg bewegt werden kann. Ein Metronom oder ein ähnliches Hilfsmittel zur Anzeige variabler Zeitintervalle.

Schildkröten *(Testudo hermanni* oder *T. graeca)* sind für diese Untersuchung besonders gut geeignet, weil sie den Kopf in den Panzer zurückziehen können. Doch müßte jedes Tier mit gut entwickeltem Gesichtssinn, das natürliche Feinde besitzt, ebenfalls verwendbar sein, z. B. Eidechsen oder Tauben.

B. Methode

Das Versuchstier sollte so hinter den Schirm gesetzt werden, daß ein darauf befindlicher Schatten in seinem Gesichtsfeld liegt. Zum Festhalten ist ein Geschirr aus Gummibändern nötig, damit das Tier den Schirm im Auge behält, oder man benutzt einen Kasten, an dessen Vorderseite sich der Schirm befindet, so daß das Tier nicht festgebunden werden muß. Es muß jedenfalls dafür gesorgt sein, daß das Tier den Schirm während des Versuchs mit beiden Augen sehen kann.

Projizieren Sie, während das Tier den Schirm sieht, einen Schatten darauf. Durch Bewegen der Scheibe auf die Lichtquelle zu vergrößern Sie den Schatten. Arbeiten Sie in Gruppen zu zweit oder zu dritt; einer bewegt die Scheibe, die andern beobachten unaufdringlich das Versuchstier, etwa durch ein Guckloch. Da die Daten aller Teilnehmer für die statistische Auswertung zusammengefaßt werden, muß jede Gruppe unbedingt ein genormtes Verfahren anwenden. Kriterium für eine Reaktion auf die Bewegung des Schattens ist ein wenigstens teilweises Einziehen des Kopfes. Vor Beginn sollten die Kursteilnehmer bei einem frei beweglichen Tier beobachten, wie es bei Störung mit Rückzug reagiert. Ehe der Versuch beginnt, sollten sich alle Gruppen auf ein einziges Kriterium für «Einziehen» einigen und dann daran festhalten. Einigen Sie sich in ähnlicher Weise auf zwei Geschwindigkeiten, mit denen die Scheibe bewegt wird: z. B. könnte langsam heißen, die Scheibe wird 40 cm in 3 Sekunden, schnell, sie wird 40 cm in einer halben Sekunde bewegt. Ein Metronom, das Intervalle von 1 Sekunde angibt, ist für das Abschätzen der Geschwindigkeit nützlich.

C. Die Wirkung von Geschwindigkeit und Richtung des Schattens

1. Geschwindigkeit

Sobald Sie die Kriterien für die Einziehreaktion und die beiden Geschwindigkeiten, mit denen die Scheibe bewegt wird, festgelegt haben, fangen Sie mit den Beobachtungen an. Um die Reaktion auf ein näherkommendes Objekt zu prüfen, beginnen Sie mit der Scheibe nahe am Schirm und bewegen sie mit festgelegter Geschwindigkeit auf das Licht zu. Während sich die Scheibe bewegt, beobachten und registrieren Sie die Reaktion des Versuchstieres. Stellen Sie dann sofort einen undurchsichtigen Schirm

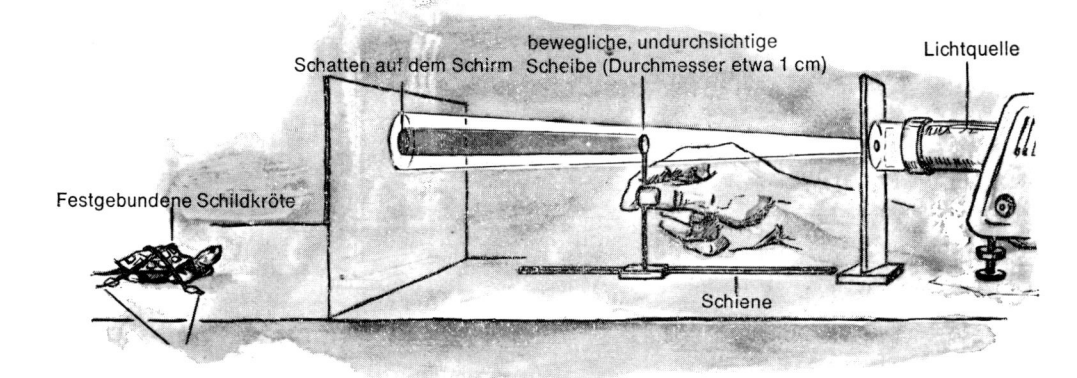

Abb. 21: Versuchsanordnung zur Prüfung der optisch ausgelösten Schreckreaktion

zwischen Licht und Scheibe und bringen Sie die Scheibe zum Ausgangspunkt zurück. Entfernen Sie den undurchsichtigen Schirm und bewegen Sie die Scheibe wie zuvor. Wiederholen Sie dann die Reizung noch einmal. Die Hälfte der Gruppen arbeitet mit der langsamen, die andere Hälfte mit der raschen Scheibenbewegung. Bringen Sie das Tier dann 15 Minuten in seinen gewohnten Behälter zurück. Vergleichen Sie für beide Geschwindigkeiten den Mittelwert oder die Gesamtzahl der Einziehreaktionen. Beeinflußt die Geschwindigkeit, mit der die Scheibe größer wird, die Reaktion?

2. Richtung

Muß der Schatten größer werden, das heißt Annäherung simulieren, um eine Reaktion auszulösen, oder reagiert das Versuchstier auf jede Veränderung der Schattengröße? Setzen Sie das Tier wieder in die Versuchsapparatur und wiederholen Sie den obigen Versuch, lassen Sie aber diesmal den Schatten kleiner werden. Benutzen Sie dabei die Geschwindigkeit, die vorher die stärkere Reaktion auslöste. Fassen Sie die Ergebnisse der drei aufeinanderfolgenden Versuche wieder zusammen. Wenn es die Zeit erlaubt, können Sie später noch einen Schatten anbieten, der sich unter Beibehaltung seiner Größe seitwärts bewegt. Was ergibt sich bezüglich der Wirkung von Geschwindigkeit und Richtung des bewegten Gegenstands?

Wenn ein Experimentator in einem Versuch einen Faktor ändert, verändert er vielleicht unbemerkt noch einen zweiten Faktor. Dieser zweite Faktor kann es aber sein, der in Wirklichkeit statt des eigentlich geprüften ersten Faktors die Verhaltensänderung hervorruft. Auf welchen veränderlichen Faktor anstelle der sich ändernden Größe des Schattens könnte das Versuchstier in den obigen Versuchen reagiert haben? Entwerfen Sie gemeinsam einen Versuch, um die Wirkung dieses zweiten Faktors unabhängig von der Wirkung der Größenänderung des Schattens zu messen, und führen Sie ihn unter einheitlichen Bedingungen durch.

D. Wirkung wiederholter Reizung

Die meisten Tiere gewöhnen sich an einen häufig wiederholten Reiz, wenn er keine schädlichen Folgen hat. Wenn sich aber die Rückziehreaktion entwickelt hat, um das Tier vor möglicherweise gefährlichen Objekten zu schützen, könnte Gewöhnung für die Erhaltung der Art schädlich sein. Vielleicht ist die Gewöhnung reizspezifisch, das heißt, das Tier gewöhnt sich an einen Reiz, kehrt aber, wenn ein davon verschiedener Reiz geboten wird, auf das anfängliche, hohe Reaktionsniveau zurück.

Prüfen Sie bei dem verwendeten Versuchstier die Möglichkeit der Gewöhnung. Benutzen Sie dabei Geschwindigkeit und Bewegungsrichtung, die die stärkste Rückziehreaktion auslösten. Damit die Werte zusammengefaßt werden können, gehen alle Gruppen auf die gleiche Weise vor. Führen Sie 20 aufeinanderfolgende Versuche mit der Scheibe und weitere 20 Versuche mit einem Kreuz als bewegtem Objekt durch. Fassen Sie die Werte aller Teilnehmer zusammen und zeichnen Sie die Ergebnisse wie in Tabelle 4 auf.

1. Trat im Verlauf der 20 Versuche eine Abnahme der Reaktion auf die Scheibe auf? Wenn ja, gewöhnten sich einige Tiere vollständig an den Reiz?
2. War die Gewöhnung reizspezifisch? Vollständig oder nur zum Teil? Wenn Gewöhnung auftrat, wie verhält sie sich zur angenommenen Angepaßtheit der Rückziehreaktion? Vergleichen Sie dies mit der Gewöhnung des Hassens von Singvögeln gegenüber Eulen, die Hinde beobachtete.

Tabelle 4: Aufzeichnung der Schreckreaktion

Tier Nr.	Auftreten der Schreckreaktion Versuch Nr.									
	1	2	3	4	5	6	7	8	9	10
1	+	+	+	+	+	−	−	+	−	−
2	+	+	+	+	+	+	+	+	−	−
3										
4										
5										
Summe der Schreckreaktionen										

E. Weitere Untersuchungen

Wir haben die Wirkung einiger Faktoren auf die Einziehreaktion geprüft. Weitere Faktoren, die geprüft werden könnten, sind: Fremdheit des Objekts, Sehweise (das heißt, löst monokulares Sehen des Schattens dieselbe Reaktion aus wie binokulares Sehen?) und Größe des näherkommenden Objekts (das heißt, löst ein Schatten, dessen Durchmesser sich von 0,5 auf 2 cm vergrößert, dieselbe Reaktion aus wie ein Schatten, dessen Durchmesser von 2,5 auf 10 cm zunimmt?).

Literatur

Hayes, W. N. und E. I. Saiff: Visual alarm reactions in turtles. Anim. Behav. **15**, 102–106 (1967).

Hinde, R. A.: Das Verhalten der Tiere. 2 Bände. Suhrkamp, Frankfurt. 1973.

10. Zur Formkonstanz des Labiumschlages der Larve von Aeschna cyanea

CHRISTIANE BUCHHOLTZ

Fachbereich Biologie der Universität Marburg

Die einem Tier zur Verfügung stehenden Bewegungskoordinationen erlangen im allgemeinen erst dann ihre funktionelle Bedeutung, wenn Kommunikationen zur Umwelt hergestellt werden. Der Lebensraum erhält dadurch den Wert eines Bezugssystems, in welchem sich ein Organismus orientiert verhalten kann. Das jeweils vorherrschende Kommunikationssystem zwischen einem Tier und seiner Umwelt läßt sich am Phänomen des Verhaltens bestimmten Funktionskreisen, z. B. der Werbung oder dem Nahrungserwerb zuordnen. Innerhalb solcher Funktionskreise werden spezifische Reize wirksam, die das Bezugssystem qualitativ kennzeichnen.

Lorenz und Tinbergen (1938) erkannten bei einem Handlungsverlauf, bei der Eirollbewegung der Graugans, erstmals die Beteiligung zweier Mechanismen, nämlich die Bewegungs- und die Orientierungskomponente. Daß es sich hierbei tatsächlich um zwei unterschiedliche Systemtypen handelt, zeigte eine darauf folgende Analyse von Tinbergen und Kuenen (1939) über das Sperren von Amselnestlingen. Im Verlauf der ontogenetischen Entwicklung unterliegen die Bewegungskomponente, die in diesem Fall eine Erbkoordination beinhaltet, und die Orientierungskomponente unterschiedlichen Reifungsprozessen. Dieses wird aus der Kennzeichnung der jeweils wirksamen Reizparameter ersichtlich. Tinbergen (1952) bezeichnet die Art der Verknüpfung der beiden an dem Verhaltensablauf beteiligten Komponenten als simultan. Der simultanen Verknüpfung stellt er die sukzessive gegenüber, wie sie ein fliegenfangender Frosch repräsentiert. Dem Zungenschlag, der Erbkoordination, geht die orientierende Einstellbewegung voraus. Andererseits kann die Verknüpfung der Bewegungs- und Orientierungskomponente bei dem gleichen Verhaltensablauf jeweils unterschiedlich sein, wie man es bei dem Beutefangschlag der Aeschna-Larve erkennen kann.

Vor dem Fangschlag der Larve von Aeschna cyanea erfolgt stets eine orientierende Einstellbewegung. Sie wird durch die Aufnahme und Verarbeitung spezifischer optischer Daten in Gang gesetzt. Als dabei wirksame Parameter des Auslösers wurden bisher die Kontraststärke der Beute gegenüber dem Hintergrund (Gaffron 1934), die Größe der Beute (Hoppenheit 1964) und spezifische Bewegungsmuster (Etienne 1969) beschrieben. Nach Verhaltensexperimenten von Koehler (1924) und nach neueren Untersuchungen (Groß, H. unveröffentl.) kommt auch der Farbe eine beutefangauslösende Bedeutung zu.

Inwieweit diese qualitativ und quantitativ gekennzeichneten Signalwerte gleichzeitig für die Auslösung der Erbkoordination, des Labiumschlages verantwortlich zu machen sind, wissen wir bisher nicht. Untersuchungen von Vogt (1964) machen deutlich, daß die Spezifität des AAMs mit jedem Schritt der Handlungsfolge Fixieren – Annähern – Labiumschlag zunimmt. Zur Auslösung der Fixierbewegung, also der orientierenden Einstellung, genügen Lichtwechselreize. Das Annähern wird durch Bewegungsreize (abwechselndes Aufleuchten zweier Lichtreize) deutlich besser ausgelöst, während der Labiumschlag fast nur nach Wahrnehmung von Bewegungsreizen erfolgt.

Das Beutefangverhalten der Larve von *Aeschna cyanea* kann durch Lernprozesse modifiziert werden (Koehler 1924, Richard 1970). Bei täglicher gleichbleibender Attrappendarbietung sinkt die Anzahl auslösbarer Fangschläge von Tag zu Tag ab und erreicht schließlich den Wert Null. Die Tiere reagieren nicht mehr auf die anfangs fangauslösende Reizsituation. Es handelt sich hierbei um eine längerfristig anhaltende Verhaltensreduktion. Der gesamte Vorgang ist von Groß (1974) als Lernprozeß im Sinne einer Gewöhnung gedeutet worden. Dabei kommt es während der Lernphase zu einer Selektivitätssteigerung des betreffenden angeborenen Auslösemechanismus (AAM). Er wird zu einem durch Erfahrung erweiterten Auslösemechanismus (EAAM), was sich in der fortschreitenden Reaktionsminderung auf die ursprünglich beutefangauslösenden Reize ausdrückt.

Der Fangschlag der Larve kann als reine Erbkoordination auftreten, oder er wird zusätzlich von einer orientierenden Einstellung überlagert. Danach stellt sich die Frage nach der Formkonstanz des Labiumschlages.

Seit den Untersuchungen von v. Holst (1935–39) wissen wir, daß angeborene Bewegungskoordinationen einer gesetzmäßigen Variabilität unterliegen. Es gibt unterschiedliche, jedoch bestimmte zeitliche Muster bei der Zusammenarbeit der Flossen von Fischen. Hierfür machte v. Holst verschiedene Wechselbeziehungen zwischen den entsprechend geforderten Automatiezentren verantwortlich. Er beschrieb die Möglichkeiten unterschiedlicher Zusammenarbeit in Form der Superposition und des Magneteffekts. Erweisen sich derartige Gesetzmäßigkeiten bei Bewegungsabläufen unmittelbar als genetisch vorbestimmt, sprechen wir von Erbkoordinationen. Angeborene Lokomotionsformen sind auf die spezifischen Möglichkeiten der Zusammenarbeit von Extremitäten bisher am besten untersucht. Das ist nicht erstaunlich, wenn man bedenkt, daß sich hier eine relative Phasenbeziehung zwischen Automatiezentren, bzw. zwischen einzelnen Muskelkontraktionen an Hand des Bewegungsphänomens der Extremitäten relativ gut ablesen läßt. Als weitaus schwieriger erweist sich eine entsprechende Analyse von Erbkoordinationen, die z. B. in Form einer sogenannten Endhandlung sichtbar werden. Hierfür postulieren wir ebenfalls eine Formkonstanz des Bewegungsmusters, womit wir nicht allein eine bestimmte Reihenfolge der an der Bewegung beteiligten Elemente meinen, sondern auch eine gesetzmäßige zeitliche Ordnung zwischen diesen. Danach stellt sich für die Larve von *Aeschna cyanea* die weitere Frage nach den relativen Phasenbeziehungen für die Fälle, in denen der Fangschlag als einfache Bewegungskomponente von einer orientierenden Einstellbewegung überlagert wird. Infolge der Beteiligung zusätzlicher Muskelkontraktionen sollte man eine Veränderung der relativen Phasenbeziehungen zwischen aufeinanderfolgenden Bewegungselementen finden können.

A. Material und Methode

Das Versuchstier, die Larve der *Aeschna cyanea*, ein Vertreter der Anisopteren, ist in Europa die am häufigsten verbreitete Art der Familie. Sie lebt vorzugsweise in mit Wasserpflanzen bestandenen Tümpeln. Die Entwicklungsdauer beträgt in der Regel zwei Jahre. Nach unterschiedlicher Anzahl der Larvenstadien (Schaller 1960) erreicht das Z-Stadium vor der Imaginal-Metamorphose etwa eine Länge von 40–46 mm (Schiemenz 1953). Für die Untersuchungen wird am besten das X-, Y- oder Z-Stadium verwandt. Zur Auslösung des Beutefangschlages der Larve ist eine Serie von Siegellack-Kugelattrappen mit unterschiedlichen Durchmessern (2–40 mm) und eine Winkelattrappe aus Draht (kurzer Schenkel 6 mm lang mit Siegellack verdickt) erforderlich. Nachdem die Larven etwa eine Woche gehungert haben, werden sie jeweils auf bewegte Kugelattrappen unterschiedlicher Größe ansprechen. Diese Bevorzugung ist von der Handlungsbereitschaft und den zur Zeit des Versuches unspezifischen oder spezifischen Umweltfaktoren abhängig.

Wir wissen, daß die maximale Größe des Beuteauslösers und die minimale Größe des Fluchtauslösers vikariierend ineinandergreifen (Hoppenheit 1964, Buchholtz 1961). Der Grenzwert zwischen dem Beute- und Fluchtauslöser wird also in Abhängigkeit zahlreicher Faktoren verschieden sein. In einem Vortest sollten für die Versuche Kugelattrappen gewählt werden, die unterhalb der jeweiligen Größe des maximalen Beuteauslösers liegen.

In der Versuchsreihe F wird die Fixierung der Kopfstellung am besten mit einer Celloidinlösung (Alkohol, Äther) vorgenommen. Es genügt ein sehr kleiner Tropfen, der, dorsal zwischen Kopf und Prothorax angebracht, jegliche Bewegungsmöglichkeit ausschließt. Die Klebeflächen dafür müssen trocken sein.

Um die relativen Phasenbeziehungen der an der Bewegung beteiligten Glieder quantitativ zu erfassen, sind Zeitdehnungsaufnahmen von etwa 1600 Bildern pro Sekunde notwendig. Die Möglichkeit hierfür wird nur in seltenen Fällen gegeben sein. Eine Reihe von Fangschlägen stellt der Film in der Enzyklopädie Göttingen dar (Buchholtz 1970). Mit einem entsprechenden Filmprojektor (Einzelbildzählung) und unter Berücksichtigung der an der Filmperforation angebrachten Lichtmarken (1 ms.) lassen sich die Szenen gut analysieren. Auch wird in diesem Film die Form der orientierenden Einstellbewegung von Kopf und Labium deutlich.

B. Die orientierende Einstellbewegung vor dem Beginn des Labiumschlages

Die dem Fangschlag der Larve vorausgehende orientierende Einstellbewegung strebt eine Ausrichtung der Medianebene des Kopfes gegenüber dem «Beuteobjekt» an. Diese Bewegung erfaßt einzelne Körperteile oder aber den gesamten Körper. Vor jedem Richtprozeß von Thorax und Abdomen beobachtet man stets eine Einstellbewegung des Kopfes (vgl. E).

C. Der Labiumschlag als reine Erbkoordination

Im einfachsten Fall folgt einer orientierenden Einstellbewegung der Labiumschlag als reine Erbkoordination; d. h., daß die primär vor dem Fangschlag eingenommene Lagebeziehung des Kopfes während des Vorschnellens des Labiums nicht mehr verändert wird. Das Labium erfährt dabei ebenfalls keine Auslenkung. Nach Zeitdehnungsaufnahmen erkennt man während eines solchen Fangschlages 5 aufeinanderfolgende Bewegungsphasen (Abb. 22 a–k). Unterschiedliche Intensitäten eines Fangschlages äußern sich lediglich in verschiedenen Geschwindigkeiten, mit denen der gesamte Vorgang abläuft. Tabelle 5 gibt die Meßwerte zweier Labiumschläge wieder, von denen der eine 175,7 ms., der andere 121,4 ms. dauert. Im ersten Fall wird gegenüber dem zweiten jede der einzelnen Phasen verlängert. Die jeweilige relative Phasenbeziehung zwischen der I. und II., der II. und III., der III. und IV. und schließlich der IV. und V. Phase bleiben konstant.

D. Der Labiumschlag wird von einer orientierenden Einstellbewegung überlagert

Wird der Labiumschlag von der Orientierungskomponente überlagert, ändern sich teilweise die Wechselbeziehungen der an der Bewegung beteiligten Elemente (Tabelle 6). Das betrifft vor allem die Phasenbeziehungen I/II und II/III; der erste Quotient wird erniedrigt, der zweite erhöht, da der absolute Wert der II. Phase gegenüber derjenigen der reinen Erbkoordination bedeutend höher liegt. Die Orientierungskomponente überlagert und verlängert also am stärksten die II. Phase. Die Variationsbreite der Phasenbeziehungen solcher Fangschläge erweist sich als relativ groß. Das hängt von dem Grad der Beteiligung der orien-

---

Abb. 22: a–k. Beutefangschlag der Larve von *Aeschna cyanea* mit überlagernder Einstellbewegung (entspricht in Tabelle 7 dem Fangschlag Nr. 7, Buchholtz 1970). Filmdehnung ca. 1600 B/s a: Beginn I. Phase, «Öffnen der Endhaken». b: Bild aus der I. Phase. c: Ende I. Phase und Beginn II. Phase, «Langsame Phase». d: Bild aus II. Phase. e: Ende II. Phase und Beginn III. Phase, «Schnelle Phase». f: Bild aus III. Phase. g: Ende III. Phase und Beginn IV. Phase, «Schließen der Endhaken». h: Ende IV. Phase und Beginn V. Phase, «Anlegen des Labiums». j: Bild aus V. Phase. k: Ende V. Phase

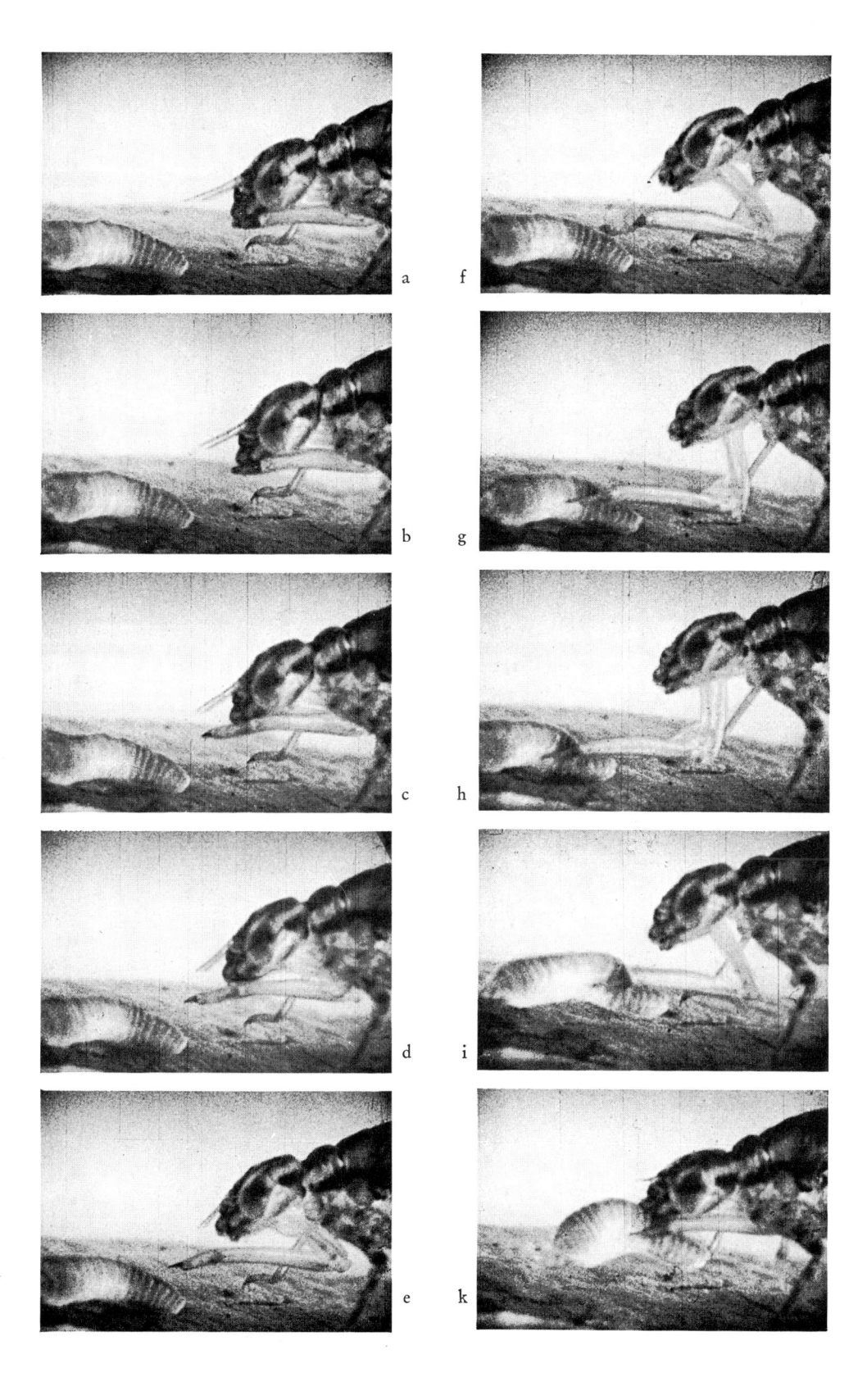

a

b

c

d

e

f

g

h

i

k

Tabelle 5: Labiumschläge ohne überlagernde Orientierungskomponente

Phasen der Erbkoordination	Zeit in ms. Nr. 1	Nr. 2	Relative Phasenbeziehung
I Öffnen der Endhaken	47,3	33,6	
			3,8
II Langsame Phase	12,4	8,7	
			1,1
III Schnelle Phase	11,6	7,6	
			1,1
IV Schließen der Endhaken	10,8	7,0	
			0,1
V Anlegen des Labiums	93,7	64,5	
Gesamtzeit:	175,7	121,4	

tierenden Einstellbewegung ab. Im Fall Nr. 5 (Tabelle 7) liegt der Wert der III. Phase mit 8,9 ms. außerordentlich hoch. Ursache hierfür ist offenbar eine Bewegung der Vorderextremitäten während der II. Phase, die bis in die III. Phase hineindauert (Buchholtz 1970).

E. Die orientierende Einstellbewegung in Abhängigkeit von der Lage der Beuteform zum Körper des Tieres

Bei Verwendung einer Kugelattrappe wird, nach Ausrichten der Medianachse des Larvenkopfes gegenüber der «Beute», der Labiumschlag als reine Erbkoordination beobachtet werden. Bei Darbietung einer Winkelattrappe in der Weise, daß der Winkel oder das Ende des kurzen Modellschenkels frontal zur Medianebene des Kopfes ausgerichtet ist, erfolgt ebenfalls eine Einstellbewegung während des Fangschlages nicht. Nimmt die Larve hingegen eine Winkelattrappe in Querrichtung des kurzen Modellschenkels wahr, wird der Labiumschlag von einer orientierenden Einstellung überlagert. Während des Vorschnellens der Fangmaske sieht man eine Kopfdrehung, vorzugsweise um die Körperlängsachse, mit einer gleichzeitigen Auslenkung des Labiums im Basalgelenk. Diese zusätzliche Einstellbewegung wird von der Form und der Lagebeziehung der Attrappe gegenüber dem Larvenkopf abhängig sein. Ein derartiger Steuerungsvorgang ist für die Aufnahme von Nahrung, wie sie z. B. Larven oder *Tubifex* darstellen, unerläßlich. Die Wendebewegung führt zum gezielten Fassen der Beute mit den Endhaken des Labiums; denn die Beweglichkeit der die Endlappen tragenden Seitenlappen erstreckt sich fast nur auf die Ebene des Labiummittellappens. Um also eine längliche Form, die quer und frontal vor der Larve sich bewegt, gezielt fassen zu können, ist eine zusätzliche Drehung von Kopf und Fangmaske notwendig.

F. Der Beutefangschlag von Larven in fixierter Kopfstellung

a) Kopf in Geradeausstellung fixiert. Larven, denen der Kopf in Geradeausstellung fixiert

Tabelle 6: Labiumschläge mit überlagernder Orientierungskomponente

Phasen der Erbkoordination	Zeit in ms. Nr. 6	Relative Phasenbeziehung	Zeit in ms. Nr. 7	Relative Phasenbeziehung	Zeit in ms. Nr. 5	Relative Phasenbeziehung
I Öffnen der Endhaken	55,1		42,9		63,0	
		2,9		2,8		3,0
II Langsame Phase	19,3		15,2		21,0	
		2,6		2,1		2,4
III Schnelle Phase	7,3		7,3		8,9	
		0,9		1,3		1,3
IV Schließen d. Endhakens	7,8		5,8		6,8	
		0,1		0,1		0,1
V Anlegen des Labiums	62,4		70,6		55,1	
Gesamtzeit:	151,7		141,7		154,9	

worden ist, führen eine orientierende Einstellbewegung vor dem Labiumschlag nicht mehr durch. Auf eine seitlich dargebotene Kugelattrappe erfolgt also keine Reaktion. Auch wird der Fangmaskenschlag von einer Einstellbewegung nicht überlagert; der Kopf ist ja fixiert, aber auch die Fangmaske zeigt keine Auslenkung im Basalgelenk. Diese Versuchstiere führen den Beuteschlag nur dann aus, wenn eine Kugelattrappe in der Medianebene des Kopfes geboten wird. Befindet sich das Modell dabei gleichzeitig in einer entsprechenden Höhe, wird der Schlag ein Treffer werden; im anderen Fall schlägt das Labium dorsal oder ventral vorbei. Infolgedessen erscheint der Beutefangschlag bei diesen Larven lediglich als reine Erbkoordination.

b) *Kopf in horizontaler Auslenkung fixiert.* Der Kopf der *Aeschna*-Larve ist nur gering beweglich. Dennoch ist eine Auslenkung und gleichzeitige Fixierung um einen geringen Winkelbetrag möglich. Nach Wahrnehmung einer Kugelattrappe, die sich seitlich von der Medianebene des Kopfes bewegt, sieht man eine starke Wendebewegung vor dem Fangschlag, wenn die Seite, zu der der Kopf hin ausgelenkt ist, betroffen ist. Wird eine Attrappe auf der gegenüberliegenden Seite angeboten, zieht sich die Larve in der Regel zurück. Dieser Rückwärtsgang scheint jedoch mit einer orientierenden Einstelltendenz verbunden zu sein.

G. Fixierung des Prothorax am II. Thorakalsegment

Die Beweglichkeit des Prothorax gegenüber dem II. und III. Thorakalsegment beeinflußt das Verhalten des Beutefangschlages nicht.

H. Beinamputationen

Einzelne Beinamputationen wirken sich auf den Beutefangschlag nicht aus.

I. Abstoppen während der II. Phase des Fangschlages

Nach der klassischen Definition sollte die Erbkoordination, einmal durch Außenreize oder spontan in Gang gesetzt, ohne weitere Hilfe von Außenreizen geordnet weiterlaufen (Eibl-Eibesfeldt 1967). Bei dem Labiumschlag der Larve von *Aeschna cyanea* handelt es sich um eine sehr schnell ablaufende Endhandlung, von der man das erst recht erwarten sollte. Dennoch beobachtet man im Leerlauf oder läßt sich im Experiment zeigen, daß der Labiumschlag in der II. Phase abgestoppt werden kann. Beim Wegdrehen der Winkelattrappe aus der quergerichteten frontalen Stellung im Moment des Beginns der I. Phase wird der Schlag oftmals in dieser Weise unterbrochen.

J. Modellvorstellung

Nach den Versuchsergebnissen gelangt man zu einem ersten, arbeitshypothetisch nützlichen Modell. Die Trefferquote der *Aeschna*-Larve ist, verglichen mit derjenigen von *Mantis* (Mittelstaedt 1953), relativ gering. Das kommt besonders bei Fütterung mit länglichen Beuteformen, die sich schnell schlängelnd fortbewegen, zum Ausdruck. Danach stellt sich die Frage nach dem Zeitpunkt der Verrechnung der optischen Daten, aus deren Ergebnis der Richtprozeß resultiert.

Die kürzeste Latenzzeit liegt nach den bisherigen Filmanalysen bei 540 ms. Etienne (1969) testete die notwendige Dauer der Einzelbewegung eines Leuchtpunktes eines Oszillographen. Sie fand heraus, daß eindimensionale Schwingungen 3000 bis 6000 ms. dauern müssen und wirksamere zweidimensionale Reize (Zickzackbewegung) nur 800 ms., um einen Fangschlag auszulösen. Setzt man voraus, daß diese Werte einer Latenzzeit entsprechen, so paßt der von uns ermittelte Wert von 540 ms. gut dazu; zumal es sich in diesem Fall um ein natürliches Beuteobjekt handelt. Innerhalb dieser Zeitspanne erfolgt also auf jeden Fall eine Verrechnung.

Die dem Labiumschlag in der Regel vorausgehende orientierende Einstellbewegung beinhaltet ein Regelkreissystem. Entsprechend der Ortung der Beute wird jeweils ein neuer Sollwert gebildet, der das nachfolgende Verhalten bestimmt. Das endgültige Kommando, nach dem letzten Verrechnungsergebnis des Reglers, wird in vielen Fällen vor Beginn des Labiumschlages vorliegen. Andererseits erscheint es fraglich, ob nicht doch eine Korrektur dieses

Ergebnisses während der I. und II. Phase möglich ist, in Zeitintervallen von ca. 60 bis 80 ms. Analysen machen wahrscheinlich, daß die Larve noch während der I. Phase zu einer Richtungskorrektur fähig ist. Allerdings hält Roeder (1968) Regelkreissysteme für derart kurze Bewegungsabläufe für unwahrscheinlich.

Die Beute sendet spezifische optische Reizwerte, die die Augen empfangen und transformieren. Nach der Lackierung eines Auges werden noch Fangschläge ausgelöst; zunächst mit allen Phasen, danach bis zur II. Phase, jedoch ohne Rotations- und Translationsorientierung. Das nennen wir auch «telotaktische» Reaktion. Nach der Transformation in den Rezeptoren erfolgt die Verarbeitung spezifischer Erregungsmuster im AM. Dieser beinhaltet mindestens bestimmte Merkmalsanalysatoren und ein Verrechnungszentrum, aufgrund deren Funktion der Beutefangschlag ausgelöst werden kann. Nach dem Ergebnis der Verrechnung wird die Halsmuskulatur von einem entsprechenden motorischen Koordinationszentrum einen Befehl erhalten, der in einer definierten Kopfdrehung um die Vertikalachse zum Ausdruck kommt. Die Aktivierung der Kopfstellmuskeln bedingt gleichzeitig eine Reafferenz. Von dieser Reafferenz ist das Kommando motorischer Koordinationszentren an Thorax, Extremitäten und Abdomen abhängig; denn die orientierende Einstellbewegung dieser Körperteile erfolgt stets erst nach einer Wendebewegung des Kopfes. Außerdem kann eine Auslenkung des Labiums wohl ebenfalls nur nach einer entsprechenden Reafferenz der Kopfstellmuskeln stattfinden. Dem gesamten Einstellmechanismus liegt also ein Regelungssystem zugrunde, in dem der jeweilige Sollwert von den augenblicklich wirksamen Reizparametern bestimmt wird. Dabei wird von dem Verrechnungsergebnis des AMs unmittelbar nur die Kopfeinstellung betroffen. Erst nach der daraus resultierenden Rückmeldung erfolgt die Einstellbewegung der anderen Körperteile. Das gesamte System zielt auf die Ausrichtung des Labiums gegenüber dem Beuteobjekt.

Literatur

Buchholtz, Chr.: Eine verhaltensphysiologische Analyse der Beutefanghandlung von *Calopteryx splendens* Harr (Odonata) unter besonderer Berücksichtigung des optischen AAM nach partiellen Röntgenbestrahlungen des Protocerebrums. Zool. Anz. Suppl. **25**, 402–412 (1961).

Eibl-Eibesfeldt, I.: Grundriß der vergleichenden Verhaltensforschung, 3. Auflage. R. Piper, München. 1972.

Etienne, A. S.: Analyse der schlagauslösenden Bewegungsparameter einer punktförmigen Beuteattrappe bei der *Aeschna*-Larve. Z. vergl. Physiol. **64**, 71–110 (1969).

Gaffron, M.: Untersuchungen über das Bewegungssehen bei Libellenlarven, Fliegen und Fischen. Z. vergl. Physiol. **20**, 299–337 (1934).

Groß, H.: Lernprozesse beim Beutefang der Larve von *Aeschna cyanea* Müll. (Odon.) in ihrer Abhängigkeit von exogenen und endogenen Faktoren. Diplomarbeit, Fachbereich Biologie Marburg/Lahn. 1974.

Hoppenheit, M.: Untersuchungen über den Einfluß von Hunger und Sättigung auf das Beutefangverhalten der Larve von *Aeschna cyanea* Müll. Z. wiss. Zool. **170**, 309–322 (1964).

– Beobachtungen zum Beutefangverhalten der Larve von *Aeschna cyanea* Müll. Zool. Anz. **172**, 216–232 (1964).

v. Holst, E.: Über den Prozeß der zentralen Koordination. Pflüg. Arch. **236**, 149–158 (1935).

– Versuche zur Theorie der relativen Koordination. Pflüg. Arch. **237**, 93–121 (1936).

– Die relative Koordination als Phänomen und als Methode zentralnervöser Funktionsanalyse. Erg. Physiol. **42**, 228–306 (1939).

Koehler, O.: Sinnesphysiologische Untersuchungen an Libellenlarven. Verh. Dtsch. Zool. Ges. **29**, 83–91 (1924).

Lorenz, K. und N. Tinbergen: Taxis und Instinkthandlung in der Eirollbewegung der Graugans. Z. Tierpsychol. **2**, 1–29 (1938).

Mittelstaedt, H.: Über den Beutefangmechanismus der Mantiden. Zool. Anz. Suppl. **16**, 102–106 (1953).

Richard, G.: New aspects of the regulation of predatory behavior of odonata nymphs. In: Aronson, L. R. und Mitarb. (eds.): Development and evolution of behavior. Essays in memory of T. C. Schneirla. Freeman, San Francisco. 1970.

Roeder, K. R.: Nerve Cells and Insect Behavior. Harvard Univ. Press, Cambridge, Massachusetts. 1968.

Schaller, F.: Etudes du développement postembryonnaire d'*Aeschna cyanea* Müller. Thèses à la Fac. des Sciences de l'univ. de Strasbourg. Paris: Masson et Cie. 1960.

Schiemenz, H.: Die Libellen unserer Heimat. Urania-Verlag, Jena. 1953.

Tinbergen, N. und D. Kuenen: Über die auslösenden und die richtenden Reizsituationen der Sperrbewegung von jungen Drosseln *(Turdus m. merula* L. u. *T. c. ericetorum* Turton). Z. Tierpsychol. **3**, 37–60 (1939).

Tinbergen, N.: The Study of Instinct. Oxford Univ. Press, London. 1951.

Vogt, P.: Über die optischen Schlüsselreize beim Beuteerwerb der Larven der Libelle *Aeschna cynea* Müll. Zool. Jb. Physiol. 71, 171–180 (1964).

Film

Buchholtz, Chr.: *Aeschna cyanea* (Aeschnidae), Beutefang der Larven. Encyclopaedia cinematographica E 1605, Göttingen. 1970.

11. Das Verhalten von Eintagsküken

PETER MARLER

Rockefeller University, New York

Diese Übung soll am Beispiel des relativ einfachen Verhaltensinventars junger Hühnerküken eine Anzahl grundlegender Gesetzmäßigkeiten des Verhaltens veranschaulichen. Wir beginnen mit der Untersuchung der Lautäußerungen und versuchen dabei festzustellen, welche Außenreize für die Erzeugung einiger der verschiedenen Laute verantwortlich sind. Zweitens behandeln wir das Problem der Verhaltensentwicklung mit Hilfe von Hormonimplantationen. Ferner können, wenn die Ausrüstung vorhanden ist, die Methoden der Klanganalyse unter Verwendung des Klangspektrographen demonstriert werden. Als weiteres Beispiel der Steuerung des Verhaltens durch Reize vergleichen wir, nach welchen Farben Hühner- und Entenküken bevorzugt picken.

A. Der Einfluß von Außenreizen auf die Rufe von Küken

1. Material und Methoden

Die von jedem Teilnehmer benötigte Grundausrüstung umfaßt: Zwei kleine Aquarien, eine Glasplatte, eine Pappschachtel, etwas Hühnerfutter, einen Glasstab, eine rauhe Glasplatte und zwei undurchsichtige Glasbehälter, die groß genug sind, um ein Küken aufzunehmen. Die Versuchstiere *(Gallus domesticus)* sollten so jung wie möglich – am besten im Labor in einem Brutschrank erbrütet – sein. Die Küken werden individuell mit Farbstreifen markiert.

Versuchen Sie die verschiedenen Rufe auseinanderzuhalten, die die Küken in verschiedenen Situationen von sich geben. Versuchen Sie, sie zwei Hauptgruppen, den sogenannten Zufriedenheits- und den Klagelauten, zuzuordnen. Stellen Sie fest, wieviel Rufe der beiden Typen unter den unten angegebenen Bedingungen auftreten. Jeder Teilnehmer oder jeweils zwei Teilnehmer müssen möglichst abgeschlossen arbeiten können, um gegenseitige Störung zu vermeiden. Halten Sie sich an eine einheitliche Registrierperiode, z. B. 1 Minute. Benutzen Sie eine Stoppuhr. Registrieren Sie die Daten in Tabellenform und fassen Sie sie zusammen, bevor Sie zum nächsten Versuch übergehen.

2. Versuchsbedingungen

Beobachten Sie die Tiere mindestens 10 Minuten lang unter jeder der folgenden Versuchsbedingungen (wenn zwei Tiere zusammen sind, registrieren Sie nur die Aktivität eines Tieres):

a) zwei Küken zusammen im selben Behälter,
b) zwei Küken, die sich gegenseitig sehen können, aber bis zu einem gewissen Grad akustisch isoliert sind. Setzen Sie die Küken in getrennten Aquarien mit schwerem Deckel nebeneinander. In dem Deckel über dem Versuchstier bringen Sie eine Öffnung an, um es hören zu können.
c) Futter. Führen Sie einen Versuch mit und ohne Futter auf dem Boden des Aquariums durch. Lassen Sie die Küken 15–30 Minuten vor dem Versuch ohne Futter.
d) Behandlung mit Lauten einer unsichtbaren Kükengruppe. Zu diesem Zweck schirmen Sie die Wände des Aquariums ab, setzen ein Küken hinein und stellen das Aquarium zu einer Gruppe von Küken.

e) Behandlung mit Lauten verschiedenen Typs. Vergleichen Sie die Wirkung des Geräuschs, das entsteht, wenn Sie mit einem Glasstab im Rhythmus einer glucksenden Henne an eine Rauhglasscheibe schlagen, mit der Wirkung des Geräuschs, das durch Reiben der Glasstabspitze über das Rauhglas entsteht. Die kratzenden Geräusche müssen so verteilt sein, daß sie im Rhythmus dem Ruf eines Hahns bei der Annäherung eines Flugfeindes gleichen.

f) Wärme und Kälte. Vergleichen Sie das Verhalten eines Kükens in einem undurchsichtigen Glasbehälter, der vorher im Kühlschrank stark abgekühlt wurde, mit seinem Verhalten in einem vorher in heißem Wasser erwärmten Glas.

Wählen Sie nach Abschluß dieser Versuchsserie die Faktoren mit der deutlichsten Wirkung aus und bieten Sie sie gleichzeitig an. Addieren sich ihre Wirkungen arithmetisch?

3. Analyse der Laute

Die sogenannten Zufriedenheits- und Klagelaute sind nicht vollständig gegeneinander abgrenzbar, sondern können sich überlappen. Wenn die erforderliche Ausrüstung zur Verfügung steht, kann als nützliche Übung eine deskriptive Analyse durchgeführt werden. Nehmen Sie die unter verschiedenen Bedingungen erzeugten Laute auf, analysieren Sie sie mit dem Klangspektrographen und versuchen Sie, die sich ergebenden Muster zu klassifizieren.

B. Die Wirkung von Hormonimplantationen

In diesem Untersuchungsabschnitt beobachten Sie, welche Verhaltensänderungen bei normaler Entwicklung mit zunehmendem Alter auftreten und welche Änderungen bei hormonbehandelten Küken erfolgen.

1. Methode

Setzen Sie am Ende des ersten Kurstages zwei Küken zusammen in einen Käfig mit Futter, Wasser und irgendeiner Streu, z.B. Sand, Kies oder Holzspänen. Beobachten Sie sowohl die sozialen als auch die sonstigen Verhaltensweisen der beiden Küken. Beschreiben Sie diese Verhaltensweisen und erstellen Sie davon einen Katalog. Mit seiner Hilfe werden Sie im nächsten Kurs die Entwicklungsgeschwindigkeit des Verhaltens dieser Küken im Vergleich zu hormonbehandelten Küken bestimmen.

Pflanzen Sie schließlich einigen Küken Testosteronpropionat ein. Jeder Teilnehmer sollte Gelegenheit haben, diese einfache Operation durchzuführen. Bereiten Sie jeweils eine Dosis von 10 mg Testosteron vor. Machen Sie in der Nackenhaut einen Schnitt (Abb. 23) und heben Sie die Haut mit einer Pinzette an. Führen Sie das Testosteron vom Schnitt aus etwa einen halben Zentimeter zur Kopfrückseite hin ein. Zum Verschluß der Schnittwunde genügt ein Tropfen Kollodium. Damit das Hormon nicht mit dem Narbengewebe abgestoßen wird, darf es

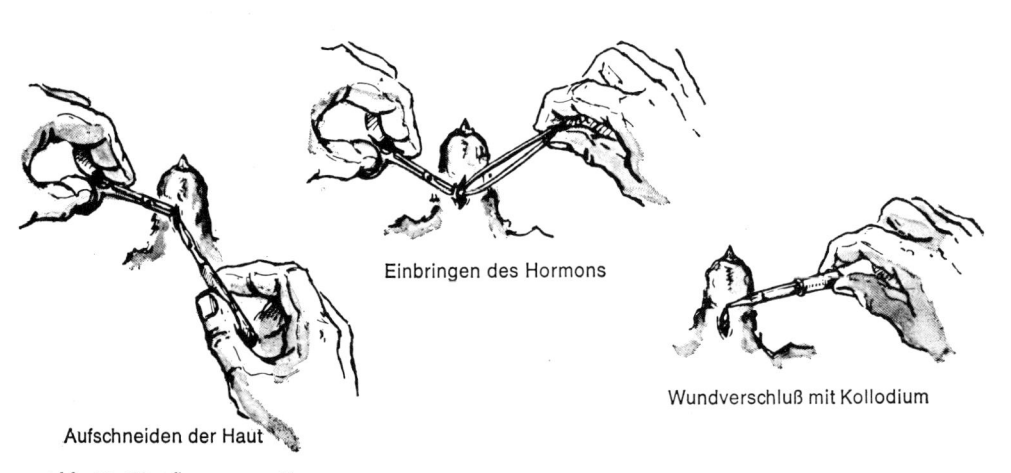

Einbringen des Hormons

Wundverschluß mit Kollodium

Aufschneiden der Haut

Abb. 23: Einpflanzen von Testosteron

nicht direkt unter dem Schnitt eingebracht werden. Eine entsprechende Anzahl von Kontrolltieren wird der gleichen Behandlung unterworfen, jedoch ohne daß wirklich Testosteron eingeführt wird. Die Versuchs- und die Kontrolltiere werden eine Woche später verglichen.

2. Beobachtungen in der zweiten Woche

Setzen Sie ein hormonbehandeltes und ein normales Küken zusammen in den Käfig. Vergleichen Sie folgende Merkmale:

1. Treten in der Haltung der Küken Unterschiede auf? Verwenden Sie korrekte Begriffe zur Bezeichnung von Gefieder- und Körperteilen. Zögern Sie nicht, Skizzen und Zeichnungen zu benutzen.
2. Gibt es Unterschiede im Aussehen des Gesichtes, besonders um die Augen herum?
3. Laufen die Küken unterschiedlich?
4. Beachten Sie jeden Unterschied in der Stimme. Die Krählaute der hormonbehandelten Küken können aufgezeichnet und klangspektrographisch analysiert werden.
5. Versuchen Sie Veränderungen in Form und Häufigkeit weiterer Bewegungsmuster – wie Flügelschlagen, Strecken, Gähnen usw. – festzustellen.
6. Stellen Sie einen Katalog der bei den hormonbehandelten Tieren neu aufgetretenen Verhaltensweisen zusammen und vergleichen sie mit den Kontrolltieren; rechnen Sie dabei auch mit Verhaltensänderungen der Kontrolltiere im Vergleich zur vorigen Woche.
7. Wirken manche vorher schon aufgetretene Verhaltensweisen jetzt übertrieben? Sind andere verlorengegangen?
8. Vergleichen Sie quantitativ die Häufigkeit einiger beobachteter Handlungen. *Veränderungen im Sozialverhalten.* Führen Sie, wenn es die Zeit erlaubt, in unterschiedlicher Kombination Begegnungen hormonbehandelter und normaler Tiere durch, und suchen Sie nach Verhaltensunterschieden. Die Tiere müssen individuell markiert sein.
9. Zählen Sie, wie häufig verschiedene Haltungen, Pickhandlungen usw. auftreten.
10. Versuchen Sie, Pickhandlungen mit vermutetem Kampfcharakter von deutlich nicht aggressiven zu unterscheiden.
11. Welche allgemeinen Schlüsse können Sie bezüglich der Wirkung des Testosterons auf die Küken ziehen?
12. Spielt das Geschlecht des Kükens eine Rolle? Beachten Sie, daß von Händlern gelieferte Eintagsküken oft Hähnchen sind; unter Umständen ist eine ausdrückliche Bestellung erforderlich, um weibliche Küken zum Vergleich zu erhalten.
13. Sezieren Sie am Ende des Kurses einige Versuchs- und Kontrolltiere und präparieren die Hoden heraus. Versuchen Sie, Unterschiede in der Hodengröße, die Sie vielleicht feststellen, zu erklären.

C. Pickverhalten von Hühner- und Entenküken

Welche Reize lösen Picken aus? Wir wissen, daß Küken und Enten prädisponiert sind, nach bestimmten Farben häufiger als nach anderen zu picken, und daß in diesen Farbpräferenzen artliche Unterschiede bestehen. Bereiten Sie im voraus eine Kollektion von Gipsperlen oder -kugeln vor, die paarweise an den Enden von Holzspateln angebracht werden (Abb. 24). Sie werden mit Wasserfarbe angemalt und zum Schutz mit durchsichtigem Lack überzogen. Verwenden Sie vier oder fünf verschiedene leuchtende Farben. Die Versuchsmethode besteht einfach darin, einem Küken ein solches Farbpaar vorzuhalten und festzustellen, nach welcher Farbe es zuerst pickt. Führen Sie diesen Versuch mit einer großen Kükengruppe durch und wählen Sie Tiere aus, die sofort picken. Die Farbkombinationen müssen so vorbereitet sein, daß alle möglichen Farbpaare geprüft werden können, jede Farbe sowohl in Links- wie in Rechtsposition. Die Teilnehmer können für das Anbieten der Farbreize ein einheitliches Pro-

Abb. 24: Gefärbte Gipskugeln an einem Holzspatel

gramm aufstellen, z. B. unter Randomisierung der Reihenfolge (Cavalli-Sforza). Vielleicht ist es nützlich, an einem Spatel unter Seitenvertauschung zweimal dasselbe Farbpaar anzubringen. Um die Präferenz für jedes Farbpaar festzustellen, genügen jeweils 20 Wahlversuche. Kombinieren Sie die Ergebnisse aller Teilnehmer.

Der Nachteil eines solchen einfachen Versuches liegt darin, daß er die Wirkung von Unterschieden in Farbton, Sättigung usw. nicht berücksichtigt, Faktoren, die in einem genauen Versuch eigentlich konstant gehalten werden müßten. Die Methode reicht jedoch aus, um eine Präferenzliste für die Küken aufzustellen, die dann mit der Farbpräferenz von Enten verglichen werden kann. Bei gleicher Methode wird sich für diese beiden Arten eine unterschiedliche Bevorzugung von Pickfarben ergeben. Denken Sie über die mögliche ökologische Bedeutung dieser Unterschiede nach.

Stellen Sie in einem weiteren Versuch fest, ob die Zeit, die das Tier zur Entscheidung für eine Farbe braucht, davon abhängt, wie nah die gegeneinander getesteten Farben in der Präferenzliste rangieren. Die Schwierigkeit liegt dabei in der Beobachtung, wann der Reiz zum erstenmal fixiert wird. Manche Küken werden dem Anschein nach Zufallswahlen treffen. Unterscheidet sich ihre Picklatenz von der solcher Küken, die eine deutliche Farbpräferenz zeigen?

Literatur

Bermant, G.: Intensity and role of distress calling in chicks as a function of social contact. Anim. Behav. **11**, 514–517 (1963).
Cavalli-Sforza, L.: Biometrie. Grundzüge biologisch-medizinischer Statistik. Fischer, Stuttgart. 1969.
Collias, N. E.: The development of social behavior in birds. Auk **69**, 127–159 (1952).
Collias, N. E. und M. Joos: The spectrographic analysis of sound signals of the domestic fowl. Behaviour **5**, 175–188 (1953).
Curtius, A.: Über angeborene Verhaltensweisen bei Vögeln, insbesondere bei Hühnerküken. Z. Tierpsychol. **11**, 94–109 (1954).
Hess, E. H.: Natural preferences of chicks and ducklings for objects of different colors. Psychol. Rep. **2**, 477–483 (1956).
Kaufman, I. C. und R. A. Hinde: Factors influencing distress calling in chicks, with special reference to temperature changes and social isolation. Anim. Behav. **9**, 197–204 (1961).
Marler, P., M. Keith und E. Willis: An analysis of testosterone-induced crowing in young domestic cockerels. Anim. Behav. **10**, 48–54 (1960).

Film

Schleidt, W. M.: *Meleagris gallopavo domesticus* (Meleagrididae) – Elemente des Sexualverhaltens bei Küken nach Injektion von Testosteron. Encycl. cin. E 488. Göttingen. 1959.

12. Optische Unterscheidungsfähigkeit bei Vögeln

MARTIN W. SCHEIN

Pennsylvania State University, University Park

Die Reaktion eines Tieres auf einen bestimmten Reiz spiegelt oft frühere Erfahrungen des Tieres mit diesem Reiz wider. Mit anderen Worten, Lernvorgänge (Erfahrungen) modifizieren das Verhalten. Es versteht sich aber von selbst, daß ein Tier zwischen einem bestimmten Reiz und anderen, in der Erscheinung ähnlichen Konfigurationen unterscheiden können muß, ehe es lernen kann, auf diesen Reiz zu reagieren.

Die meisten vielzelligen Tiere sind lernbegabt, doch hängt diese Fähigkeit von der Komplexität des Nervensystems ab. Wirbellose Tiere können einfache Unterscheidungsprobleme lösen, während Wirbeltiere sich mit viel komplexeren Situationen befassen können. Die Fachliteratur enthält eine Überfülle von Beispielen für Lernvorgänge bei vielen Tierarten; es ist aber hier nicht unser Ziel, auf Einzelheiten

Optische Unterscheidungsfähigkeit bei Vögeln 43

einzugehen. Statt dessen wollen wir uns auf die Probleme konzentrieren, mit denen wir konfrontiert sind, wenn wir feststellen wollen, ob ein Tier zwischen zwei Reizen unterscheiden kann oder nicht.

Die grundsätzliche Frage, die in der folgenden Übung beantwortet werden soll, ist relativ einfach: können Hühner *(Gallus domesticus)*, Tauben *(Columba domestica* oder *Streptopelia risoria)* oder andere verfügbare Vogelarten zwischen zwei verschiedenen Farben, Größen oder Formen unterscheiden und jeweils eine bevorzugt vor der andern auswählen? Im ersten Teil der Übung soll die Fähigkeit des Versuchstieres, zwischen zwei Farben zu unterscheiden, geprüft werden.

A. Material

Gruppen von zwei bis drei Teilnehmern wird je ein Versuchstier mit Käfig und ein Dressurbrett zugeteilt. Das Dressurbrett enthält zwei Vertiefungen (Futterschalen) mit Schiebedeckeln und sechs austauschbaren Plastikquadraten für die Deckel (Abb. 25 und 26).

Abb. 25: Anbieten des Dressurbrettes

Ein ausgefüllter orangefarbiger Kreis wird auf zwei der Quadrate gezeichnet, ein ausgefüllter schwarzer Kreis desselben Durchmessers auf zwei weitere Quadrate und ein ausgefüllter blauer Kreis auf die übrigen zwei. Das Versuchstier muß lernen, bevorzugt nach dem orangefarbigen Fleck zu picken. Wenn es «orange» wählt, wird es durch Zurückschieben des Deckels und die Erlaubnis, einige Körner zu fressen, belohnt. Wählt es schwarz, erfolgt keine Belohnung.

an das Dressurbrett gewöhnt werden, damit er sich nicht vor ihnen scheut. Ein mit Menschen vertrauter Vogel braucht nur wenige Minuten für diese Gewöhnung (bewegen Sie sich langsam, damit das Tier nicht erschrickt). Zweitens muß der Vogel lernen, daß sich in den Vertiefungen des Dressurbrettes Futter befindet. Dazu genügt meist, ihm das gefüllte Dressurbrett mit zurückgeschobenen Deckeln anzubieten. Drittens muß das Versuchstier lernen, daß es, um ans Futter zu gelangen, picken muß,

B. Dressur

Zunächst muß man dem Versuchstier beibringen, daß es eine Aufgabe lösen soll und daß die richtige Lösung eine wünschenswerte Belohnung (Futter) einträgt. Entziehen Sie dem Versuchstier ungefähr 36 Stunden lang das Futter, um die Wahrscheinlichkeit zu erhöhen, daß es sich für eine Futterbelohnung anstrengt. Die Aufgabe muß so gestellt werden, daß der Vogel den Zusammenhang zwischen «Picken nach dem Farbfleck» und «Futterbelohnung» erkennen kann. Zunächst muß er an Menschen und

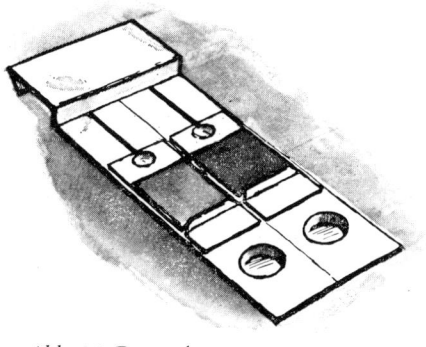

Abb. 26: Dressurbrett

wenn das Futter verdeckt ist. Schieben Sie deshalb die Deckel langsam über die Futterschalen, während der Vogel am Fressen ist; meist fährt er fort, nach dem Futter zu picken, das Sie auf das Brett und die Deckel gestreut haben. Um den Vogel nicht zu verwirren, müssen Sie alle Bewegungen langsam ausführen. Belohnen Sie den Vogel zunächst jedesmal, wenn er nach irgend etwas auf dem Brett pickt. Dann belohnen Sie ihn nur noch, wenn das Picken den Futterdeckeln näherkommt. Schließlich setzen Sie die Plastikquadrate mit einer neutralen Farbe (blau) ein und bringen dem Vogel bei, auf dem Farbfleck selbst nach Futter zu picken. Der ganze Vorgang dauert abhängig von der Scheu des Vogels und seinem Hungerzustand 10–15 Minuten.

C. Das Messen der Unterscheidungsleistung

Wenn der Vogel gelernt hat, ständig nach dem blauen Fleck zu picken, um Futter zu erhalten, beginnen Sie mit der eigentlichen Aufgabe. Dabei soll «orange» die richtige und «schwarz» die falsche Reaktion sein. Ein brauchbares Kriterium für die Lösung der Aufgabe sind 13 richtige Antworten in einer Serie von 15 aufeinanderfolgenden Versuchen. Führen Sie so viele Versuche aus, wie erforderlich sind, damit der Vogel das Kriterium für Lernerfolg erreicht.

Variieren Sie die Rechts- oder Linksposition der richtigen Farbplatte nach einer Zufallsreihenfolge, um zu verhindern, daß der Vogel eine Unterscheidung nach der Lage trifft. Würde die Lage einfach bei jedem Versuch gewechselt, könnte der Vogel eine links-rechts-links-rechts-Reaktion ohne Beziehung zur Deckelfarbe erlernen. Eine Zufallsreihenfolge für 50 Versuche kann durch Hochwerfen einer Münze festgestellt werden; Sie sollten aber darauf achten, daß orange nicht mehr als dreimal hintereinander in gleicher Lage bleibt. Nach 50 Versuchen kann die Reihenfolge wiederholt werden. Verwenden Sie (ebenfalls in einer Zufallsreihenfolge) mindestens zwei orangefarbige und zwei schwarze Quadrate, damit der Vogel seine Entscheidung wirklich nach der Farbe treffen muß und nicht nach anderen Merkmalen der Plastikquadrate.

Benutzen Sie zur Vereinheitlichung der Ergebnisse folgende Korrekturmethode: Bieten Sie das Brett an und lassen Sie den Vogel einmal picken. Wählt er richtig (orange), belohnen Sie ihn nicht, sondern entfernen das Brett einige Sekunden (so lange, wie es ungefähr dauert, um die Farbquadrate auszuwechseln) und bieten es dann ohne Lageveränderung wieder an. Dies setzen Sie fort, bis der Vogel eine korrekte Wahl getroffen hat und beginnen dann den nächsten Versuch. Es endet also jeder Versuch (bei einer bestimmten Lage des orangenen Flecks) mit einer richtigen Wahl; pro Versuch können aber unterschiedlich viele Irrtumsentscheidungen vorkommen.

D. Analyse

Vergleichen Sie die Leistung mehrerer Versuchstiere, indem Sie a) die Zahl der Versuche errechnen, die nötig war, um das Kriterium des Lernerfolgs zu erreichen, und b) die Zahl der Irrtümer feststellen, die bis zum Erreichen des Kriteriums gemacht wurden.

1. Auf was können Unterschiede in den Werten verschiedener Vögel zurückzuführen sein: Lernfähigkeit? Angeborene Unterscheidungsfähigkeit? Geschick des Versuchsleiters? Andere Faktoren?
2. Weshalb wurde statt orange oder schwarz eine neutrale Farbe (blau) verwendet, um die Versuchstiere auf die Aufgabe vorzudressieren? Was würde nach Ihrer Meinung geschehen, wenn Sie nach Erreichen des Kriteriums für Orange-Wahl plötzlich schwarz zur richtigen Farbe machten? Was, wenn Sie nach Erreichen des Lernkriteriums dann wieder orange belohnten? Was läßt sich aus der Leistung verschiedener Versuchstierarten in solchen aufeinanderfolgenden Umkehrversuchen schließen?
3. Was sagen Ihnen Versuche, wie der von uns durchgeführte, über die Fähigkeit eines Tieres, zwischen zwei Gegenständen zu unterscheiden? Nehmen wir an, Sie haben die Fähigkeit eines Tieres nachgewiesen, eine Unterscheidungsaufgabe zu lösen; wie würden Sie vorgehen, um Schwellenwerte der Unterscheidungsfähigkeit zu bestimmen?

E. Weitere Untersuchungen

Der obige Versuchstyp kann zur Feststellung der Unterscheidungsfähigkeit eines Tieres gegenüber vielen Reizarten benutzt werden. Man kann z. B. seinen Gehörumfang und seine Fähigkeit, zwischen Tönen verschiedener Frequenz oder zwischen verschiedenen Formen zu unterscheiden, prüfen. Entwickeln Sie selbst einen Versuch und andere Meßverfahren, um die Unterscheidungsfähigkeit Ihrer Versuchstiere festzustellen.

Literatur

Skinner, B. F.: How to teach animals. Sci. Amer. **185**, 26–29 (1951).

Schulte, E.-H.: Unterschiede im Lern- und Abstraktionsvermögen von binokular und monokular sehenden Hühnern. Z. Tierpsychol. **27**, 946–970 (1970).

13. Trinkverhalten von Kleinvögeln

KLAUS IMMELMANN

Lehrstuhl für Verhaltensphysiologie der Universität Bielefeld

Die meisten Vögel trinken nach Art der Hühner schöpfend in einzelnen kleinen Schlucken und heben dazwischen den Kopf, um das aufgenommene Wasser herunterzuschlucken. Andere Methoden der Wasseraufnahme sind stets nur vereinzelt und jeweils als Anpassung an eine bestimmte Lebensweise oder an bestimmte Umweltbedingungen entwickelt worden.

Ein besonders eindrückliches Beispiel für abweichendes Trinkverhalten liefern diejenigen Vogelarten, die den Schnabel tief und lange in das Wasser eintauchen und die Flüssigkeit durch Peristaltik des vorderen Oesophagus einpumpen. Dieses Saugtrinken kommt in erster Linie bei den Tauben vor und wurde ursprünglich als eine Besonderheit dieser Vogelordnung angesehen. Inzwischen ist es auch aus zwei weiteren Vogelgruppen bekannt, von zwei Arten der afrikanischen Mausvögel *(Colii)* und einigen australischen Arten der paläotropischen Prachtfinken *(Estrildidae)*.

Namentlich in der letztgenannten Gruppe ist deutlich erkennbar, in welcher Weise das Saugtrinken als eine ökologische Anpassung angesehen werden kann: Innerhalb der australischen Prachtfinken wurde es ausschließlich von denjenigen Arten entwickelt, die in den ariden und semi-ariden Gebieten im Norden und Innern des Kontinents vorkommen, während die Bewohner der etwas feuchteren küstennahen Randgebiete nach Art der übrigen Singvögel in Einzelschlucken schöpfend trinken. Bei den Trockenlandbewohnern hat sich das Saugtrinken mit Sicherheit mehrfach unabhängig voneinander bei nicht näher miteinander verwandten Arten oder Artengruppen herausgebildet, während sich umgekehrt selbst eng verwandte Arten (z. B. innerhalb der Gattung *Zonaeginthus*) im Trinkverhalten voneinander unterscheiden, sofern sie verschiedene Lebensräume bewohnen.

Der Anpassungswert des Saugtrinkens ist folgendermaßen zu deuten: Da die Ufer der wenigen Wasserstellen in den Trockengebieten oft nicht oder nur spärlich bewachsen sind und wenig Deckung bieten, sind Kleinvögel bei der Wasseraufnahme – vor allem durch Greifvögel – hier besonders gefährdet. Jede Eigenschaft, die dazu beiträgt, die Zeit an der offenen Wasserstelle herabzusetzen, wird daher einen entscheidenden Selektionsvorteil bringen. Hierzu gehört in hervorragender Weise das saugende Trinken, da die Tiere bei dieser Methode die Wasseraufnahme auch während des Schluckens nicht zu unterbrechen brauchen und deshalb in kurzer Zeit eine verhältnismäßig große Flüssigkeitsmenge aufnehmen können. Mehrere der daraufhin untersuchten Prachtfinkenarten haben zusätzlich zum Saugtrinken auch die Fähigkeit entwickelt, selbst bei hohen Temperaturen viele Stunden ohne Wasseraufnahme auszukommen. Die Tiere kommen daher normalerweise nur morgens und abends zur Wasserstelle und brauchen sich nur wenige Sekunden an der offenen Tränke aufzuhalten, um ihren täglichen Wasserbedarf zu decken. Auch bei den Mausvögeln wurde Saugtrinken bisher nur für zwei wüstenbewohnende Arten beschrieben, doch bleiben Untersuchungen an den in feuchteren Lebensräumen lebenden Formen abzuwarten. Bei den Tauben kommt diese Trinkweise dagegen offenbar bei allen Arten und damit auch in allen Lebensräumen vor. Da es sich hier jedoch zweifellos um ein stammesgeschichtlich sehr altes Merkmal handelt, ist unbekannt, ob es sich ebenfalls ursprünglich in vegetationsarmen Gebieten als eine ähnliche Anpassung entwickelt hat oder ob das Saugtrinken der Tauben unter einem anderen Selektionsdruck entstanden ist.

Zur Demonstration der ökologisch bedingten Unterschiede im Trinkverhalten eignen sich am besten die Prachtfinken, bei denen man saugtrinkende und schöpfende Arten von etwa gleicher Körpergröße miteinander vergleichen kann. Die ausgeprägtesten Saugtrinker sind die 3 Arten der Gattung *Poephila* (Maskenamadine – *P. personata;* Spitzschwanzamadine – *P. acuticauda* [Abb. 27]; Gürtelgrasfink – *P. cincta).* Auch der Zebrafink *(Taenopygia guttata)* ist Saugtrinker (Abb. 28), ist für die vorgesehenen Versuche jedoch weniger geeignet, weil er infolge seines insgesamt sehr geringen Flüssigkeitsbedarfs vielfach selbst nach langem Dursten nur sehr wenig oder erst nach längerer Zeit trinkt. Zu den schöpfenden australischen Arten gehören u. a. Braunbrüstiger Schilffink *(Lonchura castaneothorax)* und Gelber Schilffink *(L. flaviprymna).* Die meisten der genannten Arten sind regelmäßig im Handel oder bei Vogelzüchtern erhältlich. Anstelle der Schilffinken können auch die nahe verwandten südostasiatischen Arten der Gattung *Lonchura* verwendet werden, die unter der Bezeichnung «Nonnen» im Handel angeboten werden. Das Japanische Mövchen *(L. striata* f. domestica) ist dagegen kaum zu empfehlen, da es in der Regel außerordentlich zögernd und langsam trinkt.

Die besten Resultate erzielt man, wenn die Versuchstiere für längere Zeit einzeln in kleinen Käfigen gehalten werden, in die sie sich gut eingewöhnen können. Vor den eigentlichen Versuchen wird für etwa 24 Stunden jede Trinkmöglichkeit enzogen. Wird nach dieser Durstperiode wieder ein mit Wasser gefüllter Trinknapf geboten, kann die Wasseraufnahme in der Regel innerhalb weniger Minuten beobachtet werden. Um diese Zeitspanne weiter zu verkürzen, empfiehlt es sich, den Tieren bereits in den Wochen vor den Kursversuchen mehrfach für einen Tag das Trinkwasser zu entziehen, weil man sie dadurch an rasches Trinken nach längerem Dursten gewöhnen kann.

Neben den Verhaltensbeobachtungen kann durch quantitative Messungen auch die größere Effektivität des Saugtrinkens unmittelbar demonstriert werden. Hierzu wird die Menge der aufgenommenen Flüssigkeit bestimmt, indem man entweder das Gewicht des Versuchstieres oder das des Trinknapfes jeweils vor und nach dem Versuch auf einer feinen Waage ermittelt. Beide Methoden ergeben allerdings nur angenäherte Werte, weil das Körpergewicht durch Kotabgabe oder Ausspucken von Wasser beim Einfangen des Vogels und das Gewicht des Wassergefäßes durch Verspritzen während des Trinkens gelegentlich etwas verfälscht werden kann. Es empfiehlt sich daher, Durstversuche und Wägungen mit jedem Tier jeweils mehrfach zu wiederholen. Bei länger dauernden Versuchen und hoher Raumtemperatur sollte neben

Abb. 27: Saugtrinkende Spitzschwanzamadine

Abb. 28: Saugtrinkender Zebrafink

dem Versuchskäfig noch ein Vergleichsnapf mit gleicher Wassermenge und gleicher Oberfläche aufgestellt werden, damit durch Wägungen vor und nach dem Versuch auch das Ausmaß der Verdunstung bestimmt und von der Gesamtabnahme der Wassermenge im eigentlichen Trinknapf in Abzug gebracht werden kann.

Mit Hilfe der Wägungen können verschiedene Maße ermittelt werden. In erster Linie bestimmt man die pro Schluck aufgenommene Wassermenge. Bei den langen Schlucken der Saugtrinker (bei Spitzschwanzamadinen konnten bis zu 21 Sekunden Schluckdauer ermittelt werden) ist das stets ohne weiteres möglich. Bei den schöpfenden Arten folgen die Einzelschlucke dagegen oft so schnell aufeinander, daß man mehrere gemeinsam auswerten muß und die gemessene Gesamtmenge durch die Zahl der Schlucke dividiert. Ferner kann man die Tiere nach einer einheitlichen Zeitdauer (z. B. 10 Sekunden, 30 Sekunden) nach dem Beginn der Wasseraufnahme unterbrechen und die aufgenommene Flüssigkeitsmenge bei schöpfenden und saugenden Arten vergleichen. Schließlich kann die gesamte Wassermenge und die Gesamtzeitdauer des Trinkens ermittelt werden, die vom Beginn des ersten Schnabeleintauchens bis zum Abfliegen vom Wassernapf gemessen wird. Hierbei lassen sich die Unterschiede zwischen schöpfendem und saugendem Trinken besonders eindrucksvoll erkennen.

Literatur

Cade, T. J., Tobin, C. A. und A. Gold: Water economy and metabolism of two estrildine finches. Physiol. Zool. **38**, 9–33 (1965).

Immelmann, K.: Beiträge zu einer vergleichenden Biologie australischer Prachtfinken (Spermestidae). Zool. Jb. Syst. **90**, 1–196 (1962).

Immelmann, K. und G. Immelmann: Verhaltensökologische Studien an afrikanischen und australischen Estrildiden. Zool. Jb. Syst. **94**, 609–686 (1967).

Wickler, W.: Über die Stammesgeschichte und den taxonomischen Wert einiger Verhaltensweisen der Vögel. Z. Tierpsychol. **18**, 320–342 (1961).

14. Netzbau bei Spinnen

Peter N. Witt

North Carolina Department of Mental Health, Raleigh

Das Radnetz einer Spinne ist das Ergebnis hochkomplexer, stereotyper Verhaltensmuster und spielt eine Schlüsselrolle für das Überleben des Tieres. Es stellt eine Falle dar, in der fliegende Beute gefangen wird, es vervielfacht die Ausdehnung des Wahrnehmungsfeldes eines fast blinden Lebewesens, und die Fäden bilden die Pfade, über die Klammerbeine mit hoher Geschwindigkeit laufen können.

In der folgenden Übung soll gezeigt werden, welche Faktoren unter anderem die Ortswahl für das Netz beeinflussen, in welcher Reihenfolge die Schritte beim Bau des Netzes ablaufen, und in welchem Umfang der Netzbau modifiziert werden kann.

A. Versuchsobjekte und -material

Für Laborbeobachtungen braucht man einen aus einem Rahmen und einer Vorder- und Rückwand bestehenden Behälter, in dem die Spinne lebt und dessen Seiten Halt für die Befestigung des Netzes bieten, einen licht- und temperaturgeregelten Raum, gute Beleuchtung, sowie einen dunklen Hintergrund für die Beobachtung und für eventuelle photographische Aufnahmen. Ein einfacher Rahmen kann aus vier Pappstreifen (rechteckig, 10 × 50 cm) hergestellt werden, die man zu einem Quadrat zusammenklebt. Mit Zellophanpapier kann man dann Vorder- und Rückseite verschließen. Die

Abb. 29 zeigt einen stabilen Rahmen, der aus Holz oder Metall hergestellt werden kann. Das Maschengeflecht an den Schmalseiten erleichtert das Anbringen der Rahmenfäden, und die Glasflächen verhindern ein Entweichen des Tieres, während sie gleichzeitig eine gute Beobachtung des Netzes ermöglichen; zum Photographieren sollten sie jedoch abgenommen werden.

Unter Laborbedingungen ist der Netzbau am wahrscheinlichsten
a) bei hoher Luftfeuchtigkeit, die über offene wassergefüllte Schalen in der Umgebung des Rahmens hergestellt wird,
b) bei Langtagbedingungen (16 h), die über eine Zeitschaltuhr oder von Hand gesteuert werden können,
c) bei Temperaturunterschieden von mindestens 5° C zwischen Tag und Nacht. Ein Thermostat oder notfalls das Öffnen von Fenstern sorgt für diese Differenz.

Einzelheiten hierzu werden von Witt (1971) und von Witt et al. (1968) mitgeteilt.

B. Versuchsdurchführung

1. Zeit und Ort des Netzbaues

Da unter natürlichen Bedingungen die meisten Spinnen ihr Netz jeden Morgen bei Sonnenaufgang bauen, empfiehlt es sich, für eventuelle Freilandbeobachtungen auch diese Zeit auszuwählen. Besonders im Spätsommer findet man viele Netze dicht nebeneinander, und es lassen sich Aussagen über die von einer bestimmten Art bevorzugte Lage machen, wenn man die Höhe des Netzes über dem Boden, seine geographische Ausrichtung und die als Aufhänger gewählten Pflanzenarten notiert. Der Einfluß des Windes auf die Ortswahl für ein Netz läßt sich im Freien untersuchen, indem man einen Windschutz baut oder eine größere Plastikhaube über ein von Spinnen besiedeltes Terrain stellt.

Im Labor kann man Spinnen an einem Ort aussetzen, der sowohl Gebiete rascher Luftströmungen als auch «windstille» Gebiete aufweist (Enders, 1973). Zusätzliche Informationen über Netzhöhe erhält man beim Aussetzen von Spinnen verschiedener Arten in einem Raum mit hoher Decke. Bestimmte Arten werden ihr Netz dichter unter der Decke anlegen als andere. (Die Befunde über die Netzhöhe können statistisch ausgewertet und zur Unterscheidung von Arten herangezogen werden.) (Für zusätzliche Informationen über Häufigkeit, Zeit und Ort des Netzbaues vergl. Witt, 1963 und Turnbull, 1973).

2. Netzbau – Verhalten

Da im Laborversuch die Zeiten des Netzbaues nahezu unvorhersehbar sind, ist die Mühe, eine

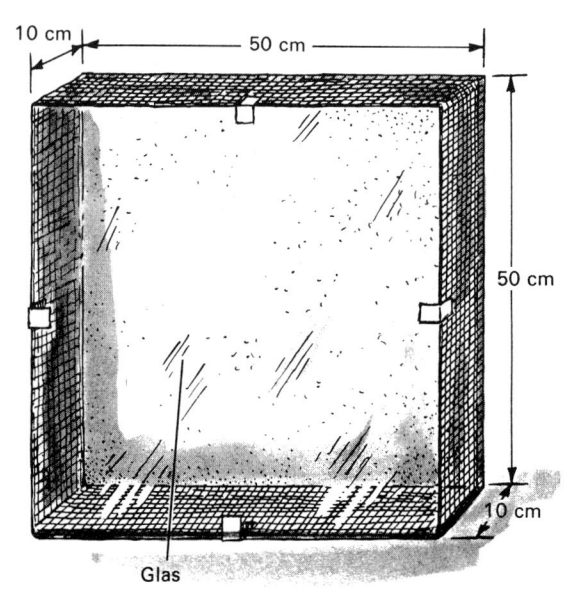

Abb. 29: Skizze eines Holz- oder Aluminiumbehälters zur Unterbringung einer netzbauenden Spinne im Labor

ganze Nacht bei der Beobachtung von 3–5 Spinnen zu verbringen, noch am lohnendsten. Am besten geeignet sind junge Weibchen einer Art, die täglich ein Netz baut, z. B. der Kreuzspinne, *Araneus diadematus* (vgl. Witt, 1971).

Beobachten Sie den Netzbau in seinem vollständigen Ablauf. Wieviele Phasen kann man während des Netzbaues unterscheiden? Welches typische Bewegungsmuster wird in den einzelnen Phasen immer wieder gezeigt? Welche grundsätzliche Rolle spielen die vorderen Beinpaare beim Netzbau? Welche Rolle die hinteren Beinpaare? Welches ist die letzte Bewegung der Spinne bei der Vollendung des Netzes? Wie oft setzt eine Spinne ihr Eigengewicht während der Konstruktion ein, und wie würde sich Schwerelosigkeit auf den Netzbau auswirken?

Sobald Sie den normalen Handlungsablauf des Netzbaues erkennen können, versuchen Sie, experimentell einige Veränderungen an im Bau befindlichen Netzen vorzunehmen. Wie wirkt sich zum Beispiel die wiederholte Zerstörung eines Speichenfadens gleich nach dessen Anlage aus?

Wie oft erneuert die Spinne einen solchen Radialfaden am gleichen Ort? Hängt die Reaktion der Spinne auf diesen Eingriff von dem Baustadium des Gesamtnetzes ab? Welche Wirkung hat das Umsetzen von Spinnen während des Bauens auf andere Netze anderer Baustadien?

Diese Beobachtungen liefern bereits eine größere Anzahl von Aussagen über die Plastizität des Netzbau-Verhaltens, seine Programmierung im Verhalten der Spinne sowie über seinen Überlebenswert für die Art. (Vgl. Peters, 1970 und Reed, 1969).

3. Netzstruktur und Verhalten

Erst nachdem man über objektiv qualifizierbare Verhaltensweisen Klarheit erlangt hat, kann man beginnen, die Faktoren zu untersuchen, die die physikalische Struktur des Netzes beeinflussen. Einfache Netzcharakteristika erhält man durch Vermessen des horizontalen und vertikalen Durchmessers der Fangfläche und durch Auszählen der Radialfäden («Speichen») und der Spiralwindungen, die die eigentlichen Klebfäden darstellen. Die Größe der Fangfläche, geteilt durch die Zahl der Radialfäden und die der Spiralwindungen, ergibt ein Maß für den Durchschnittswert der Maschengröße.

Um exakte Daten zu erhalten, sollten die Netze photographiert werden. Freilandphotos sind benutzbar, doch geben Photos von Netzen in Laborrahmen bessere Grundlagen für die Analyse des Bauprinzipes. Für weitere Informationen über Netzphotographie vgl. Witt, 1971.

Mit einem Flächenzähler kann man Zentralfeld («Nabe»), Fangfeld und Rahmenzone eines Netzes getrennt vermessen (Abb. 30). Diese Maße können abhängig sein von anderen für das Überleben wichtigen Parametern, unter anderem vom Futterangebot und von der Größe und Art der Spinne. Es ist nachgewiesen, daß die räumliche Ordnung des Netzes durch Alter und Drogen am stärksten beeinflußt wird; ein Maß für diese räumliche Ordnung sind zum Beispiel die Winkel zwischen den Radialfäden und die Abstände zwischen den Klebfäden (Spiralfäden). Legen Sie einen Winkelmesser auf das Photo eines Netzes und messen Sie die Radialwinkel aus. Wenn Sie jetzt die Differenz zwischen benachbarten Radialwinkeln bilden und über die Summe aller Differenzen mitteln, haben Sie eine einfache Bezugsgröße für die Winkelsymmetrie. Die Form des Fangfeldes (Länge × Breite) liefert einen weiteren Satz aufschlußreicher Maße. Lesen Sie bei Witt et al. (1968) nach, wie weitere Netzmaße ermittelt werden, welche Bedeutung sie haben und wann sie als abweichend von der Norm gelten.

Durch den Vergleich der Maße verschiedener Netze einer Spinne vor und nach dem Entfernen einzelner Beine oder Beinpaare kann man untersuchen, welche Bedeutung der Verlust eines Beines für die Netzgeometrie hat. Es wäre überraschend festzustellen, daß ein so häufiger Vorfall wie der Verlust eines Beines Spinnen völlig der Fähigkeit beraubte, ein Netz für den Beutefang zu bauen. Die Beine können gegenseitig die jeweilige Funktion des anderen Beines übernehmen, und nur der Verlust mehrerer Beine führt zu abnormen Netzen. Jedes Beinpaar hat andere Aufgaben (erstes Paar: Prüfung; letztes Paar: Verlegung der Fäden), und das Entfernen eines Beinpaares wird in der Netzgeometrie eine Beeinträchtigung der Funktionen gerade dieses Paares erkennen lassen. Neue Beobachtungen führen so zu einer immer besseren Analyse der Rolle, die jedes Bein oder jede Beingruppe beim Anlegen des Netzes spielt (vgl. Reed et al., 1965).

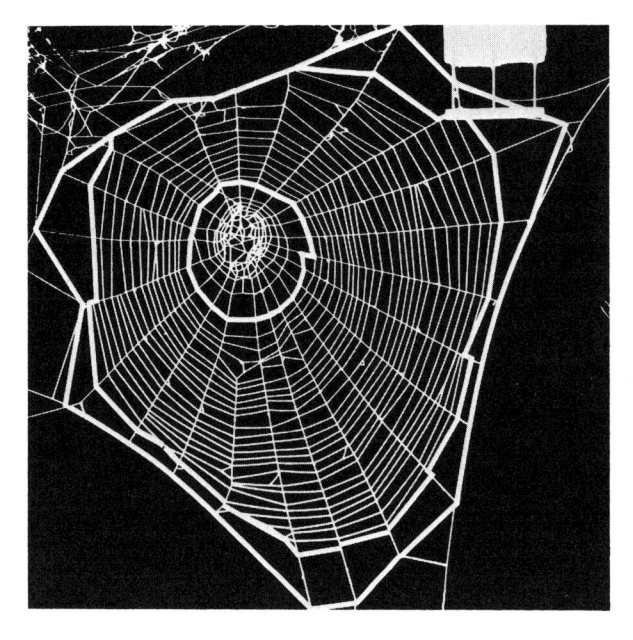

Abb. 30: Die dicken weißen Linien begrenzen, von innen nach außen, das Zentralfeld, das Spiral- oder Fangfeld und die Rahmenzone des Netzes einer ausgewachsenen weiblichen Spinne. Das Verhältnis der Größen dieser drei Felder zueinander kann mit einem Flächenzähler ermittelt werden und ist charakteristisch für Art, Alter und Allgemeinzustand der Erbauerin

C. Fragen

1. Gibt es einen Art- oder Altersunterschied für
   a) den mittleren Abstand zwischen Zentrum und Boden bei einem Radnetz?
   b) die Pflanzen, an denen das Netz befestigt wird?
   c) die mittlere Netzgröße und die Größe des Zentralfadens?
2. Hängt die Häufigkeit der Netzerneuerung ab von
   a) der Zerstörung des alten Netzes?
   b) der Menge der gefangenen Beute?
   c) der Spinnenart?
   d) der Zeit, zu der das alte Netz entfernt wurde?
3. Stellen sie zwei getrennte Listen auf, in die Sie die durch Umwelteinflüsse veränderbaren und die unveränderbaren Teile des Netzbau-Verhaltens eintragen.
4. Welche Faktoren biochemischer oder verhaltensmäßiger Art können eine Spinne veranlassen, ein kleineres Netz als normalerweise erwartet anzulegen? Entwerfen Sie einen Versuch, der eine Aussage darüber erlaubt, ob ein vergleichsweise kleines Netz auf einen Mangel an Spinnmaterial zur Bauzeit zurückzuführen ist.

D. Zusätzliche Aufgaben

Um die Welt der Berührungsreize tiefer zu erforschen, in denen eine Spinne lebt, kann man mittels einer angeschlagenen Stimmgabel an einem Radialfaden Fragen angehen wie Ausdehnung des Wahrnehmungsfeldes, Reizschwelle und Art der Gewöhnung an die Reizung eines oder mehrerer Radialfäden. Beim Beutefang gibt es eine Kette von Reizen und Reaktionen, angefangen beim ersten Berühren des Netzes durch eine Fliege bis zum Aussaugen der Beute (Robinson und Olazarri, 1971). Welcher Reiz löst welches Verhalten aus? Gibt es Alternativwege? Spielt Alter und/oder Gewicht und Hunger der Spinne eine Rolle bei der Räuber-Beute-Beziehung?

Für den interessierten Beobachter gibt es eine Vielzahl solcher Fragestellungen, deren Lösung er schon mit einer kleinen Kolonie netzbauender Spinnen anstreben kann.

Literatur

Enders, F.: Selection of habitat by the spider *Argiope aurantia* Lucas *(Araneidae)*. Amer. Midland. Natur. **90**, 47–55 (1973).

Gertsch, W. J.: American spiders. Van Nostrand, New York. 1964.

Kaston, B. S. und E. Kaston: How to know the spiders. W. C. Brown, Dubuque. 1953.

Levi, H. W., L. R. Levi und H. S. Zim: A guide to spiders and their skin. Golden Press, New York. 1968.

Peters, P.: Orb web construction: interaction of spider *(Araneus diadematus* Cl.) and thread configuration. Anim. Behav. **18**, 478–484 (1970).

Reed, C. F.: Cues in the web-building process. Amer. Zool. **9**, 211–221 (1969).

Reed, C. F., P. N. Witt und R. L. Jones: The measuring function of the first legs of *Araneus diadematus* Cl. Behaviour **24**, 98–119 (1965).

Robinson, M. H. und J. Olazarri: Units of behavior and complex sequences in the predatory behavior of *Argiope argentata*. Smithsonian Contrib. Zool. **65**, 1–36 (1971).

Turnbull, A. L.: Ecology of the true spiders. Ann. Rev. Entomol. **18**, 305–348 (1973).

Witt, P. N.: Environment in relation to behavior of spiders. Arch. Environ. Health **7**, 4–12 (1963).

Witt, P. N.: Instructions for working with web-building spiders in the laboratory. BioScience **21**, 23–25 (1971).

Witt, P. N., C. F. Reed und D. B. Peakall: A Spider's Web. Problems in regulatory biology. Springer, New York. 1968.

Film

Witt, P.N. und L. Salzmann: Life on a thread, an introduction into the study of behavior. Blue Flower Films, Philadelphia, 1973.

III. SOZIALE VERHALTENSWEISEN

15. Gruppenbildungen bei Planarien

James H. Reynierse

Hope College, Holland, Michigan

Sowohl in der Natur als auch im Labor treten Planarien in großen Ansammlungen auf. Obwohl solche Gruppen vermutlich kein Indiz für irgendeine soziale Organisationsform darstellen, zeigen sie doch ein einfaches und primitives Sozialverhalten, bei dem optische und chemische Eigenschaften bestehender Ansammlungen weitere Planarien anlocken (Reynierse, Gleason und Ottemann, 1969). Dagegen halten Fraenkel und Gunn (1961) es für wahrscheinlich, daß solche Gruppenbildungen nur Ausdruck einer allen Individuen gemeinsamen Reaktion auf optimale Lichtintensität sind. Eine solche Lichtintensitätshypothese würde, auf die photonegativ reagierenden Planarien angewandt, verlangen, daß sich Ansammlungen nur in beschatteten Orten bilden. Die folgenden Versuche sollen klären, auf welche Weise unterschiedliche Faktoren auf die Gruppenbildung bei Planarien einwirken.

A. Versuchsobjekte und -material

Fast jede Planarienart ist für diese Versuche geeignet. Eine Anzahl von Tieren aus einer Art oder zwei Arten wird in Töpfen oder Schalen mit abgestandenem Leitungswasser bei Temperaturen von 15–24° C gehalten, je nach Herkunftsort der Planarien. Sollen die Tiere über längere Zeit gehalten werden, sind wöchentliche Fütterungen mit Rinderleber angebracht. Die Fütterung sollte etwa eine Stunde dauern und das Wasser im Behälter anschließend gewechselt werden.

Außerdem werden kleine Schalen (10–15 cm Durchmesser) gebraucht, sowie ein Vorrat an abgestandenem Leitungswasser, schwarzes Isolierband, einige Stücke Karton und eine Pipette zum Umsetzen der Planarien. Die Mehrzahl der Versuche kann bei normaler Raumbeleuchtung durchgeführt werden, doch erlaubt eine kleine, regelbare Lichtquelle eine bessere Kontrolle der Versuchsbedingungen.

B. Versuchsdurchführung

Falls genügend Planarien vorhanden sind, ist eine gleichzeitige Durchführung verschiedener Versuchsteile durch die einzelnen Beobachtergruppen empfehlenswert. Obwohl Ansammlungen sich im allgemeinen innerhalb von 1–2 Stunden zu bilden beginnen, dauert das Zustandekommen einer vollständigen Aggregation doch bedeutend länger. Daher ist es angeraten, während der auf den Versuchsbeginn folgenden 24 Stunden zumindest sporadisch weitere Beobachtungen der ungestörten Populationen durchzuführen.

1. Gleichmäßige und ungleichmäßige Beleuchtung

Setzen Sie mittels einer Pipette eine gleiche Anzahl (zwischen 25 und 40) von Planarien in zwei der kleinen Schalen, die 3 cm hoch mit abgestandenem Leitungswasser gefüllt sind. Legen Sie dann ein Stück Karton so über eine der Schalen, daß diese zur Hälfte beschattet ist (Abb. 31). Die andere Schale bleibt offen und somit gleichmäßig beleuchtet. Beobachten und zählen Sie alle fünf Minuten getrennt für beide Schalen sowohl die in Gruppen befindlichen als auch die sich auf eine Gruppe zubewegenden Planarien.

Abb. 31: Phantombild eines Planarienaggregates in der abgedunkelten Schalenhälfte

Einigen Sie sich auf willkürliche, doch verbindliche Merkmale dafür, wann eine Planarie einer Aggregation angehört. Zum Beispiel sollten gerade sich bewegende Planarien ebensowenig zu einem Aggregat gerechnet werden wie solche, die mehr als 1 cm von einem anderen Individuum der Gruppe entfernt sind. Im allgemeinen sind die Aggregate jedoch deutlich als solche zu erkennen, und die genannten Kriterien werden nur für einige periphere Planarien benötigt. Entwerfen Sie eine graphische Darstellungsweise für die Abhängigkeit der Zahl der Gruppenindividuen in jeder Schale von der Zeit. Bilden sich Aggregate bei gleichmäßiger Beleuchtung? Bilden sie sich bei ungleichmäßiger Beleuchtung? Wenn ja, wo? Welche Aussagekraft haben Ihre Ergebnisse in Bezug auf die Lichtintensitäts- und die Sozialhypothese der Aggregatbildung bei Planarien?

2. *Kontrasteffekte; Wachstum von Aggregaten*

Bringen Sie einen 3 cm langen Streifen Isolierband an einer beliebigen Stelle einer Schale (Boden oder Wand) so an, daß er vom Wasser bedeckt ist, wenn dieses 3 cm hoch in der Schale steht. Setzen Sie 25–40 Planarien ein und beobachten Sie sie alle fünf Minuten.

Wenn sich nach 24 Stunden eine große Aggregation gebildet hat, setzen Sie 15 neue Planarien der gleichen Art hinzu. Hatte sich das ursprüngliche Aggregat auf dem schwarzen Streifen gebildet? Haben sich die neuen Planarien den alten Gruppen angeschlossen?

3. *Artunterschiede*

Während die oben beschriebenen Versuche direkte Aussagen über die Lichtintensitätshypothese erlauben, sind sie für eine Prüfung der Sozialhypothese nur begrenzt verwendbar. Wenn allerdings zwei Planarienarten gemeinsam in einer Schüssel gehalten würden, und es dann zur Ausbildung von nach Arten getrennten Aggregaten käme, wäre ein deutlicher Hinweis auf die Gültigkeit der Sozialhypothese gegeben (Reynierse, 1967).

Setzen Sie je 20 Planarien zweier leicht unterscheidbarer Arten in eine kleine, wie üblich mit Wasser gefüllte Schale. Beobachten Sie die Tiere während der Ihnen zur Verfügung stehenden

Zeit und achten Sie vor allem darauf, ob sich artspezifische Gruppen bilden. Stehen Ihnen mehrere Arten zur Verfügung, so können Sie auch unterschiedliche Artkombinationen prüfen.

C. Fragen

1. Welche Beweise gibt es für die Annahme, daß auch andere als Helligkeitsfaktoren die Gruppenbildung bei Planarien beeinflussen? Welche Wahrnehmungsbereiche sind beteiligt?
2. Neigen Planarien dazu, nach Arten getrennte Gruppen zu bilden? Ist dies für alle von Ihnen untersuchten Arten typisch? Sind die Aggregationen von begrenzter Dauer oder relativ stabil?

D. Zusätzliche Aufgaben

Es gibt eine Reihe technischer Probleme bei der Untersuchung von Aggregatbildungen im Dunkeln. Beispielsweise kann schon die schwächste Lichtquelle, die man zum Auszählen der Planarien braucht, ausreichen, um viele ruhende Planarien aufzuschrecken und zum Verlassen der Gruppen zu bringen. Dennoch wäre es interessant zu wissen, ob sich Planarien auch unter gleichmäßigen Dunkelbedingungen zu Gruppen zusammenschließen. Bringen Sie wieder 25–40 Planarien in eine wie üblich vorbereitete Schale. Decken Sie diese völlig ab oder stellen Sie sie in eine Dunkelkammer. Zählen Sie im Abstand von 15 Minuten die in Gruppen liegenden Planarien. Was sagen Ihre Beobachtungen aus über die Lichtintensitäts- und Sozialhypothese?

Wenn Sie Glück haben, befinden sich Ihre Laborplanarien gerade in einer Phase aktiver sexueller Vermehrung. Unter solchen Bedingungen werden ungewöhnlich große Gruppen mit hoher Populationsdichte gebildet. Diese großen Aggregate weisen deutlich sichtbare Schleimabscheidungen auf, und innerhalb weniger Tage erscheinen mehrere Eikapseln («Eikokons») (Reynierse, Auld und Scavio, 1969).

Untersuchen Sie solche Aggregate und vergleichen Sie sie mit den nicht sexuell aktiven Gruppen.

Literatur

Fraenkel, G. S., und D. L. Gunn, The orientation of animals. Dover Publications, New York. 1961.

Reynierse, J. H.: Some effects of light on the formation of aggregations in planaria, *Phagocata gracilis*. Anim. Behav. 14, 246–250 (1966).

— Aggregation formation of Planaria, *Phagocata gracilis* and *Cura foremani*: Species differentiation. Anim. Behav. 15, 270–272 (1967).

Reynierse, J. H., und M. J. Scavio: Contrasting background conditions for aggregation in planaria. Nature 220, 258–260 (1968).

Reynierse, J. H., K. K. Gleason, und R. Ottemann: Mechanisms producing aggregations in planaria. Anim. Behav. 17, 47–63 (1969).

Reynierse, J. H., K. G. Auld, und M. J. Scavio: Preliminary note on seasonal production of planarian pheromone. Psychol. Rep. 24, 705–706 (1969).

16. Soziale Organisation von Flußkrebsen

David C. Newton

Central Connecticut State College, New Britain

Sozialverhalten wird von Tieren gezeigt, die Gruppen bilden und auf Artgenossen reagieren. Tiere mit solchem Verhalten können in sozialen Hierarchien leben, in denen dominante Tiere gegenüber untergeordneten beim Fressen, bei der Revierwahl, der Paarung und bei anderen Aktivitäten im Vorteil sind. Dominanz wird häufig nach einer Serie von ritualisierten Auseinandersetzungen etabliert, die unter natürlichen Bedingungen nur selten den Artgenossen verletzen. Ist eine Hierarchie einmal zustande gekommen, so bekräftigen kurze Kämpfe die jeweilige Position auf der Rangliste. Somit ist die für aggressive Auseinandersetzungen aufzuwendende Energie innerhalb der etablierten Hierarchie gering.

Viele Organismen beanspruchen ein Revier, von dem Artgenossen ausgeschlossen sind. Die Größe des Reviers ist je nach Tierart und nach den physikalischen Gegebenheiten des von ihr bevorzugten Lebensraumes unterschiedlich. Kämpferische Auseinandersetzungen zwischen Nachbarn an den Reviergrenzen sorgen dafür, daß sich die Tiere über den verfügbaren Lebensraum ausbreiten, und oft «gehört» das beste Territorium dem aggressivsten Tier. In dieser Übung wollen wir nun die Bedeutung der Dominanz für die soziale Organisation gefangener Flußkrebse untersuchen.

A. Versuchsobjekte und -material

Erwachsene amerikanische *(Orconectes)*, mitunter auch europäische *(Astacus)*, Flußkrebse können von Zoohandlungen bezogen werden. Etwa 20–25 Krebse, mindestens zur Hälfte männliche Tiere, sollten nicht weniger als zwei Wochen vor Versuchsbeginn angesetzt werden. Falls der verfügbare Beobachtungsraum begrenzt ist, nehmen Sie dazu vier bis fünf 40 l-Aquarien, die mit etwas Kies und bis zum Rand mit Wasser gefüllt werden. Bringen Sie in jedes Aquarium einen Entlüfterstein oder einen Umwälzfilter ein, außerdem einige auf der Seite liegende Ton-Blumentöpfe in den Krebsen angemessener Größe und ein paar Steine von etwa 12 cm Durchmesser. Die Blumentöpfe und die Zwischenräume zwischen den Steinen schaffen für die einzelnen Tiere geschützte Lebensräume. Die Aquarien sollten mit einem Deckel versehen werden, damit die Krebse nicht an Röhren oder Schläuchen herausklettern können.

Falls jedoch der Beobachtungsraum genügend groß ist, können anstelle der Aquarien flache Becken (z. B. flache Plastikwannen) von etwa 2 m Durchmesser benutzt werden. Diese füllen Sie 5–8 cm hoch mit Wasser und geben ebenfalls Kies und einige Steine hinzu. Wiederum werden Blumentöpfe als geschützte Räume zur Verfügung gestellt; einige als Bestandteil eines Steinhaufens, andere isoliert an verschiedenen Stellen des Beckens (Abb. 32).

Setzen Sie jetzt fünf Krebse, darunter mindestens zwei Männchen, mindestens zwei Wochen vor Versuchsbeginn in jedes Becken ein. Das Geschlecht der Krebse können Sie durch einen Blick auf die Ventralseite erkennen (Abb. 33). Die ersten beiden Schwimmbeinpaare der Männchen bestehen aus verwachsenen Proto- und Endopoditen, die beim Zusammenpressen der gegenüberliegenden Beine eine Röhre bilden, durch die das Sperma auf ein Weibchen übertragen werden kann. Bei Weibchen ist das erste Schwimmbeinpaar reduziert, während das zweite den übrigen gleicht.

Gefüttert werden die Krebse mit kleinen Stücken gekochten Hühnerfleisches oder mit Regenwürmern. Verhindern Sie, daß sich zersetzende Fleischreste in das Becken gelangen oder in ihm verbleiben: die dadurch hervorgerufene Wasserverschmutzung wäre besonders in den flachen Becken gefährlich, falls nicht auch hier ein Filter angeschlossen wird. Stellen Sie sicher, daß jedes Tier eine Chance zum Fressen erhält, indem Sie kleine Futterbrocken in

Abb. 32: Aufsicht auf ein eingerichtetes Becken. Den Boden bedeckt Kies, mit Blumentöpfen und Steinen als Unterschlupf für die Krebse. Das Wasser sollte 5–8 cm tief sein

die Nähe seines Unterschlupfes geben. Füttern Sie jedoch nicht an den letzten drei Tagen vor Versuchsbeginn.

Am Versuchstag wird an jedem Behälter eine Gruppe von Studenten arbeiten, die zu ihrer Verfügung haben: ein leeres 40 l-Aquarium oder ein vergleichbares Gefäß, 5 kleinere Glas- oder Plastikgefäße, einen kleinen Blumentopf, kleine, frische Fischstückchen (Krebse reagieren auf lösliche Substanzen aus Fisch schneller als auf solche aus Huhn oder Regenwurm).

B. Versuchsdurchführung

1. Sind Flußkrebse territorial?

Zu Beginn werden Aufenthaltsort und individuelle Erkennungsmerkmale jedes Krebses festgestellt, der in einem Unterschlupf sitzt. Dabei ist jede Störung der Tiere zu vermeiden. Zeichnen Sie die Verteilung der Tiere in eine Lageskizze des Behälters ein. Dann fangen Sie einen der 5 Krebse und setzen ihn vor den Eingang des Unterschlupfes seines nächsten Nachbarn. Ein stillsitzendes Tier können Sie fangen, indem Sie Ihre Hand von hinten an das Tier heranführen, es mit Daumen und Zeigefinger am Carapax ergreifen und dabei an den Boden drücken. Wenn Sie einen festen Griff haben, können Sie das Tier anheben. Versucht der Krebs, sich gegen die Hand zu wehren? Listen Sie die Flucht- und Verteidigungsreaktionen des Tieres auf.

Nun setzen Sie den Krebs vor den Unterschlupf des Nachbarn und beobachten für drei Minuten das Verhalten von Eindringling und angestammtem Bewohner. Zeichnen Sie Ihre Beobachtungen auf und wiederholen Sie den Test mit den übrigen Krebsen, indem Sie jeweils das ergriffene Tier vor den Unterschlupf eines noch ungestörten Nachbarn setzen. Gibt das von Ihnen an ortsversetzten und ortsfesten Krebsen beobachtete Verhalten Anhaltspunkte für eine Dominanzhierarchie (die Dominanz ist unabhängig vom Aufenthaltsort) oder für Territorialität (jedes Tier dominiert über alle anderen im eigenen Revier, ist aber jedem anderen in dessen Revier unterlegen)? Zeigen alle Individuen die gleichen allgemeinen Verhaltensweisen?

2. Nachweis einer festen Dominanzhierarchie

Fangen Sie die 5 Krebse aus ihrem Behälter heraus und setzen Sie jeden in eines der 5 kleineren Gefäße, die 2 cm hoch mit Wasser gefüllt sein

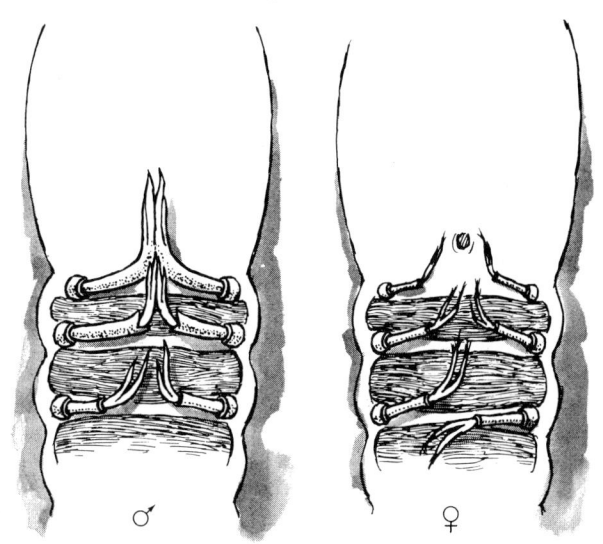

Abb. 33: Ventralansicht von Flußkrebsen beider Geschlechter   ♂   ♀

sollten. Füllen Sie dann Ihr leeres Aquarium 5–8 cm tief mit Wasser und verringern Sie, wenn möglich, die Helligkeit im Raum. Setzen Sie dann in Abständen von 2–5 Minuten die Krebse nacheinander in das Aquarium ein; dabei beobachtet jeder Student der Gruppe je einen der Krebse. Charakterisieren Sie das Aufeinandertreffen der Krebse, indem Sie für jede Begegnung festhalten, welches Tier dominant und welches Tier untergeordnet war. Stoßen Sie die Krebse leicht an, wenn diese nicht von sich aus im Behälter umherlaufen.

Beschreiben Sie den typischen Ablauf einer Begegnung zweier Tiere. Richten Krebse ihre Scheren auf einen bestimmten Körperteil des Gegenübers aus? Sind die Scheren während der Auseinandersetzung geöffnet oder geschlossen?

Sind Sie nach 30 Minuten Beobachtungszeit in der Lage, die Stellung eines jeden Krebses in der Dominanzhierarchie anzugeben?

Legen Sie ein kleines Stück Fleisch (Huhn, Regenwurm, Fisch) vor das Ihrer Meinung nach rangniedrigste Tier. Was geschieht, wenn ein übergeordnetes Tier sich nähert? Wie werden die verschiedenen Extremitätenpaare beim Ergreifen und Verschlingen der Nahrung eingesetzt?

Nun legen Sie einen Blumentopf in den Behälter und bringen die Krebse durch vorsichtiges Anstoßen dazu, an dessen Eingang entlangzulaufen. Ist der Topf durchgehend besetzt oder gibt es einen Wechsel in der Besetzung?

Zeigen die Krebse ein Bestreben, an der Wand entlangzulaufen (vgl. 8. Kapitel)?

Abschließend bestimmen Sie Geschlecht und Gewicht der 5 Krebse und bringen die Ergebnisse in Zusammenhang mit der Stellung in der Hierarchie.

C. Fragen

1. Ausgehend von Ihren Unterlagen: Was geschieht wohl, wenn ein aggressiver Krebs ein Revier beansprucht, das den Boden des gesamten Aquariums umfaßt, und ein untergeordnetes Tier gezwungen würde, in diesem Aquarium zu bleiben?

2. Was wäre günstiger: Fünf Tiere gleichzeitig in ein Becken zu setzen oder einzeln in Abständen von zwei oder drei Tagen? Warum?

3. Würde sich eine Veränderung in einer etablierten hierarchischen Rangfolge einstellen, wenn Sie eine oder beide Scheren eines dominanten Tieres entfernen? Formulieren Sie eine Hypothese hierzu und entwerfen Sie einen dazugehörigen Versuchsplan, wie man diese Frage testen könnte.

4. Gelegentlich werden Krebse in Behältern während ihrer Häutung von Artgenossen gefressen. Können Sie einen Grund dafür nennen?

5. Welchen Selektionsvorteil hat Territorialität für eine Art? Können Sie Vorteile der Dominanzhierarchie für eine nicht territoriale Art nennen?

D. Zusätzliche Aufgaben

Die Bildung von Hierarchien können Sie auch untersuchen, indem Sie dominante Tiere aus verschiedenen Behältern in ein neutrales Gefäß setzen. Worin unterscheiden sich die Auseinandersetzungen jetzt von den oben beobachteten? Ausdehnung von Territorien und Auswirkung von Konkurrenz können in einem flachen Tank studiert werden, wenn Sie Zahl und Eigenschaften der Schlupfwinkel verändern.

Wie werden Revierverhalten und andere soziale Wechselbeziehungen durch Häutung und Paarung beeinflußt?

Literatur

Bruno, M.S.: Crayfish. McGraw-Hill, New York. 1968.
Eibl-Eibesfeldt, I.: The fighting behavior of animals. Sci. Amer. 205(6), 112–122 (1961).
Lowe, M.E.: Dominance-subordinance relationships in *Cambarellus shufeldtii*. Tulane Studies Zool. 4, 139–170 (1956).
Tinbergen, N.: Tiere untereinander. Parey, Berlin, Hamburg. 1955.
Waterman, T.H. (Ed.): The physiology of the crustacea. *Vol. II*. Sense Organs, integration, and behavior. Academic Press, New York. 1961.

17. Das Paarungsverhalten von Drosophila

Peter Marler

Rockefeller University, New York

In dieser Übung werden Sie Ablauf und Funktion des Paarungsverhaltens von Fruchtfliegen *(Drosophila)* und seine Rolle als reproduktiver Isolationsmechanismus beobachten.

Drosophila-Zuchten sind eine ideale Bezugsquelle für Versuchstiere, die zur Analyse vieler interessanter Verhaltensprobleme verwendet werden können. Wegen ihrer leichten Beschaffbarkeit und dem riesigen Hintergrund genetischer Kenntnisse werden diese Fliegen von vielen Verhaltensforschern als Untersuchungsobjekte verwendet.

A. Terminologie

Die folgende Klassifizierung der Paarungshandlungen von *Drosophila* stammt von Spieth. Benutzen Sie diese Liste von Beschreibungen als Grundlage für die anfängliche Interpretation und Einteilung, achten Sie aber auf Abweichungen. Beachten Sie besonders alle Aspekte des Balzverhaltens, die nach Ihrer Meinung einer quantitativen Analyse unterzogen werden können.

1. Vibration

Bei dieser Flügelbewegung wird ein Flügel (bei einigen Arten auch der zweite) aus der Ruhelage zur Seite gestreckt und rasch auf und ab bewegt. Je nach Art beträgt die seitliche Auslenkung der Flügel 3–90°. Die Flügelfläche wird parallel oder fast parallel zur Unterlage gehalten und vibriert dann rasch auf und ab. Das Ausmaß der vertikalen Auslenkung variiert von sehr flachen Schwingungen bis zu solchen mit beträchtlicher Amplitude. Die Vibrationsgeschwindigkeit ist verschieden und scheint in gewissen Grenzen artkennzeichnend zu sein. Die Vibration besteht also aus zwei deutlich getrennten Kompo-

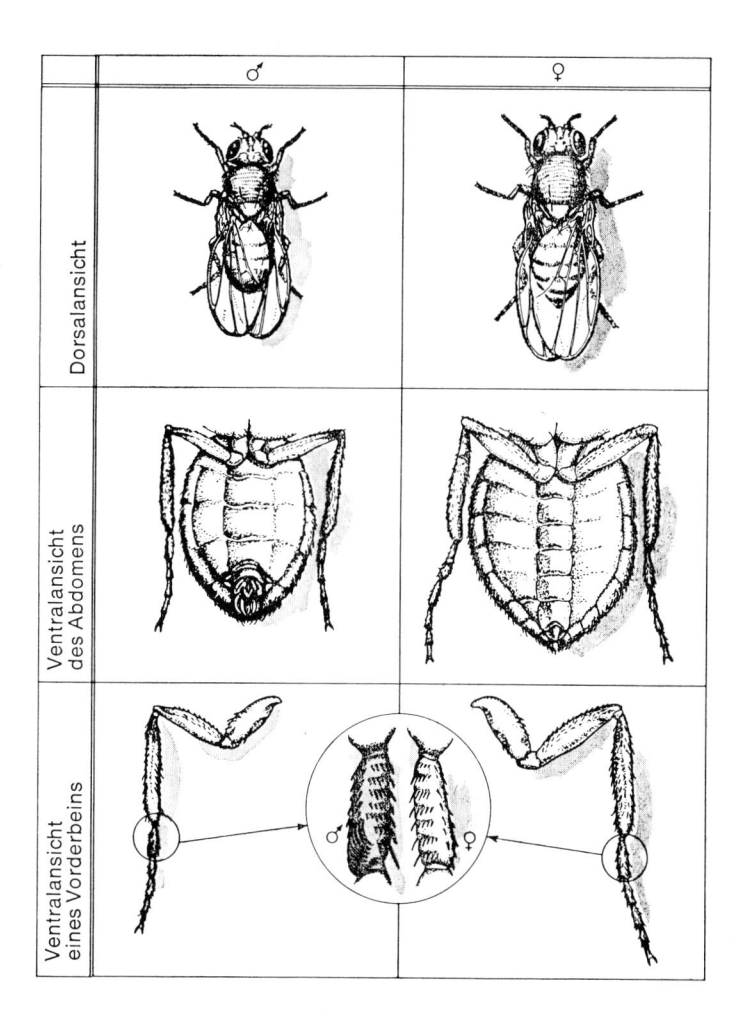

Abb. 34: Vergleich von Fruchtfliegen-Männchen und -Weibchen. Die stärkere Vergrößerung der Vorderbeine zeigt den Geschlechtskamm, ein Merkmal der Männchen
(aus BSCS 1963)

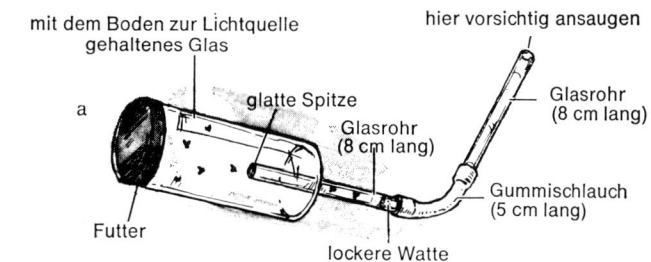

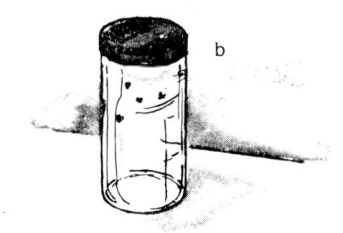

Abb. 35:
Umsetzen von Fliegen.
a) Exhaustor und Zuchtglas.
b) Vorübergehende Aufbewahrung überschüssiger Fliegen

nenten: der seitlichen Auslenkung und kurzen, raschen Vertikalauslenkungen, die erst erfolgen, wenn der Flügel maximal vom Körper weggestreckt ist. Die Vibration tritt in Serien auf, die Bruchteile einer Sekunde bis zu einigen Sekunden dauern. Im typischen Fall kehrt der Flügel nach jeder Vibrationsserie in die Ruhelage zurück.

2. Flügelspreizen

Dies ist eine Flügelbewegung der balzenden Männchen bei einigen Arten. Dabei werden die Flügel rasch abgespreizt und kehren wieder in die Ruhelage zurück. Im typischen Fall wird die Flügelfläche parallel oder fast parallel zur Unterlage gehalten. Häufig wird die ganze Bewegung mehrmals in schneller Folge wiederholt. Manchmal sind Flügelspreizen und Vibration schwer zu unterscheiden, da die Vibration im wesentlichen aus der Spreizbewegung mit einer zusätzlichen, senkrechten Komponente besteht. Bei Arten mit extrem kleiner Amplitude der Vertikalkomponente ist bei schwacher Vergrößerung kaum festzustellen, ob der Flügel bloß gespreizt wird oder auch vibriert. Einige wenige Arten drehen beim Flügelspreizen wie bei der Vibration die Flügelfläche senkrecht zum Substrat; dabei zeigt der Flügelhinterrand nach unten.

3. Winken

Das Männchen spreizt einen Flügel langsam rechtwinklig vom Körper ab, hält ihn in dieser Lage und senkt ihn dann ohne Vibration.

4. Scherenbewegung

Manchmal öffnet ein balzendes Männchen zwischen Flügelvibrationen beide Flügel und schließt sie wieder in einer scherenartigen Bewegung. Sie ist selten zu beobachten und tritt am typischsten bei einigen Tieren von *D. melanogaster* und ihren Verwandten auf. Stark erregte Männchen zeigen diese Bewegung anscheinend am häufigsten; vielleicht handelt es sich nur um einen Teil des Ordnens der Flügel in die Ruhelage statt um eine Balzhandlung.

5. Flattern

Paarungsunwillige Weibchen vieler Arten (und meist auch die Männchen derselben Arten, wenn sie von einem anderen Männchen angebalzt werden) gehen zu einer zwar unauffälligen, aber deutlich ausgeprägten Verhaltensweise über, die beide Flügel betrifft und als wirksame Abwehrbewegung dient. Die Flügel werden leicht angehoben, bis sie untereinander den Kontakt verlieren, bewegen sich dann ein klein wenig seitlich und vibrieren rasch. Bei einigen Arten erfolgt die Vibration vertikal, bei anderen horizontal. Meist sind die Bewegungen geringfügig; aber bei *D. buskii* werden die Flügel etwa um 30° auseinandergespreizt, und die senkrechte Vibration hat eine beträchtliche Amplitude.

6. Klopfen

Das Männchen beginnt die Balz mit einer Bewegung der Vorderbeine. Es streckt unter gleichzeitigem Anheben ein oder beide Vorderbeine aus und schlägt dann abwärts, wobei die Unterseite des Tarsus in Kontakt mit dem Partner gebracht wird. Das Klopfen kann während der Balz mehrfach auftreten. Jede Balz wird, soweit Spieth beobachtete, mit wenigstens einer Klopfbewegung des Männchens eingeleitet.

7. Lecken

Bei vielen *Drosophila*-Arten stellt sich das Männchen dicht hinter ein angebalztes Tier, streckt den Rüssel aus und beleckt die Genitalien des Partners. Die Dauer des Kontaktes kann kurz oder lang sein; immer berührt aber die Labellum-Oberfläche des balzenden Männchens die Genitalien des angebalzten Tieres.

8. Kreisen

Das Männchen verläßt, nachdem es neben oder hinter einem nicht paarungsbereiten Weibchen posiert hat, diese Stellung und umkreist das Weibchen, wobei er ihr zugekehrt bleibt. Manchmal bewegt er sich bis vor sie und läuft dann wieder zurück; in anderen Fällen bewegt er sich in einem Kreis von 360° vollständig um sie herum. Oft führt das Männchen dabei besondere Flügel- oder Rüsselbewegungen aus. Bei einigen Arten machen die Männchen während des Umkreisens vor dem Weibchen Halt und zeigen besondere Signalhandlungen. Bestimmte Arten posieren ausschließlich vor dem Weibchen. Wahrscheinlich entstand das Umkreisen als ein Manöver, um paarungsunwillige Weibchen an der Flucht vor den Aufmerksamkeiten des Männchens zu hindern.

9. Stampfen

Sexuell erregte Männchen stampfen manchmal mit den Vorderbeinen. Das Verhalten tritt nicht regelmäßig auf und ist vielleicht bloß ein Nebenprodukt sexueller Erregung.

10. Ausstrecken der Genitalien

Nicht paarungsbereite Weibchen vieler Arten üben Druck auf die Vaginalplatten aus, kontrahieren bestimmte, abdominale Muskeln und lassen andere Muskeln, die an den Vaginalplatten angreifen, erschlaffen, ebenso vielleicht die Muskulatur der Vagina selbst. Das führt dazu, daß die Vaginalplatten nach hinten gestreckt werden; möglicherweise ist die Lageveränderung auf die Dehnung der Gelenkmembran zurückzuführen, die zwischen Vaginalplatten und den davor angrenzenden Skleriten liegt. Dieser komplizierte Vorgang ergibt die vorübergehende Bildung einer röhrenartigen Struktur. Es kommen alle möglichen Phasen des Ausstreckens vor – vom völligen Fehlen bei einigen Arten bis zu schlanken, sehr lang ausgestreckten Röhren bei anderen. Das Ausstrecken der Genitalien kann von anderen Handlungen begleitet sein, z. B. dem Anheben der Abdomenspitze oder ihrer Ausrichtung auf den Kopf des Männchens.

11. Abgang

Nicht paarungsbereite Weibchen versuchen oft, aus der unmittelbaren Nachbarschaft des balzenden Männchens durch Laufen, Springen oder Wegfliegen zu entkommen. Solche Bewegungen werden unter dem passenden Ausdruck «Abgang» zusammengefaßt.

Das Paarungsverhalten von Drosophila 61

12. Andrücken

Nicht paarungsbereite Weibchen können durch Abbiegen der Abdomenspitze auf die Unterlage und Zusammenhalten der Flügel die Paarung verhindern. Manche Arten biegen das Abdomen nicht ab, sondern pressen nur die Spitze nach unten. Das Andrücken betrifft sowohl die Flügel als auch das Abdomen. Langflügelige Arten drücken Abdomen und Flügel abwärts und halten sie fest in dieser Stellung. Balzenden Männchen ist es oft unmöglich, unter die starr gehaltenen Flügel zu gelangen, wenn sie an den Genitalplatten der Weibchen zu lecken versuchen.

13. Ignorieren

Nicht paarungsbereite Weibchen setzen manchmal, wenn sie angebalzt werden, die gerade ausgeführte Tätigkeit fort, ohne sich um die Handlungen des Männchens zu kümmern. Beim Putzen oder Fressen stellt das Weibchen manchmal auch diese Handlungen ein und sitzt einfach still da.

14. Kontern

Die Männchen der meisten *Drosophila*-Arten balzen andere Männchen genauso an wie Weibchen. Wenn das angebalzte Tier ein Männchen ist, führt es ganz bestimmte Bewegungen aus; es wirbelt z. B. herum, um dem Bewerber gegenüber zu stehen und mit den Vorderbeinen nach ihm zu schlagen, oder es flattert und tritt dabei. Solche Bewegungen veranlassen den Partner anscheinend, von der Balz abzulassen. Man kann diese verschiedenen Bewegungen zusammenfassend als Kontern bezeichnen. Nicht alle Männchen sind dazu fähig; die Wirksamkeit dieser Handlung ist von Tier zu Tier und von Art zu Art sehr verschieden; einige Arten kontern überhaupt nicht.

B. Beobachtung des Paarungsverhaltens

Das im folgenden beschriebene Vorgehen sollte ohne jede nicht ausdrücklich erlaubte Abweichung sorgfältig eingehalten werden. Wenn nicht jeder dieselbe Methode anwendet, werden wir niemals die Ursachen unterschiedlicher Ergebnisse herausfinden können.

Halten Sie mehrere *Drosophila*-Arten getrennt nach Geschlecht und Altersgruppen. Die Männchen sind an der etwas geringeren Größe, der dunklen Abdomenspitze und besonders dem Vorderbeinkamm, der wie ein schwarzer Fleck am Tarsus aussieht, zu erkennen (Abb. 34). Das Trennen nach Geschlechtern läßt sich kurz nach dem Schlüpfen unter schwacher Betäubung leicht durchführen. Achten Sie darauf, daß zusammen mit den Beobachtungen stets der Artname notiert wird.

Nehmen Sie eine Beobachtungsschale (Abb. 36, nächste Übung) und einen Exhaustor zum Umsetzen der Fliegen und lernen Sie damit umzugehen (Abb. 35). Setzen Sie zwei Männchen und zwei Weibchen von *D. melanogaster* ein. Es ist wesentlich, die Fliegen vorsichtig in den Exhaustor zu saugen und sie behutsam in die Beobachtungskammer zu blasen. Wenn die Fliege beim Umsetzen beschädigt wird, ist kein Fortpflanzungsverhalten, sondern Putzen die Folge.

Beobachten Sie zunächst mit bloßem Auge. Achten Sie auf die anfängliche Reaktion bei der ersten Begegnung. Bringen Sie dann die Schale unter ein Binokular. Versuchen Sie die beschriebenen Verhaltensweisen zu erkennen. Seien Sie dabei sehr geduldig. Wenn nichts geschieht, versuchen Sie es mit weiteren Paaren. Fahren Sie fort, bis es Ihnen gelingt, einige der angeführten Einzelhandlungen zu identifizieren.

Beobachten Sie die Reaktion des Weibchens auf das Männchen. Identifizieren und beschreiben Sie mögliches Abwehrverhalten des Weibchens gegenüber dem Männchen.

C. Ablauf des Paarungsverhaltens

Bevor Sie dazu übergehen, weiteres Material zu verwenden, denken Sie bitte daran, daß Sie sofort nach dem Einsetzen der Fliegen in die Kammer mit dem Beobachten beginnen müssen. Warten Sie keine Sekunde damit, die Reaktionen bei der ersten Begegnung zu registrieren.

Setzen Sie zwei unverpaarte Weibchen und zwei Männchen gleich welchen Alters von *D. melanogaster* ein. Beschränken Sie Ihre Beobachtungen auf das Männchen. Versuchen Sie die Reihenfolge des Auftretens mit der Balz verbundener Verhaltensweisen des Männchens zu protokollieren. Benutzen Sie Abkürzungen, V, F, W usw. Registrieren Sie den Ablauf der Balzhandlungen Ihrer Fliegen mehrfach, damit die Ergebnisse später statistisch ausgewertet werden können.

Beobachten Sie nach demselben Verfahren das Paarungsverhalten einer anderen Art. Achten Sie auf jeden Verhaltensunterschied zwischen dieser Art und *D. melanogaster*. Beschreiben Sie die Art des Unterschieds. Stellen Sie wie für *D. melanogaster* die Reihenfolge der Balzhandlungen fest.

Wenn die Zeit und das Tiermaterial es erlauben, arbeiten Sie mit weiteren Arten. Beobachten Sie die Wirkung einer Antennenamputation nah am Kopf. Führen Sie die Operation einen Tag vor dem Versuch aus. Setzen Sie zwei so behandelte Männchen und zwei unverpaarte Weibchen ein und beobachten Sie das Verhalten der Männchen. Notieren Sie alle Abweichungen von den vorher festgestellten normalen Verhaltensmustern. Derselbe Versuch kann mit dekapitierten Männchen ausgeführt werden.

Töten Sie ein unverpaartes Weibchen und ein Männchen von *D. melanogaster* ab, indem Sie den Thorax zusammendrücken, und legen Sie die Tiere 1,5 cm voneinander entfernt in die Beobachtungsschale. Setzen Sie ein Männchen von *D. melanogaster* dazu und stellen Sie seine Reaktion auf die toten Fliegen fest. Zählen Sie getrennt die Zahl der Annäherungen, Balzhandlungen und Kopulationsversuche gegenüber den toten Fliegen.

D. Zwischenartliche Kreuzungen

Setzen Sie zwei Männchen von *D. melanogaster* und 3 unverpaarte Weibchen von *D. virilis* ein. Stellen Sie jede Abweichung im Balzverhalten der Männchen vom vorher beobachteten Verhalten gegenüber Artgenossen fest. Ermitteln Sie die Reihenfolge des Auftretens der klassifizierten Verhaltensweisen. Beschreiben Sie, wie die Weibchen die Männchen abwehren. Benutzen Sie dabei dieselbe Methode wie gegen arteigene Männchen? Versuchen Sie die reziproke Kombination (*D.-melanogaster*-Weibchen und *D.-virilis*-Männchen) und führen Sie denselben Versuch durch.

Ersetzen Sie die *D.-virilis-*Weibchen durch drei unverpaarte *D.-simulans-*Weibchen und beobachten Sie wie oben. Beobachten Sie dann die reziproke Kombination *(D.-melanogaster-*Weibchen und *D.-simulans-*Männchen). Wenn es die Zeit erlaubt, versuchen Sie in einer Vielfachwahl-Situation einen Präferenztest durchzuführen.

E. Schlußfolgerungen

1. Läßt sich aufgrund Ihrer Beobachtungen ein Austausch von Signalen zwischen Männchen und Weibchen nachweisen?
2. Welches Geschlecht spielt die aktivere Rolle?
3. Gibt es eine Konkurrenz der Männchen um die Gunst eines Weibchens?
4. Wie würden Sie vorgehen, um die Sinnesmodalitäten zu bestimmen, die bei der Kommunikation benutzt werden?

Sie haben auch längere Handlungsabläufe bei Männchen und Weibchen verfolgt. Eine Analyse dieser Beobachtungen erlaubt Ihnen vielleicht festzustellen, welche Wirkung das Verhalten des einen Geschlechts auf das andere hat. Wie weit können Sie bei dieser Analyse die Begriffe Appetenzverhalten und Endhandlung einsetzen? In der nächsten Übung werden Sie Gelegenheit haben zu beobachten, ob die artkennzeichnenden Unterschiede im Balzverhalten tatsächlich die Wahrscheinlichkeit von Kreuzungen herabsetzen.

Literatur

Bastock, M.: Das Liebeswerben der Tiere. Eine zoologische Untersuchung. Fischer, Stuttgart. 1969.

Ehrman, L.: Courtship and mating behaviour as a reproductive isolating mechanism in *Drosophila.* Amer. Zool. **4**, 147–153 (1964).

Spieth, H. T.: Mating behavior within the genus *Drosophila* (Diptera). Bull. Amer. Mus. Nat. Hist. **99**, 373–395 (1952).

Weidmann, U.: Über den systematischen Wert von Balzhandlungen bei *Drosophila.* Rev. Suisse Zool. **54**, 502–509 (1951).

18. Geschlechtliche Isolation bei Drosophila

LEE EHRMAN

Rockefeller University, New York

Geschlechtliche Isolationsmechanismen sind die Vorgänge, mit deren Hilfe genetisches Material in Einheiten aufgegliedert wird, die als Arten bekannt sind. Am Ende einer vollständigen geschlechtlichen Isolation steht die vollzogene Artbildung, das heißt, das Aufteilen des Genbestandes einer einzigen Art auf zwei oder mehr davon abgeleitete Genbestände. Geschlechtliche Isolation ist außerdem verantwortlich für die Aufrechterhaltung der Separation der Genbestände verschiedener Arten.

Sexuelle (oder ethologische oder verhaltensbedingte) Isolation ist ein sehr wirkungsvoller Mechanismus. Er verhindert Verschwendung von Keimzellen und von Raum und Nahrung für die Entwicklung kränklicher oder steriler Hybriden. Wo dieser Mechanismus einwirkt, paaren sich potentielle Geschlechtspartner verschiedener Artzugehörigkeit bei einer Begegnung nicht, weil die gegenseitige Anziehungskraft geringer ist als die zwischen Artgenossen.

Auch innerhalb einer Art kann eine Bevorzugung bestimmter Geschlechtspartner gegenüber anderen stattfinden. Bei den in dieser Übung verwendeten *Drosophila*-Arten liegt die Wahl des Geschlechtspartners vorwiegend, wenn nicht vollständig beim weiblichen Geschlecht. *Drosophila*-Weibchen können zwischen verschiedenen Mutanten, zwischen den Trägern verschiedener Chromosomeninversio-

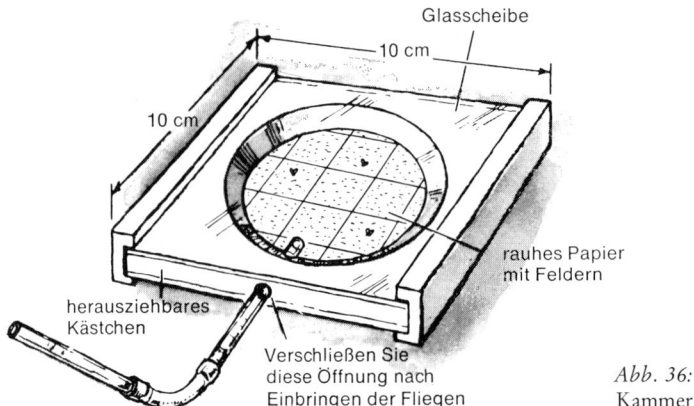

Abb. 36:
Kammer zur Beobachtung der Paarung

nen, zwischen Angehörigen verschiedener geographischer Unterarten und auf alle Fälle zwischen Mitgliedern verschiedener Arten unterscheiden.

In der folgenden Übung werden Sie nach dem Zusammensetzen zweier Arten das Paarungsverhalten beobachten. Es handelt sich um Arten, deren Verhalten Sie im vorigen Kurs einzeln beobachtet haben. Stellen Sie zunächst fest, in welchem Ausmaß sich geschlechtliche Isolationsmechanismen auswirken. Vergleichen Sie anschließend den Grad des Isolationserfolges mit den Unterschieden im Paarungsverhalten, die Sie vorher beobachtet haben.

A. Methode und Tiermaterial

Elens und Wattiaux haben eine einfache Vorrichtung beschrieben, um die sexuelle Bevorzugung verschiedener Mutanten von *Drosophila melanogaster* durch direkte Beobachtung der beteiligten Individuen zu messen. Im wesentlichen handelt es sich um ein billiges Sandwich aus Glas und Holz (Abb. 36). Wenn Sie in diesen Beobachtungskammern Paarungen feststellen, registrieren Sie dazu die folgenden fünf Daten:
1. die Uhrzeit, um die die Paarung stattfindet,
2. die Reihenfolge innerhalb weiterer, stattfindender Paarungen,
3. die Stelle, an der sich das Paar in der Kammer befindet (zu diesem Zweck wird auf den Boden ein Gitter gezeichnet, damit jede einzelne Paarung nur einmal gezählt wird),
4. Die Artzugehörigkeit des beteiligten Weibchens,
5. Die Artzugehörigkeit des beteiligten Männchens.

Es kann außerdem wünschenswert sein, jeweils die Dauer des Aufreitens zu messen.

Die in die Kammer eingesetzten Tiere müssen bis zur Geschlechtsreife von Tieren des anderen Geschlechts isoliert gehalten werden, damit sie unverpaart sind. Wenn die Zugehörigkeit der Fliegen nicht anders erkennbar ist, markieren Sie einen Stamm durch Abschneiden des distalen Randes eines Flügels, so daß die Tiere dieses Stammes in der Kammer mit einer Handlupe (4 ×) identifiziert werden können. Diese Markierung nimmt man am besten vor, wenn die Fliegen kurz nach dem Schlüpfen zur Trennung der Geschlechter mit Äther betäubt werden. Sie werden dann nicht mehrfach betäubt und reagieren unter Versuchsbedingungen besser. In den letzten 24 Stunden vor ihrer Verwendung dürfen Versuchstiere nicht mehr betäubt werden. Das Flügelstutzen ist natürlich für leicht unterscheidbare Mutanten überflüssig. Bezüglich der Technik der Geschlechtertrennung und Übertragung der Fliegen aus der Zuchtflasche in die Beobachtungskammer s. die vorhergehende Übung. Bei *D. melanogaster*, *D. simulans* und *D. persimilis* müssen die neu geschlüpften Tiere alle 8 Stunden, bei *D. pseudoobscura* alle 24 Stunden und bei den Arten der *D.-willistoni-*Gruppe (s. Tabelle 7) alle 4 Stunden nach Geschlechtern sortiert werden, um eine Begattung vor dem Versuch auszuschließen, der bei den ersten drei Arten mit 2–3, bei *D. pseudoobscura* mit 4 und bei der *D.-willistoni-*Gruppe mit 7 Tagen durchgeführt werden sollte. Die Arten der letztgenannten Gruppe sind zwar der schnellen Reifung wegen schwie-

Tabelle 7: Tiermaterial

Arten	Konkurrierende Typen	Bemerkungen
1. *Drosophila melanogaster*	Mutante (z. B. weißäugig) gegen Wildtyp (+/+) oder Mutante (z. B. gegabelt) gegen Mutante (z. B. nacktäugig)	Diese Art ist im Labor am einfachsten zu behandeln; die Zahl verfügbarer Mutanten ist bei ihr am größten.
2. *D. melanogaster* gegen *D. simulans*	Verschiedene Stämme (an verschiedenen Stellen gesammelt) der einen Art gegen verschiedene Stämme der anderen.	Es werden viel mehr intraspezifische, homogame (*D. melanogaster* × *D. melanogaster* oder *D. simulans* × *D. simulans*) als interspezifische heterogame Paarungen (*D. melanogaster* × *D. simulans*) erfolgen.
3. *D. pseudoobscura*	Stämme von unterschiedlicher Herkunft; auch einige gute Mutanten (z. B. orangeäugig) sind beschaffbar.	Da die Kopulation bei dieser Art sehr kurz ist (3–4 Minuten), muß man – sobald beide Geschlechter in die Kammer eingesetzt sind – ununterbrochen beobachten, sonst werden einige Paarungen überhaupt nicht registriert.
4. *D. pseudoobscura* gegen *D. persimilis*	Wie unter 2.	
5. Mitglieder der *D. willistoni*-Gruppe	*D. willistoni, D. tropicalis, D. equinoxialis, D. insularis* und *D. paulistorium*: Jede Kombination dieser Arten zum Nachweis deutlicher, sexueller Isolation ohne begleitende, morphologische Unterschiede.	Zur Erleichterung des Arterkennens ist hier Markierung durch Flügelabschneiden unerläßlich. Mutanten stehen nicht routinemäßig zur Verfügung.

rig in ausreichender Anzahl zu züchten, sind aber, da eine Paarung durchschnittlich 17 Minuten dauert, am einfachsten zu beobachten.

Insgesamt 40 Individuen, je Stamm zehn Paare, können bequem in einer Kammer beobachtet werden. Es ist unwahrscheinlich, daß sich alle Weibchen während der Beobachtung paaren werden. Wenn es 50 % oder mehr sind, kann der Versuch als Erfolg angesehen werden. Am besten werden die Fliegen aus vier getrennten Flaschen eingesetzt, nämlich 10 Weibchen von A, 10 Männchen von A, 10 Weibchen von B, 10 Männchen von B. Gleicher Anteil der vier Gruppen ist nicht immer die beste Voraussetzung; es ist interessant, wie die relative Häufigkeit den Paarungserfolg beeinflussen kann. Nachdem zunächst gleiche Anteile ausprobiert wurden, können deshalb auch andere Kombinationen verwendet werden, etwa die folgenden: 18 Weibchen und 18 Männchen von A, 2 Weibchen und 2 Männchen von B; oder 15 Weibchen und 15 Männchen von A, 5 Weibchen und 5 Männchen von B. Machen Sie auch die reziproken Versuche, das heißt, verwenden Sie die zweite Art in der Überzahl.

B. Statistische Analyse

Wenn genügend Werte vorliegen, kann ein Isolationskoeffizient errechnet werden. Er ist allerdings nur anwendbar auf Versuche, in denen von jedem Typ gleiche Mengen eingesetzt wurden. Der Koeffizient errechnet sich, kurz gesagt, aus $p_{11} + p_{22} - q_{12} - q_{21}$, wobei p_{11}, p_{22}, q_{12} und q_{21} den relativen Anteil der innerartlichen (Männchen und Weibchen von Typ 1, Männchen und Weibchen von Typ 2) bzw. der zwischenartlichen (Männchen von Typ 1, Weibchen von Typ 2; Männchen von Typ 2,

Weibchen von Typ 1) Paarungen angeben. Zufällige Verpaarung (keine Bevorzugung, keine geschlechtliche Isolation) ergibt einen Index von 0, vollständige Isolation (keinerlei zwischenartliche Paarungen) ergibt einen Index von 1.

(Die Varianz ist gleich 4pq/N, wobei p der Anteil homogamer, q der Anteil heterogamer Paarungen und N die Gesamtzahl der beobachteten Paarungen ist. N sollte wenigstens 100 betragen.)

C. Ethologische Isolationsmechanismen

Nachdem Sie nun festgestellt haben, welche Kombinationen den höchsten Grad geschlechtlicher Isolation erreichen, vergleichen Sie Ihre Ergebnisse mit den Verhaltensbeobachtungen, die Sie in der vorigen Übung durchgeführt haben. Finden Sie Beweise dafür, daß die Isolation auf Unterschiede im Paarungsverhalten beruhen könnte? Wenn die Zeit eine Nachuntersuchung erlaubt, beobachten Sie erneut die Verhaltensweisen der verschiedenen Arten.

Literatur

Bastock, M.: Das Liebeswerben der Tiere. Eine zoologische Untersuchung. Fischer, Stuttgart. 1969.
Dobzhansky, Th.: Genetics and the origin of species. Columbia University Press, New York. 1951.
Ehrman, L.: Hybrid sterility as an isolating mechanism in the genus *Drosophila*. Quart. Rev. Biol. **37**, 279–302 (1962).
– Direct observation of sexual, isolation between allopatric and between sympatric strains of the different *Drosophila paulistorium* races. Evolution **19**, 459–464 (1965).
Mayr, E.: Artbegriff und Evolution. Parey, Hamburg und Berlin. 1967.

19. Analyse der räumlichen und zeitlichen Bewegungsmuster von Calopteryx splendens

CHRISTIANE BUCHHOLTZ

Fachbereich Biologie der Universität Marburg

Die Zygopteren *Calopteryx splendens* Harris und *C. virgo* L. sind die einzigen Vertreter ihrer Gattung und Familie (Calopterygidae) in Mitteleuropa. Larven und Imagines sind an fließenden Gewässern mit günstigem Pflanzenwuchs weit verbreitet. Eingehende Untersuchungen über die Bindung beider Entwicklungsformen an dieses spezifische Biotop verdanken wir Zahner (1959, 1960). Die Larven, die durchschnittlich 11 Stadien durchlaufen, benötigen, in Abhängigkeit von den jeweiligen klimatischen Verhältnissen, ein oder zwei Jahre (Buchholtz 1951, Wesenberg-Lund 1913/14). Unter Laborbedingungen kann man die Entwicklung sehr beschleunigen, wodurch sich die Anzahl der Larvenstadien reduziert. Die Flugzeit der Imagines umfaßt etwa vier Monate, von Ende April bis Anfang September (Schiemenz 1953); die jeweiligen Aktivitätsphasen sind von der Temperatur und von der Beleuchtungsstärke (Zahner 1960), vor allem aber von der spektralen Zusammensetzung des Lichtes abhängig (Seidel u. Buchholtz 1961/62).

Die Imagines der Calopterygiden sind für ethologische Beobachtungen und Experimente im Freiland aus verschiedenen Gründen in hervorragender Weise geeignet. Hierzu gehört der für Libellen ungewöhnlich stark ausgeprägte farbliche Geschlechtsdimorphismus und der relativ langsam flatternde Flug. Hinzu kommt ein weiterer Vorteil insofern, als die Männchen Revierzonen ausbilden, innerhalb derer Verhalten unterschiedlicher Funktionskreise sichtbar wird (Buchholtz 1951, Zahner 1960). Dieses ist gleichzeitig eine gute Voraussetzung für die Durchführung von Attrappenversuchen. Bei den ausgesprochenen Augentieren sind Reizparameter optischer Modalität von entscheidender Bedeutung; das gilt vor allem für das Werbeverhalten der Revier-Männchen (Buchholtz 1951). Nach vergleichenden Untersuchungen orientalischer Calopterygiden kann man hierin einen Isolationsmechanismus für die Arten-, bzw. Unterarten-Ausbildung und -Trennung erkennen (Buchholtz 1955).

A. Material und Methode

Die vorliegenden Analysen sind auf die Art *C. splendens* abgestimmt. Experimente mit *C. virgo* können in entsprechender Weise vorgenommen werden, führen jedoch teilweise zu unterschiedlichen Befunden. So sprechen z. B. Filmauswertungen über *C. splendens* (Buchholtz 1975) und *C. virgo* (Pajunen 1966) für Ähnlichkeiten hinsichtlich der differenzierten Flugbilder in Abhängigkeit von der Handlungsbereitschaft. Hingegen werden Befunde über unterschiedliche optische Auslöser, vor allem in bezug auf Farbe und Transparenz der Flügel, verschieden ausfallen.

Grundsätzlich eignen sich Biotope mit hoher Besiedlungsdichte für die Untersuchungen nicht, da die Bestimmung der territorialen Einheiten dann kaum oder gar nicht mehr möglich ist und Attrappenversuche zur Kennzeichnung werbeauslösender Reize erschwert werden.

Um die Revieranordnung entlang einer Flußstrecke mehrere Tage lang zu übersehen, verwendete Zahner (1960) Holzpfähle, die er jeweils 5 m voneinander entfernt einsetzte. Die Markierung der Imagines zur Kontrolle der individuellen Revierwahl führte der gleiche Autor entweder 1–2 Stunden nach Verlassen der Exuvie durch oder aber er fing hierfür die Tiere innerhalb der Reviere; unterschiedlich farbige Nitrolacktupfen scheinen, auf dorsalen Thorax- und Abdomensegmenten angebracht, besonders geeignet.

Attrappenversuche zur Kennzeichnung der Auslöser für das Werbeverhalten des Männchens führt man mit Hilfe der «Angelmethode» durch. Das jeweils verwandte Modell wird einem Reviermännchen im Abstand von 1 m und in möglichst gleichbleibender Auf- und Abbewegung angeboten. Bei positiven Reaktionen fliegt das Test-Männchen mindestens die Atrappe nah an oder sitzt sogar auf. Die Herstellung der Modelle erfolgt entweder aus getrockneten Tieren oder aber aus Filmmaterial (doppelte Kopie des natürlichen Flügels). Flügelfarbe und Transparenz lassen sich am besten mit Wasserfarben variieren. Um bei den Versuchstieren einen möglichst gleichbleibenden Schwellenwert der Handlungsbereitschaft voraussetzen zu können, ist es notwendig, Ermüdungserscheinungen bei den einzelnen Individuen durch entsprechende Pausen zu vermeiden.

B. Revierbildung

In der Nacht und während ungünstiger klimatischer Bedingungen am Tag halten sich die Imagines vom Fluß entfernt an geschützten Orten auf. Dabei findet man oftmals eine größere Anzahl von Männchen vergesellschaftet. Häufig suchen einzelne Individuen über einen längeren Zeitraum hinweg den gleichen Ruheplatz auf (Zahner 1960).

Buchholtz (1951) beschrieb die Ausbildung von Tagesrevieren adulter Männchen an Sonnentagen. Zahner (1960) differenzierte diesen Reviertyp durch die Beobachtung unterschiedlicher Zonen (Abb. 37). Die Größe solcher Reviereinheiten ist variabel, im wesentlichen von der Populationsdichte abhängig. Eine Territorialität der Weibchen gibt es nicht. Aus Markierungsversuchen geht hervor, daß Reviere auch an einer Reihe aufeinanderfolgender Tage durch gleiche Individuen besetzt werden können. Klötzli (1969) gibt für *C. virgo* einen Hinweis dafür, daß Revierwechsel zu Beginn und am Ende der Lebenszeit adulter Männchen häufiger sind als im mittleren Lebensabschnitt.

1. Revierplatz (Abb. 37)

Über der Wasseroberfläche, mehr oder weniger weit vom Ufer entfernt, wählen adulte Männchen einen exponierten Revierplatz. Von diesem Standplatz aus starten sie Revier-, Beute-, Kampf- oder Werbeflüge. Die spezifische Handlungsbereitschaft für das jeweilige Verhalten, welches unterschiedlichen Funktionskreisen zugeordnet ist, tritt in der Regel als motorisches Phänomen dann in Erscheinung, wenn

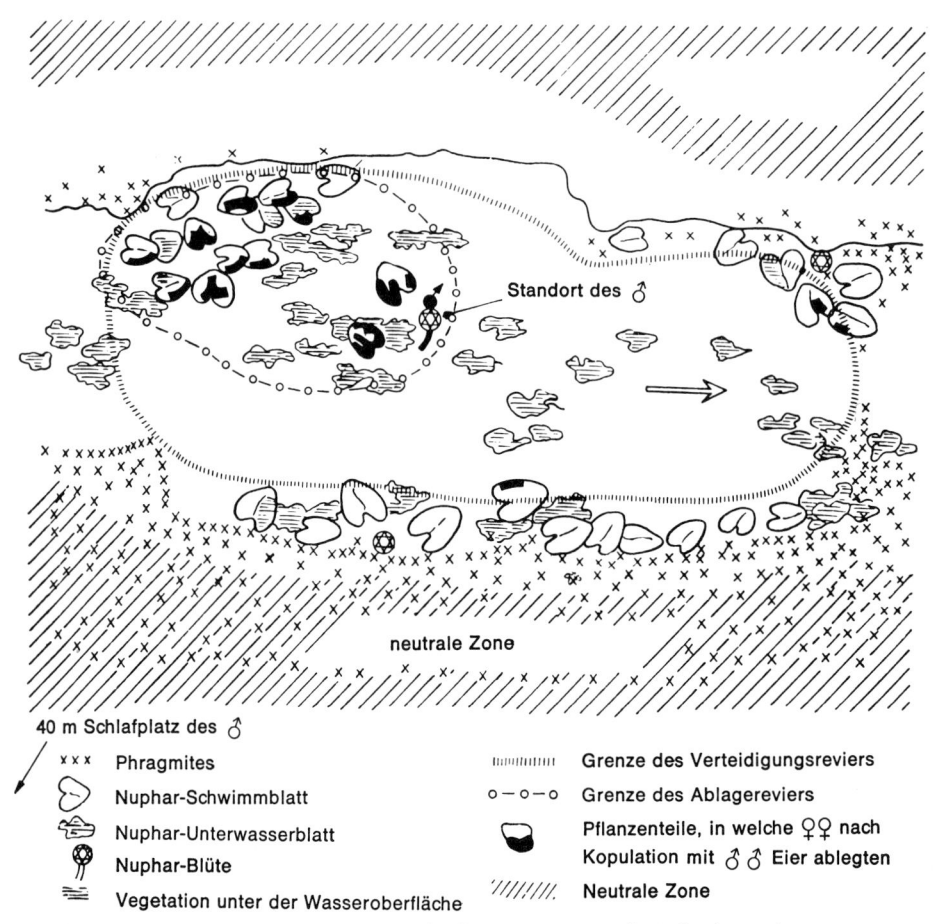

Abb. 37: Revier eines Männchens von *C. splendens* am Hammerschmiedbach (18. bis 22.8.51) Maßstab 1:25 (nach Zahner 1960)

bestimmte Auslöser wirksam werden. Ob Revierflüge allein spontan, also ohne einen bestimmten Außenreiz, erfolgen, wissen wir nicht. Die nähere Umgebung des Revierplatzes ist meist durch auffallende pflanzliche Merkmale gekennzeichnet. Diese spielen eine entscheidende Rolle beim Wiederfinden des bezogenen Standortes. Verändert man solche Orientierungsmarken während des Wegfluges eines Männchens, zeigt es bei Rückkehr deutlich irritierte Suchflüge.

2. Verteidigungsrevier (Abb. 37)

Die Grenze der Verteidigungszone beschreibt den größten Umfang der Revierausbildung. Nach Zahner (1960) ist diese Grenze durch den Beginn des Kampfverhaltens des Revierbesitzers nach Überfliegen eines Rivalen definiert. Geringe Intensität der Aggressionsantwort äußert sich in Flügelspreizen, höhere Intensität in Form von Anflug und Verfolgen. Verfolgungsflüge können über weite Strecken die Grenze der Verteidigungszone überschreiten. Aus Filmanalysen wird ersichtlich, daß sowohl beim Kampfflug als auch bei einem einfachen Revierflug, welcher wohl einen Orientierungsflug im Rahmen der Verteidigungszone beinhaltet, Vorder- und Hinterflügel synchron schlagen. Der Kampfflug ist darüber hinaus durch geringe Flügelschlagfrequenz und größere Amplitude gekennzeichnet (Buchholtz 1975).

3. Ablagerevier (Abb. 37)

Innerhalb der Verteidigungszone gibt es einen kleineren Bereich, der günstigen Pflanzenbewuchs für die Eiablage einschließt. Zahner (1960) vertritt die Auffassung, daß die Ablagezone nicht nur für die Eiablage, sondern auch bereits für das Werbeverhalten des Männchens bevorzugt wird. Aus zahlreichen anderen Beobachtungen geht allerdings inzwischen hervor, daß die Werbung und auch die Paarung bis zu mehreren Metern landeinwärts stattfinden kann (Buchholtz 1975). Nach Abschluß der Paarung weist das Männchen dann regelmäßig auf die Ablagezone hin.

4. Neutrale Zone (Abb. 37)

Außerhalb der Verteidigungsgrenze landeinwärts liegt ein Bereich, in welchem die für die Werbung maßgeblichen Auslöser des Weibchens bedeutungslos sind; d.h., die Handlungsbereitschaft erreicht in diesem Gebiet den notwendigen Schwellenwert nicht. Kennzeichnend ist, daß sich hier die Schlafplätze befinden. Die Lage dieser neutralen Zone landeinwärts scheint von den jeweiligen Biotopverhältnissen außerordentlich abhängig zu sein. Zahner (1960) gibt den Beginn mit 10 bis 80 cm landeinwärts an, während eigene Werte 5 bis 6 m erreichen.

C. Werbung, Paarung und Eiablage

Die Fortpflanzungsbereitschaft der Imagines führt nach Einflug eines Weibchens in ein Revier in der Regel zu einer typischen Handlungskette, die eine abwechselnde Sender- und Empfängerfunktion beider Partner beinhaltet (Abb. 38, Tabelle 8). Filmanalysen machen deutlich, daß beim Werbeflug Vorder- und Hinterflügel

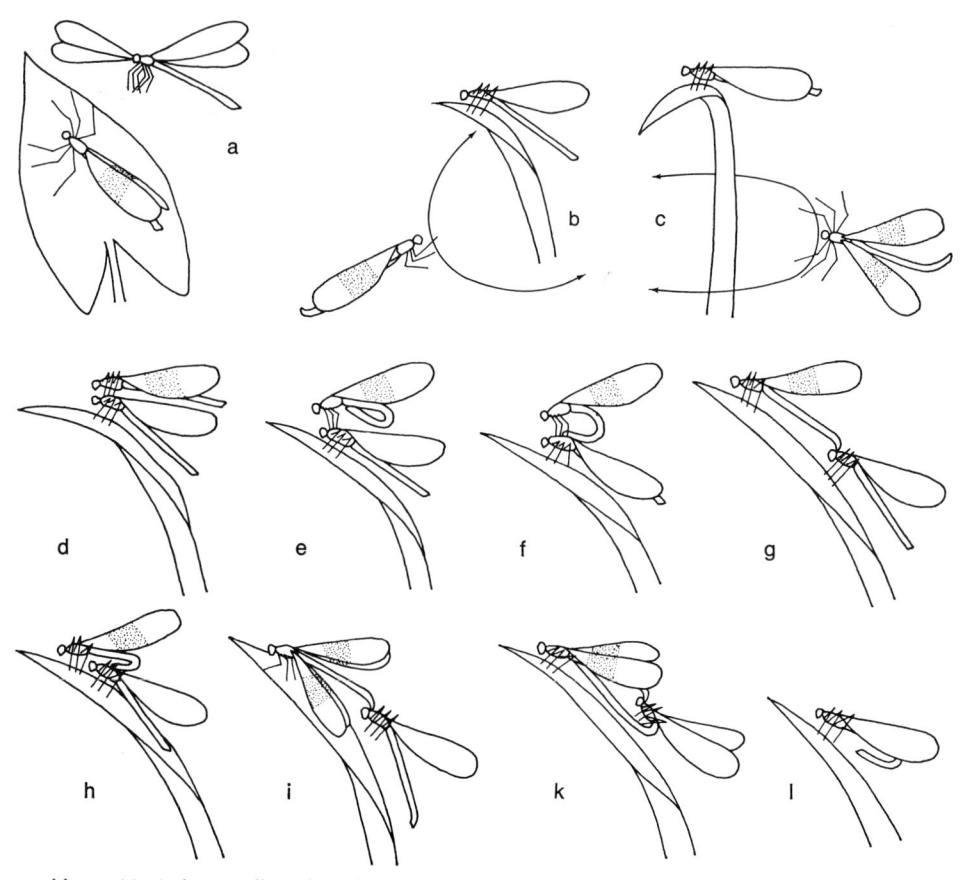

Abb. 38: Typische Handlungskette beim Fortpflanzungsverhalten von *C. splendens*. Vgl. Tabelle 6

Tabelle 8: Typische Handlungskette beim Fortpflanzungsverhalten von *C. splendens* (Abb. 38 a–l)

Handlungen

des Reviermännchens	des Weibchens
Anschmiegen des Thorax an die Unterlage (a). Flügelspreizen. Aufwärtswenden der letzten Abdominalsegmente (Ventralseite weißgrau).	← Reviereinflug (a) → Negative Antwort: Abflug oder Flügelspreizen und Anheben des Abdomens. ↘ Positive Antwort:
Werbung nahe der Wasseroberfläche, die wiederholt leicht berührt wird. Beschreibt dabei Kreisbogen unterhalb des Weibchens, vor und hinter diesem. Kopf dabei stets zum Weibchen gerichtet (b, c).	← Ruheverhalten auf einem Sitzplatz im Revier.
Landung auf dem Thorax des Weibchens (d). Eventuell Spermafüllung (e). Zangengriff (f). ↘	→ Kein abwehrendes ← Flügelspreizen (b, c). ↙

Tandemposition (g)

Beugung des Abdomens, wobei Kopf des Weibchens gegen den Kopulationsapparat stößt (h). ↘	→ Heranbiegen der Vulva gegen den Kopulationsapparat (nach j). ↙

Paarungsrad (k)
Pumpbewegungen
Trennung

↙ Flug über der Ablagezone. Einnehmen des Revierplatzes. Verteidigung gegenüber Rivalen. Während der Eiablage erfolgt eine nächste Paarung nicht.	↘ Putzen des Abdomens mit Hintertibien (nach l). Flug zum Ablagerevier. Eiablage endophytisch über oder unter Wasser.

alternierend schlagen. Im Gegensatz zum Kampfflug werden die Schläge mit hoher Frequenz und geringer Amplitude durchgeführt (Buchholtz 1975). Ein alternierender Flügelschlag erfolgt ebenfalls beim Beuteflug. Beide Flugtypen sind jedoch deutlich durch die auslösende Situation voneinander zu unterscheiden.

Es gibt eine Reihe qualitativer und quantitativer Variationsmöglichkeiten im Verlauf des Fortpflanzungsverhaltens beider Partner, die nach Beobachtungen von *C. splendens* und *C. virgo* beschrieben worden sind (Buchholtz 1951, 1975, Zahner 1960, Pajunen 1966, Klötzli 1970). Oftmals beruhen sie auf einem unterschiedlichen Schwellenwert der jeweiligen Handlungsbereitschaft.

D. Signalreize für die Auslösung des Werbeverhaltens

1. Bewegung

Nicht bewegte Attrappen bleiben stets unbeachtet. Da die Angel von Hand bedient wird, läßt sich die erforderliche Frequenz und Amplitude nur ungefähr kennzeichnen. Als günstig erweist sich ein Heben und Senken der Attrappe in einer Entfernung von 1 m vor dem Reviermännchen in der Form, daß man die Angel in 5 Sekunden dreimal um etwa 40 cm auf und ab bewegt.

2. Form des Gesamtmodells

Ein bewegtes, totes, totales *C.-splendens*-Weibchen mit ausgebreiteten Flügeln löst direkten Anflug aus, der oftmals bis zum Zangengriff führt. Das Modell wird nacheinander um Kopf, Abdomen, Beine, Thorax und 1 bis 3 Flügel reduziert. Selbst 1 Flügel erhält positive Reaktionen. Filmmodelle ohne das Aderungsmuster lösen ebenfalls Anflüge der Männchen aus.

3. Flügelgröße und -form

Der normale Flügel eines Weibchens ist durchschnittlich 3,3 cm lang und maximal 1 cm breit. Er kann durch Ankleben gleichartiger Flügelstücke vergrößert oder durch Umschneiden verkleinert werden. Auf Maße von 3,9 : 1,8 cm bzw. 2,3 : 0,9 cm wurde nach Untersuchungen innerhalb einer bestimmten Population noch positiv reagiert (Buchholtz 1951). Die Form der Flügelattrappe ist ohne Bedeutung, was man durch Herstellung kantiger und kreisförmiger Modelle nachweisen kann.

4. Flügelfarbe und -transparenz

Photometrische Messungen adulter Weibchenflügel ergaben einen durchschnittlichen Transparenzwert von 60 %. Dieser Durchlässigkeitsgrad kann auf ca. 80 % erhöht werden, um noch Anflüge der Männchen zu erhalten. Attrappen mit einem geringeren Transparenzwert als 60 % werden nicht beachtet. Die untere und obere Granze dieses Reizparameters muß also bei der Herstellung gefärbter Modelle berücksichtigt werden. D. h., verwendet man für Anfärbungen natürliche Weibchenflügel, wird es notwendig, juvenile zu wählen, die eine höhere Transparenz aufweisen und daher nach dem Auftragen der Farbe den Durchlässigkeitswert von 60 % nicht wesentlich unterschreiten. Über den Grünbereich hinaus werden Farben aus dem gelbgrün und grünblauen Bereich positiv beantwortet. Gelb, Gelbrot, Rot, Blau, Blauviolett und Violett lösen einen Werbeflug nicht aus. Ebenfalls reagieren Männchen auf unterschiedliche Grauwerte nicht.

Literatur

Buchholtz, Chr.: Untersuchungen an der Libellen-Gattung *Calopteryx* Leach unter besonderer Berücksichtigung ethologischer Fragen. Z. Tierpsychol. 8, 274–293 (1951).
– Eine vergleichende Ethologie der orientalischen Calopterygiden (Odonata) als Beitrag zu ihrer systematischen Deutung. Z. Tierpsychol. 12, 364–386 (1955).

Klötzli, A. M.: Beitrag zur Biologie der Blauflügel-Prachtlibelle *Calopteryx virgo* (L). Lizentiatsarbeit Bern (1969).
Pajunen, V. I.: Aggressive behavior and territoriality in a population of *Calopteryx virgo* L. (Odonata, Calopterygidae). Ann. Zool. Fenn. 3, 201–214 (1966).
Schiemenz, H.: Die Libellen unserer Heimat. Urania-Verlag, Jena. 1953.
Seidel, F. und Chr. Buchholtz: Versuch einer Reproduktion lebensnotwendiger physiologischer Freilandbedingungen in einem Insektenflugraum. Sitzungsber. Ges. zur Beförderung der gesamten Naturwissenschaften zu Marburg 83, 84, 35–63 (1961, 1962).
Wesenberg-Lund, C.: Odonatenstudien. Int. Rev. ges. Hydrobiol. 6, 155–288, 373–422 (1913/14).
Zahner, R.: Über die Bindung der mitteleuropäischen *Calopteryx*-Arten (Odonata, Zygoptera) an den Lebensraum des strömenden Wassers. I. Der Anteil der Larven an der Biotopbindung. Int. Rev. ges. Hydrobiol. 44, 51–130 (1959).
– Über die Bindung der mitteleuropäischen *Calopteryx*-Arten (Odonata, Zygoptera) an den Lebensraum des strömenden Wassers. II. Der Anteil der Imagines an der Biotopbindung. Int. Rev. ges. Hydrobiol. 45, 101–123 (1960).

Filme

Buchholtz, Chr.: Calopteryx splendens (Odonata) *Revierverhalten* (Freilandaufnahmen). Encyclopaedia cinematographica E 1905. Inst. Wiss. Film, Göttingen. 1975.
– Calopteryx splendens (Odonata) *Paarungsverhalten* (Freilandaufnahmen). Encyclopaedia cinematographica E 1906. Inst. Wiss. Film, Göttingen. 1975.
– Calopteryx splendens (Odonata) *Eiablage* (Freilandaufnahmen). Encyclopaedia cinematographica E 1907. Inst. Wiss. Film, Göttingen. 1975.
– Calopteryx splendens (Odonata) *Imaginalmetamorphose* (Freilandaufnahmen). Encyclopaedia cinematographica E 1908. Inst. Wiss. Film, Göttingen. 1975.

20. Territorialverhalten von Großlibellen (Anisoptera)

Bedford M. Vestal

University of Missouri, St. Louis

Territorialverhalten bewirkt die Abgrenzung eines Gebietes für den ausschließlichen Gebrauch eines oder mehrerer Individuen. Die Ausschließlichkeit wird gewährleistet entweder durch unmittelbare Verteidigung des Gebietes gegen andere Tiere oder durch «versteckte» Mittel wie die Markierung der Grenzen. Territorialverhalten läßt sich am leichtesten beobachten bei großen, tagaktiven Tieren mit auffälligem Aggressionsverhalten. Großlibellen gehören zu diesen Tieren; bei einigen Gattungen errichten die Männchen zeitlich begrenzte Paarungsreviere entlang Fluß- oder Seeufern.

In der folgenden Übung soll das Territorialverhalten und einige andere Aspekte der Verhaltensökologie von Großlibellen beobachtet werden.

A. Versuchsobjekte und -material

Libellen können während der Sommermonate an den Ufern von Bächen, Teichen und Seen ge-

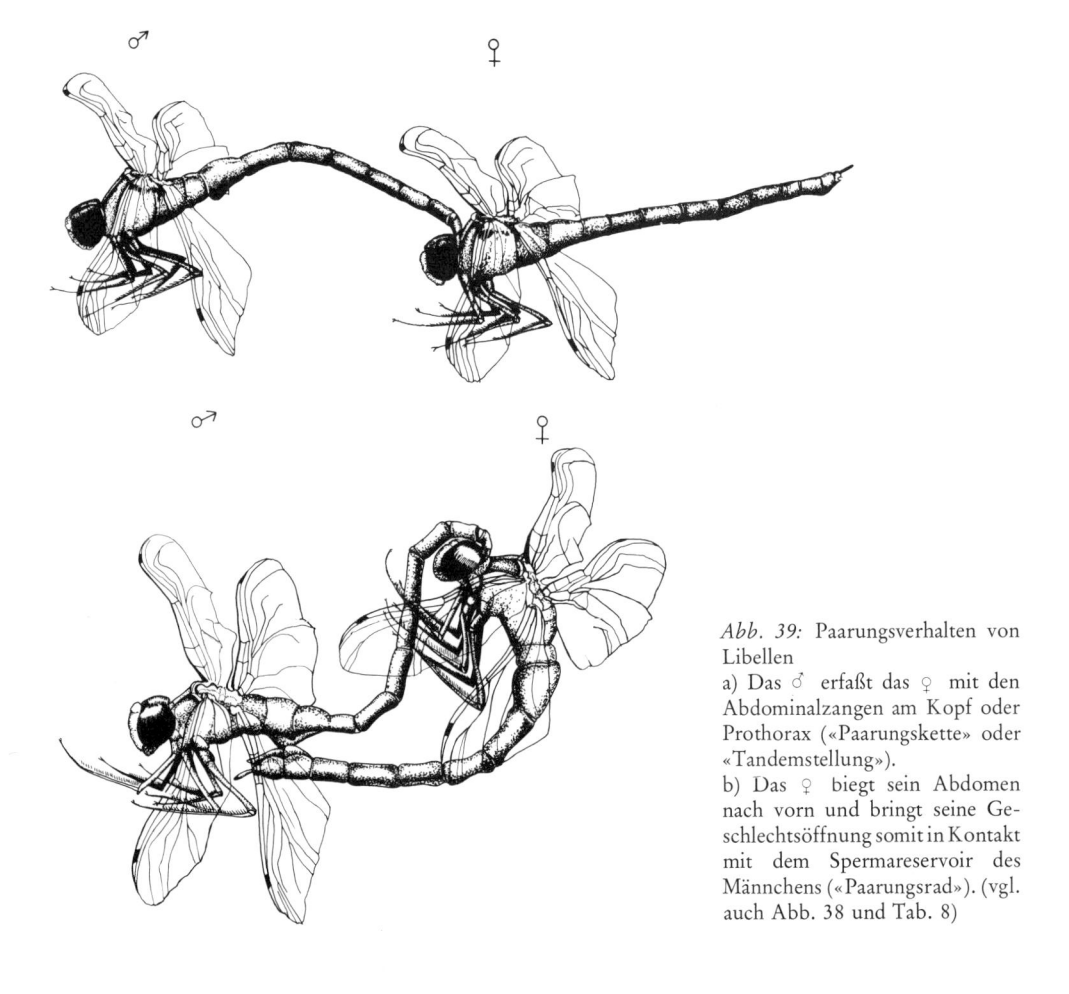

Abb. 39: Paarungsverhalten von Libellen
a) Das ♂ erfaßt das ♀ mit den Abdominalzangen am Kopf oder Prothorax («Paarungskette» oder «Tandemstellung»).
b) Das ♀ biegt sein Abdomen nach vorn und bringt seine Geschlechtsöffnung somit in Kontakt mit dem Spermareservoir des Männchens («Paarungsrad»). (vgl. auch Abb. 38 und Tab. 8)

funden werden. Wenn man eine Reihe kleiner Wasserstellen auf engem Raum oder eine Wasserfläche mit langen Ufern gefunden hat, kann man die Tiere in der Regel in großer Zahl beobachten. Im allgemeinen sind Libellen an warmen, sonnigen Tagen aktiver als an kalten und verhangenen Tagen, gegen Mittag aktiver als am Vor- und Nachmittag, wobei die Temperatur- und Zeitabhängigkeit der Hauptaktivität allerdings von Art zu Art und in verschiedenen geographischen Regionen durchaus unterschiedlich sein kann. Männchen können von Weibchen anhand der Paarungsstellung unterschieden werden. Das Männchen landet vor der Paarung auf dem Rücken des Weibchens und ergreift dessen Kopf mit den Zangen des Hinterleibs. Während des anschließenden Fluges schlägt das Weibchen sein Abdomen ventral ein und preßt seine Geschlechtsöffnung gegen das Spermareservoir des Männchens, dessen Öffnung auf der Ventralseite des 2. Brustsegmentes liegt. Fliegende Paare zeigen entweder diese Kopulationsstellung oder eine Tandemstellung, bei der das Männchen vor dem Weibchen fliegt und es dabei hinter dem Kopf festhält (Abb. 39). Die Männchen haben drei endständige Abdominalanhänge, zwei dorsale und einen ventralen. Die Weibchen haben im allgemeinen nur die beiden ventralen Anhänge. Bei manchen Libellenweibchen gibt der Ovipositor auf der Bauchseite des letzten Abdominalsegmentes dem Endstück des Abdomens ein geschwollenes Aussehen.

Für Freilandbeobachtungen braucht man ein kleines Notizheft, eine Stoppuhr, ein *großes* Insektennetz (um Flügelverletzungen zu vermeiden), ein Metermaß (10–50 m lang), ein Fernglas, feinen dunklen Zwirn und einen Stab oder eine Angelrute von mehreren Metern Länge. Nützlich sind außerdem ein Thermometer, ein Bestimmungsbuch für Insekten, Aufbewahrbehälter, eine Lupe und mehrere kleine Töpfe mit unterschiedlichen Farben.

B. Versuchsdurchführung

Suchen Sie ein Gebiet mit aktiven Großlibellen auf und verteilen Sie sich entlang des Ufers. Da Libellen sehr schnell und über größere Strecken fliegen, können mehrere Beobachter einzelne Individuen besser verfolgen als ein einzelner. Bewegen Sie sich so wenig wie möglich: Libellen haben gute Augen.

Beobachten Sie, wenn möglich, einige der paarweise fliegenden Libellen und werden Sie sich über die arttypische Zeichnung von Männchen und Weibchen klar. Vergleichen Sie Ihre Beobachtungen mit den Zeichnungen in einem Insektenbestimmungsbuch.

Wenn Sie sicher sind, Männchen und Weibchen unterscheiden zu können, beobachten Sie die Bewegung einer einzelnen Libelle. Verfolgt sie eine feste Flugbahn? Skizzieren Sie die Form der Wasserstelle und zeichnen Sie markante Punkte zu Ihrer Orientierung ein. Versuchen Sie, den Flug eines Männchens über mehrere Runden zu verfolgen und tragen Sie den Kurs auf Ihrer Skizze ein. Beschränkt sich das Tier auf ein bestimmtes Gebiet? Wenn ja, dann bewegt es sich vermutlich nur innerhalb seines eigenen Territoriums. Vielleicht fliegt es auch die Grenze seines Reviers bei diesen Runden ab. Ein Hauptkriterium für Territorialität ist ja die ausschließliche Nutzung eines Gebietes durch nur *ein* Individuum, allenfalls noch durch dessen Geschlechtspartner. Trifft dies auf das von Ihrer Libelle abgeflogene Gebiet zu?

Wenn man einige Zeit ruhig beobachtet, kann man wahrscheinlich auch Begegnungen zwischen der Libelle und anderen Tieren sehen. Wie reagiert ein Männchen auf andere Libellenmännchen oder -weibchen? Wie auf kleine Libellen (Zygoptera)? Wie auf andere Insekten, z. B. einen Schmetterling? Wie auf mögliche Raubfeinde wie Vögel oder einen Menschen? Ist es wichtiger für den Revierinhaber, sein Gebiet gegen mögliche Konkurrenten der gleichen Art und des gleichen Geschlechts zu verteidigen oder gegen alle möglichen Eindringlinge? Wenn zwei Männchen benachbarte Reviere haben, wie reagieren sie aufeinander? Verläuft eine Begegnung mit dem Nachbarn anders als mit einer nicht benachbarten Libelle?

Territorialverhalten besteht aus Reaktionen sowohl auf die gegebene Umwelt als auch auf andere Tiere. Bestimmen Sie einige Parameter des von «Ihrer» Libelle beanspruchten Reviers. Wie sind Ausdehnung und Form des Reviers (auch vertikal) beschaffen? Gibt es Auffälliges an den Grenzen des Reviers oder innerhalb des Reviers, z. B. in der Vegetation oder der Topographie? Benutzt das Männchen einen bestimmten Beobachtungs- oder Rastplatz innerhalb seines Reviers? Wo liegt dieser, bezogen auf die Grenzen? Wie oft fliegt ein Männchen sein Revier ab und wie lange dauern die Flüge? Wie läuft ein solcher Flug ab? Versuchen Sie, mehrere Männchen zu beobachten oder vergleichen Sie die von verschiedenen Gruppen gesammelten Daten, um zu einer Aussage zu kommen über Gemeinsamkeiten des Territorialverhaltens und der Form, Größe und Topographie der Reviere. Zählen Sie die revierständigen Männchen in dem von Ihnen beobachteten Gebiet und in anderen, vergleichbaren Gebieten. Ist die Populationsdichte der revierbesitzenden Männchen überall gleich? Wenn nicht, worauf führen Sie dies zurück?

C. Fragen

Werden Sie sich über die Bedeutung von Territorialität für ein Individuum und für die lokale Gesamtpopulation klar. Die Verteidigung eines Reviers erfordert sehr viel Zeit und Energie und vergrößert bei Libellen auch noch die Gefahr, von einem Räuber gesehen zu werden. Welche Vorzüge hat der Besitz eines Territoriums? Bei vielen Tierarten kann nur eine begrenzte Zahl von Revieren in einem passenden Gebiet errichtet werden; verschwindet ein Reviereigentümer, so übernimmt ein anderes Tier rasch dessen Platz. Welche Auswirkungen kann, bei einer solchen sozialen Organisation, Territorialität auf die Vermehrungsrate und die Bevölkerungsdichte in einem definierten Gebiet haben?

D. Zusätzliche Untersuchungen

Die Beobachtung von Großlibellen ist zwar zeitaufwendig, doch lassen sich bei ausreichender Zeit noch zahlreiche weitere Experimente durchführen. Einige Möglichkeiten sollen hier aufgezeigt werden.

1. Einsetzen fremder Libellen in ein Revier

Fangen Sie mehrere Libellen an verschiedenen Stellen ein. Dies wird nicht einfach sein, da Libellen schnell fliegen und gut sehen können. Am besten ist es, wenn Sie einem Individuum auf dessen Kontrollflug im Revier auflauern oder sich von hinten anschleichen. Behandeln Sie das gefangene Tier so sorgfältig wie möglich, da seine Flügel leicht verletzt werden können. Es gibt zwei Methoden, die Wirkung eines fremden Eindringlings in ein Revier zu beobachten. Entweder Sie lassen den Eindringling in einem fremden Revier frei und achten auf die Reaktion des Revierinhabers, oder Sie binden den Eindringling an einem langen Stab fest. Verknoten Sie einen 1–1,5 m langen Zwirnsfaden am Thorax der gefangenen Libelle und befestigen Sie sein anderes Ende an diesem Stab. Nun können Sie die gefesselte Libelle (nach Möglichkeit lebend) am Stock in einem fremden Territorium aufstellen. Verhalten Sie sich dabei so still wie möglich.

Manche Fragen lassen sich bereits beantworten durch Abändern der Methode, mit der Sie die Libelle in das Territorium einbringen. Aus welcher Entfernung kann der Revierinhaber den Eindringling erkennen? Reagiert er unterschiedlich auf Weibchen, auf Männchen, auf Angehörige anderer Arten? Falls der Inhaber den Eindringling angreift, tragen Sie diesen langsam vom Revier fort und stellen Sie fest, wie weit der Inhaber Ihnen über die Reviergrenze folgt. Gibt es eine Gewöhnung an den Eindringling?

2. Entfernen des Revierinhabers

Nehmen Sie ein Männchen aus seinem Revier. Wie rasch wird dies von einem Nachfolger übernommen? Wenn Sie den alten Revierinhaber zurücksetzen, übernimmt dieser sein Gebiet wieder? Bleiben die Reviergrenzen unberührt von einem Wechsel der Inhaber? Wenn nicht, wie verändern sich die Reviere hinsichtlich Größe, Form, Grenzziehung etc.?

3. Beständigkeit von Territorien

Falls Sie einen Teich oder Bach einen ganzen Tag lang beobachten oder falls Sie an mehreren Tagen wiederkommen können, ist es auch möglich, Fragen zur Stabilität von Revieren zu beantworten. Wie viele Reviere gibt es entlang der beobachteten Wasserstelle? Verändert sich diese Zahl während der Beobachtungszeit? Wie lange hält ein Männchen sein Revier aufrecht? Dazu müssen Sie die Tiere markieren. Eine mögliche Methode ist, ein Männchen zu fangen und kleine Farbzeichen auf sein Abdomen aufzubringen. Legen Sie seine Flügel vorsichtig auf dem Rücken zusammen und halten Sie das Tier daran fest. Jetzt können Sie mit einem Grashalm oder Stöckchen farbige Kennzeichen auf die Oberseite des Abdomens auftragen. Streifen von 1–2 mm Breite, deren Farbkombination und Position variiert werden kann, sind gut geeignet. Malen Sie aber nicht über das «Gelenk» zwischen Thorax und Abdomen. Kehrt das markierte Männchen nach seiner Freilassung und an den folgenden Tagen zu dem alten Revier zurück?

Literatur

Bick, G. H., und J. C. Bick: Demography and behavior of the damselfly, *Argia apicalis* (Say) (Odonata: Coenagriidae). Ecology **46**, 461–472 (1965).

Borror, D. J., und D. M. DeLong: An introduction to the study of insects, pp. 101–121. Holt, Rinehart, and Winston, New York. 1954

Borror, D. J., und R. E. White: A field guide to the insects, pp. 68–75. Houghton Mifflin, Boston. 1970.

Campanella, P. J., und L. L. Wolf. Temporal leks as a mating system in a temperate zone dragonfly (Odonata: Anisoptera) I: *Plathemis lydia* (Drury). Behaviour **51**, 49–87 (1974).

Corbet, P. S.: A biology of dragonflies. Witherby, London. 1962.

Corbet, P. S., C. Longfield, und N. W. Moore: Dragonflies. Collins, London. 1960.

Jacobs, M. E.: Studies on territorialism and sexual selection in dragonflies. Ecology **36**, 566–586 (1955).

Johnson, C.: A description of territorial behavior and a quantitative study of its function in males of *Hetaerina americana* (Fabricus) (Odonata: Agriidae). Canad. Entomol. **92**, 178–190 (1962).

– The evolution of territoriality in the Odonata. Evolution **18**, 89–92 (1964).

Kaufman, J. H.: Is territory definable? In A. H. Esser (Ed.), Behavior and Environment, pp. 36–39. Plenum Press, New York. 1971.

Moore, N. W.: On the so-called «territories» of dragonflies (Odonata: Anisoptera). Behaviour **4**, 85–100 (1952).

– Intra- and interspecific competition among dragonflies (Odonata). J. Anim. Ecol. **34**, 49–71 (1964).

Pajunen, V. I., Aggressive behavior and territoriality in a population of *Calopteryx virgo* L. (Odon., Calopterygidae). Ann. Zool. Fenn. **3**, 201–214 (1966).

21. Beobachtungen und Experimente zur Ethologie der Grillen

Martin Dambach

Zoologisches Institut der Universität Köln[*]

Die Grillen (Gryllidae) sind in ihrem Verhalten außerordentlich vielseitige Insekten. Sie reagieren auf optische, akustische, geruchliche und taktile Reize. Sie kämpfen gegeneinander, bilden im Käfig Rangordnungen aus und zeigen ein für nicht soziale Insekten bemerkenswertes Territorialverhalten. Ihr Sexualverhalten ist sehr differenziert und besteht aus einer Folge auffälliger Aktionen und Reaktionen. Von besonderer Bedeutung beim Territorial- und Sexualverhalten ist die akustische Kommunikation. Das Lautrepertoire der Grillen besteht in der Regel aus drei verschiedenen Gesängen, die, je nach biologischer Situation, von den Männchen mit Hilfe der Vorderflügel erzeugt werden. Solche akustische Signale sind Verhaltensäußerungen, die sich einfach registrieren und in ihrem zeitlichen Muster analysieren lassen. Alle

[*] Als Anregung für den vorliegenden Text diente der Originalbeitrag von H. Dingle: «Aggressive, territorial, and sexual behavior of crickets». Seine Disposition sowie einige Fragen zum Versuchsablauf wurden in veränderter Form übernommen.

diese Eigenschaften, zusammen mit der einfachen Haltung und Züchtbarkeit, machen die Grillen zu idealen Objekten für Verhaltensstudien. Nicht zuletzt gibt es gerade für diese Insektengruppe eine große Zahl neuerer Untersuchungen, die erste Einblicke in die neuralen Mechanismen erlauben, die den Verhaltensweisen zugrunde liegen.

A. Versuchstiere

Als Versuchstiere kommen in Europa drei Arten in Frage: *Gryllus campestris* L. (europäische Feldgrille), *Gryllus bimaculatus* de Geer (mediterrane Feldgrille) und *Acheta domesticus* L. (Heimchen, europäische Hausgrille). Für Verhaltensbeobachtungen eignen sich besonders die Feldgrillen; sie sind am aktivsten und zeigen scharf ausgeprägte Verhaltensmuster. Heimchen kämpfen weniger heftig und sind nicht so singfreudig, dafür aber leichter erhältlich und zu züchten. Zum Umgang mit den drei Arten wird die Kenntnis einiger biologischer Daten von Nutzen sein.

Gryllus campestris lebt in selbstgegrabenen Erdlöchern, in denen sie als vorletzte Larve überwintert. Nach der Entwicklung zum geschlechtsreifen Tier im Frühsommer locken etwa ab Mai die Männchen mit ihrem Gesang paarungsbereite Weibchen an. Kopulationen können in bestimmten Abständen mehrmals hintereinander erfolgen, ebenso kommt es mehrmals zu Eiablagen. Die ersten Larven schlüpfen nach etwa einem Monat. Die Larvalentwicklung dauert nach Sellier (1954) im Labor bei 30° C 78 bis 98 Tage, dabei werden 10 Larvenstadien durchlaufen. In der Natur vagabundieren junge Larven bis zum Herbst herum, dann werden sie territorial und überwintern als zweitletztes Larvenstadium (Protonymphe).

Gryllus bimaculatus unterscheidet sich morphologisch von *G. campestris* durch den kleineren Kopf, der schmaler als das Pronotum ist (bei *G. campestris* breiter als das Pronotum) und die langen Hinterflügel, die es «geschwänzt» machen (bei der flugunfähigen *G. campestris* sind die Hinterflügel in der Regel kürzer als die Vorderflügel). In der Natur ist *G. bimaculatus* tiefschwarz, in Zuchten bei höherer Temperatur rotbraun und die Elytren der Männchen hellbraun. Diese Art ist in den Mittelmeerländern verbreitet und lebt unter Steinen, häufig gesellig in kleinen Kolonien. Die Überwinterung erfolgt im Ei. Im Frühjahr schlüpfen die Larven und entwickeln sich im Laufe des Sommers bis zu geschlechtsreifen Tieren. Die Entwicklung dauert bei 30° C 36 Tage mit 9 Larvenstadien. *G. bimaculatus* ist mit *G. campestris* in der Kombination *bimaculatus*-Weibchen × *campestris*-Männchen leicht zu kreuzen.

Acheta domesticus ist kleiner als die vorigen Arten und gelb bis braun. Die Tiere leben in Spalten oder Ritzen in Häusern, besonders an dauernd beheizten Orten (Maschinenräumen, Backstuben etc.) oder auf Müllplätzen, wo Gärungswärme entsteht. Auch diese Art lebt, wie *G. bimaculatus*, gesellig. Die Entwicklung dauert bei 30° C 37 Tage, wobei 9 Larvenstadien durchlaufen werden.

B. Haltung und Zucht

Nach der Verpaarung mit einem Männchen setzt man das ablegereife Weibchen in ein Einmachglas mit feuchtem bis nassem Torf. Nach dem Schlüpfen werden die Larven bei 28–30° C in Plastikkästen oder hohen Eimern mit Gazebedeckung gehalten. Als Bodenbelag dient trockener Torf oder Sand. Zum Unterschlüpfen für die Larven werden Eierkartons in die Aufzuchtbehälter gelegt. *G. bimaculatus* und *Acheta domesticus* können während ihrer ganzen Entwicklung in Gruppen gehalten werden. *G. campestris* wird, wegen des ausgeprägten Rivalenverhaltens, vom letzten Larvenstadium an in Einmachgläsern mit Torfbelag isoliert. Zur Erleichterung der Häutungen hat sich bei *G. campestris* eine hohe Luftfeuchtigkeit (> 50%) in den Zuchträumen als günstig erwiesen. Als Hauptfutter dient Salat, der täglich erneuert werden sollte, sowie Haferflocken, Kleie bzw. ein trockenes Hundefutter.

C. Materialbedarf

Zur individuellen Unterscheidung können die Tiere mit Wachsmalstiften markiert werden. Dazu schmilzt man mit einer heißen Nadel etwas Farbe ab und tupft sie auf den Thorax der Grille (durch die Markierung kann u. U. das Aufsteigen des Weibchens bei der Kopulation atypisch sein). Die Beobachtungen erfolgen am besten in einem größeren Vollglasbecken oder einer Plastikwanne mit Sand als Bodenbelag. Als Ersatz für eine Wohnhöhle nehmen die Tiere gern leere, auf einer Seite aufgeschnittene Streichholzschachteln oder kleine Papphöhrchen an. Da die Aktivität der Insekten von der Temperatur abhängt, ist es bisweilen günstig, die Tiere mit einer Tischlampe etwas aufzuwärmen.

Zur Analyse der Gesänge braucht man ein Tonbandgerät sowie einen Oszillografen mit Registrierkamera. Etwas länger dauernde Operationen, wie z. B. eine Durchtrennung des Bauchmarkes, führt man am besten in CO_2-Narkose durch. Zu diesem Zweck kann das Gas in eine Präparierschale mit hohem Rand geleitet werden, in der die Grille mit gekreuzten Stecknadeln, Gummibändern o. ä. fixiert ist. Als Instrumente für chirurgische Eingriffe sind Uhrmacherpinzetten, Rasierklingensplitter, die man in Nadelhaltern befestigt und feine Pinzettenscheren geeignet. Operationswunden lassen sich am besten mit einem Wachsgemisch (3 Teile Bienenwachs und 1 Teil Kolophonium), das man mit einer heißen Nadel aufträgt, verschließen.

D. Aggression

Wenn zwei Grillenmännchen sich begegnen, kommt es zum Rivalenkampf, der mit dem Rückzug des unterlegenen Partners endet. Die Aggressivität steht in Beziehung zum Territorial- und Sexualverhalten. Fremde Männchen werden durch den Kampf aus dem eigenen Revier vertrieben und damit von paarungsbereiten Weibchen ferngehalten. Bei der solitär lebenden Feldgrille mit ihrer ausgeprägten Territorialität ist das Aggressionsverhalten daher viel stärker ausgeprägt als bei den in Gruppen lebenden beiden anderen Arten. Die Kämpfe zwischen Grillenmännchen können bisweilen von großer Dramatik sein. Übrigens wurden im alten China öffentliche Grillen-Schaukämpfe veranstaltet und die Haltung von Grillen war eine weit verbreitete Liebhaberei.

Aufgaben

Man setzt 3–5 markierte Männchen, von denen jedes vorher mindestens 24 Stunden isoliert war, in das Terrarium und beginnt sofort mit der Beobachtung.

1. Welche Bewegungen und Verhaltensweisen treten beim Kampf auf? Alexander (1961) unterscheidet bei den Feldgrillen 5 Intensitätsstufen der Begegnungen. Versuchen Sie, selbst eine Klassifizierung vorzunehmen.
2. Hängt die Reaktion eines Männchens ab von der Richtung, aus der sich ein anderes Individuum nähert?
3. Wie verhält sich der Sieger nach dem Kampf?
4. Unter welchen Bedingungen balzen sich Männchen gegenseitig an (Homosexualität)?
5. Kämpfen auch Weibchen und ältere Larven?

Wenn mehrere Männchen in einem Käfig zusammen sind, führt die Aggressivität in kurzer Zeit zur Ausbildung einer Rangordnung (Hierarchie).

6. Stellen Sie aus den Ergebnissen der verschiedenen Begegnungen und Kämpfe für jedes einzelne Tier eine Sieg-Niederlage-Bilanz auf. Lassen diese Ergebnisse auf das Bestehen einer Rangordnung schließen?
7. Wie lange dauert es, bis sich eine Rangordnung ausgebildet hat?
8. Ist die Rangordnung stets einreihig?
9. Ist aus dem Dominanzverhalten auf ein individuelles Wiedererkennen zu schließen?
10. Hängt die Frequenz und Intensität der Kämpfe mit der Stellung innerhalb der Rangordnung zusammen?
11. Nimmt die Intensität der Kämpfe mit zunehmender Stabilisierung der Rangordnung ab?
12. Die Frage der Stabilität einer Rangordnung soll mit folgendem Experiment untersucht werden: Wenn zwischen 4 Männchen die Rangordnung A/B/C/D besteht, trenne man sie und setze sie über Nacht als die beiden Zweiergruppen A/B und C/D zusammen. Welche Rangordnung bildet sich aus, wenn am nächsten Tag alle 4 Tiere wieder vereinigt werden? Falls die neue Rangordnung jetzt A/C/B/D sein sollte, so versuchen Sie, dies zu erklären.
13. Ist die Rangstellung abhängig von der Körpergröße? Vom Alter? Vom Gewicht?
14. Welchen Einfluß hat der Verlust von Körperanhängen auf die Rangstellung? Man entferne z. B. die Antennen, erst teilweise, dann ganz. Man lackiere die Augen.

15. Welche Bedeutung und Wirksamkeit hat der Rivalengesang beim Kampf? Um diese Frage zu prüfen, verwende man «stumme» Männchen (s. S. 82).

E. Territorialität

Ein Territorium (Revier) ist ein begrenztes Gebiet, das von einem Tier bewohnt und gegen Eindringlinge verteidigt wird. Innerhalb dieses Raumes kann es bevorzugte Orte für bestimmte Tätigkeiten geben, so z. B. das Heim als sichersten Aufenthalts- und Ruheplatz. Feldgrillen besitzen als Heim ihre selbstgegrabene Höhle, an deren Eingang sie sich meistens aufhalten. Die Anwesenheit und der Besitz des Reviers wird durch den Gesang demonstriert, der gleichzeitig der Anlockung paarungsbereiter Weibchen dient. Gerät ein fremdes Männchen in die Nähe eines Standtieres, so wird es mit Rivalengesang bedroht oder durch Kampf vertrieben. Dies führt dazu, daß günstige Wohngebiete gleichmäßig dicht besetzt und später hinzukommende Männchen an die Peripherie des Siedlungsgebietes abgedrängt werden.

Aufgaben

Man lege in verschiedene Beobachtungsbehälter jeweils eine einseitig geöffnete Streichholzschachtel und setze ein Grillenmännchen hinzu. Nach einiger Zeit wird das Tier die Schachtel als Heim beziehen und die Umgebung zu seinem Territorium machen.
1. Wie lange dauert es, bis die künstliche Höhle in Besitz genommen wird?
2. Welches Verhalten zeigt das Tier bei der Untersuchung der Schachtel?
3. Wie ändert sich die Aktivität des Tieres nach Inbesitznahme der Schachtel?
4. In welchen Abständen und zu welchen Verrichtungen verläßt das Tier sein Heim?

Nach einigen Tagen setze man ein zweites Männchen hinzu und beobachte, welches Verhalten die beiden Tiere zeigen.
5. Ergeben sich Hinweise auf ein territoriales Verhalten des ansässigen Tieres? Wie äußert sich dies?
6. In welchem Bereich innerhalb des Behälters pflegen sich die Begegnungen abzuspielen? Welches Gebiet gilt als Territorium?
7. Kann das Standtier seine Höhle erfolgreich gegen ein Tier verteidigen, das ihm gegenüber vorher dominant war?

Man richte nun Behälter mit 2 Streichholzschachteln an einander gegenüberliegenden Stellen ein und setze 3 Tiere dazu, deren Rangordnung bekannt ist.
8. Wer ist erfolgreich in der Eroberung einer künstlichen Höhle?
9. Finden auch noch Begegnungen zwischen den beiden Männchen statt, die ein Heim haben?
10. Wie verhalten sich die Männchen, wenn ein Weibchen dazugesetzt wird?
11. Versuchen Sie, nach Durchführung der entsprechenden Experimente, die Fragen 1–10 für die in Gruppen lebenden *G. bimaculatus* und *Acheta domesticus* zu beantworten.
12. Stellen Sie die Literatur über das Territorialverhalten bei Wirbellosen zusammen. Vergleichen Sie mit dem Territorialverhalten der Wirbeltiere.

F. Sexualverhalten

Der Lockgesang (normale Gesang) eines Männchens wirkt als Schlüsselreiz auf ein paarungsbereites Weibchen. Es beginnt, nach dem Gehör das Männchen gezielt aufzusuchen (Phonotaxis). Sobald das Weibchen auf Fühlerkontakt herangekommen ist, verstummt das Männchen (die orientierte Annäherung des Weibchens durch den Lockgesang des Männchens ist im Terrarium nicht immer klar ausgeprägt. Warum?).

Aufgaben

Man bringe ein Männchen mit einem Weibchen zusammen und beobachte die sich einstellenden Verhaltensweisen.
1. An welchen Merkmalen oder Verhaltensweisen erkennen sich die Geschlechter? (Ergänzungsexperiment: Können fühleramputierte Männchen das Geschlecht ihres Partners eindeutig erkennen? Wie verhalten sich Männchen mit lackierten Augen bei der Begegnung mit einem Weibchen?)
2. Welche Art von Gesang setzt unmittelbar nach dem Erkennen der Geschlechter ein?

3. Wie verläuft die Paarung?
4. Wie verhält sich das Männchen, wenn es vom Weibchen bestiegen wird? Sind hierbei Unterschiede zwischen den drei genannten Arten zu verzeichnen?
5. Wie lange dauert die Paarung?
6. Welches Verhalten zeigen die beiden Partner nach der Kopulation? (Nachbalz)
7. Wie lange dauert es bis zur nächsten Kopulation?
8. Wie reagiert ein paarungswilliges Männchen, wenn man sein Abdomen mit einem weichen Pinsel bestreicht?

Man setze nun ein paarungswilliges Weibchen in eine Gruppe von Männchen mit einer hierarchischen Ordnung.

9. Welches oder welche Männchen sind bei der Paarung erfolgreich?
10. Wie oft kommt es zur Kopulation? Welche Männchen sind daran beteiligt?
11. Welche Wirkung hat das Einsetzen des Weibchens auf die Rangordnung?

G. Der Gesang

Grillengesänge sind akustische Signale mit einer bestimmten Bedeutung für den Empfänger. Sender dieser Signale sind die Männchen, Empfänger sind andere Männchen oder die Weibchen der gleichen Art. Bei der Untersuchung dieser akustischen Kommunikation ergeben sich verschiedene Teilfragen, z.B. unter welchen Bedingungen treten die Gesänge auf? Was bedeuten sie für den Empfänger? Wie ist der Gesang aufgebaut? Wie entstehen die Laute? Wo im Nervensystem sitzt der Taktgeber für den Lautrhythmus? Nicht alle diese Fragen lassen sich im Rahmen eines Praktikums untersuchen, doch können einige Teilprobleme behandelt werden.

Wie die vorausgegangenen Verhaltensbeobachtungen zeigten, lassen sich, wenn man von den Übergangsformen absieht, drei charakteristische Gesänge unterscheiden: Der *Lockgesang (LG)* oder gewöhnliche Gesang, der aus regelmäßig aufeinanderfolgenden schrillen Lauten besteht («kri-kri-kri...»), löst bei paarungsbereiten Weibchen eine orientierte Annäherung aus. Der *Rivalengesang (RG)* wird bei der Begegnung zweier Männchen gezirpt, er ist eine akustische Drohung, auf die in der Regel Kampfhandlungen folgen. Der RG unterscheidet sich vom LG durch eine schnellere und schrillere Lautfolge in unregelmäßigen Abständen. Der *Werbegesang (WG)* leitet die Paarung ein. Er beginnt, wenn Männchen und Weibchen sich auf Antennenkontakt nahegekommen sind. Man kann beim WG zwei Lautanteile unterscheiden, stärkere und höhere «zick»-Laute und dazwischen liegende schwächere und tiefere Tonstöße.

Aufgaben

1. Wie lange dauert es, bis nach der Imaginalhäutung erste spontane Gesänge auftreten?
2. Wann tritt der erste Rivalengesang auf (Auslösung durch Zusammensetzen mit anderen Männchen)?
3. Es wird sich zeigen, daß der früheste «Rivalengesang» zunächst lautlos ist, obwohl die Flügel anscheinend die richtigen Bewegungen ausführen. Etwas später, in einer Übergangsphase, entstehen schnarrende Geräusche und erst dann der richtige RG. Kann dies bedeuten, daß eine Einübung im Sinne von Lernen notwendig ist? Diese Frage soll durch folgendes Experiment geklärt werden: Nach der Imaginalhäutung isoliert gehaltene Männchen zeigen spontan weder RG noch Flügelbewegung (Fehlen von Auslösern?). Man kann die isolierten Tiere nun auf RG testen, indem man sie nach einer bestimmten Zeit z.B. am 2. oder 3. Tag) mit einem «stummen» Männchen (s. S. 82) zusammenbringt. Was ist daraus zu schließen, wenn das Versuchstier sofort die seiner Entwicklungsstufe gemäßen Laute prodziert?

Aufbau der Gesänge. Um die Lautäußerungen von Grillen und anderen Insekten genauer zu studieren, genügt es nicht, sie mit Worten oder Noten zu beschreiben. Es ist notwendig, die Gesänge zunächst zu speichern und sie dann auf Tonhöhe, Lautstärke und Rhythmus hin zu analysieren. Eine Speicherung ist mit jedem guten Tonbandgerät mit Mikrofon möglich. Für die genaue Analyse und bildhafte Darstellung von Lauten gibt es technisch zwei Möglichkeiten, einmal die Aufzeichnung eines Klangspektrogrammes (Sonagramm) mit einem Sonagrafen und zum andern die des Oszillogrammes mit Hilfe eines Oszillografen. Beim Klangspektrogramm wird horizontal die Zeit aufgezeichnet und vertikal die Tonhöhe. Die Lautstärke wird nur qualitativ, als mehr oder weniger starke Schwärzung des Geschriebenen registriert (Abb. 40 A). Beim Oszillogramm (Abb. 40 B) wird ebenfalls die Horizontale zur Zeitachse. Senkrecht dazu und nach beiden Seiten wird die Schwingung der Luftteilchen, gemessen als Druckschwankung mit dem Mikrofon, aufgezeichnet. Je höher die Lautstärke, um so größer wird die Amplitude der Schwingungszüge und je höher die Frequenz, um so enger folgen sie aufeinander. Da es bei Insektenstimmen vor allem auf das zeitliche Muster und z. T. auch auf die Lautstärke ankommt, ist hier das Oszillogramm die übliche Art der Darstellung, zumal auch in einem zoologischen Labor oder in der Schule ein Oszillograf sehr viel leichter verfügbar ist als ein Sonagraf.

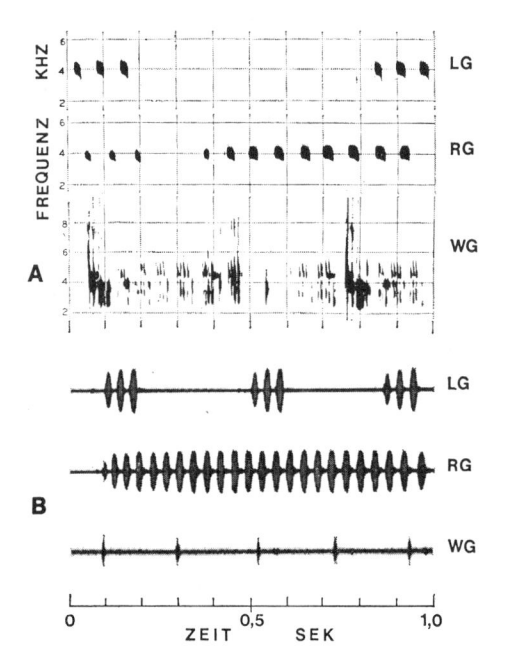

Abb. 40: Gesänge von 2 Grillen-Arten.
A: *Acheta firmus* (amerikanische Feldgrille). Sonagramme von Lockgesang (LG), Rivalengesang (RG) und Werbegesang (WG) (nach Alexander 1960).
B: *Gryllus campestris* (europäische Feldgrille). Oszillogramme von Lockgesang, Rivalengesang und Werbegesang

Aufgaben

Registrieren Sie die drei charakteristischen Gesänge auf Band (höchste Bandgeschwindigkeit verwenden). Durch verlangsamtes Wiederabspielen (mit ¼ oder ⅛ der Aufnahmegeschwindigkeit) läßt sich eine Zeitdehnung erreichen, bei der sich jedoch auch die Tonhöhe verändert.

1. Was wird aus einem einfachen «kri» des LG bei Zeitdehnung?

Man überspiele nun die gespeicherten Gesänge auf einen Oszillografen. Verstärkung und Zeitablenkung sind so zu wählen, daß sich ähnliche Oszillogramme wie in Abb. 40 B ergeben. Es wird sich zeigen, daß die einzelnen Gesänge ein ganz charakteristisches Lautmuster besitzen. Der LG z. B. besteht aus einzelnen Versen, deren Untereinheiten als Silben bezeichnet werden (Abb. 41).

2. Wieviel Silben enthält ein LG-Vers? Ist diese Zahl konstant?

3. Wie lange dauert eine Silbe im LG? Nimmt die Länge der Silben innerhalb eines Verses zu?

4. Ändert sich beim LG die Länge der tonlosen Intervalle (Abstände zwischen den Silben) innerhalb eines Verses?

5. Wie groß sind die Versabstände im LG? (Für diese Versuche sind einzeln singende Tiere zu verwenden. Gleichzeitig singende beeinflussen sich im Versabstand.)

6. Wie kommen gelegentlich auftretende Pausen im LG zustande? Versuchen Sie festzustellen, ob sich diese durch den Ausfall eines oder mehrerer Verse erklären lassen.

7. Zeigt der RG noch einen Versaufbau?

8. Wie ist der Silbenrhythmus beim RG im Vergleich zum LG?

9. Untersuchen Sie den Übergang eines RG in den LG, wie er z. B. nach dem Verjagen eines Rivalen auftreten kann.

10. Welches Bild zeigt der WG im Oszillogramm? Wie ist die Intensität der WG-Laute im Vergleich zu der der beiden anderen Gesänge?

11. Was fällt auf beim Vergleich der Abstände der «zick»-Laute des WG mit den Versabständen des LG?

12. Wie ändern sich bei einer Temperaturerhöhung bzw. -erniedrigung um 10° (z. B.

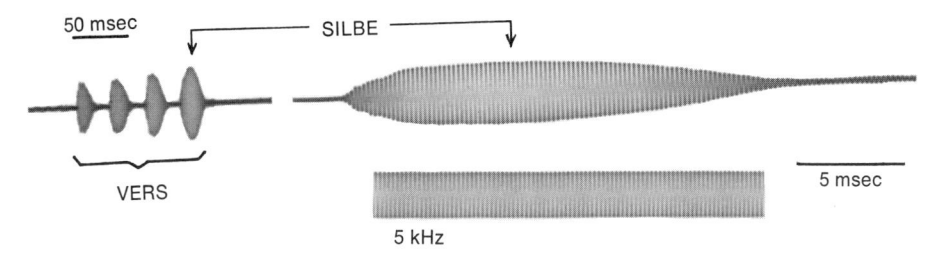

Abb. 41: Links: Oszillogramm eines 4silbigen Lockgesang-Verses von *Gryllus campestris*. Rechts: Letzte Silbe eines Verses bei starker Zeitdehnung, zum Vergleich darunter ein reiner Ton von 5 kHz

von 20 auf 30° C) Versabstände, Silbenabstände innerhalb der Verse und Silbenlängen des LG? Welche Elemente sind temperaturunabhängig? Wegen der individuellen Unterschiede im Aufbau der Gesänge sollte dieses Experiment an ein und demselben Tier durchgeführt werden.

Lauterzeugung: Beim Zirpen öffnet und schließt das Männchen die leicht angehobenen Vorderflügel periodisch. Jeder Vorderflügel trägt im vorderen Drittel auf seiner Unterseite eine sog. Schrilleiste (Schrillader) und am Innenrand des Flügels eine nach oben stehende Schrillkante (Abb. 42). Der Ton entsteht, wenn die Schrillkante des unteren Flügels an der mit zahnartigen Lamellen besetzten Schrilleiste des oberen Flügels entlangstreicht.

Aufgaben

1. Untersuchen Sie an einem abgetrennten Flügel die einzelnen Strukturen unter dem Stereomikroskop. Wie groß sind Abstand und Zahl der Lamellen auf der Schrilleiste? Wie ist die Neigung der Lamellen? Lassen sich morphologische Unterschiede zwischen linkem und rechtem Flügel feststellen?
2. Welcher der beiden Flügel liegt oben? Ist dies regelmäßig so? Was geschieht, wenn man vorsichtig die Flügel in ihrer Lage vertauscht?
3. Wie steil werden die Vorderflügel bei den verschiedenen Gesängen angehoben? Ist die Änderung des Anstellwinkels beim Übergang vom LG zum WG sprunghaft oder kontinuierlich?
4. Bei welcher Bewegung der Flügel (einwärts oder auswärts) entsteht der Ton? Überlegen Sie, mit welchen Experimenten sich diese Frage klären läßt.
5. Wie ändert sich die Lautstärke des LG, wenn sukzessive einzelne Bereiche der Flügelfläche entfernt werden? Versuchen Sie gezielt, an den beiden Vorderflügeln die sog. Harfe herauszutrennen (Binokular, narkotisiertes Tier, Skalpell aus Rasierklingensplitter. Schrilleiste nicht beschädigen!). Was läßt sich über die physikalische Funktion der Harfe aussagen, wenn nach ihrer Entfernung die Lautstärke stark abfällt?

Abb. 41 zeigt eine Silbe des LG in starker Zeitdehnung und darunter zum Vergleich eine Sinusschwingung von 5 kHz. Man sieht, daß die Silbe aus einer fast «reinen» Frequenz (Ton im physikalischen Sinn) besteht, eine Einmaligkeit unter den Stridulationslauten der Insekten.

6. Wie hoch ist etwa die Frequenz (Tonhöhe) im mittleren Teil der Silbe beim LG? Wie

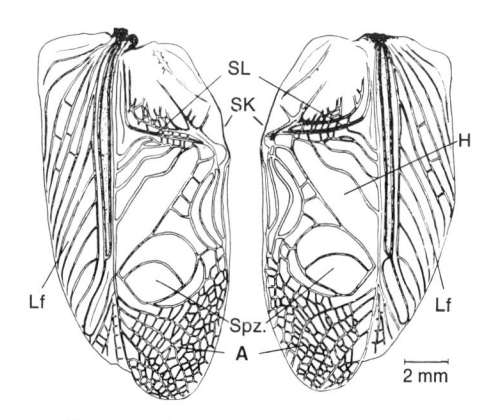

Abb. 42: Linker und rechter Vorderflügel eines Männchens von *Gryllus bimaculatus* mit Schrilleiste (SL), Schrillkante (SK), Spiegelzelle (Spz.), Harfe (H), Analfeld und Lateralfeld (A und Lf) (nach Stärk 1958)

hoch ist die Hauptfrequenz im «zick»-Laut des WG?
7. Wie läßt sich feststellen, ob eine einzige Schwingung innerhalb der Silbe dem Anriß der Schrillkante durch eine einzige Schrillamelle entspricht?

Lauterzeugungen und Zentralnervensystem.
Der Gesang der Grillen läßt sich nicht nur als akustische Erscheinung, sondern auch als Bewegungsmuster der Flügel studieren. Ursache von Bewegungen sind Kontraktionen von Muskeln, deren Lage und Ansatz an Skelettelementen anatomisch festgelegt ist. Rhythmus, Dauer und Amplitude der Bewegung dagegen sind in der Regel eine Funktion der motorischen Kommandos der Motoneurone. Die Aktivität der Motoneurone wiederum kann, wenn es sich um einfachere, periodische Bewegungen handelt, durch vorgeschaltete, spontan aktive Interneurone gesteuert werden oder auf Kommandos aus höheren Zentren des Nervensystems (Gehirn) zurückgehen. Die von den Sinnesorganen kommenden Informationen über die Zustände der Umwelt oder des eigenen Körpers können entweder auf kurzen Bahnen (z. B. als Reflexe) als steuernde oder regelnde Kommandos auf Muskelkontraktionen einwirken, oder ihre Meldungen werden in Auswertsystemen des Gehirns verarbeitet und beeinflussen dann seine Kommandosysteme. Solche neuralen Zusammenhänge sind für die Lauterzeugung der Grillen bereits weitgehend analysiert (Zusammenfassung bei Huber 1970). Es hat sich dabei gezeigt, daß, kurz gesagt, die Lautmuster, d.h. die rhythmischen Grundlagen der Gesänge, im 2. Thorakalganglion gebildet werden können. Für die Auslösung, Änderung oder Beendigung der Gesänge sind jedoch Kommandos vom Gehirn und vom letzten Hinterleibsganglion notwendig, die letztlich wieder auf Erregungen von den Sinnesorganen zurückgehen.

Aufgaben

Es könnte sein, daß die motorischen Kommandos, die den Lautmustern zugrunde liegen, zwar im Thorax spontan und rhythmisch entstehen, daß aber zu ihrer Aufrechterhaltung und Kontrolle eine akustische (und/oder proprioceptive) Rückmeldung nötig ist. Um zu prüfen, ob eine Grille ihren eigenen Gesang hören muß, um richtig singen zu können, sollen folgende Experimente durchgeführt werden:

8. Man schalte bei einem Grillenmännchen die Gehörorgane aus, indem man beide Vorderbeine am Femur-Tibia-Gelenk abtrennt. Singt ein so behandeltes Männchen noch normal? Haben sich Häufigkeit und Dauer der Gesänge verändert?
9. Dasselbe Problem läßt sich auch untersuchen, indem man ein Männchen «stumm» macht. Dazu trennt man den waagerechten Teil des oben liegenden Singflügels ab. Der verbliebene Flügelrest und der intakt gebliebene Flügel können sich nun nicht mehr berühren. Zeigt das Tier noch Flügelbewegungen wie sie beim Gesang auftreten?

Was kann aus den Ergebnissen der Fragen 8 und 9 über die Bedeutung einer akustischen Rückmeldung gesagt werden?

Daß außer den Thorakalganglien und dem Gehirn auch das abdominale Bauchmark für das Balzverhalten und den damit zusammenhängenden RG und WG von Bedeutung ist, ist nachgewiesen und zu vermuten. Das Vorhandensein bzw. die soeben erfolgte Abgabe einer Spermatophore sind ja Kennzeichen für die Balz bzw. Nachbalz. Man muß daher annehmen, daß der jeweilige Zustand, in dem sich der männliche Genitalapparat befindet, über das abdominale Bauchmark dem Thorax und dem Gehirn mitgeteilt wird.

10. Man trenne an einer Stelle zwischen dem dritten Thorakalganglion und dem letzten Abdominalganglion beide Konnektive des Bauchmarks durch. Dazu wird das Tier mit der Ventralseite nach oben in einer Wachsschale befestigt. Mit einer feinen Schere werden dann links und rechts der Medianen 1–2 Sternite in Längsrichtung aufgetrennt und nach einem weiteren Schnitt quer zur Medianen ein Stück Chitinlappen hochgeklappt. Evtl. herausquellenden Fettkörper entfernt man vorsichtig. Das Bauchmark wird dann etwas angehoben und vor oder nach einem Ganglion durchtrennt. Der Chitinlappen wird daraufhin wieder zurückgeklappt, die Ränder mit Filtrierpapier getrocknet und mit Wachs verschlossen. Zeigt das Grillenmännchen, nach einer genügend langen Erholungszeit, noch LG? Welches Verhalten ist nach dem Zusammenbringen mit einem Weibchen zu beobachten? Zeigt das Männchen noch WG?

Literatur

Alexander, R. D.: Aggressiveness, territoriality, and sexual behavior in field crickets (Orthopera: Gryllidae). Behaviour **17**, 130–223 (1961).

Hörmann-Heck, S. von: Untersuchungen über den Erbgang einiger Verhaltensweisen bei Grillenbastarden (*Gryllus campestris* L. ~ *Gryllus bimaculatus* De Geer). Z. Tierpsychol. **14**, 137–183 (1957).

Huber, F.: Sitz und Bedeutung nervöser Zentren für Instinkthandlungen beim Männchen von *Gryllus campestris* L. Z. Tierpsychol. **12**, 12–48 (1955).

— Untersuchungen über die Funktion des Zentralnervensystems und insbesondere des Gehirnes bei der Fortbewegung und der Lauterzeugung der Grillen. Z. vergl. Physiol. **44**, 60–132 (1960).

— Nervöse Grundlagen der akustischen Kommunikation bei Insekten. Rheinisch-Westfälische Akademie der Wissenschaften, Heft 205, 41–93, Westdeutscher Verlag GmbH, Opladen u. Köln. 1970.

Kutsch, W.: Neuromuskuläre Aktivität bei verschiedenen Verhaltensweisen von drei Grillenarten. Z. vergl. Physiol. **63**, 335–378 (1969).

Khalifa, A.: Sexual behaviour in *Gryllus domesticus* L. Behaviour **2**, 264–274 (1950).

Nocke, H.: Biophysik der Schallerzeugung durch die Vorderflügel der Grillen. Z. vergl. Physiol. **74**, 272–314 (1971).

Sellier, R.: Recherches sur la morphogenèse et le polymorphisme alaires chez les Orthoptères Gryllides. Ann. Sci. Nat. 11, Ser. 16, 595–740 (1954).

Stärk, A. A.: Untersuchungen am Lautorgan einiger Grillen- und Laubheuschrecken-Arten, zugleich ein Beitrag zum Rechts-Links-Problem. Zool. Jb., Abt. Anat. u. Ontog. **77**, 9–50 (1958).

Zippelius, H. M.: Die Paarungsbiologie einiger Orthopteren-Arten. Z. Tierpsychol. **6**, 372–390 (1944).

22. Das Fortpflanzungsverhalten des Dreistachligen Stichlings

Dietland Müller-Schwarze

State University of New York, Syracuse

Viele der heutigen ethologischen Theorien gingen aus Beobachtungen am Dreistachligen Stichling (*Gasterosteus aculeatus*) hervor. Dieser Fisch ist für Verhaltensuntersuchungen ausgezeichnet geeignet, weil er unempfindlich und leicht beschaffbar ist und im Labor ohne besondere Haltungsvoraussetzungen sein komplettes Balz- und Fortpflanzungsverhalten ausführt.

In der folgenden Übung sollen Sie das Territorialverhalten, den Nestbau, die Balz, die Paarung, die Brutpflege und deplazierte Verhaltensweisen beobachten. Sie sollen ferner versuchen, einige der spezifischen Reize, die das genannte Verhalten auslösen, experimentell zu bestimmen. Im Idealfall verteilt sich das Programm über mehrere Kurstage. An einem Becken können bis zu acht Teilnehmer beobachten. Vor Beginn der Beobachtungen sollten alle Teilnehmer Tinbergens allgemeinverständliche Darstellung des Stichlingsverhaltens lesen.

A. Haltung

Man fängt die Stichlinge in Süßwasserbächen, Gräben, Teichen oder Seen mit Fallen oder Keschern und setzt sie in 100- bis 120-l-Becken ein. Behandeln Sie die Fische vorsichtig, da auch geringfügige Verletzungen zur Verpilzung der Haut führen können. Viele Infektionen sind durch Zufügen von Methylenblau zum Wasser heilbar.

Die Stichlinge werden in Süßwasser von 8–10° C im Schwarm gehalten, am besten bei Kurztag mit acht Stunden Licht (Winterbedingungen). Um sie in die Fortpflanzungsphase zu bringen, geht man zu Langtag von 16–20 Stunden Licht über und steigert die Temperatur auf 18° C. Stichlinge sind robust und können diesen plötzlichen Temperaturwechsel vertragen.

Nach ungefähr einwöchiger Haltung unter diesen Bedingungen isoliert man einzelne

Männchen. Für ein Männchen genügt ein 60-l-Becken; es bietet ihm ausreichend Platz, ein Revier zu gründen und ein Nest zu bauen. Man gibt eine 5 cm hohe Sandschicht auf den Boden und pflanzt einige Wasserpflanzen zur Deckung ein. Als Nestmaterial bringt man Fadenalgen und Zwirnsfaden ein. Die meisten Männchen werden fast unmittelbar nach dem Beginn der Einzelhandlung mit dem Nestbau anfangen und die Umgebung des Nestes gegen Eindringlinge verteidigen. Um die Weibchen zur Laichreife zu bringen, nimmt man sie aus dem Schwarm heraus und hält sie in Gruppen zu 4–10 in einem 40- bis 60-l-Becken. Sie müssen reichlich Lebendfutter erhalten. Der geschwollene Bauch zeigt die Entwicklung reifer Eier an. Alle Fische werden mit Salinenkrebschen *(Artemia)* und Bachröhrenwürmern *(Tubifex)* gefüttert.

B. Aggressives Verhalten

Ein Männchen verteidigt das Areal um das Nest herum gegen Eindringlinge. Bei diesen Begegnungen kann man folgende Verhaltensweisen beobachten (nach van Iersel 1953):

A – Anschwimmen. Der Revierinhaber schwimmt sehr schnell auf den Gegner zu, dabei kann es zum Beißen kommen. Die rote Färbung des eindringenden Fisches löst das Anschwimmen aus.

B – Beißen. Der Eindringling wird gebissen, meist in den Kopf oder die Kiemenregion. Nach einem oder mehreren rasch aufeinander folgenden Bissen nimmt die Bereitschaft zum Beißen ab. Beißen ist also eine echte Endhandlung.

S – Stachelaufrichten. Es werden entweder die Dorsal- (DS) oder die Ventralstacheln (VS) aufgerichtet. Das Aufrichten der Dorsalstacheln ist das erste Anzeichen für Aggressivität. Es wird von dominanten, aber nicht sehr aggressiven Männchen gezeigt, wenn sie bewegliche Objekte fixieren.

Unterlegene Männchen und Weibchen richten die Ventralstacheln auf. Das zeigt Fluchtbereitschaft an. Aufrichten der Ventralstacheln tritt bei Männchen häufiger an den Grenzen als im Zentrum des Reviers auf. An den Reviergrenzen ist die Fluchtbereitschaft eines vorbeikommenden Fisches größer.

Manchmal richten Männchen beide Stachelgruppen auf; das zeigt, daß gleichzeitig Angriffs- und Fluchtneigungen stimuliert sind.

K – Kreisen. Zwei etwa gleich starke Männchen verfolgen sich gegenseitig heftig in einer Kreisbahn. Die Dorsalstacheln sind aufgerichtet, ebenso der dem Gegner zugekehrte Ventralstachel. Man nimmt an, daß die Kreisbewegung durch gleichzeitige Aktivierung von Angriffs- und Fluchttendenzen bedingt wird.

V – Verfolgen. Ein fliehender Fisch wird verfolgt. Seine Bewegung löst die Verfolgung aus. Unterlegene Männchen können zu Tode gejagt werden, wenn keine Deckung vorhanden ist, in der sie sich verstecken können.

F – Fliehen. Ein Stichling kann aus einem fremden Revier in das eigene fliehen oder sich in einer Ecke oder am Boden des Aquariums in den Pflanzen verbergen.

D – Drohen. Das Männchen stellt sich senkrecht auf den Kopf; seine Breitseite ist dem Gegner zugekehrt. Die Dorsalstacheln und meistens auch die Ventralstacheln werden aufgerichtet (manchmal nur der zum Gegner gekehrte Ventralstachel).

1. Reaktion eines Revier-Männchens auf ein zweites Männchen

Nehmen Sie ein Männchen mit roter Kehle, das heißt ein sexuell aktives Männchen, aus einem Schwarm heraus und setzen Sie es in ein Becken, das von einem anderen Männchen mit fertigem Nest besetzt ist. Beobachten Sie die Begegnung und halten Sie fest, was geschieht. Benutzen Sie Abkürzungen, z. B. A = Anschwimmen, F = Fliehen usw. Wie reagiert der Eindringling auf die Angriffe des Revierinhabers? Wie vermeidet der eingesetzte Fisch, angegriffen zu werden? In welchem Teil des Beckens wird er nicht angegriffen? Schützt ihn irgendeine besondere Haltung vor Angriffen? Wiederholen Sie den Versuch mit einem Männchen, dessen Kehle nicht rot ist. Welche Unterschiede ergeben sich?

Sie können den Abstand zwischen Nest, Revier-Männchen und Eindringling beliebig wählen, wenn Sie letzteren in einen Glasbecher oder ein Glasrohr einsetzen. Wie beeinflußt der Abstand zu Nest und Revierinhaber die Auslösung der Aggressivität?

2. Reaktion eines Revier-Männchens auf Attrappen

Fertigen Sie zwei grobe Tonmodelle eines Stichling-Männchens an. Das eine malen Sie am Bauch rot an, das andere lassen Sie einfarbig grau. Setzen Sie dann eine dieser Attrappen in ein Becken mit einem Revier-Männchen ein und beobachten Sie 20 Minuten lang. Bringen Sie die zweite Attrappe in ein zweites Becken mit einem Revier-Männchen in der gleichen Fortpflanzungsphase wie das vorige. Beobachten Sie wiederum 20 Minuten. Vergleichen Sie das Verhalten der Revier-Männchen in den beiden verschiedenen Situationen; welche Unterschiede treten auf? Wie unterscheidet sich die Reaktion auf eine Attrappe von der auf ein lebendes Männchen?

3. Veränderungen der Aggressivität im Laufe der Fortpflanzungsperiode

Zur Untersuchung der Aggressivität in verschiedenen Phasen des Fortpflanzungszyklus werden schon vorher Aquarien vorbereitet, die zum Zeitpunkt des Kurses folgende Fische enthalten:
a) einen Schwarm mit Fischen beider Geschlechter in Normalfärbung,
b) ein einzelnes Männchen in einem Becken ohne Nest,
c) ein einzelnes, nestbauendes Männchen,
d) ein einzelnes Männchen in einem Becken mit fertigem Nest,
e) ein einzelnes Männchen mit einem Nest, das Eier enthält,
f) ein einzelnes Männchen, das Jungfische bewacht.

Setzen Sie in jedes dieser Becken 5 Minuten lang die rotbäuchige Tonattrappe ein. Beobachten und registrieren Sie die Reaktionen. Welche Intensitätsunterschiede ergeben sich in der Reaktion der Männchen? Welche Unterschiede ergeben sich in der Art der gezeigten Bewegungskoordinationen? Warum lösen Tonattrappen Reaktionen aus?

4. Das Verhalten zweier benachbarter Revier-Männchen

In einem Becken, das wenigstens 1,20 m lang und reichlich mit Wasserpflanzen besetzt ist, können zwei Stichlinge ihre Nester bauen. Teilen Sie bei der Vorbereitung dieses Beckens den Raum in zwei gleich große Teile auf, indem Sie in der Mitte eine dichte Reihe Pflanzen einsetzen. Beobachten Sie dann die Begegnungen der beiden Revier-Männchen.

Setzen Sie ein rotbäuchiges Männchen in ein 40–50 cm langes und 7–8 cm weites Glasrohr und legen Sie das Rohr a) in die Nähe eines Nestes, b) zwischen die beiden Nester und c) soweit wie möglich von beiden Nestern entfernt hin.

Setzen Sie ein laichreifes Weibchen in das Rohr und legen es an dieselben Stellen wie vorher das Männchen. Führen Sie nicht zu viele Versuche mit demselben Fisch aus. Im Idealfall sollten Sie so viel Becken zur Verfügung haben, daß jeder Fisch nur einmal täglich für einen Versuch benutzt wird.

C. Nestbauverhalten

Ein Stichling-Männchen in Laichstimmung beginnt sofort mit dem Nestbau, wenn es vom Schwarm isoliert und in ein 40- bis 60-l-Becken mit einer etwa 5 cm hohen Sandschicht gesetzt wird. Das Umsetzen kann mit einem plötzlichen Temperaturanstieg von 10 auf 18° C verbunden sein. Wenn sich der Fisch nicht bedroht fühlt, wird er folgende Verhaltensweisen zeigen (nach van Iersel): Sobald er sich eingewöhnt hat, fängt der Fisch mit dem Maul im Sand zu *graben* an. Der Stichling gräbt im *Kopfstand;* er saugt den Sand ein und schwimmt weg, um ihn an anderer Stelle wieder auszuspucken.

Wenn das Männchen eine flache Grube (etwa 7 × 10 cm groß und 2–3 cm tief) ausgehoben hat, *sucht* es nach Nestmaterial. Es nimmt kleine Pflanzenteile (Wurzeln oder Algen), im Versuch auch Zwirnsfaden, auf und läßt sie gleich darauf wieder los. Nur solches Material, das nach dem Loszerren nicht zur Wasseroberfläche aufsteigt, wird zur Nestgrube gebracht.

Nachdem das Männchen ein Büschel Algen oder anderes Material abgelegt hat, schwimmt es darüber weg und *leimt* die Teile mit einer Substanz zusammen, die im hinteren Teil der Niere erzeugt wird. Während dieses Vorganges biegt es Kopf und Schwanz nach oben. Die aufgehäuften Teile werden mit der Schnauze zusammengedrückt. Am Rande des Nestes wird Sand eingesaugt und durch die Kiemen wieder ausgestoßen; dies festigt den Zusammenhang des Nestes. Schließlich *bohrt* sich der Stichling mit Schnauze und Vorderkörper waagerecht durch das Nest hindurch. Das Ergebnis dieser Verhaltensweise ist ein Tunnel.

Als nächstes bringt das Stichling-Männchen Sand zum Nest, besonders um den Eingang herum, bis die Nestgrube teilweise davon bedeckt ist. Diese Handlung dient wahrscheinlich eher der Befestigung als einer Schutzfärbung. Kalifornische Stichlinge bedecken oft das gesamte Nest mit Sand, so daß nur die Öffnungen freiliegen.

Zum Schluß *schiebt* sich das Männchen durch das Nest, um Eingang und Ausgang frei zu machen; danach ist es balzbereit.

1. Nestbau

Beobachten Sie alle oben erwähnten Verhaltensweisen. Sie sollten über 5 bis 10 Becken verfügen, jedes mit einem einzelnen Revier-Männchen in unterschiedlicher Nestbauphase. Beschreiben Sie so genau wie möglich die dabei auftretenden Bewegungsmuster und vergleichen Sie Ihre Beschreibung mit der anderer Beobachter. Sind die Unterschiede auf ungenaue Beobachtung oder auf individuelle Variabilität bei den Fischen zurückzuführen? Haben Sie bei denselben Bewegungen verschiedene Grade der Vollständigkeit festgestellt? Wie erklären Sie sich diese Unterschiede? Bestehen zwischen den verschiedenen Bewegungen klare, qualitative Abgrenzungen oder allmähliche Übergänge?

2. Verhaltensänderungen während des Nestbaues

Registrieren Sie Häufigkeit und Dauer jeder der erwähnten Verhaltensweisen zu Beginn, in der Mitte und am Ende der Nestbauphase. Wählen Sie eine einheitliche Beobachtungszeit von 20–30 Minuten.

3. Deplazierte Verhaltensweisen

Registrieren Sie alle deplazierten Verhaltensweisen, die während des Nestbaues oder nachher auftreten (s. Abschnitt E).

4. Fragen

1. Wie lange braucht der Stichling, um sein Nest fertigzustellen?
2. Zu welcher Tageszeit wird der Nestbau zum größten Teil ausgeführt?
3. Wieviel Material wird verwendet? Hängt die Nestgröße von der verfügbaren Materialmenge ab?
4. Wählt der Fisch aus einer angebotenen Vielfalt möglichen Nestmaterials einen bestimmten Materialtyp oder mehrere aus? Wenn mehrere: verwendet der Stichling bestimmte Materialien für bestimmte Teile des Nestes?
5. Vergleichen Sie die Nester mehrerer Männchen. Gibt es Unterschiede in Größe, Struktur, Lage? Was haben die Nester gemeinsam?

Abb. 43a: Zickzacktanz (Männchen links) (aus Tinbergen 1952)

Das Fortpflanzungsverhalten des Dreistachligen Stichlings 87

Abb. 43b: Führen und Nestzeigen (Männchen unten) (aus Tinbergen 1952)

Abb. 43c: Schnauzentremolo und Ablaichen (Männchen rechts) (aus Tinbergen 1952)

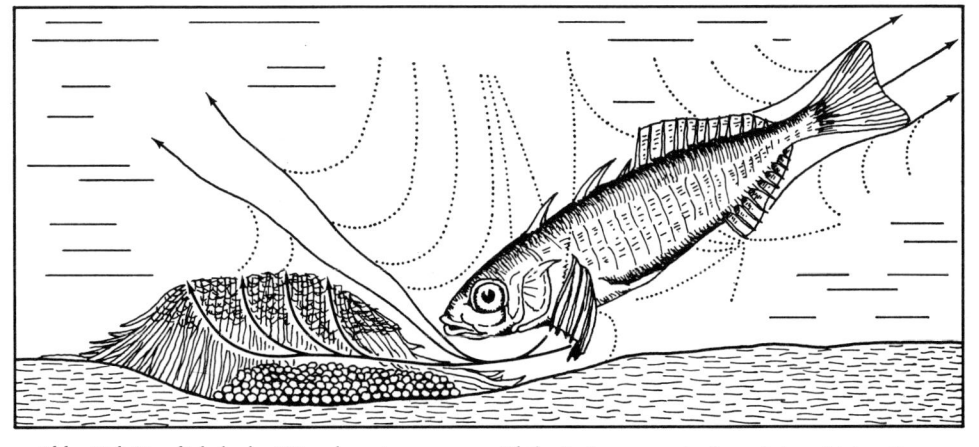

Abb. 43d: Nestfächeln des Männchens (ausgezogene Pfeile: Strömungsverlauf; punktierte Linien: Verteilung einer von oben zugesetzten Farblösung) (aus Tinbergen 1952)

6. Was geschieht, wenn Sie während des Nestbaues die Temperatur um 5° C verringern?
7. In welchem Maße überlappen sich die verschiedenen Nestbauhandlungen? Zeichnen Sie dazu ein Diagramm.
8. Gibt es für bestimmte Nestbauphasen charakteristische, deplazierte Handlungen?

D. Balz- und Paarungsverhalten

Sobald ein laichreifes Weibchen in das Revier eines Männchens mit fertigem Nest schwimmt, nähert sich ihm das Männchen. Ist das Weibchen laichbereit, nimmt es eine typische Stellung ein; der Kopf zeigt schräg nach oben, der Rücken wird aufwärts gekrümmt (Abb. 43). Für die Balz sind folgende Verhaltensweisen charakteristisch:
Schräghaltung, angeschwollener Bauch und Silberglanz des Weibchens sind die wichtigsten Reize für das Männchen. Es schwimmt zum Nest. Manchmal folgt ihm das Weibchen sofort, in den meisten Fällen aber nicht. Dann schwimmt das Männchen zwischen Weibchen und Nest hin und her. Diese Bewegung kann abgekürzt werden: das Männchen schwimmt vom Weibchen weg, hält aber an, ehe es das Nest erreicht, kehrt zum Weibchen zurück, schwimmt wieder von ihm weg usw. Das ist der sogenannte *Zickzacktanz*.

Nach Einnehmen der Schräghaltung folgt das Weibchen dem zum Nest schwimmenden Männchen sofort. Das Männchen stößt seine Schnauze mehrmals in den Nesteingang, dann legt es sich mit der Schnauze im Nesteingang auf die Seite. Das Weibchen schwimmt so weit in das Nest, daß sein Kopf aus dem Ausgang herausschaut, während der Schwanz noch aus dem Eingang ragt. Das Männchen *stößt* mit der Schnauze rasch gegen den Schwanzstiel des Weibchens, bis es ablaicht. Sobald es das Nest verlassen hat, schwimmt das Männchen in den Tunnel und besamt die 50–100 Eier. Dann verjagt es das Weibchen und balzt ein weiteres Weibchen an, insgesamt 5 bis 7.

1. Normales Verhalten

Setzen Sie ein laichreifes Weibchen zu einem Männchen mit fertigem Nest ins Becken. Beobachten Sie das Verhalten des Männchens und die Reaktionen des Weibchens. Benutzen Sie wieder Abkürzungen für die Registrierung, z. B. A = Anschwimmen, Z = Zickzacktanz usw. Wenn kein Zeitschreiber zur Verfügung steht, geben Sie die Zeit in Abständen von 5 Sekunden an. Arbeiten Sie in Dreiergruppen: ein Beobachter, ein Zeitgeber und ein Protokollführer.
1. Greift das Männchen das Weibchen an? Wenn ja: unter welchen Umständen?
2. Auf welche(n) Körperteil(e) des Weibchens zielen die Annäherungen des Männchens?
3. Wie führt das Männchen das Weibchen zum Nest?
4. Beschreiben Sie den Ablaichvorgang.
5. Was geschieht nach dem Ablaichen?
6. Wie bald nach dem Besamen eines Geleges balzt das Männchen ein zweites Weibchen an? Wie erklären Sie Ihre Befunde im Hinblick auf die Begriffe Motivation und Reizsituation?
7. Wie wird ein eingesetztes, laichreifes Weibchen von einem Männchen behandelt, dessen Nest noch nicht fertig ist?

2. *Experimentelle Analyse*

Zeichnen Sie auf Boden, Längs- und Schmalseiten des Beobachtungsbeckens Gitterlinien ein. Stellen Sie aus Ton ein einfaches Tonmodell eines reifen Stichling-Weibchens her, hängen Sie es an einem Draht auf und halten Sie es in ein Becken, das mit einem erfahrungslosen Revier-Männchen besetzt ist. Halten Sie die Attrappe ganz ruhig und beschreiben Sie, was geschieht. Auf welchen Körperteil der Attrappe zielen die Annäherungen des Männchens? Verändern Sie die Form der Attrappe so lange, bis Sie andere Reaktionen erzielen. Wie muß das Modell geändert werden, um die Reaktion des Männchens zu ändern?

Warten Sie, bis das Männchen auf die unbewegte Attrappe nicht mehr reagiert. Bewegen Sie dann die Attrappe auf das Nest zu. Beobachten und registrieren Sie die Reaktionen des Männchens.

Bewegen Sie die Attrappe mit konstanter Geschwindigkeit durch das Becken. Beobachten und notieren Sie die Reaktionen des Männchens.

Vergleichen Sie die Wirkung einer grauen, einer silberglänzenden und einer rotbäuchigen Weibchen-Attrappe.

1. Welcher Unterschied besteht zwischen den Reaktionen des Männchens auf ein lebendes, laichreifes Weibchen und den Reaktionen auf eine Attrappe? Was haben die Reaktionen in beiden Fällen gemeinsam?
2. Was ist die Ursache des beobachteten Unterschiedes?

E. Deplazierte Handlungen

Oft beobachtet man Bewegungen, die nicht zu den Handlungen zu gehören scheinen, die zu diesem Zeitpunkt ausgeführt werden: die sogenannten deplazierten oder irrelevanten Handlungen (Übersprungshandlungen).

Z.B. dient das Fächeln des Stichling-Männchens dem Belüften der Eier im Nest (Brutpflege-Fächeln). Der Fisch steht in schräger Haltung still, dabei zeigt sein Kopf auf den Nesteingang. Das Fächeln der Brust- und Schwanzflossen erzeugt einen Wasserstrom durch und über das Nest (Abb. 43). Fächeln vor dem Nest in der gleichen Bewegungskoordination kann jedoch auch ohne ersichtliche Funktion, nämlich wenn sich noch keine Eier im Nest befinden, auftreten. Regelmäßig kommt es dazu während der Nestbauphase (Nestbau-Fächeln) und während der Balz (Balz-Fächeln). Mehrere andere Komponenten des Nestbaus, der Balz oder der Brutpflege können ebenfalls ohne ersichtlichen Grund auftreten; Beispiele dafür sind Graben, Verkleben von Nestmaterial, Bohren und Durch-das-Nest-Schwimmen. Von einer kausalen Erklärung dieser «irrelevanten» Bewegungen sind wir noch weit entfernt. Gegensätzliche Ansichten finden Sie in den Arbeiten von van Iersel, Sevenster, Nelson und McFarland vertreten. Versuchen Sie, deplaziertes Verhalten und die Bedingungen, unter denen es auftritt, zu erkennen.

1. Deplazierte Handlungen bei der Balz

Setzen Sie ein laichreifes Weibchen in ein Becken, das ein Revier-Männchen mit Nest enthält. Notieren Sie alle Handlungen und geben Sie alle 5 Sekunden die Zeit an. Achten Sie besonders auf deplazierte Bewegungen wie Graben, Stoßen und Bohren am Nest und Fächeln. Beobachten Sie 5 Minuten lang. Setzen Sie die deplazierten Verhaltensweisen zu anderen in Beziehung.

Wiederholen Sie den Versuch mit einem Weibchen, das noch nicht laichreif ist. Wie unterscheiden sich die beiden Versuche bezüglich Art und Häufigkeit deplazierter Handlungen?

2. Deplazierte Handlungen bei Aggressivität

Stellen Sie ein graues, rotbäuchiges Tonmodell eines Stichling-Männchens her und befestigen Sie es an einem starken Draht. Halten Sie es in ein Becken zu einem Revier-Männchen mit Nest. Stimulieren Sie mit der Attrappe Fluchtbewegungen und lösen Sie so Angriffe durch das Revier-Männchen aus (2 Minuten lang). Jagen und attackieren Sie das Revier-Männchen mit der Attrappe (ebenfalls 2 Minuten). Lassen Sie das Modell 15 Minuten am Grund des Aquariums ruhen.

Sie können den Versuch auch folgendermaßen abändern: Jagen Sie den Revierbesitzer mit der Attrappe so lange, bis er flieht und sich in den Pflanzen versteckt. Warten Sie 15 bis 20 Minuten, bis sich seine Aggressivität wieder eingestellt hat, und beobachten Sie danach sein Verhalten.
1. Wann treten die meisten deplazierten Handlungen auf?
2. Sind bestimmte deplazierte Handlungen für bestimmte Situationen kennzeichnend?
3. Wie verändern sich Quantität und Qualität deplazierter Handlungen desselben Tieres bei verschiedenen Aggressionsintensitäten?
4. Unterstützen Ihre Befunde eine der oben erwähnten Hypothesen über die Ursachen deplazierter Verhaltensweisen?

Literatur

Iersel, J. J. A. van: An analysis of the parental behaviour of the male three-spined stickleback (*Gasterosteus aculeatus* L.). Behaviour Suppl. 3, 1–159 (1953).

McFarland, D. J.: On the causal and functional significance of displacement activities. Z. Tierpsychol. **23**, 217–235 (1966).

Nelson, K.: After-effects of courtship in the male three-spined stickleback. Z. vergl. Physiol. **50**, 569–597 (1965).

Pelkwijk, J. J. ter und N. Tinbergen: Eine reizbiologische Analyse einiger Verhaltensweisen von *Gasterosteus aculeatus*. Z. Tierpsychol. **1**, 193–204 (1937).

Sevenster, P.: A causal analysis of a displacement activity (fanning in *Gasterosteus aculeatus* L.). Behaviour Suppl. **9**, 1–170 (1961).

Tinbergen, N.: Die Übersprungbewegung. Z. Tierpsychol. **4**, 1–40 (1940).

– The curious behavior of the stickleback. Sci. Amer. **187** (6), 22–26 (1952).

– Tiere und ihr Verhalten. Time-Life Int., N. V. 1966.

– Instinktlehre. Vergleichende Erforschung angeborenen Verhaltens. Parey, Berlin, Hamburg. 1966.

Film

Albrecht, H.: *Gasterosteus aculeatus* (Gasterosteidae) Balz und Ablaichen. Encycl. cin. E 721. Göttingen. 1962.

23. Das soziale Verhalten des Grünen Schwertträgers

DIERK FRANCK

Zoologisches Institut und Zoologisches Museum der Universität Hamburg

Der zu den lebendgebärenden Zahnkarpfen (Poeciliidae) gehörende Grüne Schwertträger, *Xiphophorus helleri*, ist ein häufiger und leicht nachzuzüchtender Aquarienfisch und daher überall leicht zu beschaffen. Die im Handel erhältlichen Tiere sind zwar wegen ihrer Kreuzbarkeit mit anderen *Xiphophorus*-Arten (z. B. dem Platy *Xiphophorus maculatus*) nicht mit Sicherheit reinerbig; sie unterscheiden sich jedoch im Verhalten nicht wesentlich von reinerbigen Tieren. Die abweichende Färbung der roten Schwertträger geht wahrscheinlich auf Farbgene anderer *Xiphophorus*-Arten zurück, die in das *helleri*-Genom eingekreuzt worden sind. Die Männchen sind durch das Schwert, ein auffallend gefärbter ventraler Fortsatz der Schwanzflosse, und durch das Gonopodium, die zu einem Begattungsorgan umgewandelte Analflosse, gekennzeichnet.

A. Material und Methode

Die meisten Beobachtungen können in kleinen Aquarien (z.B. 50 × 25 × 25 cm) durchgeführt werden. In solchen Becken werden allerdings die unterlegenen Männchen unnatürlich stark unterdrückt. Daher sind große Aquarien vorzuziehen (z.B. 100 × 35 × 35 cm). Die Beobachtungsaquarien sollten gut bepflanzt sein, ohne daß die Übersichtlichkeit verlorengeht. Die Wassertemperatur wird mit Regelheizern auf etwa 24–26° C eingestellt.

Die Zuchtbecken haben zweckmäßigerweise keinen Bodengrund, da sie dann leichter sauber zu halten sind. Für die Bepflanzung verwendet man Schwimmpflanzen. Zur Nachzucht werden die Weibchen einzeln in 10-l-Vollglasaquarien gesetzt. Diese Aquarien müssen reichen Pflanzenwuchs aufweisen (z.B. Elodea, Algen), damit die Neugeborenen nicht von der Mutter gefressen werden. Frühmorgens werden die Abwurfbecken auf Würfe kontrolliert, die im Abstand von etwa 4 Wochen zu erwarten sind und meist über Nacht erfolgen. Nach dem Abwurf wird die Mutter sofort entfernt und in ein Gemeinschaftsbecken oder in ein neu eingerichtetes Abwurfbecken gesetzt. 5–6 Würfe nacheinander sind ohne erneute Besamung möglich. Die Jungfische werden in der ersten Zeit mit *Artemia*-Nauplien gefüttert.

Für die Heranzucht von unbesamten Weibchen werden die sich geschlechtlich differenzierenden Männchen rechtzeitig herausgefangen. Solange das Gonopodium noch nicht voll ausgebildet ist, bleibt es funktionsunfähig. Die Männchen sind schon im halbwüchsigen Zustand an der im Vergleich zu den Weibchen kleineren Analflosse kenntlich. Die Geschlechtsreife der Männchen ist mit der vollen Ausbildung des Gonopodiums erreicht, die der Weibchen mit dem Auftreten des dunklen Reifeflecks in der Analgegend, der durch die Pigmentierung des Peritonealepithels zustande kommt. Die Männchen stellen nach Erreichen der Geschlechtsreife das Wachstum unter dem Einfluß der Androgene ein, während die Weibchen noch weiterwachsen. Die ersten geschlechtsreifen Männchen und Weibchen sind nach etwa drei Monaten zu erwarten. Mit sechs Monaten sind die meisten Tiere geschlechtsreif. Lediglich die sogenannten «Spät-Männchen» können sehr viel später geschlechtsreif werden und wachsen dann zu auffällig großen Männchen heran.

Für die möglichst vollständige und quantitative Erfassung des Verhaltens kann ein Tonbandprotokoll angefertigt und später ausgewertet werden. Einfacher ist die Auswertung, wenn die Häufigkeit der Verhaltensweisen mit mechanischen oder elektromechanischen Zählern und die Gesamtdauer mit Additionsstoppuhren bestimmt wird. Noch vorteilhafter ist die Verwendung eines Ereignisschreibers, der auf einem Papierstreifen die zeitliche Verteilung und Dauer der Ereignisse aufzeichnet.

B. Aggressionsverhalten

Mehrere Aquarien werden mit Gruppen von etwa 3 Männchen und 3 Weibchen besetzt. Wenn die Männchen nicht ohnehin durch die Körperfleckung oder andere Merkmale unterschieden sind, werden sie durch Einschnitte in die Flossen gekennzeichnet (Narkotisierung der Tiere mit dem Präparat MS 222 der Fa. Sandoz, Nürnberg/Basel).

1. Welche aggressiven Verhaltensweisen können unterschieden werden, und wie lassen sie sich genau beschreiben (besonders zu beachten sind die Orientierung zum Gegner, Flossenhaltungen und Körperkrümmungen)?
2. Sind die einzelnen Verhaltensweisen stets scharf voneinander getrennt oder gibt es Überlagerungen?
3. Inwieweit schwankt die Intensität der Einzelhandlungen?
4. Wie häufig sind aggressive Handlungen
   a) zwischen den Männchen,
   b) zwischen den Weibchen und
   c) zwischen Männchen und Weibchen?
5. Verteidigen die Tiere ein Territorium?

1. Verhaltensweisen

B – Beißen
Der Fisch beißt mit geöffnetem Maul zu. Gegen welche Körperteile des Gegners werden die Bisse gerichtet?

R – Rammen
Angriff mit einer sehr schnellen Rammbewegung. Gegen welche Körperteile werden die Rammstöße gerichtet? Lassen sich Beißen und Rammen stets genau unterscheiden?

K – Kreisen
Die beiden Gegner wirbeln im Kreise umeinander herum.

S – Schwanzschlag
Der Schwanz schlägt zum Gegner, der Vorderkörper zur entgegengesetzten Seite.

M – Maulkampf
Die Gegner verbeißen sich mit ihren Mäulern.

D – S-Drohen
S-förmige Körperkrümmung, Flossenspreizen.
1. Wie sind die Gegner zueinander orientiert und wie die S-Krümmung in bezug auf den Gegner?
2. Wie reagiert der Gegner?
3. In welcher Situation tritt die Verhaltensweise auf?
4. Welche Verhaltensweisen folgen dem S-Drohen?

Fo – Flossenfalten
Im Gegensatz zum S-Drohen werden die Flossen gefaltet. Welche Verhaltensweisen folgen dem Flossenfalten? Wie reagiert der Gegner?

Fu – Flucht
Einer der beiden Gegner schwimmt davon; oft versucht er, sich zu verstecken. Verändert sich die Körperfärbung des unterlegenen Fisches? Wie reagiert der überlegene Gegner?

2. Rangordnung

Schon die oberflächliche Beobachtung einer Gruppe von etwa 3 bis 6 Männchen und einer entsprechenden Anzahl von Weibchen zeigt, daß die Aggressionshandlungen nicht gleichmäßig gegen alle Tiere gerichtet sind. Das ranghöchste Männchen beißt alle anderen und flüchtet nur selten ober überhaupt nicht. Das rangtiefste flüchtet dagegen häufig vor den anderen Männchen und richtet nur selten Bisse gegen seine männlichen Rivalen. Die Rangordnungsbeziehungen lassen sich quantitativ erfassen, indem in aufeinanderfolgenden Beobachtungsperioden registriert wird, welche Aggressionshandlungen ein bestimmtes Tier wie häufig gegen welche Tiere richtet und wie häufig es selbst Adressat der beobachteten Verhaltensweisen ist. Außerdem wird festgehalten, wie häufig welche Artgenossen vor ihm flüchten und wie häufig es selbst flüchtet. Die Beobachtungen werden für jede Verhaltensweise getrennt in eine Tabelle eingetragen (Abb. 44). Auf der Grundlage der in dieser Weise quantitativ erfaßten Rangordnungsbeziehungen wird versucht, ein Diagramm wie in Abb. 45 zu zeichnen.

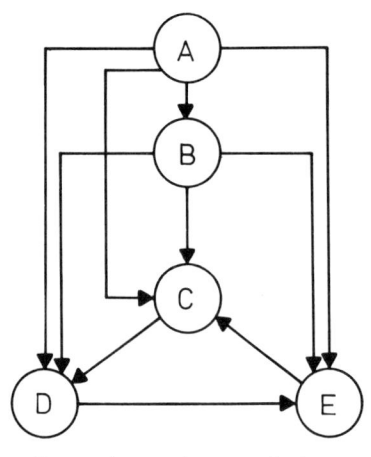

Abb. 45: Rangordnungsschema auf der Grundlage von Abb. 41. A nimmt die Alpha-Position ein, B die Beta-Position, und zwischen C, D und E besteht ein «Dreiecksverhältnis»

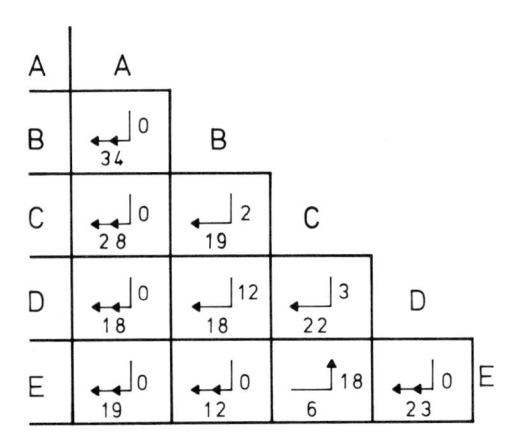

Abb. 44: Häufigkeit der Bisse zwischen den Männchen A, B, C, D und E. Der Pfeil ist auf dasjenige von zwei Tieren gerichtet, das die meisten Bisse «einstecken» muß. ⌐ bedeutet, daß die Bisse nur in einer Richtung beobachtet wurden. Die Zahlen geben die Gesamtzahl der beobachteten Bisse in der jeweiligen Richtung an. B. richtete z. B. 19 Bisse gegen C, während in umgekehrter Richtung nur 2 Bisse beobachtet wurden. Für jede Verhaltensweise wird eine gesonderte Tabelle erarbeitet. Beim Fluchtverhalten wird der Pfeil auf dasjenige Tier gerichtet, das am häufigsten vor dem anderen flüchtet. Der Pfeil zeigt also stets vom überlegenen zum unterlegenen Tier

Zusätzlich können die folgenden Fragen geklärt werden:
1. Ist Aggression auch zwischen Männchen und Weibchen zu beobachten?
2. Bestehen zwischen Männchen und Weibchen getrennte Rangordnungen?
3. Stimmen die auf der Grundlage verschiedener agonistischer Verhaltensweisen erschlossenen Rangordnungen miteinander überein? (Vgl. z. B. die «Beißordnung» mit der «Fluchtordnung»!)
4. Sind die Rangordnungen vollständig oder sind die Rangordnungsbeziehungen zwischen manchen Fischen unklar?
5. Handelt es sich stets um «geradlinige» Rangordnungen?
6. Hat die Körpergröße einen Einfluß auf die Rangordnungsposition? Die genauen Maße (Totallänge, Schwertlänge) werden ermittelt, indem die narkotisierten Fische auf einer Glasplatte gemessen werden. (Millimeterpapier darunterlegen!)
7. Wie lange bleiben die Rangordnungen stabil?

3. Kampf um die Rangordnung

Je zwei etwa gleich große Männchen werden in ein leeres Beobachtungsaquarium gesetzt. Die Fische stammen a) aus einem Gemeinschaftsbecken, in dem sich eine stabile Rangordnung ausgebildet hat, b) ebenfalls aus einem Gemeinschaftsbecken, jedoch wurden die Männchen vorher in Vollglasaquarien 3 Wochen lang in sozialer Isolation gehalten, c) aus verschiedenen Gemeinschaftsbecken, so daß sich die Tiere nicht persönlich kennen können. Die beiden Männchen werden mit Hilfe einer undurchsichtigen Plexiglasscheibe zunächst 18 bis 24 Stunden lang getrennt und erst nach dieser Eingewöhnungszeit durch Entfernen der Trennscheibe zusammengeführt.

Während stabile Rangordnungsverhältnisse dämpfend auf die allgemeine Aggressivität einwirken, kommt es bei nicht bestehender Rangordnung im allgemeinen zu hochintensiven Kämpfen.

1. In welche Phasen lassen sich die Rangordnungskämpfe einteilen?
2. Welche Verhaltensweisen treten bei schwacher und welche nur bei starker Aggressivität auf?
3. Wie läßt sich die Aggressivität in den Einzelversuchen quantitativ erfassen?
4. Wie unterscheiden sich die Versuchsergebnisse bei Behandlung der Fische nach a)–c) hinsichtlich der Aggressivität?

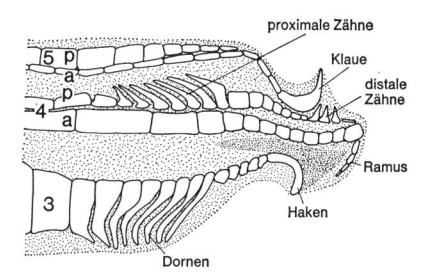

Abb. 46: Gonopodium (nach Gordon und Rosen 1951)

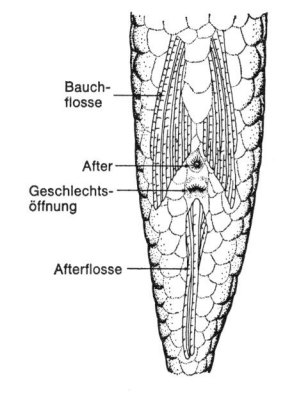

Abb. 47: Lage der weiblichen Geschlechtsöffnung (nach Clark, Aronson und Gordon 1954)

C. Fortpflanzungsverhalten

Das Fortpflanzungsverhalten des Männchens besteht aus einem auffälligen Balzverhalten und der Begattung, die jedoch nur sehr selten zu beobachten ist.

1. Bau der äußeren Geschlechtsorgane

Die Analflosse des geschlechtsreifen Männchens ist zu einem Kopulationsorgan umgebildet, das als Gonopodium bezeichnet wird. Die Spitze des Gonopodiums bildet einen mit Fortsätzen versehenen Festhaltemechanismus (Gordon und Rosen 1951, Rosen und Gordon 1953, Clark, Aronson und Gordon 1954) (Abb. 46). Es wird ein Mikropräparat des Gonopodiums hergestellt und untersucht.

Die Betrachtung eines abgetöteten Weibchens und die Präparation unter dem Binokular ergibt, daß die weibliche Geschlechtsöffnung vor der Afterflosse, unmittelbar hinter dem After, liegt (Abb. 47).

2. Verhaltensweisen

Die Kurzbeschreibungen der Verhaltensweisen beziehen sich auf das männliche Verhalten. Das Verhalten der Weibchens ist sehr viel einfacher. Läßt sich das Zusammenspiel von Männchen und Weibchen nach dem Prinzip einer doppelten Reaktionskette deuten?

N – Nippen
Das Männchen nähert sich dem Weibchen und berührt es mit dem Maul. Gegen welche Körperregionen wird das Nippen bevorzugt gerichtet?

W – Wiegebalz
Das Männchen schwimmt rückwärts gegen das Weibchen, schwimmt wieder nach vorne und alterniert mehrfach zwischen Vorwärts- und Rückwärtsphase. Am einfachsten läßt sich das Wiegen beschreiben, wenn das Weibchen während der Balz stationär bleibt.

1. Welche Flossenstellungen sind während der beiden Balzphasen zu beobachten?
2. Wie ist das Männchen zum Weibchen orientiert?
3. Kann man verschiedene Intensitäten des Wiegens unterscheiden?
4. Wie reagiert das wiegende Männchen auf die Fluchtmanöver des Weibchens?
5. Welche männliche Verhaltensweise folgt dem Wiegen, wenn die Balz nicht durch eine Fluchtreaktion des Weibchens unterbrochen wird?

T – Balztanz
Das Männchen führt blitzschnelle Tanzbewegungen rund um das Weibchen aus.

Kv/Ko – Kopulationsversuch und Kopulation
Das Männchen schwimmt an die Seite des Weibchens, schwenkt das Gonopodium nach vorne und stößt es seitlich gegen die Geschlechtsöffnung des Weibchens. In welcher Weise sind die Bauchflossen am Kopulationsverhalten beteiligt?

Erfolgreiche Kopulationen sind mit großer Wahrscheinlichkeit zu beobachten, wenn das Männchen vorher 3 Wochen lang sozial isoliert wurde und dann zu unbesamten Weibchen gesetzt wird. Wirkliche Kopulationen sind daran zu erkennen, daß ein längerer Kontakt von 1–5 Sekunden hergestellt und dann mit einer heftigen, ruckartigen Bewegung gelöst wird.

G – Gonopodialschwingen
Das Gonopodium wird nach vorne geschwenkt, jedoch wird die Verhaltensweise nicht gegen eines der anwesenden Weibchen gerichtet. Ergibt ein genauer Vergleich des Bewegungsablaufs Unterschiede gegenüber dem Kopulationsverhalten? Kann das Gonopodialschwingen als Leerlaufhandlung gedeutet werden?

3. *Besamungswahrscheinlichkeit unter Dunkelbedingungen*

Der einzige Höhlenbewohner unter den lebendgebärenden Zahnkarpfen ist *Poecilia sphenops*. Auch die oberirdische Form dieser Art ist in der Lage, sich unter Dunkelbedingungen fortzupflanzen. Es wird geprüft, ob Schwertträger sich ebenfalls im Dunkeln fortpflanzen können und somit in dieser Beziehung eine Prädisposition für die Besiedlung von Höhlengewässern besitzen (vgl. Zeiske 1968).

Unbesamte Weibchen werden mit Männchen in einem Dunkelraum zusammengesetzt. Fütterung der Tiere und Säuberung der Becken erfolgt bei abgeschirmtem Rotlicht. Die Weibchen werden im Abstand von einer Woche narkotisiert und auf Besamung untersucht, indem ein Tropfen 0,8 %iger NaCl-Lösung mittels einer feinen Pipette in den Eileiter gedrückt wird. Der Tropfen wird in die Pipette zurückgesogen und anschließend mikroskopisch auf Spermatozoen untersucht. Nach mehreren Wochen wird der Versuch abgebrochen. Anschließend wird unter Lichtbedingungen beobachtet, ob die Männchen in den ersten Stunden nach Beendigung der Dunkelhaltung erfolgreiche Kopulationen ausführen.

4. *Triebstauung*

Soziale Isolation der Männchen bewirkt eine Erhöhung der sexuellen Reaktionsbereitschaft. Diese als Triebstauung bezeichnete Erscheinung wird als ein Beweis für die Spontaneität von Triebhandlungen herangezogen.

Die sexuelle Reaktionsbereitschaft dreier Männchen-Gruppen wird quantitativ untersucht: a) Männchen aus einer Sammelzucht, in der mindestens gleich viele Weibchen wie Männchen enthalten sind, b) Männchen, die 3 Tage lang in Vollglasaquarien in sozialer Isolation gehalten wurden, c) Männchen, die 3 Wochen lang isoliert wurden. Die Ergebnisse werden für jede Verhaltensweise getrennt grafisch dargestellt.

D. Biologische Bedeutung des Schwertes

1. *Schwertamputation*

Das Schwert schwach narkotisierter Männchen wird wie in Abb. 48 mit einer feinen Präparierschere amputiert.

Ein solches schwertamputiertes Männchen wird zu einer Gruppe von 3 Männchen und 3 Weibchen gesetzt. Das schwertamputierte Männchen ist den übrigen aus vorheriger Erfahrung nicht bekannt. Schwertamputierte und schwertbesitzende Männchen sind etwa gleich

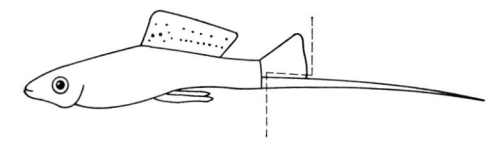

Abb. 48: Schwertamputation (nach Franck 1964b)

groß. Alle eindeutig aggressiven und sexuellen Reaktionen gegenüber dem schwertamputierten Männchen werden gezählt.

Wird das schwertamputierte Männchen von den schwertbesitzenden eindeutig als Rivale erkannt oder wird es wie ein Weibchen behandelt?

2. Weibchen-Attrappe mit Schwert

Es werden Attrappen aus getöteten *helleri*-Weibchen hergestellt. Die Tiere werden in einer starken Lösung von MS 222 abgetötet und sofort mit 40 %igem Formol gehärtet, wobei die Aufstellung der Flossen gewahrt bleiben muß. Nach der Härtung werden die Fische entweder mit einem dünnen Paraffinfilm überzogen oder besser mehrfach in ein Säurelackbad getaucht (Mischung aus DD-Verdünnung Nr. 0989, DD-Glasur Nr. 07470 und DD-Härter Nr. 07471 der Fa. Arti-Werk GmbH Wuppertal). Einem Teil der Weibchen wird bei der Attrappenherstellung das abgeschnittene Schwert eines Männchens angeheftet. Die Attrappen werden mit Hilfe eines Plexiglasstabes am Rande einer horizontalen Scheibe starr aufgehängt, die durch einen Motor angetrieben wird. Auf diese Weise lassen sich die Attrappen im Kreise herumführen. Alle eindeutig aggressiven und sexuellen Reaktionen der getesteten Männchen gegenüber beiden Attrappen werden ausgezählt. Der Versuch kann als Simultan- oder Sukzessivversuch ausgeführt werden. Wird durch das Vorhandensein eines Schwertes an der Attrappe die Aggressivität des Männchens verstärkt?

Literatur

Clark, E., L. R. Aronson und M. Gordon: Mating behavior patterns in two sympatric species of xiphophorin fishes: Their inheritance and significance in sexual isolation. Bull. Amer. Mus. Nat. Hist. **103**, 135–226 (1954).

Franck, D.: Vergleichende Verhaltensstudien an lebendgebärenden Zahnkarpfen der Gattung *Xiphophorus*. Zool. Jb. Physiol. **71**, 117–170 (1964a).

– Versuche zur Frage der Schwertfunktion bei *Xiphophorus helleri*. Zool. Anz. **173**, 315–325 (1964b).

– Gibt es wirklich keinen Aggressionstrieb? Umschau **76**, 309–314 (1976).

Franck, D. und R. Hendricks: Weitere Versuche zur Frage der biologischen Bedeutung des Schwertfortsatzes von *Xiphophorus helleri*. Behaviour **44**, 167–185 (1973).

Gordon, M. und R. E. Rosen: Genetics of species differences in the morphology of the male genitalia of xiphophorin fishes. Bull. Amer. Mus. Nat. Hist. **95**, 409–464 (1951).

Parzefall, K.: Zur vergleichenden Ethologie verschiedener *Mollienesia*-Arten einschließlich einer Höhlenform von *M. sphenops*. Behaviour **33**, 1–37 (1969).

Rosen, D. E. und M. Gordon: Functional anatomy and evolution of male genitalia in poeciliid fishes. Zoologica. N. Y. **38**, 1–48 (1953).

Zeiske, E.: Prädisposition bei *Mollienesia sphenops* (Pisces, Poeciliidae) für einen Übergang zum Leben in subterranen Gewässern. Z. vergl. Physiol. **58**, 190–222 (1968).

Filme

Franck, D.: Fortpflanzungsverhalten des Grünen Schwertträgers *(Xiphophorus helleri)*, D 1179/1975. Inst. Wiss. Film, Göttingen.

– : Elterliche Merkmale im Balzverhalten von Schwertträger-Bastarden – *Xiphophorus helleri x Xiphophorus montezumae*, D 1178/1975. Inst. Wiss. Film, Göttingen.

24. Das Nachfolgeverhalten junger Maulbrüter

WOLFGANG HEINRICH

I. Zoologisches Institut der Universität Göttingen

Alle Gattungen der Familie der Buntbarsche (Cichlidae) zeichnen sich durch ein hochentwickeltes Sozial- und Brutpflegeverhalten aus. Neben sog. «Substratbrütern», die ihre Eier an einem Substrat festkleben, gibt es «Maulbrüter», die ihre Eier in den meisten Fällen unmittelbar nach dem Laichvorgang ins Maul nehmen (Baerends et al. 1950, Wickler 1962, Heinrich 1967). Nach einer gewöhnlich 10- bis 20tägigen Entwicklungszeit, deren Länge von der Wassertemperatur, Artzugehörigkeit und Eigröße abhängig ist, spuckt das Elterntier die schwimmfähigen Jungen aus. Bei wenigen Arten treiben beide Elterntiere oder nur das Männchen Maulbrutpflege; sie kommen für unsere Versuche nicht in Betracht, da ihre Jungen in der Regel kein ausgeprägtes Nachfolgeverhalten zeigen. Dagegen halten bei anderen Maulbrüterarten das Weibchen und seine Jungfische in den ersten Tagen nach dem Entlassen aus dem Maul fest zusammen.

Im Kurs beschäftigen wir uns mit der Frage, welche Signalreize bzw. Reizkomponenten die Jungen an das Muttertier binden bzw. das Nachfolgeverhalten der Jungfische auslösen.

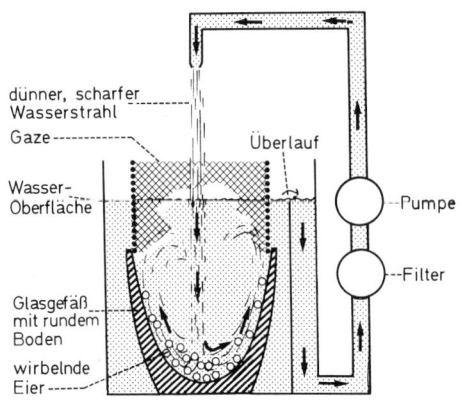

Abb. 49: Aufzuchtgefäß für Maulbrütereier. Pumpe und Filter sind symbolisch dargestellt. Die Pfeile geben die Richtung der Wasserströmung wieder.

A. Material und Methode

1. Arten

Besonders geeignet bzw. eingehend untersucht sind maulbrütende *Tilapia*-Arten, z. B. *T. leucosticta, T. mossambica, T. nilotica* sowie der in Zoohandlungen oft erhältliche Kleine Maulbrüter *Pseudocrenilabrus multicolor,* früher auch als *Hemihaplochromis* oder *Haplochromis multicolor* bezeichnet.

2. Haltung

Süßwasser, Temperatur ca. 27° C. Bei großen Tilapien sind für die Zucht größere Aquarien (mind. 250 l) zu verwenden als bei kleineren Cichliden-Arten, da die Männchen manchmal sehr aggressiv werden können.

3. Isolierte Aufzucht der Jungfische

Man öffne zwei bis drei Tage vor der zu erwartenden Entlassung der Jungfische das Maul des Muttertieres mit einem Spatel, Hölzchen oder einer stumpfen Pinzette, worauf die Mutter die Jungfische «ausspuckt». Diese Jungen sind insofern «Kaspar-Hauser-Tiere», als sie die Mutter noch nie gesehen haben. Um auch andere und noch frühere Erfahrungsmöglichkeiten auszuschließen, kann man unmittelbar nach dem Ablaichvorgang die Mutter mit der Spatelmethode zum Ausspucken der Eier veranlassen (Muttertier unter Wasser mit dem Kopf nach unten halten). Zur Entwicklung der Eier bringt man diese in einen Behälter von Schnapsglas-Größe (runder Boden, Abb. 49). Ein Wasserstrahl, der dem Gelege gefiltertes und belüftetes Wasser zuführt, muß so stark sein, daß die Eier mäßig durcheinanderwirbeln, denn stilliegende Maulbrütereier entwickeln sich nicht, oder es kommt zu Fehlbildungen. Nach dem

Das Nachfolgeverhalten junger Maulbrüter 97

Schlüpfen der Jungen muß die Wasserzufuhr etwas gedrosselt werden.

4. Kugelattrappen

Mit Sand gefüllte Kunststoffbälle oder Glaskugeln, aufgebohrte und mit Blei beschwerte Holz- oder Styropor-Kugeln werden mit wasserfestem, ungiftigem Lack bemalt und an dünnen Nylonfäden oder nichtrostenden Stahldrähten aufgehängt. Kleine, mittelgroße (Standardgröße) bzw. große Kugelattrappen haben einen Durchmesser von ca. 1 bzw. 4 bzw. 10 cm (vgl. Attrappen Nr. 4 bis 6 in Abb. 50); für die *Pseudocrenilabrus*-Attrappen gilt etwa die Hälfte dieser Werte. Die Kugeln sollten in verschiedenen Farb- und Graustufen vorliegen, deren Ostwald-Vergleichswerte, Wellenlänge und Sättigung bzw. DIN-Hellbezugswerte bekannt sind, wenn auf Reproduzierbarkeit der Ergebnisse Wert gelegt wird. Eine Kugelattrappe (Attr.-Nr. 7) sollte seitlich eine Bohrung («Maul») aufweisen.

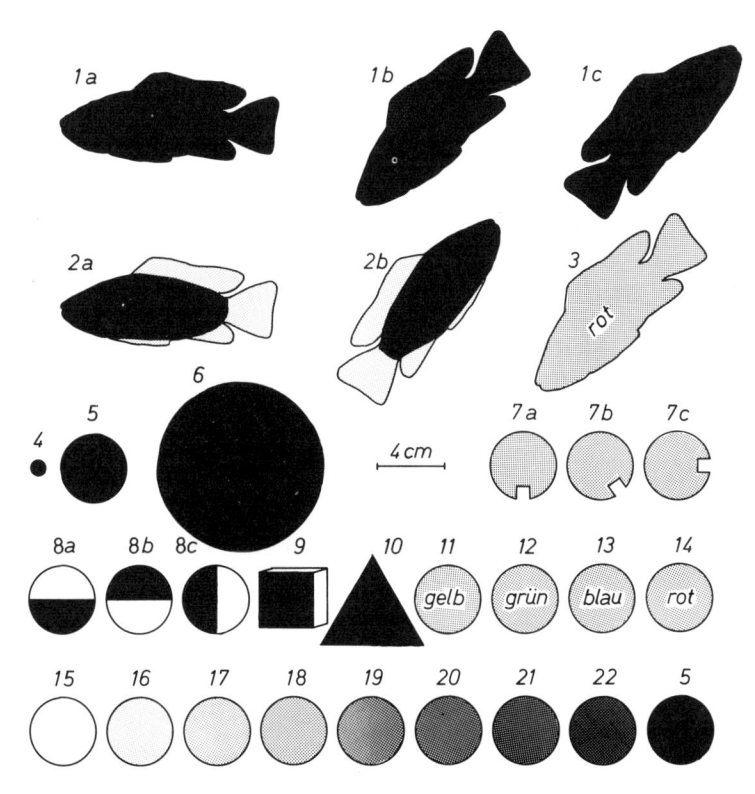

Abb. 50: Dreidimensionale Attrappen zur Auslösung des Nachfolgeverhaltens bei Cichliden; der Vergleichsmaßstab in der Mitte der Abbildung bezieht sich auf die dargestellten Attrappen für den Versuch mit *Tilapia*-Jungfischen.
1 a bis c: schwarze Fischattrappe in verschiedenen Stellungen.
2 a und b: schwarze Fischattrappe mit grauen Flossen.
3: rote Fischattrappe.
4 bis 6: schwarze Kugeln verschiedener Größe (vgl. Abschnitt B-4).
7: graue Kugelattrappe mit «Maul», einer ca. 0,8 cm breiten und ebenso tiefen Bohrung, in verschiedenen Stellungen.
8 a bis c: Schwarzweiße Kugelattrappe, in verschiedener Weise aufgehängt (vgl. B-5).
9 und 10: schwarze würfel- bzw. pyramidenförmige Attrappe.
11 bis 14: farbige Attrappen (vgl. A-4 und B-6).
15: weiße Kugelattrappe.
16 bis 22: Kugelattrappen in verschiedenen Helligkeitsstufen

5. Fischattrappen

(Abb. 50, Attr.-Nr. 1 bis 3) können aus Gips gegossen oder aus Plastik bzw. Knetmasse geformt werden. Die Form kann dabei sehr stark vereinfacht werden. Bewährt hat sich die in vielen Farben erhältliche Modelliermasse FIMO (Fa. Faber, D-8430 Neumarkt), die durch Erhitzen gehärtet und anschließend wasserfest lackiert wird.

6. Zweidimensionale Attrappen

Für einige in Kap. B-7 vorgeschlagene Versuche werden ausgeschnittene graue oder farbige, möglichst nach DIN genormte Folien (z. B. der Fa. Musterschmidt-Verlag, D-3400 Göttingen) auf eine transparente Platte geklebt. Detaillierte Angaben sind bei Kuenzer (1975) und auf S. 166 dieses Buches zu finden.

7. Registrierung und Auswertung

In Simultanversuchen wurde nachgewiesen, daß beim Nachfolgeverhalten von *Pseudocrenilabrus* zwischen zwei Reaktionen zu unterscheiden ist. Die Anschwimm-Reaktion (AR) bezieht sich auf das Verhalten des Jungfisch-Schwarmes, der der Mutter folgt oder auf sie zuschwimmt. Als Eindring-Reaktion (ER) dagegen werden die unmittelbaren Berührungsreaktionen an der Glaswand vor der Attrappe bzw. die Versuche der Fische bezeichnet, ins Maul der Mutter einzudringen. Für die Registrierung der Reaktionsstärke kann sowohl die Anzahl der AR als auch die der ER benutzt werden. Zweckmäßig sind Simultanversuche, also das gleichzeitige Darbieten von zwei oder mehreren Attrappen und eine Verwendung von Folgetestplänen (Bross 1952, Kuenzer 1975). Beim Simultanversuch sind die Attrappen gleichweit – ca. 15 cm – vom Jungfisch-Schwarm entfernt langsam ins Wasser zu tauchen. Sind beide Attrappen an einer Leiste befestigt, so kann man sie leichter im gleichen Rhythmus und mit gleicher Amplitude bewegen. Der Kursversuch ist mit 2½ bis 4 Stunden zeitlich so bemessen, daß die zeitsparende Statistikmethode nach Bross von einer Arbeitsgruppe bei einer oder zwei Fragestellungen durchgeführt werden kann. Ergebnisse zu anderen Fragestellungen müssen von allen Arbeitsgruppen gesammelt und gemeinsam ausgewertet werden.

B. Versuchsdurchführung

1. Vorbeobachtungen

Wenn rechtzeitig vor Kursbeginn Weibchen mit frischem Laich isoliert wurden, kann das Verhalten eines Jungfische führenden Maulbrüter-Weibchens von einem Versteck aus oder durch eine Einwegscheibe beobachtet werden. Auch kann das Verhalten von Maulbrütern im Film (Apfelbach 1967) demonstriert und eventuell mit dem Verhalten von Substratbrütern (Peters et al. 1969) verglichen werden. Hat ein Weibchen seine Jungen entlassen, so nimmt es sie meist ins Maul zurück, wenn es durch Klopfen an die Aquariumscheiben beunruhigt wird. Auch Verminderung oder kurzes Löschen der Aquariumbeleuchtung veranlaßt das Muttertier, die Jungen aufzunehmen. (In den ersten Nächten nach dem Entlassen der Jungen werden diese normalerweise ins schützende Maul zurückgenommen). Man unterscheide zwischen den Reaktionen der Jungen untereinander (Schwarmverhalten), den Reaktionen der Jungen auf das Verhalten der Mutter (Nachfolgeverhalten) und dem Verhalten der Mutter gegenüber den Jungen. Wann berühren die Jungen die Mutter nur kurz und kehren sofort zum Schwarm zurück («Kurzkontakte»)? Wann bleiben sie längere Zeit mit dem Mutterkörper in Kontakt («Langkontakte»)? Zeigt das Weibchen bestimmte Verhaltensweisen, die verstärktes Nachschwimmen der Jungen auslösen? Was machen die Jungfische, wenn die Mutter direkt auf sie zuschwimmt und versucht, sie aufzuschnappen?

2. Einfluß der Bewegung

Hängen Sie die in Abb. 50/1a gezeigte Attrappe derart in das mit 5 bis 30 Jungfischen besetzte Versuchsbecken, daß sie sich nicht bewegt. Ändern Sie die Attrappenhaltung (Abb. 50/1b und 50/1c). Bewegen Sie dann die Attrappen und versuchen Sie zunächst, die bei den Vorbeobachtungen oder die im Film gesehenen Bewegungen und Körperhaltungen des Elternfisches mit der Attrappe nachzuahmen. Welches ist die optimale Bewegungsart? Wie können die Bewegungen bzw. Körperhaltungen standardisiert werden (Peters 1965, Bauer 1968, Brestowsky 1968)? Versuchen Sie, die Attrappe wie in Abb. 50/1 b dicht über dem Aquariumboden ca. zweimal pro Sekunde mit einer Amplitude von 0,5 bis 1,0 cm auf- und abzubewegen. Lassen Sie mehrmals die Attrappe in der Körperhaltung 1 a, b und c mit einer Geschwindigkeit von ca. 5 bis 10 cm/s auf die Jungfische zuschwimmen und mit gleicher Geschwindigkeit von ihnen wegschwimmen. Der beobachtete Reaktionsunterschied gibt einen Hinweis auf die anscheinend einzige «Sicherung» der Jungen gegen Raubfeinde.

3. Einfluß der Form

Prüfen Sie, vorwiegend durch Simultanversuche, ob die fisch-, kugel-, würfel- und pyramidenförmigen Attrappen (Nr. 1, 5, 9 und 10 in Abb. 50) unterschiedlich starkes Nachfolgeverhalten auslösen. Hier kann auch die Frage geprüft werden, inwieweit eine Öffnung («Maul») in der Attrappe und die Lage dieser Öffnung eine Rolle spielen (Abb. 50/7 a, b, c). Verteilen sich die Jungfische gleichmäßig über eine Kugelattrappe?

4. Einfluß der Größe

Die Attrappen Nr. 4, 5 und 6 unterscheiden sich nur im Durchmesser. Beobachten Sie vor allem bei diesem Versuch das Verhalten einzelner Jungfische. Kann man eine Distanz zur Attrappe angeben, bei der die Jungfische nicht mehr angezogen, sondern möglicherweise sogar abgestoßen werden, oder bei der zumindest ein Zögern während des Schwimmens beobachtet wird? Wie groß ist jeweils der aus Distanz und Attrappengröße berechenbare Winkel, den Attrappenunterseite, Jungfisch und Attrappenoberseite bilden? Diskutieren Sie in diesem Zusammenhang eine «angeborene Größenunterscheidung» (Langescheid 1968).

5. Einfluß der Helligkeit

Beim Simultanversuch sowohl mit den Attrappen 1 a und 2 a als auch noch deutlicher mit den Attrappen 1 c und 2 b ist ein Reaktionsunterschied erkennbar, der auf den verschieden großen Einfluß unterschiedlich heller Attrappen oder Attrappenteile hinweist. Außerdem zeigt Attrappe 8 – in Sukzessivversuchen in jeweils anderer Weise aufgehängt – eindeutig, daß Schwarz und Weiß bzw. Hell und Dunkel das Nachfolgen verschieden stark auslösen. In Simultanversuchen unter Verwendung der Attrappen 5 sowie 15 bis 22 kann für die verwendete Fischart die wirksamste Graustufe ermittelt werden. Dabei spielt auch der Grauwert des Hintergrundes eine Rolle; für diesen Zweck wird das Aquarium mit entsprechend getönter Pappe umkleidet.

6. Einfluß der Farbe

Solange nicht Attrappen mit Farben bekannter Wellenlänge, Sättigung und Helligkeit vorliegen, können Versuche über den Einfluß der Farbe nur provisorischen Charakter haben. Warum kann beim Simultanversuch mit den Attrappen 1 b und 3 nichts über Farbbevorzugung bzw. -meidung gesagt werden, obwohl ganz eindeutig eine der beiden Attrappen bevorzugt wird? Besser ist ein Vergleich der Farbkugel-Attrappen 11 bis 14 mit den verschiedenen Graustufen 16 bis 22, obwohl berücksichtigt werden muß, daß die für das Tier geltenden subjektiven Helligkeitswerte nicht den objektiv gemessenen Helligkeitswerten entsprechen müssen (Kuenzer 1975). Hier sei auch erwähnt, daß eine unterschiedliche Oberflächenstruktur eine Rolle spielen könnte.

7. Einfluß der Strömung

Im Versuch über den Einfluß der Größe wurde deutlich, daß verschieden große Attrappen auch unterschiedliche Strömungsverhältnisse schaffen, besonders dann, wenn die Attrappe dicht über dem Boden bewegt wurde. Da wir in unseren Versuchen aber möglichst nur einen, nämlich den zu untersuchenden Parameter, ändern sollten, können wir den Einfluß der Strömung ausschalten, indem wir dreidimensionale Attrappen hinter Glas darbieten. Sind sie dann ebenso wirksam wie beim Vorhandensein von Strömungsreizen? Der Einfluß der Strömung wird minimal, wenn wir zweidimensionale

Literatur

Baerends, G. P. and J. M. Baerends – van Roon: An introduction to the study of the ethology of Cichlid fishes. Brill, Leiden. 1950.

Bauer, J.: Vergleichende Untersuchungen zum Kontaktverhalten verschiedener Arten der Gattung *Tilapia* (Cichlidae, Pisces) und ihrer Bastarde. Z. Tierpsychol. **25**, 22–70 (1968).

Brestowsky, M.: Vergleichende Untersuchungen zur Elternbindung von *Tilapia*-Jungfischen (Cichlidae, Pisces). Z. Tierpsychol. **25**, 761–828 (1968).

Bross, I.: Sequential medical plans. Biometrics **8**, 188–205 (1952).

Heinrich, W.: Untersuchungen zum Sexualverhalten in der Gattung *Tilapia* (Cichlidae, Teleostei) und bei Artbastarden. Z. Tierpsychol. **24**, 684–754 (1967).

Kuenzer, P.: Analyse der auslösenden Reizsituationen für die Anschwimm-, Eindring- und Fluchtreaktion junger *Hemihaplochromis multicolor* (Cichlidae). Z. Tierpsychol. **38**, 505–545 (1975).

Langescheid, C.: Vergleichende Untersuchungen über die angeborene Größenunterscheidung bei *Tilapia nilotica* und *Hemihaplochromis multicolor* (Pisces; Cichlidae). Experientia (Basel) **24**, 963–964 (1968).

Peters, H. M.: Angeborenes Verhalten bei Buntbarschen. Umschau **65**, 665–669 (1965).

Wickler, W.: Ei-Attrappen und Maulbrüten bei afrikanischen Cichliden. Z. Tierpsychol. **19**, 129–164 (1962).

Filme

Apfelbach, R.: *Tilapia nilotica* (Cichlidae)-Brutpflege. Encyclop. Cinemat., Film E 1158, Inst. f. d. Wiss. Film, Göttingen. 1967.

Peters, H. M. und W. Heinrich: *Tilapia tholloni* (Cichlidae)-Brutpflege. Encyclop. Cinemat., Film E 1542, Inst. f. d. Wiss. Film, Göttingen. 1969.

25. Das agonistische Verhalten des Kampffisches *(Betta splendens)*

WOLFGANG HEINRICH

I. Zoologisches Institut der Universität Göttingen

Die domestizierte Form des in Hinterindien beheimateten Kampffisches zeichnet sich – wie der Artname andeutet – durch ein außergewöhnlich hohes Ausmaß an innerartlicher Aggression aus. Diese hohe Kampfbereitschaft ist mit Sicherheit das Ergebnis der durch den Menschen in dieser Richtung ausgeübten künstlichen Selektion. Sie macht den domestizierten Kampffisch besonders geeignet, das Phänomen der Aggression in einem ethologischen Kurs zu demonstrieren. Der im Titel verwendete umfassendere Begriff «agonistisches Verhalten» bezieht sich nicht nur auf Droh- und Kampfhandlungen, sondern auch auf das mit dem Kampf zusammenhängende Inferioritäts- und Fluchtverhalten.

Vorteilhaft für die Verwendung im Kurs ist weiterhin, daß die jederzeit im Zoohandel erhältlichen Kampffische selbst in kleinsten unbelüfteten Aquarien gehalten werden können, da sie als «Labyrinthfische» ihren O_2-Bedarf vorwiegend durch Atmen atmosphärischer Luft zu decken imstande sind. Außerdem sind sie das ganze Jahr über aggressiv, und die für die Aggression charakteristischen Reaktionen sind leicht meßbar.

A. Material und Methode

Wegen der ausgeprägten Aggression verwenden wir für unsere Versuche nur die ♂♂ (Aus-

Das agonistische Verhalten des Kampffisches 101

nahme: Versuch B-2). Kampffische kommen entweder in der relativ kleinen Wildform in den Handel, oder sie werden als weit farbenprächtigere «Schleier-Kampffische» angeboten, einer Zuchtform mit oft extrem vergrößerten Flossen und gesteigerter Kampfbereitschaft. Alle Versuchstiere sollten nach Möglichkeit etwa gleich groß sein. Die für die Haltung optimale Süßwasser-Temperatur beträgt 25° bis 28° C.

In einem bepflanzten Demonstrationsbecken mit Trennwand sind auf der einen, geräumigeren Seite mehrere ♀♀ untergebracht; auf die andere Seite setze man ein ♂, das wahrscheinlich bald darauf ein Territorium gründen wird und ein Schaumnest zu bauen beginnt. Gerade nicht verwendete ♂♂ befinden sich in bedeckten, am Boden beschwerten Isolierbehältern (mit ca. 10 × 10 cm Bodenfläche), die zu mehreren in einem temperaturgeregelten großen Aquarium schwimmen. Der Wasserstand sollte ca. 10 cm betragen, bei kranken oder durch Kampf erschöpften Tieren ist eine Höhe von 5 cm zu empfehlen. Die Versuchsbecken mit einer Bodenfläche von ca. 20 × 25 cm werden zur Vermeidung von Spiegelungen, die aggressives Verhalten auslösen können, von der Frontseite (Beobachterseite) her beleuchtet; die anderen Seiten werden mit hellem Papier umkleidet, falls nicht hinter einer Scheibe Attrappen angeboten werden. Sofort nach dem Umsetzen sind die meisten Tiere kampfbereit, manche benötigen jedoch einige Minuten «zur Beruhigung».

Als Attrappen werden grobe Kampffisch-Nachbildungen von 0,5 bis 13 cm Totallänge verwendet. Mehrere gleichgroße «Standard»-Attrappen (vgl. Abb. 51, oben) entsprechen in der Größe einem mittelgroßen Kampffisch. Attrappen aller Größen werden im Versuch B-4 benutzt. Die Attrappen werden auf Pappe gemalt bzw. aus einer Knetmasse, z. B. der durch Hitze erhärtenden Modelliermasse FIMO (Fa. Faber, D-8430 Neumarkt), geformt und wasserfest lackiert.

Bei der Auswertung und statistischen Bearbeitung der Versuchsergebnisse im vorliegen-

Abb. 51: Oben: Umriß eines mittelgroßen Schleier-Kampffisches in natürlicher Größe (Kopiervorlage zum Herstellen zweidimensionaler Attrappen). Unten: 4 Attrappen mit abnehmendem Reizwert (siehe Versuch B-7). Dunkles Raster: Dunkelrot oder -blau. Helles Raster: Hellrot oder -blau

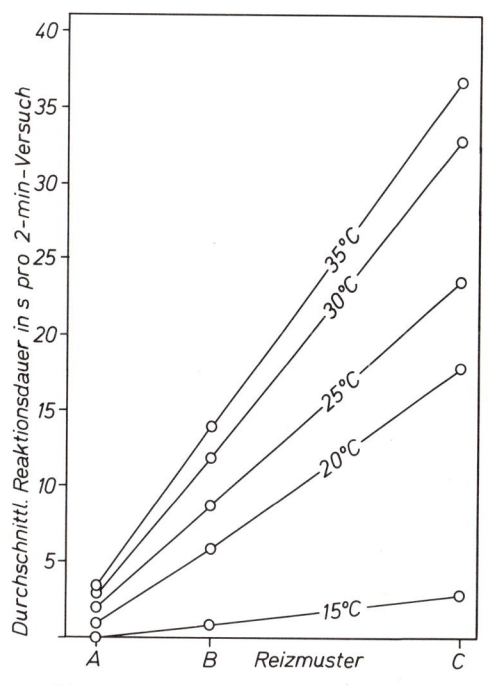

Abb. 52: Einfluß der Temperatur auf die Dauer des Hervortretens der Kiemen (Teil des Frontalimponierens; vgl. Versuch B-8) bei Verwendung von Attrappen verschiedener Wirksamkeit: A = schwarzweiße Attrappe mit schwarzem Kiemenfleck; B = Attrappe wie A, aber mit rotem Kiemenfleck; C = Attrappe fast ganz rot gezeichnet. Nach Hess (1952)

den Kurzzeit-Versuch ist zu beachten, daß beim Kampfverhalten unserer Versuchstiere die Gewöhnung (Habituation) eine große Rolle spielt (Laudien 1965, Clayton et al. 1967, Figler 1972). Für bestimmte Versuche (B-8 und zum Teil B-7) können deshalb die Tiere nur einmal verwendet werden; dieser Nachteil kann aber teilweise durch Anschaffung einer größeren Anzahl von Tieren ausgeglichen werden. Die von Tier zu Tier beobachtbaren Schwankungen in der Reaktionsstärke können beträchtlich sein; vorteilhaft scheint es zu sein, wenn die Tiere aus einem Gelege stammen (Hess 1952). Empfehlenswert sind parameterfreie Prüfverfahren wie z.B. der U-Test von Mann und Whitney. Besteht die Möglichkeit, die Versuche in B-7 und B-8 als Langzeitversuche durchzuführen, so kann auch bei diesen durch Wiederverwendung derselben Tiere bei kleinerer Versuchstierzahl die Aussagekraft der Versuche dann steigen, wenn ein (parameterfreies) Prüfverfahren für Paardifferenzen, wie z.B. der Wilcoxon-Test, benutzt wird, da hier individuell bedingte Besonderheiten zum großen Teil vernachlässigt werden können.

Empfehlenswert ist es, jene Versuchstiere, die auf einen vorgehaltenen Spiegel nicht mit «Imponieren» reagieren, aus dem Versuch auszuscheiden.

B. Versuchsdurchführung

1. Kampf zweier Männchen

Entfernen Sie die Trennwand zwischen zwei ♂♂, die sich seit mindestens 5 min im Versuchsbecken befinden, und verfolgen Sie die drei Phasen des Kampfverhaltens (Einteilung vor allem nach Lissmann 1933). Zwei Kursteilnehmer notieren vor dem Kampf und während des Kampfes die Häufigkeit des Luftholens je eines Tieres und vergleichen die Atemfrequenz beider Tiere in den folgenden Phasen (Frequenz als Maß für das O_2-Bedürfnis, als Maß für die «Erregung»?).
 a) Langsames Aufeinanderzuschwimmen der Gegner; Aufrichten der Rücken-, After- und Schwanzflosse beim «Lateralimponieren»; Abspreizen der Kiemendeckel, Senken der Branchiostegalmembran und Hervortreten der dunkelroten Kiemen beim «Frontalimponieren»; Erstrahlen der individuell verschiedenen Farben und Dunklerwerden des Körpers; Verkrümmen des Rückens nach der Seite und oben; Versteifen des Körpers; schnelles Vibrieren der Brustflossen.
 b) Parallelschwimmen der Gegner entweder Kopf-an-Kopf oder Kopf-an-Schwanz; heftiges Schwanzschlagen und -wedeln; charakteristische, eigenartige Bewegungen bzw. Haltung der beiden Bauchflossen (genau beschreiben: Welche Flosse wird bewegt, welche nicht; welche wird nach vorn, welche nach hinten gehalten? Welches Verhalten aus Phase a) wird hier oft wiederholt?). Häufiger werdendes Abwenden des Kopfes; manchmal Zittern des ganzen Körpers.
 c) Sehr plötzlich beginnendes Beißen (wohin?) und ebenso schnelles Abwenden der Gegner; Abreißen von Teilen der gegnerischen Flossen. Meist später in Phase c) Maulkampf: gegenseitiges Packen und Festhalten der Gegner mit dem Maul. (Welche zwei Verhaltensweisen sprechen für eine steigende Atemnot der Gegner?) Flucht eines der beiden Tiere.

Die Tiere sind spätestens zu trennen, wenn ein ♂ flieht (Beschreibung des Farbwechsels beim Verlierer) oder mit starken Kiemenbewegungen am Boden liegt. Werden die Kämpfer nicht getrennt, kann – manchmal erst nach mehreren Stunden – einer von ihnen getötet werden: Das Luftholen wird verhindert durch Beißen oder Festhalten im Maulkampf durch den Sieger.

2. Verhalten des Männchens gegenüber einem Weibchen

Benutzen Sie für diese Beobachtungen das Demonstrationsbecken. Entfernen Sie die Trennwand, nachdem Sie das Verhalten der ♀♀ untereinander beobachtet haben. Scheint das ♂ die ♀♀ sofort als solche zu erkennen? Vergleichen Sie das Verhalten dieses ♂ mit dem in Abschnitt B-1 beschriebenen Kampfablauf; in welcher Phase setzt beim ♂ eine Änderung des Verhaltens gegenüber dem ♀ ein? Wie reagiert das ♂, wenn es zwischen Luftholen und Schaumnestbauen das «Führungsverhalten» zeigt und das ♀ nicht folgt? Wann setzt beim ♀ die Querstreifung ein, und wie reagiert darauf das aggressive ♂? Zeigen auch ♀♀ Aggressionshandlungen?

3. Der Einfluß der Bewegung

Hängen Sie eine dreidimensionale Attrappe so ins Versuchsbecken, daß sie sich nicht bewegt. Welche der in B-1 aufgeführten Verhaltensweisen zeigt das ♂? Bewegen Sie die Attrappe auf das ♂ zu; schnelle Bewegungen sind dabei jedoch zu vermeiden. Die Beobachtungen machen deutlich, warum unbewegliche inferiore oder kranke Tiere selten gebissen werden.

4. Der Einfluß der Größe

Verwenden Sie neben einer Standard-Attrappe auch die kleineren und größeren Attrappen, die alle die gleiche Färbung haben müssen. Von welcher Attrappengröße an reagiert das Versuchstier wie auf einen Raubfeind oder wie auf eine Beute?

5. Der Einfluß der Stellung des Gegners

In der Phase des beginnenden Parallelschwimmens orientiert sich ein Kampffisch an der räumlichen Position seines Gegners. Eine 45° um die Längsachse gedrehte Attrappe läßt auch den Fisch (manchmal) eine 45°-Schräglage einnehmen. Noch deutlicher wird dies bei verschiedenen Spiegelversuchen. Man lege einen Spiegel ca. 40° bis 50° schräg mit der Spiegelseite nach unten ins Becken, in einem weiteren Versuch ebenso mit der Spiegelseite nach oben, und zwar so, daß in beiden Fällen der Fisch sein Spiegelbild sieht. Da er anscheinend stets versucht, den Gegner nach unten zu drücken, wandert er der Spiegelstellung entsprechend entweder nach oben oder nach unten (wohin bei welcher Spiegelstellung?). Schiebt man einen Spiegel unter den Glasboden des Aquariums, so dreht sich der Fisch manchmal sogar um 90° parallel zur Bodenscheibe. Bei senkrecht stehendem Spiegel kann die Höhe, in der der «Gegner» angedroht wird, nicht vorhergesagt werden. Eine unerwünschte Spiegelwirkung entsteht auch, wenn der ungünstig beleuchtete Fisch vor einer dunkel abgeschirmten Aquarienscheibe steht.

Spätestens bei diesem Versuch sollten die Vor- und Nachteile der hier möglichen Reizmethoden diskutiert werden: Die Bewegungen von Attrappen können standardisiert werden, die des meist wirksameren Spiegelbildes nicht, da sich sein «Reizwert» entsprechend der fortschreitenden Reaktionsintensität des sich spiegelnden Fisches ändert. Vorsicht ist geboten, wenn man eine Einwegscheibe benutzt, die zwar die Möglichkeit eröffnet, dem im dunkleren Becken befindlichen Testfisch einen von ihm unbeeinflußten Kampffisch zu zeigen, doch ist die Einwegscheibe so schräg zu stellen, daß der Fisch im stärker beleuchteten Aquarium sich nicht selbst spiegelt, was sofort Aggressionshandlungen auslösen würde. Andererseits ist die Einwegscheiben-Methode ideal, wenn ein Reizfisch gewünscht wird, der Aggressionshandlungen zeigt, ohne auf den gereizten Artgenossen zu reagieren.

6. «Aufschaukeln» der Aggression

Mit einem einfachen Versuch läßt sich zeigen, daß die Kampfbereitschaft zweier Gegner vom unmittelbar vorhergehenden Verhalten abhängt. Das Versuchsbecken wird durch einen diagonal eingestellten Spiegel so halbiert, daß das eine Tier sein Spiegelbild sehen kann, das andere nicht. Welches Tier imponiert nach dem Entfernen des Spiegels zuerst und warum tut es dies? Wenn nur zweimaliges Kiemendeckelabspreizen eines Tieres abgewartet wird und die beiden Tiere wieder wie vorher – aber bei umgedrehtem Spiegel – getrennt werden, wird nach 15 min Trennung in der Regel das andere ♂ einen «Kampfvorteil» haben.

7. Einfluß von Attrappen mit steigender Ähnlichkeit

Lissmann (1933) zeigte, daß ein Kampffisch um so aggressiver auf eine Attrappe reagierte, je mehr Kampffisch-Merkmale sie aufwies. In Abwandlung dieses Lissmannschen «Langzeitversuchs» wird im vorliegenden Versuch jeder Fisch in einem 10-min-Versuch nur einmal mit einer Attrappe wie in Abb. 51 (Nr. 1, 2, 3 oder 4) gereizt und seine aggressive Reaktion registriert. Dauert der Kurs mindestens 5 Stunden, wird eine andere Variante empfohlen: Jeder Fisch wird 4mal getestet mit je einer Attrappe wie in Abb. 51, wobei die Reihenfolge der Attrappen durch Würfeln oder Losen bestimmt wird. Zwischen jedem Versuch wird der Fisch mindestens eine Stunde lang isoliert. Außerdem wird in maximal nur 2 min dauernden Versuchen die Zeit von Versuchsbeginn bis zum Beginn des Frontal- oder Lateralimponierens (Latenzzeit) mit einer Stoppuhr gemessen. Durch diese Versuchsvariante wird die Gefahr einer Gewöhnung der Fische vermindert.

8. Einfluß der Temperatur

Mehrere Versuchsbecken enthalten seit 2 Tagen je ein Kampffisch- ♂ bei Wassertemperaturen von 20°, 25°, 30° und 35° C bzw. seit einer Stunde bei 15° C, da Kampffische bei dieser Temperatur nur beschränkt lebensfähig sind. Prüfen Sie – ähnlich wie Hess (1952) – die Wirksamkeit verschiedener Attrappen (z. B. Nr. 2 und 4 der Abb. 51), indem Sie in Sekunden messen, wie lange das Tier die Kiemen abspreizt, wenn die jeweilige Attrappe 2 min lang dargeboten wird (vgl. mit Abb. 52).

Literatur

Clayton, F. L. and R. A. Hinde: The habituation and recovery of aggressive display in *Betta splendens*. Behaviour **28**, 96–106 (1967).

Figler, M. H.: The relation between eliciting stimulus strength and habituation of the threat display in male Siamese Fighting Fish, *Betta splendens*. Behaviour **42**, 63–96 (1972).

Forselius, S.: Studies of anabantid fishes. I–III. Zool. Bidr. fran Uppsala **32**, 93–598 (1957).

Hess, E. H.: Temperature as a regulator of the attack-response of *Betta splendens*. Z. Tierpsychol. **9**, 379–382 (1952).

Laudien, H.: Untersuchungen über das Kampfverhalten der Männchen von *Betta splendens* Regan (Anabantidae, Pisces). Z. wiss. Zool. **172**, 134–178 (1965).

Lissmann, H.-W.: Die Umwelt des Kampffisches (*Betta splendens* Regan). Z. vergl. Physiol. **18**, 65–111 (1933).

26. Schwarmbildungsverhalten bei Fischen

MILES H. KEENLEYSIDE

University of Western Ontario, London/Ontario

Schwarmfische zeigen eine extreme Form sozialer Organisation. Im typischen Fall sind alle Individuen eines Schwarms Artgenossen von gleicher Größe. Sie sind gleichrangig, das heißt, keiner ist Anführer; und alle Fische oder die meisten sind zur gleichen Zeit mit der gleichen Handlung beschäftigt. Dieses Verhalten, sich wenigstens zeitweise in ihrem Leben in Mengen zusammenzufinden, zeigen auch noch andere Tiere, z. B. einige Vögel, Säugetiere und Wirbellose. Für eine Untersuchung des Phänomens im Labor sind aber Fische am besten geeignet; und zwar deswegen, weil viele kleine Süßwasserfische der tropischen und der gemäßigten Zone beständig – auch in der unnatürlichen Umgebung eines 60-l-Aquariums – im Schwarm schwimmen.

Ein Fischschwarm ist definiert als eine Gruppe, in der die Tiere zusammenbleiben, weil sie positive Sozialreaktionen aufeinander zeigen, und nicht etwa, weil sie ähnlich auf einen gemeinsamen Außenfaktor reagieren. Gruppierungen, die sich bilden, wenn sich viele Fische einer begrenzten Reizquelle (Licht, Futter) nähern, die sich aber auflösen, wenn der Außenreiz diffus verteilt ist, werden also nicht als echte Schwärme betrachtet. Ziel der folgenden Übung ist es, einige der Faktoren zu untersuchen, die zur Einförmigkeit in Art, Größe und Verhalten von Fischen in einem Schwarm beitragen.

A. Versuchstiere

Einige für die Versuche in dieser Übung geeignete Fischarten sind unter anderen folgende:
Zebrabärbling *(Brachydanio rerio)*
Keilfleckbärbling *(Rasbora heteromorpha)*
Dreilinienbärbling *(Rasbora trilineata)*
Rosensalmler *(Hyphessobrycon rosaceus)*
Sumatrabarbe *(Barbus tetrazona)*
Sternflecksalmler *(Pristella riddlei)*
Guppy *(Lebistes reticulatus)*
Kardinalfisch *(Tanichtys albonubes)*
Weitere Beispiele leicht erhältlicher und anspruchsloser Arten finden sich in Aquarienhandbüchern, z.B. bei Sterba.

In Versuch 1 ist es wichtig, daß die beiden zur Wahl angebotenen Arten in der Größe ungefähr übereinstimmen. Nach Möglichkeit sollten die verwendeten Tiere auch so ausgesucht sein, daß keine sexuellen Reaktionen zwischen Versuchstier und Schwarm auftreten. Die Messung der Tendenz zur Schwarmbildung wird sonst durch Nebenwirkungen verfälscht. Gut geeignet sind deshalb besonders Jungfische der genannten Arten.

B. Methode

Beobachten Sie zunächst in einem großen Gesellschaftsbecken die Schwarmbildungstendenzen der vorhandenen Fische.
1. Schwimmen sie alle in artreinen Gruppen? Gibt es irgendwelche Anzeichen aggressiven Verhaltens zwischen den Fischen eines Schwarmes?
2. Besteht irgendeine deutliche Beziehung zwischen der Schwarmdichte und dem bevorzugten Aufenthaltsort im Aquarium?
3. Welche Wirkung auf das Schwarmbildungsverhalten haben Erschütterungen (an den Beckenrand klopfen!) und Futtergaben?

Nachdem Sie diese Beobachtungen gemacht haben, wählen Sie zwei Arten aus und führen die folgenden beiden Versuche gruppenweise im eigenen Becken durch. Wenn die Zeit knapp ist, kann die Hälfte der Teilnehmer Versuch 1, die andere Hälfte Versuch 2 durchführen.

Versuch 1

Die Tendenz eines einzelnen Fisches, sich Artgenossen anzuschließen.
1. Ziehen Sie auf der Vorderseite des Beckens eine senkrechte Linie, die das Becken in zwei gleiche Teile aufteilt.
2. Setzen Sie von beiden Fischarten die gleiche Anzahl in je ein Schraubdeckelglas. Die Zahl der Fische hängt von ihrer Größe ab, für ein 4-l-Glas sind 8–10 3–5 cm lange Fische passend.
3. Setzen Sie an jeder Seite des Beckens ein Glas mit einer Fischgruppe ein.
4. Setzen Sie behutsam einen einzelnen Fisch aus einer der beiden Arten (das Versuchstier) in die Mitte des Aquariums. Lassen Sie ihn vorsichtig frei und achten Sie darauf, ihn nicht auf eines der beiden Gläser auszurichten. Registrieren Sie dann 15 Minuten lang in einer Tabelle (s. Tabelle 9):
   a) wie lange sich das Versuchstier in jeder der beiden Hälften aufhält (Minuten),

Tabelle 9: Reaktion des Versuchsfisches auf artfremde und artgleiche Fische

	Aufenthalt in der Abteilung mit		Zahl der Abteilungswechsel
	Artgenossen	artfremden Fischen	
Versuch 1			
Versuch 2			
Mittel			
Versuch 3			
Versuch 4			
Mittel			

b) wie oft das Versuchstier von einer Hälfte zur anderen überwechselt.
5. Dann entfernen Sie das Versuchstier, tauschen die Gläser aus, setzen das Versuchstier wieder ein und wiederholen die Registrierung.
6. Entfernen Sie das Versuchstier und wiederholen Sie die Schritte 4 und 5 mit einem Testfisch der zweiten Art.

Während der vier Versuche beobachten Sie qualitativ die Reaktionen des Versuchstieres auf die Fische in den beiden Gläsern und umgekehrt. Bei diesem Versuch ist es wichtig, daß das Becken gleichmäßig ausgeleuchtet ist, unter Umständen muß es durch Aufkleben von Papier abgeschirmt werden. Zur Verdeutlichung der Ergebnisse ist es günstig, wenn einige Arbeitsgruppen Fische verwenden, die nach Beobachtung im Gesellschaftsbecken im Schwarm schwimmen, während andere Arbeitsgruppen Fische untersuchen, die anscheinend kein Schwarmverhalten zeigen. Gruppen, die dieselben Arten verwenden, fassen ihre Ergebnisse nach dem Versuch zusammen.

Versuch 2

Die Wirkung einer Fischgruppe auf einen einzelnen Fisch.
1. Wählen Sie die Art, die in Versuch 1 die stärksten Tendenzen zur Schwarmbildung gezeigt hat. Stellen Sie die beiden Gläser wieder an die entgegengesetzten Seiten des Beckens und setzen in das eine 2, in das andere 8 Fische dieser Art ein.

Tabelle 10: Wirkung der Schwarmgröße auf die Reaktion des Versuchsfisches

	Aufenthalt in der Abteilung mit		Zahl der Abteilungwechsel
	2 Fischen	6 Fischen	
Versuch 1			
Versuch 2			
Mittel			
	8 Fischen	8 Fischen	
Versuch 3			
Versuch 4			
Mittel			

2. Lassen Sie den zur gleichen Art gehörenden Testfisch sorgfältig in der Mitte des Beckens frei und registrieren Sie 15 Minuten lang in Tabelle 10:
   a) wie lange sich das Versuchstier in beiden Hälften aufhält (Minuten),
   b) wie oft das Versuchstier von einer Hälfte zur andern wechselt.
3. Dann entfernen Sie das Versuchstier, tauschen die Gläser aus, setzen das Versuchstier wieder ein und wiederholen die Registrierung.
4. Setzen Sie nun die gleiche Anzahl Fische in jedes Glas, verwenden Sie ein anderes Tier als Testfisch und wiederholen Sie die Schritte 2 und 3.

Beobachten Sie während des Versuches wieder qualitativ die Reaktionen des Testfisches und der eingeschlossenen Fische aufeinander.

C. Analyse

Teilnehmer, die die gleichen Fischarten verwendet haben, fassen ihre Ergebnisse zusammen. Vergleichen Sie die beobachtete Verteilung des Testfisches im Becken anhand des X^2-Tests mit einer theoretischen Gleichverteilung (gleiche Zeit in jeder Hälfte). Beantworten Sie dann folgende Fragen:
1. Schloß sich der Testfisch häufiger an die eigene Art als an andere Arten an?
2. Schloß sich der Testfisch häufiger an die große oder an die kleine Gruppe an?
3. Wie reagierte der Testfisch sonst noch auf die Fische in den Gläsern?
4. Wie reagierten die eingeschlossenen Fische auf den Testfisch?
5. Vergleichen Sie Ihre Befunde mit den angeführten Arbeiten.

Literatur

Breder, C. M.: Studies on social groupings in fishes. Bull. Amer. Mus. Nat. Hist. **117**, 397–481 (1959).
Frisch, K. von: Zur Psychologie des Fischschwarmes. Naturwissenschaften **26**, 601–606 (1938).
Haas, A.: Über die soziale Rangordnung kleinzahliger Gruppen des Malabarbärblings *(Danio malabaricus* Jerdon). Z. Tierpsychol. **13**, 31–45 (1956).

Keenleyside, M. H. A.: Some aspects of the schooling behaviour of fish. Behaviour 8, 183–248 (1955).

Shaw, E.: The schooling of fishes. Sci. Amer. 206, (6), 128–138 (1962).

Sterba, G.: Süßwasserfische aus aller Welt. Neumann, Melsungen. 1970.

Steven, D. M.: Studies on the shoaling behavior of fish. I. Responses of two species to changes of illumination and to olfactory stimuli. J. Exper. Biol. 36, 261–280 (1959).

Williams, G. C.: Measurement of consociation among fishes. Pub. Mus. Mich. State Univ., Biol. Ser. 2, 349–384 (1964).

27. Beobachtungen und Versuche zum Verhalten der Froschlurche

Hans Schneider

Zoologisches Institut der Universität Bonn

Froschlurche sind seit langem beliebte Objekte für anatomische und physiologische Untersuchungen. Aber erst in neuerer Zeit findet auch ihr Verhalten größeres Interesse, nicht zuletzt angeregt durch die Bio-Akustik, die sich außer mit den Rufen auch mit den Verhaltensweisen befaßt, die mit den Lautäußerungen in Zusammenhang stehen. Nach diesen Untersuchungen bieten sich die Froschlurche wegen der zahlreichen spezifischen Verhaltensweisen für verhaltenskundliche Beobachtungen und Experimente an. Zudem sind sie leicht in großer Zahl zu finden, lassen sich im Labor ohne große Mühe halten und zeigen auch dort viele der natürlichen Verhaltensweisen.

Da nur 13 Froschlurcharten zu unserer Fauna gehören, läßt sich unschwer eine gute Formenkenntnis aller erlangen. Einige sind sehr weit verbreitet: Grasfrosch, Wasserfrosch, Laubfrosch, Erdkröte, Gelbbauchunke, Rotbauchunke. Andere haben dagegen engere Verbreitungsgebiete: Seefrosch, Moorfrosch, Springfrosch, Kreuzkröte, Wechselkröte, Knoblauchkröte und Geburtshelferkröte.

Verhaltenskundliche Beobachtungen sind besonders ergiebig während der Fortpflanzungszeit. Es sind daher die Arten vorzuziehen, die im Verlauf eines Jahres eine ausgedehnte Fortpflanzungs- und Rufperiode oder deren mehrere haben. Wie Abb. 53 zeigt, gilt das für den Wasserfrosch und den Laubfrosch, für die Rot- und Gelbbauchunke, auch für die Geburtshelferkröte, die aber schwerer aufzufinden ist. Bis auf die Gelbbauchunke haben diese Arten den weiteren Vorzug, daß die Rufe der Männchen lautstark und daher leicht auf Band aufzunehmen sind.

A. Das Rufverhalten einiger Froschlurcharten

Zum Studium des Rufverhaltens wählen wir den Wasserfrosch, Laubfrosch und eine der beiden Unken, wenn verfügbar die Rotbauchunke. Bei allen Arten rufen die Männchen nur innerhalb bestimmter Temperaturgrenzen: Wasserfrösche zwischen 12 und 36° C mit einem Maximum bei 17–22° C, Laubfrösche zwischen 8 und 21° C, Rotbauchunken zwischen 12 und 30° C. Beim Laubfrosch ist die Lufttemperatur entscheidend, bei den übrigen Arten die Wassertemperatur. Aus dem täglichen Temperaturgang während der Fortpflanzungs- und Rufperiode ergibt sich, daß die Wasserfrösche und Unken am Anfang der Rufperiode vornehmlich am Nachmittag und frühen Abend rufen, späterhin beginnen sie bereits am Morgen und rufen bis in die Nacht, da die Wassertemperatur schon am Morgen die untere Rufschwelle überschreitet und erst in der Nacht soweit absinkt oder die untere Rufschwelle wegen der langsamen Abkühlung des Wassers gar nicht mehr erreicht. An heißen Tagen kann die Wassertemperatur nachmittags über die obere Rufschwelle ansteigen und eine Unterbrechung der Rufaktivität verursachen. Beim Laubfrosch nimmt der tagesperiodische Gang der Rufaktivität einen anderen Verlauf, da außer der Lufttemperatur auch das Licht einen Einfluß ausübt, und zwar hemmt es die Rufaktivität. Laubfrösche beginnen erst bei einer Beleuchtungsstärke von 100–10 Lux zu rufen, d. h. bei fortgeschrittener Abenddämmerung, im Mai gegen 19.45 Uhr, im Juni und Juli erst gegen 20.45 bis 21.00 Uhr. Da zu dieser Zeit die nächtliche Abkühlung bereits eingesetzt hat, rufen die Laubfrösche, bis die untere Rufschwelle erreicht ist, oder bis gegen 24 Uhr, falls die Lufttemperatur nicht soweit absinkt. Da im Mai die Tageserwärmung mitunter mäßig ist und die Abkühlung am Abend schnell erfolgt, rufen die Laubfrösche nicht, wenn bei entsprechender Beleuchtungsstärke die Lufttemperatur bereits die untere Rufschwelle erreicht hat.

Die Männchen der zur Untersuchung gewählten Arten zeigen sehr unterschiedliches Rufverhalten. Wir gehen folgenden Fragen nach:
1. Wo halten sich die Männchen vor Beginn der täglichen Rufphasen auf?
2. Rufen sie im Wasser oder an Land?
3. Behalten die rufenden Männchen ihre Plätze bei oder erfolgen während des Rufens Ortsveränderungen?
4. Wie weit sind die rufenden Männchen einer Art voneinander entfernt?
5. Wie reagieren die Männchen, wenn Mindestabstände unterschritten werden?
6. Wandern die Frösche am Ende der täglichen Rufphasen wieder ab oder behalten sie die gewählten Plätze bei?

B. Das Rufen der Männchen

Die Fortpflanzungsbereitschaft der männlichen Froschlurche kommt am deutlichsten in der

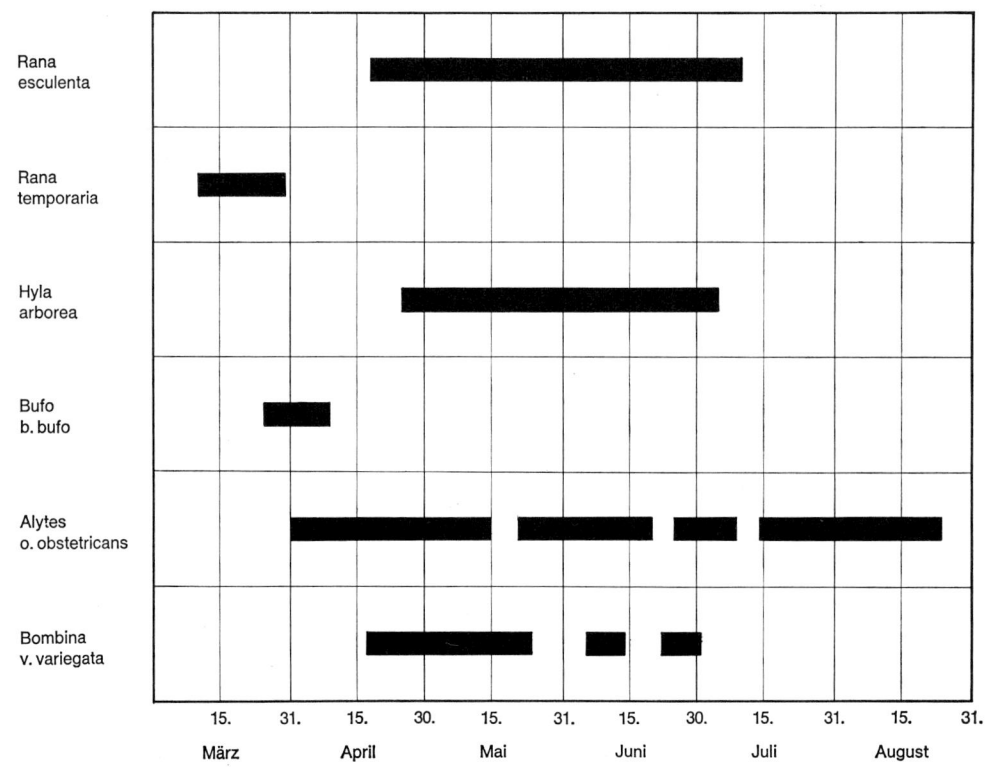

Abb. 53: Die Rufperioden einiger einheimischer Froschlurch-Arten. Beginn und Ende verschieben sich mitunter um etliche Tage, je nach den herrschenden Temperaturverhältnissen. Die Paarungen finden nur während einiger Tage innerhalb der Rufperioden statt. Bei *Rana esculenta* bleibt unberücksichtigt, daß die Populationen auch *Rana lessonae* enthalten.

Rufaktivität zum Ausdruck. Obgleich das Rufen die Paarungsbereitschaft sicher anzeigt, ist bis heute noch nicht klar, welche Funktion dem Rufen zukommt. Die naheliegende Annahme, daß durch die Rufe die Weibchen angelockt werden, ist erst für Einzelfälle bestätigt. Zur Erzeugung der Rufe dient der Kehlkopf, der als die primäre Struktur des Lautapparates gilt und häufig durch die sekundären Strukturen, die Schallblasen, ergänzt ist. Diese sind entweder paarig und lateral hinter den Mundwinkeln oder einzeln bzw. paarig an der Kehle angeordnet.

Den Beobachtungen legen wir folgende Fragen zugrunde:
1. Welche Körperhaltung nehmen die Frösche beim Rufen ein?
2. Welche Körperteile befinden sich bei jenen Fröschen, die im Wasser rufen, über der Wasseroberfläche?
3. Rufen Frösche unter Wasser?
4. Rufen nur die Männchen?
5. Bei welchen Arten kommen Schallblasen vor? Wie viele sind es und an welchen Körperteilen sind sie lokalisiert?
6. Kommen die Schallblasen bei beiden Geschlechtern vor?
7. Besteht ein Zusammenhang zwischen dem Vorkommen der Schallblasen und der Lautstärke der Rufe?
8. Sind die Schallblasen ständig ausgestülpt oder nur während der Rufabgabe?
9. Sind bei den rufenden Tieren außer den Schallblasen noch andere Organe mit Luft gefüllt?
10. Wie erfolgt bei der Rufabgabe die Bewegung der Luft zwischen Lungen und Schallblasen bzw. Lungen und Mundhöhle:
    a) beim Wasserfrosch,
    b) beim Laubfrosch,
    c) bei den Unken?

C. Registrierung verschiedener Ruftypen

Die Froschlurche verfügen stets über mehrere Ruftypen. Die differenziertesten sind die Paarungsrufe, die die geschlechtsreifen Männchen während der Fortpflanzungsperioden an den typischen Laich- oder Rufplätzen abgeben. Bei manchen Arten sind noch andere Ruftypen häufig zu hören und daher gleichfalls leicht auf Band aufzunehmen. Beim Wasserfrosch sind es die Revierrufe, die in zweierlei Form auftreten. Auch beim Laubfrosch kommt dieser Ruftyp auf dem Höhepunkt der Fortpflanzungszeit verhältnismäßig oft vor. Bei der Erdkröte ist dagegen der Befreiungsruf der Männchen ein häufiges Signal, das bei Umklammerungsversuchen von Männchen vorkommt und auch leicht durch Pressen der Körperflanken oder Bestreichen der Rückenhaut eines fortpflanzungsbereiten Männchens ausgelöst werden kann.

Für die Tonbandaufnahmen eignen sich gute netzunabhängige Tonbandgeräte und Mikrophone mit geradlinigem Frequenzgang. Um gute Aufnahmen zu bekommen, ist es unbedingt erforderlich, mit dem Mikrophon möglichst nahe an ein rufendes Männchen heranzugehen. Günstige Aufnahmeabstände sind 30–50 cm, bei Arten mit leisen Rufen 10–20 cm. Bei der Aufnahme stellen wir auch die Größe des rufenden Tieres fest. Mitunter stören die Rufe benachbarter Männchen. Sie lassen sich ausschalten, indem man das Mikrophon mit einem kleinen, aus Pappe gefertigten und innen mit Schaumstoff ausgekleideten Trichter umgibt, der den Aufnahmeteil des Mikrophons gerade überragt. Ist der Trichter zu groß, können Veränderungen der Frequenzanteile der Rufe stattfinden. Da die Froschlurche auf Bewegungen mit schneller Flucht reagieren, muß die Annäherung des Mikrophons sehr langsam erfolgen. Häufig ist es besser, die Tonbandaufnahmen nach Einbruch der Dunkelheit zu machen, da es dann nicht schwer ist, sich den rufenden Tieren zu nähern.

D. Nachweis der Artspezifität der Paarungsrufe

Die Paarungsrufe der Froschlurche sind spezifisch und damit für jede Art charakteristisch. Dies läßt sich z.T. bereits durch Abhören der Rufe feststellen und überzeugend nachweisen durch das Studium der Schallbilder in Form von Oszillogrammen. Zum Anfertigen der Oszillogramme benützen wir einen Oszillographen und eine Oszillographen-Registrierkamera, wie sie jetzt in den Zoologischen Instituten verfügbar sind. Zur Aufzeichnung sind Papierfilme gut geeignet; als Laufgeschwindigkeit wählen wir 25 cm/s. Um auch Einzelheiten der Rufe festzustellen, empfiehlt es sich, einige Aufnahmen mit höherer Laufgeschwindigkeit zu machen. Sofern für die Auswertung der Rufe ein Sonagraph eingesetzt werden kann, ist dies unbedingt zu empfehlen, da die Sonagramme guten Aufschluß über den Frequenzaufbau der Rufe geben und somit die Oszillogramme in vorzüglicher Weise ergänzen.

An Hand der Oszillogramme beantworten wir die folgenden Fragen:
1. Sind die Rufe einheitlich oder bauen sie sich aus Impulsen auf?
2. Sind es Klänge oder Geräusche?
3. Wie sind bei den verschiedenen Froschlurcharten die Rufe nach Dauer und Amplitudenverlauf beschaffen?
4. Läßt sich eine Beziehung zwischen der Größe der Tiere und der Dauer der Rufe feststellen?
5. Besteht bei den klanghaften Rufen der Unken (und der Geburtshelferkröte) eine Beziehung zwischen der Länge der Tiere und der Grundfrequenz der Rufe?

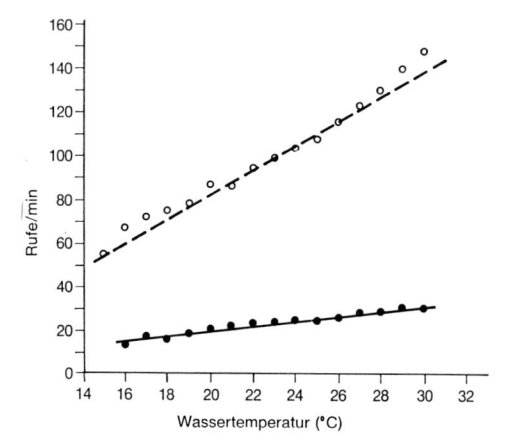

Abb. 54: Die Beziehung zwischen der Anzahl der Rufe pro Minute und der Wassertemperatur bei der Rotbauchunke (unten) und der Gelbbauchunke (oben) (nach Lörcher 1969)

E. Die Artspezifität der Paarungsrufe bei der Rot- und Gelbbauchunke

Bis vor wenigen Jahren galt die Auffassung, daß die Paarungsrufe der Rot- und Gelbbauchunke sich nicht unterscheiden. In der Tat klingen die Rufe beider Arten sehr ähnlich. Beim Abhören läßt sich lediglich feststellen, daß die Rufe der Gelbbauchunken leiser sind als die der verwandten Arten. Dennoch sind die Paarungsrufe der zwei Unkenarten klar voneinander geschieden, und zwar liegt der entscheidende Unterschied in der Ruffolge (Abb. 54).

Wir suchen die Antworten auf die Fragen:
1. Wie viele Rufe geben Rot- und Gelbbauchunken in einer Minute ab?
2. Wie groß ist die Variation der Ruffolge bei verschiedenen Tieren, die bei gleichen Temperaturen rufen?
3. Ändert sich die Ruffolge mit der Tiergröße?

F. Der Einfluß der Temperatur auf die Paarungsrufe

Als wechselwarme Tiere unterliegen die Froschlurche dem Einfluß der Temperatur, der auch bei den Rufen zum Ausdruck kommt. Bei den an Land rufenden Tieren ist die Lufttemperatur, bei den im Wasser rufenden die Wassertemperatur entscheidend. Über mehrere Tage hinweg registrieren wir Paarungsrufe der Unken und des Laubfrosches auf Tonband und achten darauf, daß die Aufnahmen bei sehr verschiedenen Temperaturen erfolgen. Unter günstigen Bedingungen können Temperaturspannen von 10° und darüber erreicht werden. Um die Veränderung der Rufe unter dem Einfluß der Temperatur gut ermitteln zu können, fertigen wir wieder Oszillogramme an. Der Einfluß der Temperatur wird sofort offenkundig, wenn wir Oszillogramme von Rufen miteinander vergleichen, die bei hoher und niederer Temperatur abgegeben wurden (Abb. 55 und 56).

Nachstehende Fragen drängen sich auf:
1. Welche Meßgrößen ändern sich bei den Rufen der Unken unter dem Einfluß der Temperatur: Dauer der Rufe, Intervalle zwischen den Rufen, Grundfrequenz?
2. Welche Meßgrößen variieren bei den Laubfroschrufen auf Grund der Temperatureinwirkung: Rufdauer, Intervalle zwischen den Rufen, Zahl der Impulse, Dauer der Impulse und Intervalle zwischen den Impulsen?
3. Wie verhält sich bei den Rufen der Rot- und Gelbbauchunke und des Laubfrosches die pro Minute abgegebene Gesamt-Schallmenge bei steigender Temperatur? Die Gesamt-Schallmenge läßt sich aus der mittleren Dauer und der mittleren Zahl der Rufe pro Minute leicht errechnen.

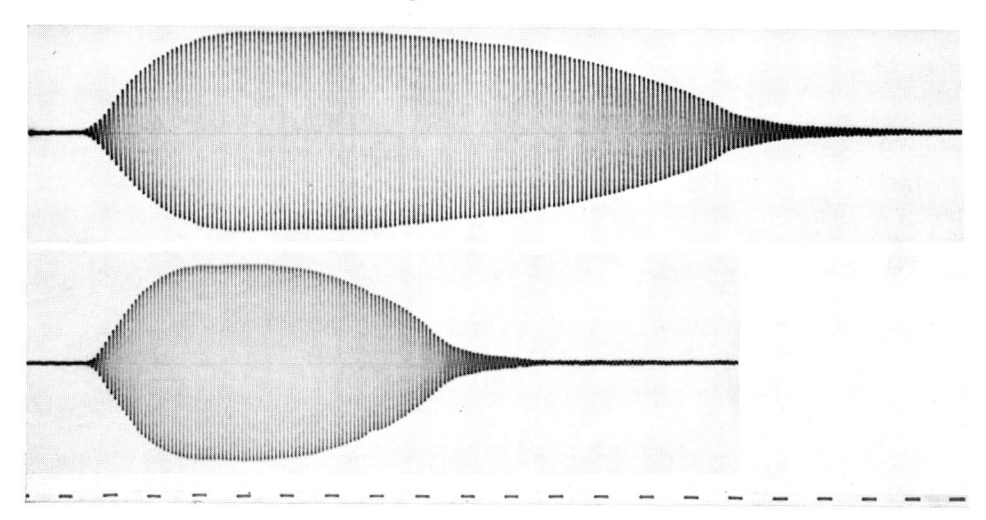

Beobachtungen und Versuche zum Verhalten der Froschlurche 111

Abb. 55: Zwei Paarungsrufe einer 4,2 cm großen Rotbauchunke, die das Tier bei 16° C (oben) und 28° C (unten) abgab. Während bei 16° C die Rufe ca. 300 ms dauern, verkürzen sie sich bei dem Temperaturanstieg um 12° C auf ca. 180 ms. Zeitmarke 50 Hz (nach Lörcher 1969)

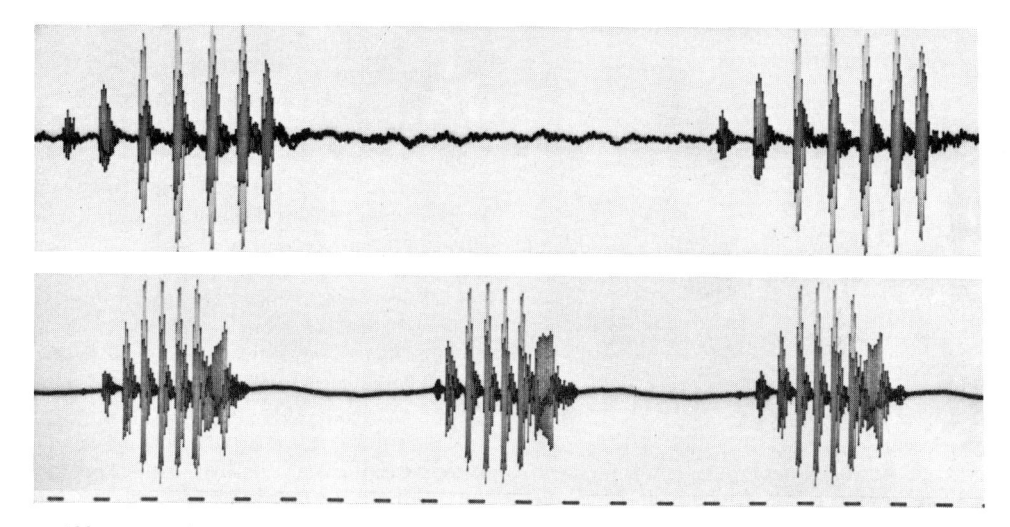

Abb. 56: Ausschnitte aus Rufserien zweier Laubfrösche, die bei 9° C (oben) und 22,5° C (unten) riefen. Die Serien bestehen aus Impulsgruppen mit zumeist acht Impulsen. Bei steigender Lufttemperatur bleibt die Zahl der Impulse gleich, dennoch nimmt die Dauer der Impulsgruppen ab, da die Impulse rascher aufeinander folgen. Unter dem Einfluß der steigenden Lufttemperatur verkürzen sich auch die Intervalle zwischen den Impulsgruppen. Zeitmarke 50 Hz

G. Studium der Rufaktivität und Registrierung der Rufe im Labor

Im Freiland angefertigte Tonbandaufnahmen stützen sich naturgemäß auf eine größere Zahl von Tieren. Da stets individuelle Unterschiede gegeben sind, ist es zweckmäßig, Tiere im Labor unter definierten Bedingungen zu halten und zu prüfen, um die individuelle Variationsbreite der Rufe zu ermitteln, ferner können einzelne Tiere über den ganzen Temperaturbereich der Rufaktivität geprüft und der Einfluß der Tiergröße festgestellt werden. Während der Fortpflanzungszeit gefangene Unken oder

Laubfrösche rufen im Labor über mehrere Tage weiter, wenn ihnen dort günstige Bedingungen geboten werden. Zwar lassen sich jetzt die Rufe leicht aufnehmen, aber andere Probleme tauchen auf, die die Arbeit sehr erschweren können. Es ist unbedingt notwendig, alle glatten Wände, die Schall reflektieren könnten, mit Schaumstoff oder ähnlichem Material abzudecken. Nur das Oszillogramm läßt erkennen, ob alle Reflexionen ausgeschaltet sind, die Prüfung mit dem Gehör reicht nicht aus.

Unter diesen Laborbedingungen ermitteln wir die Antworten auf die beiden Fragen:
1. Wie wirkt die Temperatur auf die Rufe eines einzelnen Tieres? Wie groß sind die Schwankungen bei der Ruffolge, Rufdauer, Frequenz und Schallmenge?
2. Welche dieser Meßgrößen ändern sich mit der Tiergröße?

H. Auslösen der Rufaktivität mit Hormonpräparaten

Nachdem das Rufen der Froschlurche in enger Beziehung zur Fortpflanzung steht, liegt der Schluß nahe, daß Hormone die Rufaktivität auslösen. Um den Einfluß von Hormonen zu prüfen, benützen wir das im Handel erhältliche Präparat Anteron, das eine den Hypophysenhormonen entsprechende Wirkung hat, und injizieren Wasserfröschen, Laubfröschen und Unken mit 0,25–0,5 ml aqua dest. je 1000–1500 I.E. Anteron in einen Rückenlymphsack. Zweckmäßig ist auch, bei einer ersten Injektion nur 500 I.E. und 1–2 Tage später die restliche Menge des Präparates zu injizieren. Rotbauchunken lassen sich sehr leicht stimulieren in den Monaten März bis Juni, verhältnismäßig schlecht dagegen von Mitte Juli bis Mitte August und von Mitte November bis Anfang Januar.

Wir beantworten nachstehende Fragen:
1. Zeigen die Männchen aller 3 Arten Rufaktivität?
2. Wieviel Zeit verstreicht, bis die Frösche nach der Injektion mit dem Rufen beginnen?
3. Sind die experimentell ausgelösten Rufe mit den natürlichen identisch?
4. Unterscheiden sich bei den Rotbauchunken die ersten auftretenden Rufe von den nach einigen Tagen abgegebenen Paarungsrufen?
5. Ergibt sich bei den mit Hormon behandelten Unken die gleiche Ruffolge wie bei den unbehandelten?
6. Wie lange hält die Rufaktivität an?
7. Ist die Dauer der Rufaktivität abhängig von der Menge des injizierten Hormons?
8. Werden außer der Rufaktivität noch andere Verhaltensweisen ausgelöst?

I. Nachweis des Farbwechsels bei Froschlurchen

Der vom Laubfrosch allbekannte Farbwechsel tritt auch beim Wasserfrosch und Grasfrosch auf, die sich für Versuche besser eignen als der Laubfrosch. Ursache des Farbwechsels sind die Farbwechselhormone der Hypophyse. Zum Nachweis der Anpassung des Farbkleides an den Untergrund setzen wir Frösche für 24 Stunden in schwarze und weiße Schalen und stellen anschließend die Färbung fest. Danach injizieren wir in den Rückenlymphsack hell angepaßter Frösche 0,25 ml des käuflichen Hypophysins, das Farbwechselhormone enthält, und geben die behandelten Tiere in die hellen Schalen zurück. Zum exakten Nachweis des Farbwechsels durch Hypophysenhormone exstirpieren wir hell und dunkel angepaßten Fröschen die Hypophyse. Dazu werden die Tiere mit Äther betäubt und auf den Rücken gelegt. Nach Öffnen des Maules und Aufschneiden der Gaumenhaut wird das in der Wunde sichtbare kreuzförmig gestaltete Parasphenoid an drei Seiten durchgetrennt und hochgeklappt. Die darunter liegende weiße Hypophyse wird jetzt mit einer feinen Pinzette entfernt, die Wunde anschließend wieder verschlossen. Die operierten Tiere werden weiter in weißen Schalen gehalten. Aus den exstirpierten Hypophysen fertigen wir – getrennt nach der Herkunft von hell und dunkel angepaßten Fröschen – mit Froschringerlösung einen Hypophysenbrei an und injizieren 0,5 ml des Breies von Hypophysen aus hell angepaßten Fröschen in einen hell gefärbten und 0,5 ml des Breies von Hypophysen dunkel angepaßter Frösche in einen anderen hell angepaßten Frosch. Alle Tiere kommen wieder in helle Schalen.

Die Versuchsergebnisse geben Antwort auf die Fragen:
1. Wie schnell passen sich Gras- und Wasserfrösche an hellen und dunklen Untergrund an?

2. Was bewirkt das Hypophysin?
3. Passen sich hypophysektomierte Frösche noch an den Untergrund an?
4. Bewirkt der aus hell bzw. dunkel angepaßten Fröschen gewonnene Hypophysenbrei eine Farbänderung bei den auf hellem Untergrund gehaltenen Fröschen?

J. Beeinflussung der Metamorphose von Kaulquappen durch Schilddrüsenhormon

In den Laichgewässern schlüpfen bald nach der Eiablage aus den Eiern die Kaulquappen, die bei fast allen Arten noch im gleichen Jahr die Metamorphose vollenden. Das Wachstum und die Metamorphose unterliegen der Wirkung des Schilddrüsenhormons, wie sich an Hand eines einfachen Versuchs leicht nachweisen läßt. Dazu benützen wir ca. 6 Wochen alte Kaulquappen, von denen wir je 60–100 in vier Aquarien geben, die Teichwasser von gleicher Temperatur enthalten. Die Fütterung erfolgt mit Salatblättern. Die Becken erhalten zusätzlich Trijodthyronin, und zwar 6, 0,6 bzw. 0,06 μg auf drei Liter Wasser. Um den Hormontiter konstant zu halten, wird alle acht Tage das Wasser in allen Becken erneuert und frische Hormonlösung zugegeben.

Die Beobachtungen richten sich auf folgendes:

1. Bei welcher Hormonkonzentration setzt die Metamorphose zuerst sein?
2. Wie verläuft die Metamorphose?

3. Wie wirken die verschiedenen Hormonkonzentrationen auf den Beginn und die Dauer der Metamorphose?
4. Welche zeitliche Verschiebung der Metamorphose ergibt sich bei den hormonbehandelten Tieren im Vergleich zu den Kontrolltieren?

Literatur

Heinzmann, U.: Untersuchungen zur Bio-Akustik und Ökologie der Geburtshelferkröte, *Alytes o. obstetricans* (Laur.). Oecologia (Berl.) **5**, 19–55 (1970).

Lörcher, K.: Vergleichende bio-akustische Untersuchungen an der Rot- und Gelbbauchunke, *Bombina bombina* (L.) und *Bombina v. variegata* (L.). Oecologia (Berl.) **3**, 84–124 (1969).

Moser, H.: Ein Beitrag zur Analyse der Thyroxinwirkung im Kaulquappenversuch und zur Frage nach dem Zustandekommen der Frühbereitschaft des Metamorphose-Reaktionssystems. Revue Suisse Zool. **57**, Suppl. 2, 1–144 (1950).

Schlieper, C.: Praktikum der Zoophysiologie. G. Fischer, Stuttgart 1965.

Schneider, H.: Die Paarungsrufe einheimischer Froschlurche (Discoglossiade, Pelobatidae, Bufonidae, Hylidae). Z. Morph. Ökol. Tiere **57**, 119–136 (1966).

– Bio-Akustik der Froschlurche. Stuttgarter Beitr. Naturkde. **152**, 1–16 (1966).

– Rufe und Rufverhalten des Laubfrosches, *Hyla arborea arborea* (L.) Z. vergl. Physiol. **57**, 174–189 (1967).

Wahl, M.: Untersuchungen zur Bio-Akustik des Wasserfrosches *Rana esculenta* (L.) Oecologia (Berl.) **3**, 14–55 (1969).

28. Balzverhalten von Zebrafinken

Klaus Immelmann

Lehrstuhl für Verhaltensphysiologie der Universität Bielefeld

Zur Demonstration von Verhaltensweisen aus dem Funktionskreis der Balz ist der australische Zebrafink *(Taeniopygia guttata castanotis)* besonders gut geeignet. Das hat mehrere Gründe: Das Balzverhalten dieser Art besteht aus einer Reihe aufeinanderfolgender Einzelhandlungen, die den Charakter der Handlungskette, der dem Balzverhalten vieler Tiere zu eigen ist, gut erkennen läßt. Diese Teilhandlungen, allen voran die während der Balz vorgetragenen Gesangsstrophen, sind gut quantifizierbar. Wenn die Tiere vor den Kursversuchen nur mit gleichgeschlechtlichen Artgenossen oder noch besser in Einzelkäfigen ohne jeden Sichtkontakt mit Artgenossen gehalten werden, so beginnen sie aufgrund der dadurch eingetretenen Schwellerniedrigung im sexuellen Bereich in der Regel schon bald nach dem Zusammensetzen im Beobachtungskäfig zu balzen. Und schließlich sind Zebrafinken leicht zu halten und zu züchten und zeigen das ganze Jahr hindurch sexuelle Aktivität (für Einzelheiten über Haltung und Zucht sowie Literaturangaben hierzu vgl. Kapitel 42).

Der Zebrafink gehört zur Familie der Prachtfinken (Estrildidae), die in den Tropen und Subtropen der Alten Welt verbreitet ist. Mit Ausnahme einiger küstennaher Gebiete bewohnt er den ganzen australischen Kontinent, kommt in den verschiedensten Lebensräumen vor und ist einer der zahlenmäßig häufigsten Kleinvögel Australiens (Einzelheiten zur Biologie des Zebrafinken s. Immelmann 1962). In Anpassung an die stark und sehr unregelmäßig schwankenden Klima- und Ernährungsbedingungen in seinem semi-ariden und ariden Lebensraum hat die Art eine Reihe bemerkenswerter physiologischer Eigenschaften entwickelt, zu denen auch die bereits erwähnte ganzjährige Balzaktivität gehört (vgl. Sossinka 1974).

Zebrafinken sind heute beliebte Käfigvögel und werden seit vielen Jahrzehnten regelmäßig in Gefangenschaft gezüchtet. Während dieser Zeit sind einige domestikationsbedingte Veränderungen in ihren morphologischen und physiologischen Merkmalen und teilweise auch im Verhalten aufgetreten (Einzelheiten s. Sossinka 1970).

A. Funktion und Ablauf des Balzverhaltens

In Freiheit findet die Paarbildung in den ganzjährig bestehenden Schwärmen statt, in denen unverpaarte Tiere beider Geschlechter ständig zusammentreffen. Zebrafinken sind monogam und leben wahrscheinlich in Dauerehe. Das eigentliche Balzverhalten, das im Kurs beobachtet werden soll, hat hauptsächlich drei Aufgaben: Bei verpaarten Tieren dient es als Kopulationseinleitung, darüber hinaus aber offenbar auch dem Festigen des Paarzusammenhaltes, da es unter natürlichen Bedingungen auch außerhalb der Fortpflanzungszeit auftritt und da nicht alle Balzfolgen wirklich bis zur Kopulation führen. Bei unverpaarten Tieren schließlich dient die Balz der Paarbildung, für die keine eigenen Verhaltensweisen ausgebildet sind, die vielmehr vom Männchen durch Gesang und die ersten Stufen der Balz eingeleitet wird und die sich als ein allmählicher Gewöhnungsprozeß vollzieht. Aus den genannten Gründen sind Zebrafinken (vor allem bei Einzelhaltung, s. o.) fast immer balzbereit.

Die Balz des männlichen Zebrafinken besteht aus drei aufeinanderfolgenden Phasen: Begrüßungsanflug, Balztanz und Kopulation. Zu Beginn der Balz fliegt das Männchen in ziemlich steiler, aufgerichteter Haltung mehrmals zwischen zwei oder mehreren Ästen (im Käfig zwischen den Sitzstangen) hin und her, wobei der Abstand zum Weibchen immer geringer wird. Bei diesem Begrüßungsanflug wird der Schwanz nach der Seite des Weibchens gedreht. Das Männchen zeigt eine sehr charakteristische Gefiederstellung, die während des Anfluges

Abb. 57: Balzende Zebrafinken; rechts Männchen

schwach, während des nachfolgenden Balztanzes dann stark ausgeprägt ist. Während dieser zweiten Phase der Balz bewegt sich das Männchen hüpfend auf das Weibchen zu, wobei es sich, wenn es sich auf demselben Ast bzw. derselben Sitzstange dem Weibchen nähert, mit jedem oder annähernd jedem Sprung um 180° dreht (Abb. 57).

Während des Balztanzes läßt das Männchen in ständiger Folge seine kurze Gesangsstrophe hören, die gelegentlich von einer Reihe lauter, trompetenartiger Rufe unterbrochen wird. In der dritten und letzten Phase der Balz fliegt das Männchen zur Begattung auf den Rücken des Weibchens.

Dieser normale, in Freiheit stets zu beobachtende Ablauf der Balz tritt allerdings unter Versuchsbedingungen – namentlich in kleinen Käfigen und bei großer Schwellerniedrigung des Männchens – nicht immer vollständig auf. So kann der Begrüßungsanflug teilweise oder ganz unterbleiben, und auch der Balztanz kann dergestalt abgewandelt sein, daß das Männchen sofort in unmittelbarer Nähe des Weibchens anfliegt, die aufrechte Körperhaltung einnimmt und beim Singen lediglich den Kopf hin- und herdreht. Auch endet nicht jede Balzfolge bzw. jeder Balzgesang mit einer Kopulation.

Beim weiblichen Zebrafinken kann man zwischen zwei Phasen der Balz unterscheiden: «Begrüßung» und «Begattungsaufforderung». Auch das Weibchen fliegt zu Beginn der Balz mehrfach hin und her, wobei es dem Männchen in der Regel in dichtem Abstand folgt. Während des anschließenden männlichen Balztanzes bleibt das Weibchen auf der Stelle und führt lebhafte seitliche oder diagonale Körperbewegungen aus. Dabei ist der Schwanz in Richtung auf das Männchen gedreht. Hat das Männchen das Weibchen fast erreicht, so nimmt dieses eine geduckte Körperhaltung ein und beginnt mit dem Schwanz in vertikaler Richtung zu vibrieren. Auf dieses Signal hin erfolgt die Kopula, die von einer Reihe gepreßt klingender Rufe begleitet wird.

Die vollständige Balz des Zebrafinken setzt sich somit aus drei unterscheidbaren Hauptphasen zusammen, von welchen die erste vom Männchen und Weibchen in annähernd gleicher und aufeinander abgestimmter Art und Weise ausgeführt wird, die zweite nur beim Männchen und die dritte und letzte als einander ergänzende Reaktionen wiederum bei Männchen und Weibchen auftreten. Männliche und weibliche Reaktionen folgen aufeinander und sind voneinander abhängig. (Weitere Einzelheiten über das Balzverhalten des Zebrafinken s. Immelmann 1959, 1962, 1973; Kunkel 1959.)

B. Material und Methode

Die Versuche können in einem einfachen Käfig durchgeführt werden, der allerdings – um einen einigermaßen normalen Ablauf des Balzverhaltens zu gewährleisten – eine Mindestlänge von 60–80 cm haben sollte. Männchen und Weibchen werden vorher einige Tage isoliert gehalten. Sie sollten nach Möglichkeit schon einige Minuten vor Kursbeginn herausgefangen, in kleine Transportkästen gesetzt und aus diesen ohne weiteres Berühren in den Beobachtungskäfig entlassen werden. Auf diese Weise verhindert man eine durch das Fangen bedingte Erschöpfung bei Kursbeginn. Gänzlich umgangen werden kann das Problem des Herausfangens durch die Verwendung von größeren Käfigen mit einer herausziehbaren mittleren Trennwand, in denen die Tiere auch außerhalb der Versuche verbleiben können. Hierzu muß allerdings sichergestellt sein, daß die Trennwand jeglichen optischen Kontakt verhindert, da die sonst zwischenzeitlich auftretende Balz die Aktivität der Tiere während des Versuchs negativ beeinflußt.

Es muß an dieser Stelle darauf hingewiesen werden, daß aus bisher noch nicht völlig bekannten Gründen manche Männchen unter Käfigbedingungen niemals oder so selten balzen, daß sie sich für die Beobachtung und vor allem für die quantitative Auswertung ihres Verhaltens nicht eignen. Es empfiehlt sich daher, einige Wochen vor Beginn der Kurse Vorversuche mit mehreren Männchen durchzuführen und die inaktiven Tiere von vornherein zu eliminieren. Man vermeidet dadurch Zeitverluste innerhalb des Kurses, die durch langes Warten oder Bereitstellen neuer Versuchstiere entstehen können.

C. Versuchsdurchführung

Es empfiehlt sich, in einem ersten Versuch das Balzverhalten zunächst nur qualitativ zu beobachten und zu beschreiben, wobei zum besseren

Kennenlernen der Einzelelemente sich die Kursteilnehmer wechselweise zunächst jeweils auf das Verhalten eines Geschlechtes beschränken und erst danach den Gesamtverlauf verfolgen sollten. Da die Balz – zumindest am Anfang und bei sehr schwellerniedrigten Männchen – häufig sehr rasch erfolgt, ist in der Regel die Beobachtung einer ganzen Reihe von Balzfolgen erforderlich. Für die optimale Dauer eines Versuchs können keine allgemeinen Regeln aufgestellt werden, da die Balzaktivität bei manchen Tieren schon nach einigen Minuten nachläßt oder erlischt, bei anderen dagegen auch nach einer halben Stunde und mehr fast unverändert anhält. Hat ein Paar 5–10 Min. lang nicht gebalzt, empfiehlt es sich, es gegen zwei neue Tiere auszutauschen oder zumindest ein neues Männchen zu verwenden. Infolge der sehr großen individuellen Variabilität des Balzgeschehens domestizierter Zebrafinken sollten ohnehin stets mehrere Versuchstiere beobachtet werden.

Schon durch das bloße Beobachten des Balzverhaltens lassen sich u. a. die folgenden Fragen beantworten und anschließend diskutieren: Wie ist der Ablauf der Balz, welche Variationsbreite ist erkennbar und welche Ursachen könnten ihr zugrundeliegen? Welche wiedererkennbaren Einzelelemente treten auf? Ist ihre Reihenfolge immer die gleiche? Sind sie jeweils bestimmten Situationen zugeordnet? Welche Rolle spielen Bewegungen und Laute des einen Tieres für das Verhalten des anderen? Wie unterscheidet sich die Gefiederstellung bei beiden Geschlechtern, und welches können die Gründe hierfür sein? Gibt es Verhaltensweisen, die mit der Balz scheinbar nichts zu tun haben, in deren Verlauf aber trotzdem gehäuft auftreten (z. B. Schnabelwischen, aggressive Verhaltensweisen) und welche Ursache oder Bedeutung könnten sie haben?

Im zweiten oder dritten Versuchsdurchgang sollten die erkannten Einzelelemente auch quantitativ erfaßt werden. Hierzu eignet sich besonders die kurze, mehrfach wiederholte Gesangsstrophe oder die Gesamtlänge einer Balzfolge. An Hilfsmitteln leisten neben einer Stoppuhr einfache Handzähler (sogenannte «Sackzähler») gute Dienste, da die einzelnen Teilhandlungen oft sehr kurz sind und rasch aufeinanderfolgen.

Quantitative Messungen eignen sich – neben einer generellen Übung im Quantifizieren von Verhaltensweisen, die sie vermitteln – vor allem zur Feststellung von Verlaufs- und Häufigkeitsunterschieden im Balzverhalten, und zwar sowohl innerhalb eines (längeren) Versuchs, als auch zwischen den einzelnen Versuchstieren. Sie geben Gelegenheit zur Diskussion der möglichen Ursachen individueller Variabilität (z. B. Alter, soziale Vorgeschichte, Dauer der vorausgegangenen Isolation usw.).

D. Zusätzliche Untersuchungen

Zebrafinken sind gut dafür geeignet, auch in einem relativ kurzen Kurs zumindest Ansätze einer «EAM-Analyse» zu versuchen, d.h. die Bedeutung einzelner Merkmale für das Auslösen von Reaktionen zu prüfen. Hierzu kann man entweder die im Laufe der Domestikation

Abb. 58: Männlicher Zebrafink balzt eine aus Plastilin geformte Weibchen-Attrappe an

entstandene weiße (leuzistische) Mutante des Zebrafinken verwenden und die Balz weißer oder gemischter Paare mit der «wildfarbener» Paare vergleichen, oder man kann mit Attrappen arbeiten (Abb. 58). Attrappenversuche bieten die Gelegenheit, Stimme und Bewegung auszuschließen und die Wirkung allein der statisch-optischen Merkmale zu prüfen. Darüber hinaus können einzelne Merkmale (z. B. Schnabelfarbe) durch Übermalen künstlich verändert und damit ihre Bedeutung als soziales Signal ermittelt werden. Wichtige Aufschlüsse bringt der Vergleich der Reaktionen beider Geschlechter auf Attrappen oder der allmähliche «Abbau» der natürlichen Merkmale zur Ermittlung des «Mindestwertes» für das Auslösen sexueller Reaktionen (Einzelheiten s. Immelmann 1959).

Als Attrappen können entweder ausgestopfte Tiere oder Modelle aus Plastilin oder einem anderen Material verwendet werden, die mit Hilfe eines Drahtes auf der Sitzstange befestigt werden.

Literatur

Immelmann, K.: Experimentelle Untersuchungen über die biologische Bedeutung artspezifischer Merkmale beim Zebrafinken (*Taeniopygia castanotis* Gould). Zool. Jb. Syst. **86**, 437–592 (1959).
– Beiträge zu einer vergleichenden Biologie australischer Prachtfinken (Spermestidae). Zool. Jb. Syst. **90**, 1–196 (1962).

Kunkel, P.: Zum Verhalten einiger Prachtfinken (Estrildinae). Z. Tierpsychol. **16**, 302–350 (1959).

Morris, D.: The reproductive behaviour of the Zebra Finch, *Poephila guttata*. Behaviour **6**, 271–322 (1954).

Sossinka, R.: Domestikationserscheinungen beim Zebrafinken *Taeniopygia guttata castanotis* (Gould). Zool. Jb. Syst. **97**, 445–521 (1970).
– Quantitative Untersuchungen zur sexuellen Reifung des Zebrafinken, *Taeniopygia castanotis* Gould, Verh. Zool. Ges., Bochum 1974, 344–347 (1975).

29. Balz und Paarung von Japan-Wachteln

William C. Calhoun

University of Tennessee, Knoxville

Balzmuster, die jeweils artspezifisch sind, d. h. ausschließlich einer Art zukommen, dienen verschiedenen Funktionen. Dazu gehören die Synchronisation des Verhaltens beider Geschlechter, sexuelle Isolation zwischen den Arten und Herabsetzung der innerartlichen Aggressivität. Balz und Paarung bei der Japan-Wachtel, *Coturnix coturnix japonica,* der ostasiatischen Rasse der auch in Europa vorkommenden Wachtel, liefern dafür ein gutes Beispiel (Abb. 59). Diese Vögel sind in der Haltung anspruchslos, wachsen schnell heran und haben ein ausgeprägtes Balzverhalten. Wenn Männchen und Weibchen vor der normalen Brutperiode getrennt aufgezogen werden, finden Balz und Paarung innerhalb weniger Minuten nach dem Zusammensetzen statt.

Balz soll hier definiert werden als die Verhaltensweisen, die vor dem Aufsteigen des Hahnes («Treten») ablaufen, und Paarung soll definiert werden als die Verhaltensweisen zwischen Treten, Aufsteigen und Kloakenkontakt. Aggressives Verhalten (Drohen und Angriff) wird oft als Teil der Balz bei dieser Art beobachtet; der Hahn nähert sich der Henne (oder einem anderen Hahn) in einer «Droh»-Haltung, und erst die Reaktion des Gegenübers bestimmt, ob es zu Balz oder Kampfverhalten kommt. Der Beobachter sollte sich mit dem aggressiven Verhalten dieser Art vertraut machen, ehe er mit diesem Experiment beginnt.

Wenn ein Hahn mit einer Henne verpaart wird, bestimmt in der Regel die Antwort des Weibchens jeweils den Ausgang der Begegnung. Eine aggressive Gegenattacke der Henne wirkt auf den Hahn abweisend und beendet den Balzablauf. Reagiert die Henne mit weiblichem Sexualverhalten und duckt sich, läuft die Balz

Normalhaltung

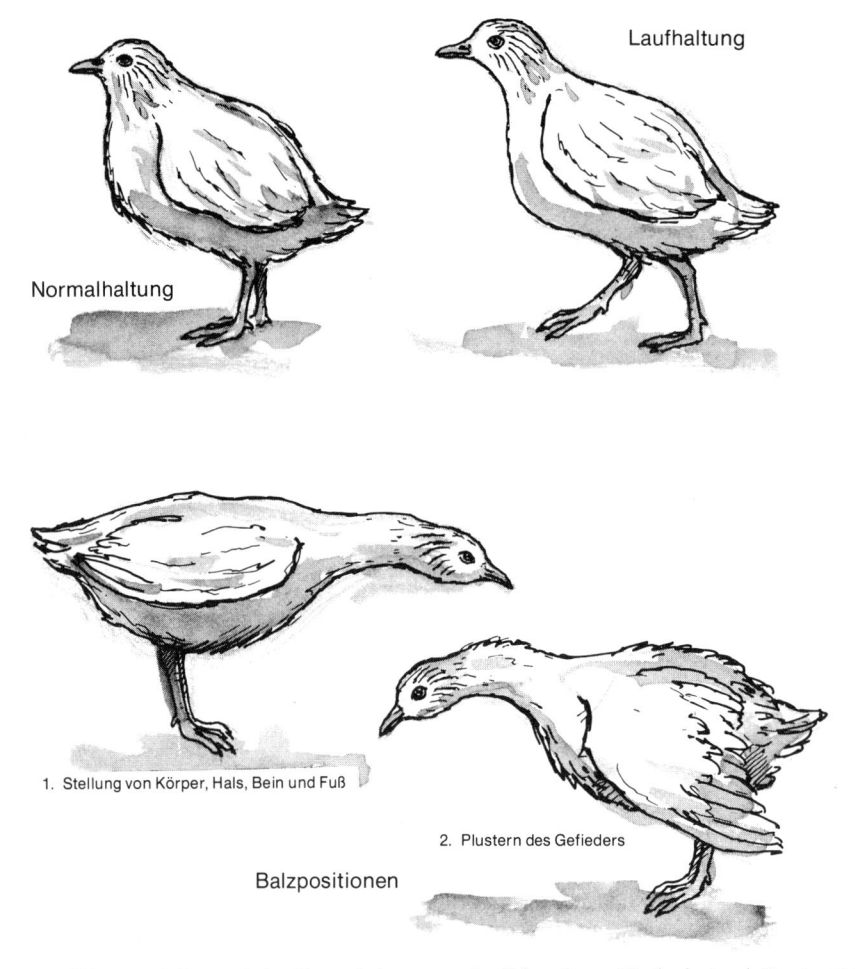

Laufhaltung

1. Stellung von Körper, Hals, Bein und Fuß

2. Plustern des Gefieders

Balzpositionen

Abb. 59: Einige typische Körperhaltungen männlicher Japan-Wachteln (nach Farris, 1967)

weiter. Auch bei einer Begegnung zweier Hähne löst Ducken des untergeordneten Hahnes gelegentlich Treten durch das dominante Männchen aus.

Dieser Kurs verfolgt drei Ziele. Erstes Ziel ist das Kennenlernen, Wiedererkennen und Beschreiben der Komponenten aggressiven Verhaltens bei einer Hahn-Hahn-Begegnung, das zweite ist Identifizierung, Kennenlernen, Wiedererkennen und Beschreiben von Verhaltensweisen, die während Balz und Paarung (innerhalb von Hahn-Henne-Begegnungen) auftreten. Drittes Ziel schließlich ist die Quantifizierung dieser Verhaltensweisen und das Festlegen der Reihenfolge, in der sie normalerweise auftreten.

A. Versuchsobjekte und -material

Testvögel sollten mindestens einen Monat vor Versuchsbeginn gekauft werden. Alle Tiere werden vor den Beobachtungen 20–30 Tage einzeln gehalten. Jede Gruppe von Kursteilnehmern benötigt eine Stoppuhr und Geräte zur Datenaufzeichnung. Eine kreis- oder halbkreisförmige Einfriedung (Durchmesser etwa 1 m, Höhe 50–70 cm) aus Drahtgeflecht oder klarem Plastikmaterial erlaubt Beobachtungen sowohl von den Seiten als auch von oben. Um ein Überfliegen der Absperrung zu verhindern, sollten die Schwungfedern der Versuchsvögel auf einer Seite gestutzt werden. Der Boden der Einfriedung wird mit Sägemehl bedeckt, um die

Reinigung zu erleichtern. Jeder Vogel wird zur leichteren Identifizierung mit einem farbigen Fußring oder durch Aufbringen eines Farbtupfens auf Kopf oder Rücken mit einem Filzstift markiert.

B. Versuchsdurchführung

1. Erkennen von Verhaltensbestandteilen

Es werden zwei fremde Männchen, die vorher getrennt voneinander gehalten wurden, in den Beobachtungsring gesetzt und die Bestandteile aggressiven Verhaltens bei dem dominanten und dem unterlegenen Vogel festgestellt. Wenn Sie die beiden Männchen fünf bis zehn Minuten beobachtet haben, entfernen Sie das unterlegene Tier und ersetzen es durch ein zweites fremdes Männchen. Setzen Sie dies fort, bis Sie mit dem aggressiven Verhalten dieser Art vertraut sind. Im allgemeinen sind zwei bis vier dieser Einzelbeobachtungen angemessen.

Setzen Sie dann eine Henne in den leeren Ring und geben Sie ihr fünf bis zehn Minuten, um sich an die fremde Umgebung zu gewöhnen. Dann setzen Sie einen Hahn zu ihr. Beachten Sie die das Weibchen kennzeichnende Färbung und Körperhaltung und stellen Sie diese denen des Männchens gegenüber. Zuerst beobachten Sie das Paar nur. Beginnen Sie erst dann mit der Aufzeichnung der Verhaltensmuster, wenn Sie mit dem Verhalten vertraut geworden sind. Gebrauchen Sie eigene, beschreibende Ausdrücke; vermeiden Sie solche, die Kausalitäten oder Funktionen implizieren.

Für die Zwecke dieser Beobachtung läßt man die Paarung bis zum Kloakenkontakt ablaufen, der zu Anfang nicht immer leicht zu erkennen sein wird. Eine Kopulationsserie, bestehend aus mehreren Paarungen, soll hier als abgeschlossen gelten, wenn ein Interkopulationsintervall (als Zeit zwischen letztem Kloakenkontakt und Beginn der erneuten Paarung) länger als fünf Minuten währt. Ist dies eingetreten, wird das erste Paar aus der Einfriedung entfernt. Wiederholen Sie die Beobachtungen mit frischen Paaren je nach verfügbarer Zeit und Zahl der Vögel.

Wenn die Beobachtungen abgeschlossen sind, sollten Sie die Ergebnisse mit denen anderer Beobachtergruppen oder mit dem Betreuer diskutieren. Vertreter aller Gruppen sollten möglicherweise ihre Aufzeichnungen verlesen und die Verhaltensweisen an einer Tafel auflisten. Einigen Sie sich auf kurze deskriptive Namen für die einzelnen Verhaltensweisen und auf eine vollständige Liste. Stellen Sie sicher, daß die Liste das Verhaltensmuster beider Geschlechter beschreibt. Der Versuchsleiter wird Ihnen sagen, ob Sie einzelne Verhaltensweisen übersehen haben bzw. Verhaltensweisen nennen, die während der kurzen Beobachtungszeit nicht auftraten. Einigen Sie sich dann auf die am leichtesten zu erkennenden Verhaltensweisen aus dieser Liste und stellen Sie Kriterien für deren Identifizierung auf. Es ist wichtig, sich bei allen folgenden Versuchen streng an diese Kriterien zu halten. Dies ist eine wichtige Voraussetzung für das Gelingen der nächsten Phase des Experiments. Stellen Sie eine Kontrollkarte für die folgenden Beobachtungen zusammen, die diejenigen Verhaltensweisen enthält, die Sie für eine quantitative Untersuchung ausgewählt haben.

2. Quantifizierung von Verhaltensweisen

Beobachten Sie in einem zweiten Versuch ein unerfahrenes Paar (Hahn und Henne), bis das Interkopulationsintervall länger als fünf Minuten dauert. Tragen Sie Häufigkeit und Dauer der Verhaltensweisen in die Kontrollkarte ein. Beachten Sie solche Verhaltenssequenzen, die sich mehrfach wiederholen und die sinnvoll in größeren Kategorien zusammengefaßt werden können, z. B. die Folge der Balzhandlung. Falls Zeit und Versuchstierzahl es erlauben, untersuchen Sie weitere Paare. Stellen Sie abschließend eine Verhaltenskurve für jedes Geschlecht her, die Aufschluß gibt über relative Häufigkeit und Dauer der Verhaltensweisen. Kommentare zur Abfolge der Verhaltensweisen können helfen, Balz- und Paarungsverhalten zu beschreiben.

C. Diskussion

Die Verhaltensmuster bei der Balz unterscheiden sich von Art zu Art stark: einige Verhaltensweisen sind zeitlich ausgedehnt und bieten ausführliche Gelegenheit für sorgfältige Beobachtungen. Das Balz- und Paarungsverhalten von *Coturnix* läuft dagegen außerordentlich schnell ab; daher sind wiederholte Beobachtungen zum Erkennen des vollständigen Verhaltensmusters notwendig.

D. Fragen

1. Aus welchen klar unterscheidbaren Verhaltensweisen besteht die Balz? Folgten einige Verhaltensweisen immer oder normalerweise anderen? Welche waren es? Was geschah, wenn die Henne die erste Annäherung des Hahnes zurückwies? Was zeigte die geduckte, aufgeplusterte Haltung beim Weibchen an? Nahm einer der Hähne in der Hahn-Hahn-Begegnung diese Position an? Was bedeutete das in dieser Situation?
2. Der Hahn war vermutlich ziemlich laut. Gab die Henne irgendwelche Laute von sich? Wann? Welche Funktion könnten sie gehabt haben?
3. Beschreiben Sie kurz den typischen Handlungsablauf von der ersten Aktion des Hahnes bis zum Kloakenkontakt. Zeigen Sie, wie diese Verhaltensweisen der Vögel ineinandergreifen, im Vergleich etwa zu den Stichlings-Untersuchungen von Tinbergen (1952). Diskutieren Sie das beobachtete Verhalten im Hinblick auf die genannten Funktionen des Balz- und Paarungsverhaltens.

Literatur

Aronson, L. R.: An analysis of reproductive behavior in the African mouthbreeding fish, *Tilapia macrocephala*. Zoologica **34**, 133–155 (1949).

Farris, H. E.: Classical conditioning of courting behavior in the Japanese quail, *Coturnix coturnix japonica*. J. Exp. Anal. Behav. **10**, 213–217 (1967).

Stokes, A. W.: Agonistic and sexual behaviour in the chukar partridge. Anim. Behav. **11**, 121–134 (1963).

Tinbergen, N.: Instinktlehre. Parey, Berlin und Hamburg. 1952.

Wiepkema, P. R.: An ethological analysis of the reproductive behavior of the bitterling (*Rhodeus amarus* Blach). Behaviour **16**, 103–199 (1961).

30. Soziale Organisation und Balzverhalten bei Hühnern

ALLEN W. STOKES

Utah State University, Logan, Utah

Haushühner entwickeln wie viele andere Tiere eine soziale Hierarchie, wenn sie eine Zeitlang gemeinsam gehalten werden. In der folgenden Übung sollen Sie das Verhalten einer kleinen Gruppe von jungen Hähnen beobachten, die zum ersten Mal als Fremde in einem Gehege zusammengebracht werden. Anschließend sollen Sie das Verhalten dieser unorganisierten Gruppe mit dem einer ähnlichen, schon einige Wochen lang zusammenlebenden Gruppe vergleichen. Auf diese Weise können Sie beobachten, welche Art sozialer Hierarchie sich beim Haushuhn ausbildet, welche Verhaltensweisen bei der Entwicklung dieser Organisationsform mitwirken und welche Verhaltensänderungen in der Gruppe auftreten, nachdem eine bestimmte, soziale Struktur etabliert ist. Abschließend sollen Sie Balz- und Paarungsverhalten beobachten, indem Sie eine Henne zu den Hähnen setzen.

A. Material

Die Übung erfordert acht Hähne und eine Henne einer weißen Hühnerrasse; je älter sie sind, desto besser. Markieren Sie jedes Tier mit Filzschreibern verschiedener Farbe an Kopf oder Rücken, um das Erkennen zu vereinfachen (wenn keine weiße Zuchtrasse beschaffbar ist,

Abb. 60:
Die Verwendung eines
Hakens zum Einfangen
von Hühnern

benutzen Sie farbige Fußbänder). Vier der Hähne werden eine Woche oder länger vor der Beobachtung in einem der beiden Beobachtungsgehege zusammengesetzt. Die übrigen vier werden in optisch isolierten Einzelkäfigen gehalten. Die beiden Beobachtungsgehege sollten 3 × 3 m groß oder größer und so abgeschirmt sein, daß sich die Tiere in den beiden Gehegen nicht gegenseitig sehen können. Während der Beobachtung läßt man am besten weder Sitzstangen noch irgendeine Deckung darin. Ein Haken, wie ihn Geflügelzüchter verwenden, ist praktisch zum Einfangen der Tiere, wenn man sie aus einem Gehege entfernen will (Abb. 60).

B. Verhalten von fremden Tieren

Setzen Sie einen der isolierten Hähne in das leere Beobachtungsgehege. Beobachten Sie 5 bis 10 Minuten lang das Verhalten dieses Tieres, um seine Verhaltensweisen festzustellen. Dazu gehört eine Reihe von Komfort- oder Intentionshandlungen, wie das Putzen bestimmter Körperpartien, Schwanzbewegungen, Kopfschütteln, Flügelstrecken, Flügelschlagen, Federsträuben und Staubbaden. Da das Tier in eine fremde Umgebung gebracht wurde, kann es auch Gefiederhaltungen und Bewegungen zeigen, die eine Folge dieser Situation sind. Registrieren Sie diese Verhaltensweisen und diskutieren Sie sie gemeinsam. Inwieweit treten sie in verschiedenem Intensitäts- oder Vollständigkeitsgrad auf? Vereinbaren Sie für jede Haltung oder Bewegung kennzeichnende Kriterien, an die Sie sich bei allen späteren Beobachtungen halten.

Setzen Sie dann einen zweiten Hahn in das Gehege. Beobachten Sie wiederum 5 Minuten lang das Verhalten und einigen Sie sich über weitere Kriterien bezüglich solcher Verhaltensweisen, die sich aus Wechselwirkungen der beiden Tiere ergeben. Fertigen Sie davon eine Liste an, mit drei Spalten zum Protokollieren, eine für jeweils 5 Minuten.

Setzen Sie dann die übrigen beiden isolierten Hähne in das Beobachtungsgehege. Jeder Teilnehmer konzentriert sich auf einen vorher bezeichneten Hahn und registriert 15 Minuten lang auf dem Protokollblatt das Auftreten jedes Verhaltenselementes. Auf diese Weise können Sie Verhaltensänderungen als Folge der Wechselwirkung der Tiere aufeinander feststellen. Dann werden alle vier Tiere in ihre Einzelkäfige zurückgebracht. Die Beobachtungen werden zusammengefaßt, die Hack- und Kampfdaten in Tabelle 11 aufgeführt. Als Sieg zählt jedes Hacken nach einem Rivalen, jeder buchstäbliche Sieg in einem Kampf und jedes Drohen seitens eines Siegers, das von einem Unterlegenen mit Ausweichen beantwortet wird.
1. Können Sie aufgrund der ausgetauschten Hackhandlungen jedem Einzeltier einen Rang in der Gruppe zuweisen?
2. Sind einige Verhaltensweisen mit Überlegenheit, andere mit Unterlegenheit verbunden?
3. Sind die Unterschiede streng gegensätzlich oder gehen Sie ineinander über?

C. Verhalten einer organisierten Gruppe

Beobachten Sie nun die Gruppe von Hähnen, die seit wenigstens einer Woche in einem Beobachtungsgehege zusammen gehalten wird. Wieder registriert jeder Teilnehmer das Verhalten eines Hahns und trägt es in eine Liste ein. Eine zehnminütige Beobachtung müßte ausreichen, um den sozialen Rang dieser Tiere zu bestimmen. Es ist günstig, diese Hähne einen Tag lang ohne Futter zu lassen; bei Beginn der Be-

obachtung legt man dann ein Häufchen Körnerfutter in die Mitte des Geheges.
1. Welche Kriterien waren zur Bestimmung des sozialen Ranges am brauchbarsten – offen aggressive Handlungen, z. B. Hacken, oder die mit Aggressivität verbundenen Gefieder- und Körperbewegungen?
2. Würden Sie die Unterschiede zwischen einer organisierten und einer unorganisierten Gruppe von Hähnen kennzeichnen?
3. Gab es irgendeine Beziehung zwischen sozialem Rang und Körpergröße der Tiere? Zwischen sozialem Rang und Kammgröße?
4. Wie änderte sich das Verhalten während der Beobachtungszeit?
5. Wie würden Sie jene Verhaltensweisen zusammenfassen, deren Häufigkeit während der Beobachtungszeit abnahm?

Tabelle 11: Soziale Rangfolge von vier Hähnen als Ergebnis gemeinsamer Begegnung

		Niederlagen von Hahn Nr.				Gesamtzahl d. Niederlagen für jed. Hahn
		1	2	3	4	
Siege von Hahn Nr.	1	—				
	2		—			
	3			—		
	4				—	
Gesamtzahl der Siege für jeden Hahn						

D. Balzverhalten

Setzen Sie jetzt eine fremde Henne zu den vier Hähnen, die die organisierte Gruppe bilden. Jeder Teilnehmer registriert auf einem Protokollblatt die Verhaltensweisen eines einzigen, vorher bezeichneten Tieres. Seien Sie auf plötzliche Handlungen gefaßt und registrieren Sie besonders die anfänglichen Reaktionen von Henne und Hähnen. Es wird vielleicht notwendig sein, der Protokolliste einige weitere Verhaltensweisen hinzuzufügen, die vorher nicht zu beobachten waren. Registrieren Sie 10–15 Minuten lang das Verhalten und entfernen Sie dann die Henne.

1. Zeigen die Hähne gegenüber der Henne Verhaltensweisen, die sie auch gegenüber anderen Hähnen zeigten? Welche?
2. Welche Verhaltensweisen scheinen auf heterosexuelle Wechselwirkung beschränkt zu sein?
3. Was ist das Wesentliche an der Balz?
4. Hat das Balzverhalten einige Verhaltensweisen mit dem Kampfverhalten gemeinsam? Warum könnte das sein?
5. Steht die Reaktion eines Hahnes gegenüber der Henne in Beziehung zu seiner Stellung in der sozialen Rangfolge?
6. Ist soziale Überlegenheit bei Hühnern vorteilhaft für das Erlangen eines Geschlechtspartners?

E. Vorschläge für weitere Untersuchungen

1. Wäre das Verhalten a) der Henne und b) der Hähne anders, wenn sie sexuell unerfahren wären, das heißt, wenn sie niemals vor dem Zusammensetzen ein Tier des anderen Geschlechts gesehen hätten?
2. Ändert es den sozialen Rang eines Hahnes, wenn man ihm Testosteron injiziert?
3. Wie wird das Verhalten einer Henne beeinflußt, wenn man ihr Testosteron injiziert?
4. Wie sieht die Reaktion auf eine zweite Henne aus, wenn man vorher eine Henne mit den Hähnen eine Woche lang zusammen läßt? Vertragen sich die beiden Hennen? Balzt der dominante Hahn die zweite Henne an und bildet einen Harem wie es Wildhähne im Freiland tun oder balzen Hähne von geringerem Rang diese Henne an?
5. Baut eine Gruppe von Hennen ebenfalls eine soziale Rangordnung auf? Mit Hilfe welcher Verhaltensweisen?
6. Wie beeinflußt Hunger das Niveau der Aggressivität, wenn wieder Futter geboten wird?
7. Wie reagieren Hähne auf Jungtiere gleichen Geschlechts?
8. Beeinflußt es die Behandlung eines Tieres durch die Stallgenossen, wenn es in seiner Erscheinung durch ausgiebiges Bemalen seines Gefieders wesentlich verändert wird?

F. Bestimmung des sozialen Ranges durch paarweise Begegnungen

Ein zweiter Weg, die Stellung eines Tieres in einer sozialen Rangfolge zu bestimmen, besteht darin, alle Mitglieder einer Gruppe in paarweisen Begegnungen einander gegenüberzustellen, so daß jedes Tier die Chance hat, jedem anderen einzeln zu begegnen. Wenn vier Hähne verwendet werden, sind 6 Kombinationen möglich. Die derartig bestimmte soziale Rangfolge kann mit der in Abschnitt B festgestellten verglichen werden, zu deren Ermittlung alle vier Hähne gleichzeitig zusammengesetzt wurden.

Mit Hilfe dieses Vorgehens läßt sich bestimmen, welche Verhaltensweisen (einschließlich der Häufigkeit ihres Auftretens) mit Über- und welche mit Unterlegenheit verbunden sind, und in welchem Maße das Verhalten dominanter Tiere von dem unterlegener Tiere verschieden ist. Am besten führt man diese Versuche in einem zweiten Kurs aus.

1. *Versuchsdurchführung*

Setzen Sie zwei Hähne aus den Einzelkäfigen in einem Beobachtungsgehege zusammen; registrieren Sie alle Verhaltensweisen, die in 5 Minuten auftreten. Wieder sollte jeder Teilnehmer das Verhalten nur eines Hahnes registrieren, weil es unmöglich ist, das Verhalten beider Hähne gleichzeitig festzuhalten. Diskutieren Sie die Beobachtungen und einigen Sie sich, welcher der beiden Hähne überlegen war. Was waren Ihre Kriterien für Überlegenheit? Notieren Sie auf der Liste, welcher Hahn dominant war.

Entfernen Sie einen Hahn und ersetzen ihn durch einen zweiten. Registrieren Sie wieder über 5 Minuten und entscheiden Sie, welcher überlegen war. Wiederholen Sie dieses Vorgehen, bis alle vier Hähne jedem anderen gegenübergestanden haben. Verwenden Sie dasselbe Tier nie mehr als in zwei aufeinanderfolgenden Begegnungen. Es ist ratsam, vor dem ersten Versuch einen Versuchsplan aufzustellen.

2. *Analyse*

Fassen Sie das Auftreten von Verhaltensweisen bei den sechs überlegenen und den sechs unterlegenen Hähnen zusammen. Tragen Sie für jeden Hahn Siege und Niederlagen wie in Tabelle 14 ein.
1. Welche Verhaltensweisen sind vorherrschend oder ausschließlich mit Überlegenheit verbunden?
2. Verstehen Sie jetzt, wie man die soziale Rangfolge in einer eingewöhnten Hühnerschar, die kaum offene Aggression zeigt, bestimmen kann?
3. Ist die in paarweisen Begegnungen ermittelte soziale Rangfolge dieselbe wie die vorher im Gruppenversuch festgestellte?

Literatur

Baeumer, E.: Lebensart des Haushuhns. Z. Tierpsychol. **12**, 387–401 (1955).
– Verhaltensstudie über das Haushuhn – dessen Lebensart. 2. Teil. Z. Tierpsychol. **16**, 284–296 (1959).
Davis, D. E.: The physiological analysis of aggressive behavior. In: W. Etkin (Ed.): Social behavior and organization among vertebrates. University of Chicago Press. Chicago. 1964.
Guhl, A. M.: The behaviour of chickens. In E. S. E. Hafez (Ed.): The behaviour of domestic animals. Williams & Wilkins, Baltimore. 1962.
Holst, E. von und E. von St. Paul: Vom Wirkungsgefüge der Triebe. Naturwissenschaften **47**, 409–422 (1960).
Schjelderup-Ebbe, T.: Beiträge zur Sozialpsychologie des Haushuhn. Z. f. Psychol. **88**, 225–252 (1922).
Wood-Gush, D. G. M.: The agonistic and courtship behaviour of the brown leghorn cock. Brit. J. Anim. Behav. **4**, 133–142 (1954).

31. Flugfeinderkennen bei Hühner- und Entenvögeln

Roland Sossinka

Lehrstuhl für Verhaltensphysiologie der Universität Bielefeld

Bei vielen Vogelarten löst ein über den Himmel gleitender Greifvogel Schreck- und Fluchtreaktionen aus. Singvögel stoßen langgezogene Pfiffe aus und suchen im Innern von Bäumen oder Büschen Schutz, Enten und Hühnervögel äußern ebenfalls charakteristische Warnrufe und suchen häufig Deckung auf. Besonders stark ist die Reaktion in den Fällen, da Jungtiere in der Nähe sind.

Die Frage, wie und woran die Vögel den Luftfeind erkennen, ist ein klassisches Untersuchungsobjekt der Verhaltensforschung, zu dem schon Heinroth (1928), Lorenz (1939), Tinbergen (1939) und viele andere Überlegungen und z. T. Experimente anstellten.

Zunächst ist zu klären, an welchen Parametern der fliegende Greifvogel wiedererkannt wird, unabhängig davon, ob die Kenntnis auf Lern- oder Erbprozessen beruht. Welche optischen Merkmale treffen vorwiegend auf das Greifvogel-Flugbild zu, ohne denen anderer Vögel oder Flugkörper gemeinsam zu sein. Scheidt (1961) faßt die Hypothesen früherer Untersuchungen mit eigenen Überlegungen zusammen:

Enten und Hühnervögel halten den Kopf seitlich, wenn sie Objekte in Entfernungen von mehr als 1–2 m genau betrachten wollen. Sie fixieren also einäugig (Projektion des Objektabbildes in die Fovea centralis der Netzhaut). Dadurch ist es kaum möglich, die Entfernung des Objektes und dessen Größe absolut zu bestimmen. Vielmehr wird nur eine bestimmte Winkelgröße wahrgenommen. Demnach wird eine 2 cm große Hummel, die in 1 m Entfernung vorbeifliegt, ebenso groß abgebildet wie ein 50 cm großer Greifvogel in 25 m.

$(\tan \frac{2}{100} = \tan \frac{50}{2500}$ Sehwinkel ca. 1.2°).

Entsprechend kann auch keine absolute Geschwindigkeit wahrgenommen werden. Es ist aber möglich, daß die fixierenden Vögel eine Relativgeschwindigkeit feststellen, also die Anzahl Eigenlängen pro Zeiteinheit ermitteln

können, die das Objekt zurücklegt. Auf Grund der so erfaßten Beziehung Winkelgröße zu Winkelgeschwindigkeit ließe sich zwischen Hummel und Greifvogel auch schon eine deutliche Unterscheidung durchführen, da der gleitende Greifvogel nicht genau 25mal schneller fliegt, wie bei den oben genannten Daten nötig wäre, um mit derselben Winkelgeschwindigkeit zu passieren wie die Hummel. Neben Winkelgröße und Winkelgeschwindigkeit sind aber noch weitere Faktoren wesentlich für das Erkennen bestimmter Flugobjekte. Besonders die Umrißform und zusätzliche Bewegungen wie Flügelschläge spielen eine Rolle. An dieser Stelle soll weder auf die Flügelschlagfrequenz, noch auf ein Stillstehen des Flugobjektes (entsprechend einem Rütteln des Greifvogels) oder auf ein plötzliches Größerwerden (entsprechend einem schnellen Annähern durch Sturzflug) eingegangen werden. Nimmt man einen ohne Flügelschlag gleitenden Greifvogel als Beispiel, bleibt neben dem Verhältnis von Winkelgröße zu Winkelgeschwindigkeit nur noch die Form der Silhouette als mögliches Erkennungsmerkmal (Farben dürften gegen den hellen Himmel in der Regel fast ohne Bedeutung sein). Tatsächlich haben die meisten Greifvögel gemeinsame Merkmale in der Silhouette, wie eine kurze, gedrungene Kopf-Hals-Partie und einen mehr oder weniger stark verlängerten Schwanz (vgl. Abb. 61).

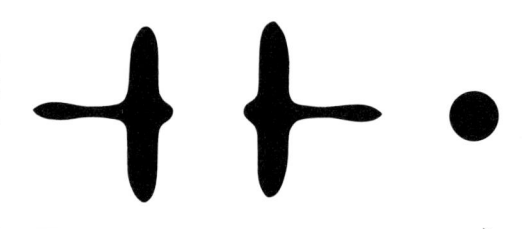

Abb. 61: Attrappen von Flugobjekten. v. l. n. r.: «Kurzhals», «Langhals», Kreis (Kurz- und Langhals unterscheiden sich nur in der Bewegungsrichtung, siehe Pfeil)

Diese Vorausüberlegungen sind notwendig, wenn man mit Hilfe von Attrappenversuchen Reaktionen auf Flugfeinde testen will. In Abhängigkeit von der Vorweisungshöhe muß man Größe und Geschwindigkeit der Attrappe wählen, was wiederum die Vorweisungsdauer beeinflußt. Bei den Versuchen selbst muß man sehr sorgfältig vorgehen, da einmal eine relativ schnelle Gewöhnung der Versuchstiere eintritt, zum anderen die Tiere sehr schnell regelmäßig mit den Attrappen gekoppelte Begleitumstände zu verknüpfen lernen und dann oft schon auf bedingte Reize wie Seilzugsgeräusche, Auftauchen des Versuchsleiters und ähnliches reagieren.

Die Reaktionen der Tiere selbst können je nach Art und Situation verschieden sein. Von Stillstehen und Fixieren über Aufmerksamkeits- und Warnrufe bis hin zu «flach auf den Boden ducken» oder «in Deckung stürzen» läßt sich ein breites Spektrum beobachten. Junge führende Elterntiere zeigen zudem Droh- und Angriffsverhalten. Die zweite Frage ist die nach dem individuellen Erwerb der Objektkenntnis. Grundsätzlich sind eine Reihe von Möglichkeiten denkbar, wie unter normalen Bedingungen ein Vogel zu dieser Kenntnis gelangen könnte: a) das Tier hat eine unmittelbare Bedrohung durch einen Greifvogel miterlebt (am eigenen Körper oder bei Familien- oder Schwarmkumpanen) und assoziiert diesen Schreck mit dem Greifvogel-Flugbild; b) die Objektkenntnis wird durch Tradition weitergegeben, d. h. jedes Jungtier lernt die Verknüpfung von Warn- und Fluchtreaktion mit dem Auftauchen eines Greifvogel-Flugbildes aus dem jeweiligen Verhalten der Eltern; c) das Tier flieht nahezu alle fliegenden Objekte, lernt aber mit der Zeit für solche, die sich häufig wiederholen, ohne daß unangenehme Begleitumstände damit verbunden sind, deren Harmlosigkeit kennen und ersetzt damit die angeborene Furcht vor diesen Flugobjekten durch ein erlerntes Nichtbeachten; d) das Tier hat einen angeborenen Auslösemechanismus, der auf ein generalisiertes Greifvogel-Flugbild anspricht. Auch eine Verknüpfung von a, b, c oder d ist denkbar. Unbestritten ist der Anpassungswert dieser Reaktion, der wegen seines Selektionsvorteils angeborene Komponenten sehr wahrscheinlich sein läßt. Wenn keine Objektkenntnis angeboren ist (d), dann ist zumindest eine spezifische Lerndisposition für den Erwerb des Feindbildes (a, b) oder den Abbau der Reaktionsauslösung auf «harmlose» Bilder (c) zu erwarten.

Diese Frage läßt sich experimentell durch Kontrolle der Erfahrungen der Versuchstiere beantworten. Man zieht Küken erfahrungslos auf und testet sie mit verschiedenen Attrappen, sobald sie mehrere Wochen alt sind. Anderen bietet man in der Jugend täglich einen bestimmten Attrappentyp, Parallelgruppen einen anderen, und testet sie später ebenso wie die erfahrungslosen Tiere.

Erstaunlicherweise sind aus solchen Versuchen in der Literatur eine Reihe widersprüchlicher Ergebnisse abgeleitet worden. Die zum Teil unnatürlichen Darbietungsbedingungen (Verhältnis Winkelgröße zu Winkelgeschwindigkeit), zu schnellen und häufigen Darbietungswiederholungen und mangelnde statistische Auswertungen mögen dafür verantwortlich sein. Nach den sehr kritischen Untersuchungen von Schleidt (1961) darf man vermuten, daß Putenküken nicht angeborenermaßen verschieden auf kurzhalsige (Greifvogel-) und langhalsige (Entenvogel-)Attrappen reagieren, daß sie aber wohl auf bestimmte Kombinationen von Winkelgeschwindigkeit und Winkelgröße ohne Erfahrung verstärkt antworten. Nach häufigem Bieten bestimmter Attrappenformen läßt deren Wirksamkeit nach, so daß Puten auf die relativ seltenen Flugbilder stärker reagieren (also innerhalb gewisser Grenzen eine Kombination der Möglichkeiten d und c nach S. zeigen).

A. Material und Versuchsdurchführung

Je nach den räumlichen Gegebenheiten ist eine Arena, die den Blick zum Himmel frei läßt, und eine Einrichtung zur Darbietung der Attrappen zu konstruieren (z. B. Abb. 62). Sinnvolle Größenordnungen sind bei einer Darbietungshöhe von ca. 10 m eine Attrappenlänge von 30 cm und eine Geschwindigkeit von ca. 1–5 m/sec, bzw. bei 3 m Höhe 10 cm Länge und ca. 0,5 m/sec. Zunächst ist zu definieren, was als Reaktion zu bewerten ist (Vorversuche oder Vorgabe bestimmter Verhaltensweisen durch einen Betreuer, z. B. bei Puten: Stillstehen und Fixieren, Prütt-Laute, tück-Laute,

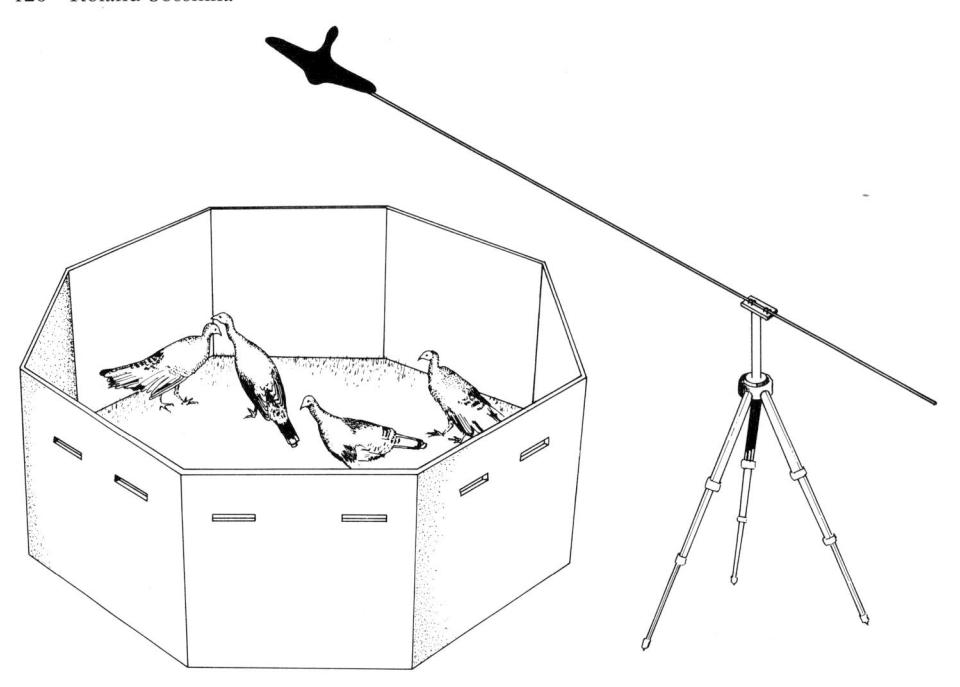

Abb. 62: Versuchsaufbau für Attrappenversuche zum Flugfeinderkennen. Arena mit Beobachtungsschlitzen; großes Stativ mit Schwenkarm

Ducken, Federnspreizen und Fauchen, in Deckung stürzen).

Im Idealfall stehen drei Gruppen von Versuchstieren zur Verfügung (z. B. Puten, 10 Wochen alt): 1. in bezug auf Flugobjekte erfahrungslose Tiere, 2. in der Vergangenheit häufig mit Kurzhalsattrappen (s. Abb. 61) konfrontierte, 3. häufig mit Langhalsattrappe konfrontierte, jeweils sozial aufgewachsene Jungtiere. (Isolierte Tiere weisen in der Regel Deprivations-Schäden auf). Jede Gruppe wird mit Langhals-Kurzhals- und Kreisattrappe (etwa flächengleich) getestet, je 2mal, zwischen jeder der 6 Darbietungen mindestens 10 Minuten Pause. Die Reihenfolge der Attrappen ist vorher genau zu überlegen, da mit steigender Anzahl von Darbietungen die Reaktion nachläßt (Habituation, reaktionsspezifische Ermüdung neben reizspezifischer Ermüdung). Die Versuchstiere müssen an die Arena gewöhnt worden sein.

B. Fragen zur Auswertung

Läßt sich die Hypothese bestätigen, daß die Kurzhalsattrappe stärker beantwortet wird als die anderen (für Gruppe 1); daß die bekannte Attrappe schwächer beantwortet wird als die andere (für Gruppe 2 und 3)?

Kann man die Reaktionen von fünf Tieren in einer Gruppe als fünf unabhängige Reaktionen werten?

Läßt sich aus den Ergebnissen eine der vier eingangs genannten Hypothesen (a bis d) bzw. eine Kombination über den Erwerb der Kenntnis des Greifvogelbildes bestätigen/verwerfen?

Literatur

Schleidt, W. M.: Reaktionen von Truthühnern auf fliegende Raubvögel und Versuche zur Analyse ihrer AAM's. Z. Tierpsychol. **18**, 534–560 (1961).

Tinbergen, N.: On anti-predator responses in certain birds – a reply. J. comp. Psychol. **50**, 412–414 (1957).

32. Reaktionen auf ruhende Feinde bei Vögeln: Hassen bei Singvögeln

Roland Sossinka

Lehrstuhl für Verhaltensphysiologie der Universität Bielefeld

Theoretische Grundlagen

Bei Singvögeln im Freiland lösen Greifvögel, besonders Eulen, meist eine auffallende Reaktion aus, wenn sie tagsüber deutlich exponiert auf einem Ast oder Zaunpfahl sitzen. Die Vögel kommen bis auf mehrere Meter an den Feind heran, hüpfen erregt umher, wippen häufig mit dem Schwanz, zucken mit den Flügelspitzen und stoßen Alarmrufe aus. Man nennt diese Reaktion «Hassen» (englisch: mobbing). Sie wird auch gegen Katzen und andere Feinde angewandt und tritt in ähnlicher Form auch bei einigen Vogelarten auf, die nicht zu den Singvögeln gehören. Besonders stark reagieren die Vögel während der Brutzeit, vor allem wenn sie Junge füttern.

Dieses Hassen wirkt «ansteckend», auch über Artgrenzen hinweg. Dadurch vergrößert sich die Schar der hassenden Singvögel. Der biologische Sinn dieser Reaktion könnte darin liegen, daß eine große Zahl zeternder Vögel abschreckend wirkt und den Feind vertreibt. Vor allem aber wird auf diese Weise der Standort des Feindes kenntlich gemacht. Sowohl die auffallenden Bewegungen, als auch die Alarmrufe lassen sich leicht ausmachen.

Die Rufe stellen häufig wiederholte Geräusche über breite Frequenzbereiche dar, kurz, mit scharf abgesetztem Anfang und Ende. Damit haben sie Eigenschaften, die dem Wirbeltierohr die Ortung leicht machen – im Gegensatz zu den Pfiffen, die als Warnruf vor fliegenden Greifvögeln ertönen (vgl. Marler 1956).

Die Erscheinung des Hassens zeigt eine starke Anpassung in dem Sinne, daß je Region vorwiegend auf die Feinde gehaßt wird, die dort verbreitet sind. Auf nicht heimische Feindarten dagegen erfolgt nur geringe bis gar keine Reaktion. Der individuelle Erwerb dieser Reaktion ist komplex. Zum einen gibt es angeborene Anteile (erfahrungslos aufgezogene Jungvögel hassen auf lebende Eulen, Curio 1970); zum anderen spielen viele Lernprozesse eine Rolle. Der Auslöse-Mechanismus unterliegt teilweise einem Reifungsprozeß, wird aber auch im Sinne eines EAAM durch Lernvorgänge erweitert. Erfahrene Singvögel hassen auch gegen Attrappen, was unerfahrene z.T. nicht tun (Curio 1970). Ferner kann gegen normalerweise neutral bewertete Vogelarten nach schlechter Erfahrung stark gehaßt werden (Kramer und St. Paul 1951). Verknüpfungen mit Zeit und Ort spielen ebenfalls eine große Rolle: An Orten, an denen ein Vogel bereits früher einen Feind ausgemacht hatte, reagiert er meist schneller (Hinde 1954).

Die Verhaltensweise des Hassens unterliegt einer gewissen Habituation (= Gewöhnung, «Ermüdung»), d.h. mit der Zeit wird die Antwort auf den Reiz (z.B. eine Eule) schwächer. Daß diese Ermüdung nicht in der Motorik zu suchen ist, zeigt die auf einen neuen Reiz (z.B. eine Katze) hin wieder verstärkt ablaufende Reaktion. Die Habituation war also reizspezifisch. In der Regel steigt die Reaktionsstärke nach dem neuen Reiz jedoch nicht wieder ganz auf das Ausgangsniveau an, sondern bleibt – selbst wenn 24 Stunden Pause zwischen den Reizungen lag – etwas geringer. Neben der reizspezifischen muß also auch eine reaktionsspezifische Habituation gefordert werden. Entgegengesetzt wirkt ein Bahnungseffekt, der sich darin ausdrückt, daß bei kurzen, aufeinanderfolgenden Reizdarbietungen die Reaktion zunächst an Stärke zunimmt. Trotz der Überlagerung durch die gegenläufige Habituation ist die Auswirkung der Bahnung beim Hassen häufig in einer Verkürzung der Latenzzeit – also des Intervalles zwischen Reizwahrnehmung und Reaktion – festzustellen (Hinde 1954).

Bei kurzen, nicht wiederholten Reizdarbietungen wird eine direkte Abhängigkeit zwischen Wirksamkeit des auslösenden Objektes und Reaktionsstärke sichtbar. Curio (1959,

1969) untersuchte Trauerschnäpper *(Fidecula hypoleuca)* im Freiland, indem er Feindattrappen nahe von besetzten Nistkästen vorzeigte. Die Anzahl von Alarmrufen erwies sich als sehr zuverlässiges Maß der Reaktionsstärke (von sehr geringen Reaktionen abgesehen, bei denen nur Flügelzucken vorherrschte). Er fand heraus, daß bei gleicher Handlungsbereitschaft (= Motivation; in diesem Falle wesentlich abhängig davon, ob die Tiere noch Eier bebrüten oder schon Junge füttern) die Ruffrequenz linear proportional dem Auslösewert der Attrappe war. Bei stark wirksamen Attrappen fand sich zusätzlich eine Nachwirkung – d. h. ein Fortdauern der Reaktion trotz Beendigung des Reizes –, deren Dauer von der Reaktionsstärke bzw. Auslösewirksamkeit abhängig war.

Diese Ergebnisse wie auch andere deuten darauf hin, daß der Feind aus einer größeren Zahl von Einzelreizen besteht, die sich gegenseitig verstärken können. Bei Gimpeln etwa wurden folgende allgemeine Eigenschaften einer Attrappe als reaktionsauslösend ermittelt: konvexe Form, bräunliche Farbe, haarige Oberfläche und absolute Größe. Kamen mehrere Faktoren zusammen, lösten sie stärkere Reaktionen aus (Kramer und St. Paul 1951). Curio (1970) untersuchte bei Darwinfinken die Reaktionen auf einzelne Teile von Eulenattrappen: Er prüfte Kopf und Rumpf einzeln, Kopf ohne Augen, ganze Eulen ohne Augen und anderes. Von Rassenunterschieden abgesehen erwies sich, daß der Rumpf allein weniger wirksam ist als der Kopf allein, dieser wieder weniger als eine ganze Eule, wobei letztere keineswegs eine Reaktionsstärke erzielt, die der Summe der Reaktionsstärken auf ihre Teile entspricht. Die Reizsummation ist also nicht rein additiv. Dafür spricht auch, daß sich das Fehlen der Augen beim Kopf allein viel drastischer auswirkt als bei der ganzen Eule. Statt von Reizsummation sollte man also von wechselseitiger Reizverstärkung sprechen, oder aber betonen, daß es sich um «gewogene Additionen» (d. h. je Summand um mit einem Gewichtungsfaktor – in Abhängigkeit von den übrigen Reizgrößen – versehene Größen) handelt.

A. Versuchsdurchführung

Die Experimente sollen in zwei Schritten an zwei vergleichbaren Vogelgruppen durchgeführt werden. Zuerst wird der einen Vogelgruppe ein Feind (z. B. ausgestopfter Waldkauz) geboten, und die Reaktion qualitativ ermittelt. Besonders geht es um das Auffinden leicht quantifizierbarer Reaktionen. Durch wiederholtes Darbieten dieses Feindes wird die Habituation erfaßt. Anschließend wird bei einer zweiten Vogelgruppe eine Serie von Attrappen geboten, um die Reizsummation zu verfolgen.

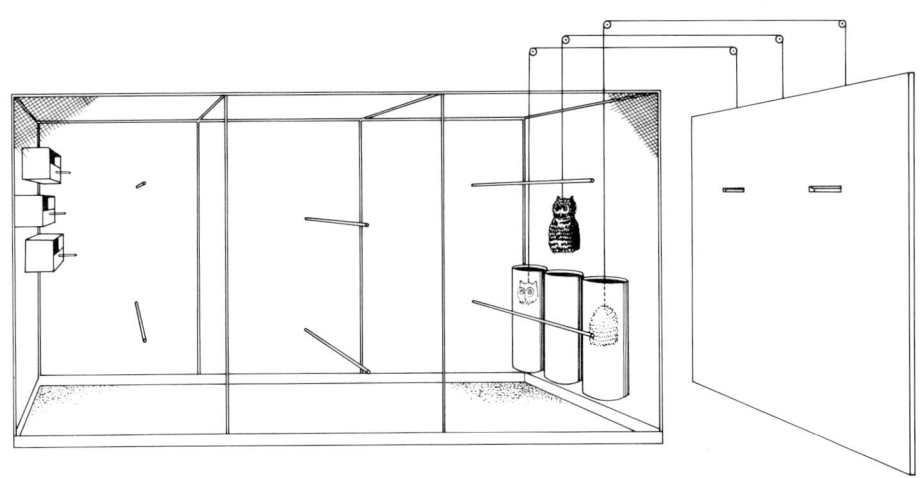

Abb. 63: Versuchsaufbau zum Hassen bei Vögeln.
Die Attrappen können aus undurchsichtigen Röhren hochgezogen werden (z. B. Eulenkopf, ganze Eule, Eulenrumpf)

Als Versuchstiere sind Prachtfinken (Estrildidae) und heimische Finken (Fringillidae) geeignet, die noch nicht domestiziert sind: z. B. Rotkopfamadine *(Amadina erythrocephala)*, Amarant *(Lagonosticta senegala)*, Bergfink *(Fringilla montifringilla)* u. a. (Domestizierter Zebrafink, *Taeniopygia guttata castanotis,* und Kanarienvogel, *Serinus canaria,* sind ungeeignet). Die Tiere werden in einer Brutvoliere von mindestens 2 m Länge von einem Sichtschirm aus beobachtet (Beispiel für Versuchsaufbau in Abb. 63).

1 a) Qualitative Erfassung
   Vor Attrappenvorweisung werden die Versuchstiere 10 Min. lang beobachtet (Lautäußerungen, Aufenthaltsorte, Bewegungsformen, Blickrichtung). Dann 5 Min. lang Attrappe darbieten. Nach Reizende weitere 5 Min. lang beobachten. Die Aufzeichnungen werden gemeinsam besprochen und diejenige(n) Reaktion(en), die sehr typisch und leicht quantifizierbar ist (sind), für die folgenden Versuche als Parameter der Reaktionsstärke festgelegt.
   b) Habituation
   Dieselbe Attrappe wird 3- bis 4mal je 1 Min. vorgezeigt, dann 5 Min. Pause. Die Reaktionen werden quantitativ erfaßt.
2. Reizsummation
An einer zweiten Vogelgruppe werden mit 5 Min. Pausen je 1 Min. vorgezeigt:
   a) Eulenkopf
   b) Eulenrumpf
   c) ganze Eule
   d) Eulenkopf
Während der Attrappendarbietung können Tonbandaufzeichnungen gemacht werden. Nach Absprache mit dem Betreuer kann die Versuchsdurchführung auch in anderer Weise erfolgen.

B. Auswertung

Die Reaktionen werden qualitativ beschrieben und Störgrößen diskutiert. Die Warnrufe können auf einem Sonagraphen analysiert werden (Interpretation im Sinne von Marler 1956).

Die Reaktionsstärken aus 1 b und 2 a–d werden graphisch über die Zeit aufgetragen. 2 d soll im Vergleich zu 2 a einen Hinweis auf die Habituation ergeben (Abfall linear oder jeweils bestimmter Prozentsatz des vorhergehenden Wertes? Vgl. 1 b). Damit können Rückschlüsse auf die Höhe der Reaktionsstärke für 2 b und c ohne Habituation gezogen werden. (Korrektur graphisch darstellen. Die korrigierten Werte für 2 b und c sind nur Schätzwerte!) Reizsummation diskutieren.

Literatur

Curio, E.: Verhaltensstudien an Trauerschnäppern. Z. Tierpsychol. Beih. **3**, 1–118 (1959).
– Funktionsweise und Stammesgeschichte des Feinderkennens einiger Darwinfinken (Geospizinae). Z. Tierpsychol. **26**, 394–487 (1969).
– Kaspar-Hauser-Versuche zum Feinderkennen junger Trauerschnäpper *(Ficedula h. hypoleuca).* J. Orn. **111**, 438–455 (1970).
Hinde, R. A.: Factors governing the changes in strength of a partially inborn response, as shown by the mobbing behaviour of the Chaffinch (Fringilla coelebs). Proc. Roy. Soc. B. **142**, 306–358 (1954) und **153**, 398–420 (1960).
Kramer, G. und U. von St. Paul: Über angeborenes und erworbenes Feinderkennen beim Gimpel *(Pyrrhula pyrrhula).* Behaviour, **3**, 243–255 (1951).
Marler, P.: Über die Eigenschaften einiger tierlicher Rufe. J. Orn. **97**, 220–227 (1956).

33. Sozialverhalten bei Meerschweinchen

Hubert Hendrichs

Lehrstuhl für Verhaltensphysiologie der Universität Bielefeld

Das Sozialverhalten eines Tieres wird bestimmt einerseits von seiner eigenen Verfassung: Geschlecht, Alter, Fortpflanzungszustand, früheren Erfahrungen, Stimmungen und Handlungsbereitschaften; und andererseits von dem Zustand seiner Umgebung: Nähe bekannter Orte, Anwesenheit von gleich- oder verschiedengeschlechtlichen Partnern, ranghöheren oder rangtieferen Tieren, von Jungtieren oder von östrischen Weibchen. In einem eintägigen Kurs können nur erste Einblicke in das Zusammenspiel dieser Faktoren vermittelt werden. Hausmeerschweinchen sind aus den folgenden Gründen für eine Demonstration der verschiedenen Wechselwirkungen besonders geeignet:
a) sie sind leicht zu halten und zu handhaben,
b) aufgrund ihrer unterschiedlichen Färbung sind die einzelnen Tiere leicht individuell zu erkennen,
c) das Sozialgefüge (ortsbezogene Sicherheit bei Männchen und Weibchen) ist gerade komplex genug, um das Wechselspiel der genannten Faktoren zu zeigen.

A. Allgemeine Information

Das Hausmeerschweinchen *Cavia aperea* f. porcellus (L. 1758) ist ein südamerikanisches, caviomorphes Nagetier, das im Hochland von Peru seines Fleisches wegen domestiziert wurde. Die Wildform gehört zu einer Gattungsgruppe sekundär kurzbeiniger Formen *(Cavia, Galea, Microcavia* und *Kerodon)*, die abstammen von langbeinigen Vorfahren ähnlich den heutigen Maras *(Dolichotis* und *Pediolagus)*. Die Wildtiere leben in Grashorsten, Erdlöchern und Felsspalten und ernähren sich von verschiedenartigem Pflanzenmaterial. Die Struktur der Kolonien ist noch nicht genau bekannt. Die weiblichen Hausmeerschweinchen haben einen Postpartum-Östrus; wenn sie nicht gedeckt werden, wiederholt sich der einige Stunden dauernde Östrus in Abständen von etwa 17 Tagen. Nach einer Tragzeit von knapp 70 Tagen werden in der Regel 1 bis 4, selten bis 6 voll entwickelte und sofort lauffähige Junge mit einem Gewicht von etwa 80 g gesetzt, die 3 Wochen lang gesäugt werden. Die jungen Weibchen können bei guter Ernährung nach 4 Wochen mit einem Gewicht von etwa 300 g geschlechtsreif sein, die Männchen nach 6 Wochen mit einem Gewicht von etwa 400 g. Ausgewachsen sind Hausmeerschweinchen mit 6 bis 7 Monaten, sie sollen ein Alter von 8 Jahren erreichen und werden 600 bis über 1000 g schwer.

B. Material

Hausmeerschweinchen überklettern in der Regel eine 40 cm hohe, glatte Abgrenzung nicht. In mehreren Abteilen von 1–2 m Seitenlänge werden seit einigen Wochen vor Kursbeginn je bis 6 erwachsene, dazu noch höchstens 10 junge Tiere in unterschiedlicher Zusammensetzung gehalten: nur Weibchen, nur Männchen, gemischte Gruppen, gleich- oder verschiedenaltrige Tiere. Bei Anwesenheit von geschlechtsreifen Weibchen sollte das ranghöchste Männchen dem zweiten stark überlegen sein, sonst entsteht zuviel Unruhe. Der leichteren Übersicht wegen sollten in einer Abteilung nur verschiedenfarbige Tiere sein. Geschlecht, Alter, Rang und Eigenarten der einzelnen Tiere sollten den Betreuern des Kurses bekannt sein. Hausmeerschweinchen können, wenn eine Überdachung die Trockenheit sichert, auch im Winter im Freien gehalten werden. Neben Wasser und Heu, Trockenmais oder -brot und Preßfutter als Grundnahrung brauchen sie regelmäßig Frischfutter: Gras, Laub, Rüben, Äpfel oder Vitamin C-Gaben. Die Kursteilnehmer sollten die Tiere nur ruhig beobachten, sie nicht erschrecken und auf keinen Fall anfassen.

C. Versuchsdurchführung

1. Beobachten Sie die Ihnen unbekannten Tiere und lernen Sie sie individuell erkennen.
2. Benennen und beschreiben Sie einige Verhaltensweisen völlig neutral, d. h. ohne ihnen auch nur durch die Benennung eine Funktion zuzuinterpretieren.
3. Können Sie aus dem Verhalten erschließen, welches männliche und welches weibliche, welches junge, geschlechtsreife, ranghohe oder rangtiefe Tiere sind?
4. Wählen Sie einige häufiger auftretende Verhaltensweisen aus, von denen Sie annehmen, daß sie bei Männchen und Weibchen, bei jungen und bei geschlechtsreifen, bei ranghohen und bei rangtiefen Tieren unterschiedlich häufig auftreten (Annähern, Körper- und Analschnuppern, Knabbern, Ausschlagen, Harnspritzen, Treteln, Wetzen, Beißen u. a.) und grenzen Sie diese Verhaltensweisen ab, d. h. bestimmen Sie Kriterien dafür, wann das Auftreten gezählt werden soll. Ordnen Sie den ausgewählten Verhaltensweisen dann hypothetisch eine Funktion zu.
5. Protokollieren Sie 60 bis 90 Minuten lang bei 2 bis 4 Tieren pro Beobachter das Auftreten der ausgewählten 2 bis 6 Verhaltensweisen. Tragen Sie die Ergebnisse in eine Tabelle ein und versuchen Sie aus den verschiedenen Häufigkeiten auf Geschlecht, Alter, Rang und eventuell den Fortpflanzungszustand (anöstrisch oder östrisch) der beobachteten Tiere zu schließen.
6. Überprüfen Sie Ihre Hypothesen durch Versuche: lassen Sie von den Kursbetreuern einzelne neue Tiere in die beobachteten Gruppen einsetzen, deren Alter, Geschlecht und Fortpflanzungszustand bekannt sind, z. B. ein größeres oder kleineres Männchen zu einem vermuteten Männchen oder Weibchen. Bei den auf das Einsetzen eines neuen Tieres folgenden Reaktionen werden Geschlecht, Rang und Fortpflanzungszustand der anwesenden Tiere besonders deutlich.
7. Lassen Sie sich die Tiere, bei denen Sie hinsichtlich Geschlecht und Fortpflanzungszustand noch Zweifel haben, von den Kursbetreuern herausfangen und schauen Sie sich den Zustand der Geschlechtsorgane an. Bei anöstrischen Weibchen ist die Geschlechtsöffnung durch einen Vaginalpropf verschlossen, nur 1 bis 2 Tage vor und nach dem Östrus ist sie geöffnet.

D. Fragen

1. Welche Verhaltensweisen treten nur oder deutlich häufiger bei Männchen auf, welche bei Weibchen?
2. Welche Verhaltensweisen zeigt ein überlegenes Tier, welche ein unterlegenes?
3. Wovon werden Überlegenheit und Unterlegenheit beeinflußt? Können bei einem Zusammentreffen die Vorteile des einen Tieres, etwa größeres Gewicht oder mehr Erfahrung, ausgeglichen werden durch Vorteile des anderes Tieres, wie etwa Ansässigkeit oder größere Kampfbereitschaft?
4. Spekulieren Sie über die biologische Funktion: Welche Bedeutung könnten die einzelnen Verhaltensweisen für das Sozialleben haben? Wie könnte man solche Vermutungen untersuchen?

Literatur

Hückinghaus, F.: Zur Nomenklatur und Abstammung des Hausmeerschweinchens. Z. Säugetierkde. **26**, 108–111 (1961).

King, J. A.: Social relations of the domestic guinea pig living under semi-natural conditions. Ecology **37**, 221–228 (1956).

Kunkel, P. und I. Kunkel: Beiträge zur Ethologie des Hausmeerschweinchens *Cavia aperea f. porcellus* (L.). Z. Tierpsychol. **21**, 602–641 (1964).

Rood, J. P.: Ecological and behavioural comparisons of three genera of Argentine cavies. Anim. Bchav. Monog. **5**, 1–83 (1972).

34. Das agonistische Verhalten von Mäusen

William C. Calhoun

University of Tennessee, Knoxville

Agonistisch nennt man das mit Drohen, Angriff, Beschwichtigung und Flucht verbundene Verhalten. In der natürlichen Umwelt von Mäusen tritt agonistisches Verhalten häufig in Zusammenhang mit der Revierverteidigung, dem Aufbau von Rangbeziehungen und dem Erlangen von Geschlechtspartnern auf.

Wenn sich zwei Männchen derselben Art an den Grenzen eines Territoriums begegnen, laufen etwa folgende Ereignisse ab: Das Revier-Männchen nimmt eine Drohhaltung ein; dieses Verhalten kann leicht beobachtet und als solches erkannt werden. Das in das Revier eingedrungene Männchen nimmt vielleicht sofort eine (ebenso leicht erkennbare) Beschwichtigungshaltung ein und flieht dann aus dem Revier. Dies kann das Ende der Begegnung sein, das überlegene Männchen kann das fliehende aber auch verfolgen. Eine andere Möglichkeit ist, daß das eindringende Männchen eine Drohhaltung einnimmt und ein kurzer Kampf folgt. Meist wird das Revier-Männchen siegen, wobei das eingedrungene Männchen, wenn es geschlagen ist, die Beschwichtigungshaltung einnimmt und so den Kampf beendet. Manchmal zieht sich der Kampf auch länger hin, führt jedoch selten zu ernsten oder gar tödlichen Verletzungen. Sehr ähnlich ist das Verhalten zweier Mäuse, die sich vor dem Bestehen einer Rangordnung auf neutralem Gebiet treffen. Diesen Fall sollen Sie in der folgenden Übung beobachten.

Sie beobachten das agonistische Verhalten von Tieren aus mehreren Mäusestämmen (*Mus musculus*) und stellen die charakteristischen Verhaltensweisen für jeden Stamm fest. Achten Sie auf Drohhaltung, Angriff und andere Komponenten dieses Verhaltenskomplexes. Stellen Sie fest, wie sich Beschwichtigung ausdrückt. Lesen Sie zur Vorbereitung wenigstens eine der angegebenen Arbeiten über agonistisches Verhalten von Mäusen. Die Beschreibung kennzeichnender Bestandteile des agonistischen Verhaltens wird Sie auf deren Auftreten im Versuch vorbereiten.

A. Methode

Untersuchen Sie mindestens zwei ingezüchtete Stämme und einen zufällig gezüchteten oder einen Hybriden-Stamm. Der Vergleich verschiedener Mäusestämme ergibt ein vollständigeres Bild des agonistischen Verhaltens. Verwenden Sie Männchen, die die Geschlechtsreife schon erreicht haben. Mindestens eine Woche vor dem Versuch müssen die Mäuse einzeln gehalten werden, am besten hält man sie von vornherein einzeln.

Der Grund für die Einzelhaltung ist interessant und hängt unmittelbar mit dem agonistischen Verhalten zusammen. Wenn man eine Gruppe von einzeln aufgezogenen Mäusen zusammensetzt, kommt es zu erheblichen Kämpfen. Es kann Stunden oder Tage dauern, bis die Gruppe ein friedliches Zusammenleben zeigt. Was hat sich nach Ihrer Meinung in der Zwischenzeit ereignet und die Kämpfe beendet? Wenn Sie diese Frage nicht beantworten können, denken Sie daran, wie soziale Rangordnungen aufgebaut werden und welchen Nutzen sie haben.

Erfolg im Kampf hängt bei den Mäusen von wenigstens drei Hauptfaktoren ab: dem Vorhandensein von Sexualhormonen, der Körpergröße und dem Ausgang vorhergegangener Kämpfe. Eine gewisse Kontrolle über die hormonalen Faktoren haben Sie, wenn Sie Mäuse etwa desselben Alters benutzen; den Faktor Größe können Sie teilweise steuern, indem Sie Mäuse ungefähr desselben Körpergewichts zusammensetzen (Abweichung ± 1 g).

Die Übung ist zweigeteilt und behandelt das Verhalten von Tieren gleichen und verschiedenen Stammes. Führen Sie zuerst den Versuch mit Tieren des gleichen Stammes durch. Dabei können Sie sich mit den Verhaltensweisen jedes Stammes vertraut machen und feststellen, welche Verhaltensweisen die Stämme gemeinsam haben. So erhalten Sie eine vernünftige Grundlage für den Vergleich des Verhaltens von Mäusen aus verschiedenen Stämmen.

Die Teilnehmer bilden Dreier- oder Vierergruppen. Jede Gruppe benötigt eine Stoppuhr und einen Beobachtungsbehälter. Als letzterer eignen sich eine kreis- oder halbkreisförmige Arena (Durchmesser etwa 1 m) mit einer Wand aus durchsichtigem Kunststoffmaterial oder aus Maschendraht (Abb. 64), damit man sowohl von oben als auch von der Seite beobachten kann. Der Boden der Arena wird mit Sägemehl bestreut.

Stellen Sie den Behälter in einen kleinen Raum und dämpfen Sie die Hintergrundbeleuchtung. Eine rote 40-Watt-Birne, die direkt über der Arena hängt, liefert eine ausreichende Beleuchtung. Alle Mäuse werden mit einem Filzschreiber individuell markiert.

1. Das Verhalten von Mäusen aus dem gleichen Stamm

In diesem Versuch werden nur Männchen desselben Stammes zusammengebracht. Setzen Sie zunächst ein Männchen ein und lassen ihm einige Minuten Zeit zum Eingewöhnen; dann setzen Sie ein zweites Männchen dazu. Beobachten und registrieren Sie das nachfolgende Verhalten. Lassen Sie einen möglichen Kampf nicht den Punkt erreichen, an dem ein Tier ernstlich verletzt wird. Häufiges Quieken bedeutet nur leichte Verletzung; bei schweren Angriffen wird wenig gequiekt.

1. Identifizieren und beschreiben Sie die Laute, Bewegungen, Körper- und Haarstellungen der miteinander beschäftigten Tiere.
2. Welche Verhaltensweisen sind mit Drohen, Angreifen, Beschwichtigen und Fliehen verbunden?
3. Welche Verhaltensweisen zeigt ausschließlich das dominante, welche nur das unterlegene Männchen?

Jede Arbeitsgruppe beobachtet aus jedem verfügbaren Zuchtstamm ein Paar etwa 15 Minuten lang. Dann setzen sich die Teilnehmer zusammen und diskutieren ihre Beobachtungen. Der Übungsleiter kann auf weitere, übersehene Verhaltensweisen aufmerksam machen.

2. Das Verhalten von Mäusen aus verschiedenen Zuchtstämmen

Fertigen Sie aufgrund der gewonnenen Daten und der gemeinsamen Diskussion eine Liste der Verhaltenselemente an. Setzen Sie dann eine Vergleichsserie an, bei der jede Maus mit einer aus einem anderen Zuchtstamm zusammengebracht wird. Da Mäuse aus verschiedenen Stämmen sich im Körpergewicht meist stark unterscheiden, ist es unter Umständen nicht möglich, die Kampfpartner hierin zur Übereinstimmung zu bringen. Es ist wünschenswert, mehr als nur eine Begegnung pro möglicher Stammkombination zu beobachten. Wenn z. B. drei Stämme verwendet werden, gibt es drei mögliche Kombinationen (A–B, A–C, B–C); dann sollten für jede Kombination zwei bis drei

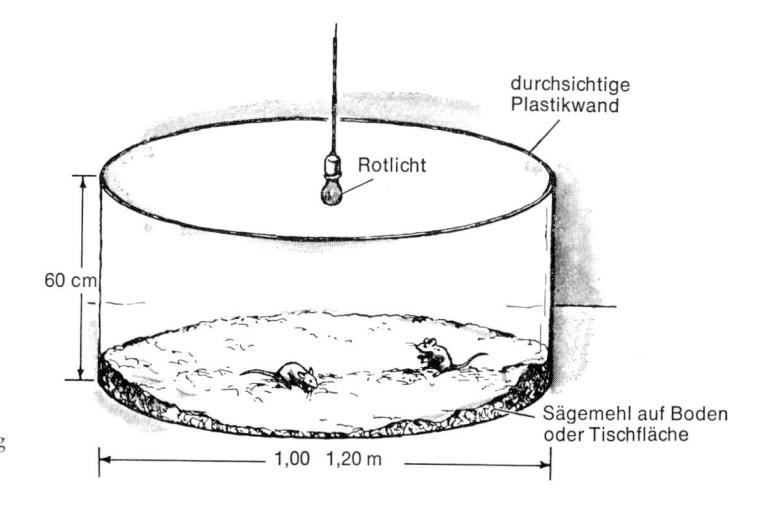

Abb. 64:
Arena zur Beobachtung von Mäusen

Abb 65: Ein Vergleich der sozial wirksamen Haltungen einiger Nagetiere (aus Grant und Mackintosh 1963). 1. Maus: Beriechen. 2. Hamster: Beriechen. 3. Maus: gestreckte Achtungshaltung. 4. Ratte: Links aggressives Putzen, rechts Ducken. 5. Ratte: links aggressive Haltung, rechts Beschwichtigungshaltung. 6. Hamster: links Beschwichtigungshaltung, rechts aufrechte Angriffshaltung. 7. Maus: links Angriff. 8. Ratte: links Schnüffeln, rechts erhobene Duckstellung

Abb. 66: Weitere sozial wirksame Haltungen bei Nagetieren (aus Grant und Mackintosh 1963). 9. Meerschweinchen: Kopfauflegen. 10. Hamster: links Schnüffeln, rechts Schwanzheben. 11. Maus: links offensive, rechts defensive Aufrechthaltung. 12. Ratte: links offensive, rechts defensive Aufrechthaltung. 13. Hamster: rechts defensive Aufrechthaltung. 14. Hamster: links offensive Aufrechthaltung, rechts defensive Seitwärtshaltung. 15. Maus: links defensive, rechts offensive Seitwärtshaltung. 16. Maus: links offensive Aufrechthaltung, rechts offensive Seitwärtshaltung

Begegnungen beobachtet werden, um repräsentative Ergebnisse zu erhalten. Eine Maus sollte nie mehr als einmal in einer Versuchsserie verwendet werden. Wiederholen Sie das oben angegebnene, allgemeine Verfahren, benutzen Sie zum Registrieren der Häufigkeit jeder Verhaltensweise aber die angefertigte Liste. Beobachten Sie die Abfolge von Verhaltensweisen, die mit Drohen, Angriff, Flucht oder Beschwichtigung verbunden sind. Zeitangaben zu den einzelnen Komponenten sind nützlich, erfordern aber eine Arbeitsteilung unter den Mitgliedern einer Arbeitsgruppe.

B. Ergebnisse und Diskussion

Fassen Sie Ergebnisse aller Teilnehmer in Form von Häufigkeitswerten zusammen: für die verschiedenen Bestandteile des Kampfverhaltens, die Reihenfolge dieser Verhaltensweisen und ihre Dauer (wenn sie gemessen wurde). Einige Begegnungen werden so schnell ablaufen, daß ein Zeitnehmen ausgeschlossen ist. Beschreiben Sie solche Begegnungen qualitativ.

Beantworten Sie zu den Versuchen mit Mäusen aus dem gleichen Stamm im Anschluß an die Beobachtungen folgende Fragen (entweder in Form einer gemeinsamen Diskussion oder als schriftlicher Bericht):

1. Was waren die kennzeichnenden Verhaltensmuster des Kampfverhaltens?
2. Was ergibt ein Vergleich mit dem Verhalten anderer Nager (s. Abb. 65 und 66, ferner die angeführten Filme)?
3. Wurde eine bestimmte Reihenfolge beobachtet?
4. Wie wurde eine Begegnung beendet?
5. Das beim Männchen beobachtete Beschwichtigungsverhalten ist auch bei Weibchen zu beobachten, denen sich ein Männchen nähert. Was könnte das in diesem Fall bedeuten?

Beantworten Sie zu den Versuchen mit Mäusen aus verschiedenen Stämmen folgende Fragen:
6. Wie unterschied sich das Verhalten der Stämme?
7. Siegten immer die Tiere desselben Stammes?
8. Gab es einen Stamm, der überhaupt nicht kämpfte?
9. Beeinflußte die Größe den Kampfausgang?

Literatur

Barnett, S. A.: A study in behaviour. Methuen, London. 1963.
Eibl-Eibesfeldt, I.: Das Verhalten der Nagetiere. In W. Kükenthal, Handbuch der Zoologie 8, 10 (13), 1–88 (1958).
– The fighting behavior of animals. Sci. Amer. 205 (6), 112–122 (1961).
Clark, L. H. und M. W. Schein: Activities associated with conflict behavior in mice. Anim. Behav. 14, 44–49 (1966).
Grant, E. C. und J. H. Mackintosh: A comparison of the social postures of some common laboratory rodents. Behaviour 21, 246–259 (1963).
King, J. A.: Intra- und interspecific conflict of *Mus* and *Peromyscus*. Ecology 38, 355–357 (1957).
Scott, J. P. und E. Fredericson: The causes of fighting in mice and rats. Physiol. Zool. 24, 273–309 (1951).
Steiniger, F.: Beiträge zur Soziologie und sonstigen Biologie der Wanderratte. Z. Tierpsychol. 7, 356–379 (1950).

Filme

Eibl-Eibesfeldt, I.: *Cricetus cricetus* – Rivalenkampf I. Encycl. cin. E 97. Göttingen. 1953.
– *Rattus norvegicus* – Kampf I (Erfahrene Männchen). Encycl. cin. E 131. Göttingen. 1957.
– *Rattus norvegicus* – Kampf II (Unerfahrene Männchen). Encycl. cin. E 132. Göttingen. 1957.

35. Das Sexualverhalten von Mäusemännchen

Thomas E. McGill

Williams College, Williamstown

Das Fortpflanzungsverhalten vieler Nagetiere, besonders der Ratte und des Meerschweinchens, ist gut bekannt. In der folgenden Übung soll das Sexualverhalten der Labormaus (*Mus musculus*) untersucht werden. Mäuse haben für unsere Zwecke mehrere Vorteile: sie sind klein, ziemlich billig und zahm; da Hunderte von verschiedenen Stämmen verfügbar sind, läßt sich eine genetische Kontrolle ausüben und die Vererbung von Verhaltensweisen untersuchen.

Wir vergleichen das Verhalten zweier Inzuchtstämme mit dem ihrer Hybriden und versuchen daraus Folgerungen auf die Art der Vererbung verschiedener Komponenten des Sexualverhaltens zu ziehen.

Ferner vergleichen wir das Verhalten eines Männchens, das vor kurzem ejakuliert hat, mit dem Verhalten des gleichen Tieres, wenn es sexuell ausgeruht ist.

A. Methode

Vor Beginn des Versuches sollten Sie sich sorgfältig mit dem unten beschriebenen Paarungsverhalten und den verschiedenen Meßwerten, die Sie davon aufnehmen werden, vertraut machen. Eine einleitende Demonstration oder ein entsprechender Film kann das Verhalten veranschaulichen.

Geräte: Stoppuhr, Bleistift und Papier, durchsichtige Plastikkäfige, eine Injektionsspritze (1ml) mit Nadel (20–25 gauge), eine stumpfe Sonde.

Material: Mäuse-Männchen der Inzuchtstämme C57BL/6 und DBA/2; Mäuse-Männchen des Hybridstammes B6D2F$_1$, der aus der Kreuzung eines C57BL/6-Weibchen mit einem DAB2-Männchen hervorgeht; Weibchen des Inzuchtstammes BALC/c. Aus jedem Stamm werden wenigstens 10 Männchen verwendet. Wenn sie leichter beschaffbar sind, können auch andere Elternstämme und Hybriden benutzt werden.

B. Vorbereitung

Der Versuch wird mit 10 Wochen bis 6 Monate alten Tieren durchgeführt. Mindestens zwei bis drei Wochen vor dem Kurs werden die Tiere in einem umgekehrten Licht-Dunkel-Zyklus gehalten. Bis zwei Tage vor dem Kurs kann man Männchen desselben Stammes zu viert oder sechst in einem gemeinsamen Käfig zusammen lassen. Wenn jedoch irgendwelche Anzeichen von Kampfverhalten auftreten, müssen die betreffenden Männchen getrennt und isoliert werden. Zwei Tage vor dem Kurs werden dann alle Männchen isoliert. Die Weibchen können in Vierer- oder Sechsergruppen zusammenbleiben.

Injizieren Sie den Weibchen 24 bis 36 Stunden vor dem Versuch Oestrogen intramuskulär in die Flanke. Dies kann auf zweierlei Weise geschehen. Man hält das Tier am Schwanz und setzt es auf eine rauhe Fläche, die den Füßen des Tieres guten Halt bietet. Wenn man sanft am Schwanz zieht, wird das Tier versuchen, von der haltenden Hand wegzuziehen. Rechtshänder halten den Schwanz der Maus mit der linken, Linkshänder mit der rechten Hand. Wenn die Maus zieht, wird die Nadel in den muskulösen Teil der rechten Flanke eingestochen und 0,1–0,2 ml des Hormons injiziert. Es gibt im Handel mehrere verschiedene Sorten Oestrogen; wahrscheinlich werden alle bei den Weibchen Brunst auslösen. Ein für diesen Versuch empfohlenes Präparat ist Progynonbenzoat, das von Schering gelieferte Oestrogenbenzat in 1 mg/ml-Konzentration. Eine solche massive Dosis erzeugt ein deutliches Brunstverhalten und ist für Mäuse-Weibchen auch ein gutes Kontrazeptivum.

Gelegentlich wird sich ein Weibchen umdrehen und bei der Injektion nach der Nadel beißen. Wenn das stört, kann eine zweite Injektionstechnik angewendet werden (Abb. 67). Man befestigt zwei Stücke steifen Karton oder Plastik nebeneinander an einem Tischrand; sie müssen 15 cm über die Tischfläche hinausragen. Ihr Abstand voneinander soll bis etwa 2 cm über dem Tisch 6 mm betragen. An dieser Stelle sind beide Kartonstreifen innen um weitere 6 mm eingeschnitten, so daß eine Öffnung von knapp 2 cm Breite entsteht. Man hebt ein Weibchen am Schwanz hoch und läßt es so zwischen die beiden Kartonstreifen herab, daß sich der Körper auf der Tischseite und der Schwanz in der Hand des Experimentators auf der anderen Seite befinden. Dann wird die Maus am Schwanz gezogen, bis ihre Flanke durch die etwa 2 mm breite Öffnung zugänglich ist und die Injektion erfolgen kann, ohne daß die Maus nach der Nadel beißt.

Die Wahrscheinlichkeit, daß sich die Männchen im Versuch paaren, wird gesteigert, wenn man ihnen vorher sexuelle Erfahrung ermöglicht. Die Weibchen zeigen einen besseren Oestrus, wenn sie die Hormoninjektionen zwei- bis dreimal innerhalb eines halben Monats erhalten haben. Wenn es die Zeit erlaubt, ist es ratsam, mit den Tieren Vorversuche auszuführen. Dazu setzt man ein hormonbehandeltes Weibchen morgens zu Beginn des Dunkelzyklus in den Käfig eines Männchens und entfernt es am späten Nachmittag oder Abend wieder. Danach untersucht man das Weibchen, um festzustellen, ob ein Vaginalpfropf vorhanden ist. (Bei der Maus bildet ein Teil des Samens in der Vagina des Weibchens einen festen, gummiähnlichen Pfropfen.) Man kann den Pfropfen durch Einführen einer stumpfen Sonde feststellen. Manchmal ist er als harter, weißer Ball sichtbar. Beim Erlernen der Sondiertechnik ist es nützlich, zunächst Weibchen zu untersuchen, die nicht mit Männchen zusammen waren, um mit der Vagina im unverschlossenen Zustand vertraut zu werden.

C. Paarungsverhalten

Am Versuchstag setzen Sie die Käfige der Männchen im Labor auf Tische. Die Beleuchtung sollte so schwach wie möglich sein, aber eine genaue Sicht der Tiere erlauben. Rotlicht kann nützlich sein, obwohl dies nicht bewiesen ist. Jede Arbeitsgruppe verwendet ein Männchen jedes Genotyps. Keines der Männchen darf in der Woche vor dem Versuch ejakuliert haben. Die Männchen müssen sich 15 bis 20 Minuten lang an die neue Situation und das Licht gewöhnen. Danach wählen Sie ein Männchen zufällig aus und setzen ein paarungsbereites, brünstiges Weibchen in seinen Käfig. Schalten Sie die Stoppuhr ein.

Das Sexualverhalten der Maus besteht aus mehrfachem Aufreiten und Einführen des Penis. Als bloßes *Aufreiten* kann ein erfolgloser Versuch, den Penis einzuführen, definiert werden; eine *Einführung* ist ein erfolgreicher Versuch. Wenn das Männchen aufreitet, betastet es die Seiten des Weibchens mit den Vorderbeinen und führt eine Reihe sehr schneller, sondierender Beckenstöße aus. Wenn es ihm gelingt, die Einführung herbeizuführen, wird die Geschwindigkeit des Stoßens auf 2/Sek. reduziert. Diese Intromissionsstöße sind leicht zu zählen

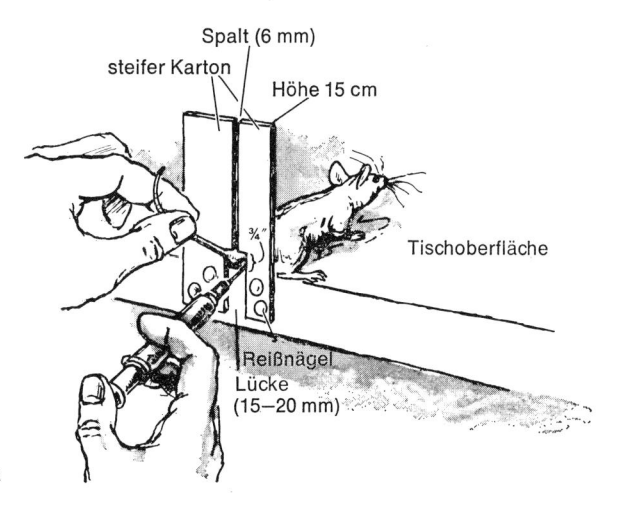

Abb. 67:
Festhalten der Maus bei der Injektion

und von den sondierenden Stößen beim bloßen Aufreiten zu unterscheiden.

Notieren Sie beim ersten Aufreiten die seit dem Zusammensetzen verstrichene Zeit, ohne die Stoppuhr zu stoppen. Ebenso registrieren Sie die Zeit des ersten Intromissionsstoßes.

Wenn ein Männchen einmal mit der Paarung beginnt, fährt es wahrscheinlich so lange fort, bis die Ejakulation erfolgt. Gelegentlich hört ein Männchen jedoch vorher mit der Kopulation auf. Wenn 30 Minuten ohne Einführung vergehen, können Sie die Kopulation als unvollständig registrieren und das Weibchen entfernen.

Wenn sich das Männchen der Ejakulation nähert, nimmt die Geschwindigkeit des Stoßens zu; dann zittert das Männchen heftig, umklammert das Weibchen mit allen vier Beinen und fällt auf die Seite. Registrieren Sie beim ersten Zittern die Zeit; wenn sich Männchen und Weibchen nach der Ejakulation trennen, stoppen Sie ab.

Notieren Sie während der Kopulation die Zahl der Stöße pro Einführung. Registrieren Sie, wie oft das Männchen aufreitet oder erfolglos versucht, den Penis einzuführen.

Wenn ein Männchen innerhalb einer Viertelstunde mit dem ersten Weibchen kein Sexualverhalten zeigt, entfernen Sie dieses Weibchen und bieten dem Männchen ein zweites Weibchen an. Kümmert sich das Männchen auch nicht um das zweite Weibchen, versuchen Sie es mit einem dritten und letzten Weibchen. Für jedes Männchen registrieren Sie folgende Daten:
1. die Zahl der nicht beachteten Weibchen,
2. die Aufreitlatenz: die Zeit (Sek.) vom Einsetzen des Weibchens bis zum ersten Aufreiten des Männchens,
3. die Einführungslatenz: die Zeit (Sek.) vom Einsetzen des Weibchens bis zur ersten Einführung des Penis,
4. die Zahl der Einführungen bis zur Ejakulation,
5. die Gesamtzahl der Intromissionsstöße, die der Ejakulation vorausgehen,
6. die Ejakulationslatenz: die Zeit (Sek.) von der ersten Einführung bis zum Beginn der Ejakulation,
7. die Ejakulationsdauer: die Zeit (Sek.) vom ersten Zittern bis zur Unterbrechung des Partnerkontakts,
8. die Häufigkeit des Aufreitens während er Kopulation.

Interessant ist ferner die Zahl kopulierender Männchen von jedem Zuchtstamm. Fassen Sie diese Daten zusammen und wenden Sie geeignete statistische Verfahren an, um Unterschiede zwischen den Stämmen nachzuweisen. Wo solche Unterschiede auftreten, ist es interessant, die Hybriden mit den Elternstämmen zu vergleichen, um die Art der Vererbung verschiedener Komponenten des Sexualverhaltens zu untersuchen.

D. Erholung der Paarungsbereitschaft

Wenn das Männchen ejakuliert hat, entfernen Sie das Weibchen und stellen fest, ob ein Vaginalpfropfen vorhanden ist. Eine Stunde nach der Ejakulation setzen Sie ein frisches, brünstiges Weibchen zu dem Männchen in den Käfig und wiederholen den Versuch. Registrieren Sie dieselben Daten wie vorher. Wenn das Männchen ein zweites Mal kopuliert, vergleichen Sie die Werte mit den während der ersten Kopulation gemessenen.

Stellen Sie aufgrund Ihrer Ergebnisse und Diskussionen die Ähnlichkeiten und Unterschiede zwischen der Maus und anderen gut untersuchten Arten wie Ratte und Meerschweinchen fest (s. Beach und Young).

Literatur

Beach, F. A.: Hormones and Behavior. Cooper Square Publishers, New York. 1961.

Eibl-Eibesfeldt, I.: Das Verhalten der Nagetiere. In W. Kükenthal, Handbuch der Zoologie **8**, 10 (13), 1–88 (1958).

McGill, T. E.: Sexual behavior in three inbred strains of mice. Behaviour **19**, 341–350 (1962).

– Sexual behavior of the mouse after long-term and short-term postejaculatory recovery periods. J. Gen. Psychol. **103**, 53–57 (1963).

McGill, T. E and W. C. Blight: The sexual behavior of hybrid male mice compared with the sexual behavior of males of the inbred parent strains. Anim. Behav. **11**, 480–483 (1963).

McGill T. E. and W. C. Blight: Effects of genotype on the recovery of sex drive in the male mouse. J. Comp. Physiol. Psychol. **56**, 887–888 (1963).

Young, W. C. (Ed.): Sex and internal secretions. Williams and Wilkins, Baltimore. 1961.

36. Das Brutpflegeverhalten von Laborratten
(*Rattus norvegicus* f. domestica)

Hans-Joachim Bischof

Lehrstuhl für Verhaltensphysiologie der Universität Bielefeld

Unter dem Begriff «Brutpflege» faßt man Verhaltensweisen zusammen, die der Ernährung, dem Schutz und der Pflege von Jungtieren dienen. Von der bloßen «Brutfürsorge» unterscheidet sich die Brutpflege dadurch, daß sie im unmittelbaren Kontakt der Eltern mit den Jungen auftritt. Während bei der Brutfürsorge die Eltern lediglich vor der Geburt durch Präventivmaßnahmen (Anlegen von Schutzbauten oder Nahrungsvorräten) für die Jungen sorgen, werden diese bei der Brutpflege von der Geburt bis zum Erreichen der Selbständigkeit fortlaufend versorgt. Der Vorteil dieser Verhaltensweise liegt neben dem verbesserten Schutz und der Sicherung der Ernährung vor allem in der Möglichkeit für die Jungtiere, von den Eltern zu lernen (Tradition).

Brutpflegeverhalten tritt am intensivsten bei Nesthockern auf, das sind Tierarten, deren Junge in einem sehr frühen Entwicklungsstadium geboren werden, in dem eigene Schutz-, Pflege- und Ernährungsmechanismen noch nicht ausgebildet sind. Ein Beispiel für einen typischen Nesthocker stellt die Ratte dar, mit deren Brutpflegeverhalten sich dieser Kurs beschäftigen soll.

Für die Ethologie sind Verhaltensweisen der Brutpflege zum einen vom vergleichenden Standpunkt her interessant, zum anderen können an ihnen interessante Einzelphänomene untersucht werden: die Entwicklung der Beziehung zwischen Mutter und Kind, der Einfluß von Erfahrung auf die Verhaltensmuster der Mutter, und schließlich Beziehungen zwischen physiologischen Zuständen und Verhalten, da durch die Geburt eine Änderung z. B. des Hormonhaushalts herbeigeführt wird, die sich in der Zeit der Brutpflege allmählich wieder zurückbildet. Diese Änderungen werden mit der Entwicklung der Brutpflegeverhaltensweisen verglichen und ermöglichen es, Einflüsse von Hormonspiegeln auf das Verhalten zu untersuchen, ohne daß Eingriffe vorgenommen werden müssen.

Der Einfluß von Umweltfaktoren auf das Verhalten kann besonders gut an Bewegungsabläufen beobachtet und gemessen werden, die im Grundgerüst immer gleich bleiben, sich aber z. B. durch Außenreize oder durch Erfahrung in ihrer Frequenz, Intensität oder Perfektion der Handlungsabfolge verändern. Diese Verhaltensweisen werden von G. Barlow modale Bewegungsabläufe genannt. Sie sind erblich vorprogrammiert und werden zentral gesteuert, können aber innerhalb gewisser Grenzen durch Umwelteinflüsse und Erfahrung modifiziert werden. Im Brutpflegeverhalten von *Rattus norvegicus* gibt es eine Reihe solcher modaler Bewegungsabläufe.

Eine Verhaltensweise aus dem Bereich der Brutpflege vieler Nagetiere ist außerdem von allgemeinerer Bedeutung, da sie ein Beispiel für eine fast nicht ermüdbare Handlung darstellt und damit eine Diskussionsgrundlage zur «spezifischen Ermüdbarkeit» von Verhaltensweisen liefert: Das Eintragen der Jungen, d. h. das Zurückbringen von Jungtieren, die aus irgendeinem Grund aus dem Nest geraten sind. Diese Verhaltensweise soll neben anderen Komponenten der Brutpflege genauer beobachtet, registriert und analysiert werden.

A. Material und Methode

Erforderlich ist eine quadratische, oben offene Arena von 1 × 1 m. Die Seitenwände sollten 30 cm hoch sein. Außerdem werden zwei Holzwinkel mit einer Kantenlänge und Höhe von 30 cm benötigt. Diese Holzwinkel werden in die Arena gestellt (vgl. Abb. 68). Darüber hinaus sollten eine Stoppuhr, eine Deospray oder Methylbenzoat, einige rosa Gummitiere in der Größe von Rattenjungen und eine Tiegelzange o. ä. zum Anfassen der Jungen vorhanden sein.

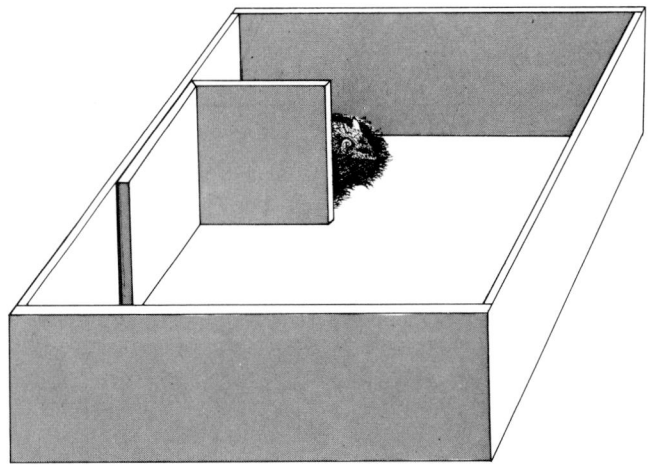

Abb. 68
Arena mit Holzwinkeln und Nest

Tragende weibliche Ratten (falls möglich, erfahrene und erstgebärende) besorgt man von einem Züchter, der den Geburtstermin angeben kann. Die Ratte sollte 3–4 Tage vor dem Praktikumstag in die Versuchsarena eingesetzt werden und der Geburtstermin einen Tag vor dem Praktikumstag liegen.

Der Ratte muß Futter (Preßfutter, Mais, Haferflocken, Gemüse, Obst o. ä.) und Wasser (Trinkflasche) sowie Heu oder ähnliches Material (in Streifen geschnittenes Zeitungspapier) zum Nestbau geboten werden. Das Nistmaterial darf nur in kleiner Menge geboten werden, da sonst ein oben geschlossenes Nest gebaut wird, das die Beobachtungen erschwert.

Es sollten möglichst 2 Arenen parallel aufgebaut werden, da es vorkommt, daß ein Tier durch das Umsetzen und den damit verbundenen Streß keine normalen Reaktionen zeigt. Die Arenen sollten in einem zugfreien Raum mit Tag-Nachtwechsel stehen. Falls genügend Raum und Zeit vorhanden ist, kann in eine Arena ein erfahrenes, in die andere ein erstgebärendes Weibchen gesetzt werden; dann ist es möglich, den Einfluß von Erfahrungen auf die einzelnen Verhaltensweisen zu untersuchen.

Während des Versuchstages sollte darauf geachtet werden, daß die Ratte möglichst wenig gestört wird (nicht mehr als 3 Beobachter, nicht zu dicht an die Arena, vor allen Dingen nicht zu weit herüberbeugen). Manipulationen sollte jeweils nur eine Person ausführen.

B. Versuchsdurchführung

1. Beschreiben Sie zuerst, wie die Ratte den ihr zur Verfügung stehenden Raum genutzt hat: Wo liegt das Nest – wie ist es gebaut – was könnte die Ratte veranlaßt haben, das Nest gerade dort zu bauen?
2. Stellen Sie einen Katalog von wiederkehrenden Verhaltensweisen (z. B. Nestbau, Pflege des eigenen Körpers, Pflege der Jungen) auf, messen Sie Häufigkeit und Dauer der einzelnen Komponenten und geben Sie diese Meßwerte in Prozent der Gesamtbeobachtungszeit an.
3. Analysieren Sie eine der auftretenden Verhaltensweisen genauer; die Pflege der Jungen. Beobachten und registrieren Sie, welche Körperteile vorwiegend geleckt werden. Auswertung wie bei 2.
4. Nehmen Sie eines der Jungen mit Hilfe der Zange aus dem Nest und setzen Sie es in die Arena. Beobachten Sie das Verhalten der Mutter. Falls keine Reaktion auftritt, setzen Sie in kürzeren Zeitabständen mehrere Junge aus. Registrieren Sie das Verhalten und messen Sie die Zeit, die zum Eintragen benötigt wird. Was geschieht mit dem eingetragenen Jungen?
5. Legen Sie eines oder mehrere Jungen versteckt hinter den Holzwinkel. Beobachten Sie das Verhalten der Mutter. Welche Schlüsse sind daraus zu ziehen?
6. Besprühen Sie ein Junges leicht mit Deospray, oder bestreichen Sie es vorsichtig mit

wenig Methylbenzoat. Legen Sie es dann aus, entweder einzeln oder mit anderen zusammen. Beobachten Sie das Verhalten der Mutter. Wird das Junge anders behandelt als die anderen? Welche Schlüsse ziehen Sie aus diesem Versuch?

Falls Sie einen zweiten Versuch aufgebaut haben, nehmen Sie ein fremdes Jungtier aus der Nachbararena, und legen Sie es außerhalb des Nestes aus. Ändert sich das Verhalten des Muttertieres? Was geschieht mit dem eingetragenen Jungen?

7. Legen Sie zwischen die ausgelegten Jungen eines der Gummitiere. Wird es genauso eingetragen? Welche Schlüsse ziehen Sie daraus?
8. Versuch 4.–7. geben Hinweise auf die Reizmodalitäten, die die Eintragereaktion in Gang setzen und steuern. Was können Sie zu diesem Komplex sagen?
9. Setzen Sie, während die Mutter einträgt, ständig neue Junge so aus, daß die Ratte mit dem Eintragen nie fertig wird. Registrieren Sie die Änderungen im Verhalten der Ratte, messen Sie die Eintragszeiten und tragen Sie sie in % der längsten Eintragezeit auf. Ermüdet das Eintrageverhalten?

Setzen Sie das Aussetzen fort, bis die Mutter die Jungen nicht mehr in ihr Nest trägt.

Sie werden sehen, daß die Ratte die Jungen an einen anderen Ort trägt. Was zeichnet diese Stelle aus? Nehmen Sie zu diesem Zeitpunkt keine neuen Jungen aus dem Nest. Warten Sie ab, was die Ratte unternimmt; versuchen Sie, die Reaktionen zu deuten.

Falls nach einiger Zeit die Ratte ihre Jungen doch wieder im alten Nest versammelt, können Sie nach einer Ruhepause untersuchen, was bei einer Zerstörung des Nestes geschieht. Nehmen Sie den Holzwinkel weg, der eine Wand des Nestes bildet, und entfernen Sie einen Teil des Nistmaterials. Beobachten Sie, was die Ratte unternimmt.

C. Diskussion

Sie sollten sich klar darüber sein, daß diese Versuche massive Störungen darstellen, die in dieser Form unter natürlichen Bedingungen nicht vorkommen. Man sollte versuchen, bei den beobachteten Verhaltensweisen zu trennen zwischen solchen, die auch unter natürlichen Umständen vorkommen und anderen, die den Störungen des Tieres durch die Versuche zuzuschreiben sind. Nach welchen Kriterien könnte eine solche Unterscheidung getroffen werden?

Auf der Basis dieses Kurses werden Ihnen eine Menge Fragen einfallen, die durch die durchgeführten Versuche nicht oder nicht endgültig geklärt werden können – betrachten Sie diese Kursanleitung als Anstoß auch für Versuche, die Sie sich selbst überlegen, um Sie interessierende Fragen zu klären.

Literatur

Beach, F. A. und J. Jaynes: Studies on Maternal Retrieving in Rats: II. Effects of Practice and Previous Parturitions. Am. Naturalist 851, 103–109 (1956).
– Studies on Maternal Retrieving in Rats: III. Sensory Cues involved in the Lactating Female's Response to her Young. Behaviour 10, 105–125 (1956).
Rosenblatt, J. S. und D. S. Lehrman: Maternal Behavior of the Laboratory Rat in: H. L. Rheingold (Ed.): Maternal Behavior of Mammals. Wiley, New York. 1963.

Filme

Eibl-Eibesfeldt, I.: *Rattus norvegicus* (weiße Ratte) – Transport der Jungen durch das Muttertier I (Erfahrenes Weibchen) und II (unerfahrenes Weibchen). Encyclopedia cinematographica E 311 und E 312, Inst. Wiss. Film, Göttingen 1957

37. Hormonale und soziale Einflüsse auf das Duftmarkier-Verhalten von Rennmäusen

Lee C. Drickamer

Williams College, Williamstown, Mass.

Eine große Zahl von Säugetieren markiert ihr Streifgebiet oder Revier mit Hilfe von Geruchsstoffen, die entweder im Kot oder Urin enthalten sind oder von spezialisierten Duftdrüsen produziert werden (Ralls, 1971). Olfaktorische Reize und Duftmarkierungen können von Säugetieren benutzt werden, um einen sozialen Zustand mitzuteilen (z.B. Geschlecht, Rangstellung), um Individual- und Gruppenerkennen zu erleichtern, und um den eigenen Lebensraum mit Orientierungshilfen zu versehen (Eisenberg und Kleinman, 1972; Johnson, 1973). Geruchskommunikation ist indirekt; Sender und Empfänger müssen nicht gleichzeitig anwesend sein. Stattdessen gibt ein Tier eine olfaktorische Information ab, und diese Mitteilung kann von allen Artgenossen empfangen werden, die auf diese Duftmarke stoßen.

In dieser Übung sollen Sie das Markierverhalten männlicher Mongolischer Rennmäuse *(Meriones unguiculatus)* studieren. Weibliche Rennmäuse markieren auch, aber mit bedeutend geringerer Häufigkeit. Erwachsene Rennmäuse besitzen eine ventrale Talgdrüse, die zur Markierung von Objekten in der Umwelt benutzt wird (Thiessen, 1973). Die Verhaltensweise des Markierens besteht aus einem deutlichen Ducken des Körpers über der Oberfläche eines Objekts, einer vorübergehenden Unterbrechung der Vorwärtsbewegung und einer unterschiedlichen Zahl von Reibebewegungen, während der der von der Drüse produzierte Talg auf die Oberfläche des zu markierenden Gegenstandes aufgebracht wird.

Ziel des Experimentes ist die Untersuchung hormonaler und sozialer Faktoren, die das Markierverhalten adulter männlicher Rennmäuse beeinflussen. Zuerst sollen Sie feststellen, ob eine Beziehung besteht zwischen der Größe der ventralen Talgdrüse und der Häufigkeit des Markierverhaltens. Da bekannt ist, daß der Testosteron-Spiegel (ein männliches Sexualhormon) im Körper die Größe der Talgdrüse beeinflußt (Thiessen et al., 1968), stellt die Beziehung zwischen Drüsengröße und Markieren einen indirekten Prüfstein dar für die Bedeutung des männlichen Hormons auf dieses Verhalten. Anschließend sollen Sie feststellen, ob vorheriges Markieren durch eine andere Rennmaus die Zahl und Lokalisation der Markierungen beeinflußt. Abschließend ist noch zu untersuchen, bis zu welchem Grad die Anwesenheit anderer erwachsener Männchen im Testareal das Markieren zu beeinflussen vermag.

A. Versuchsobjekte und -material

Versuchstiere für dieses Experiment sind ausgewachsene männliche Rennmäuse (5 pro Arbeitsgruppe). Die Ausrüstung für jede Gruppe besteht aus:
1. einer feinen Schere zum Abschneiden der Haare über der Drüse,
2. einem durchsichtigen Lineal zum Messen der Drüsengröße,
3. einem Beobachtungsareal.

Jedes Areal sollte etwa 1 m² messen, mit einer Seitenwandhöhe von 50 cm. Plexiglas oder ein anderes leicht zu reinigendes Material sollte für das Gehege verwendet werden. Neun bis 25 Plexiglasblöcke werden in gleichmäßigem Abstand auf dem Boden angebracht. Jeder Klotz sollte eine Oberfläche von 3 cm² haben und nicht mehr als 1,5 cm hoch sein.

B. Versuchsdurchführung

1. Drüsengröße und Markierhäufigkeit

Greifen Sie eine Rennmaus fest, aber vorsichtig hinter dem Kopf und halten sie ihren Schwanz zwischen kleinem Finger und Handteller. Drehen Sie das Tier auf den Rücken und streichen Sie das Bauchhaar in der Nähe der Hinterbeine

Hormonale und soziale Einflüsse auf das Duftmarkier-Verhalten von Rennmäusen 143

Blöcke und den Boden im Beobachtungskäfig sorgfältig mit Alkohol zu säubern. Wenn Sie alle fünf Rennmäuse untersucht haben, können Sie versuchen, die Zusammenhänge zwischen Drüsengröße und den beiden Variablen (Zahl der in zehn Minuten abgelaufenen Markierungsvorgänge und Zahl der jeweils markierten Blöcke) graphisch darzustellen.

2. Auswirkung vorangegangener Markierungen

Der Zweck dieses Versuches ist herauszufinden, ob vorausgegangene Markierungen durch eine andere Rennmaus die Häufigkeit und den Ort der Markierung durch ein zweites Testtier beeinflussen. Lassen Sie eine Rennmaus eine saubere Beobachtungsarena fünf Minuten lang markieren und protokollieren Sie die markierten Blöcke. Dann nehmen Sie das Tier heraus, reinigen die Arena nicht und setzen eine zweite Rennmaus für zehn Minuten in die Arena. Häufigkeit und Ort aller Markierungen sind festzuhalten. Reinigen Sie die Arena nach der Beobachtung des zweiten Tieres und wiederholen Sie den Versuch drei- bis viermal.

Abb. 69: Ventralansicht einer Mongolischen Rennmaus. Die elliptische Drüse ist zwischen den Hinterbeinen und (in dieser Lage) oberhalb der Schwanzwurzel erkennbar

3. Anwesenheit von Artgenossen

so auseinander, daß die elliptische Drüse sich abzeichnet (Abb. 69). Durch vorsichtiges Abschneiden aller in Drüsennähe befindlichen Haare können Sie die gesamte Drüsenfläche zur Vermessung freilegen. Messen Sie Länge und Breite der Ventraldrüse mit dem Lineal. Mindestens zwei Teilnehmer jeder Gruppe sollten diese Messung unabhängig durchführen. Berechnen Sie dann die Mittelwerte für Drüsenlänge und -breite und multiplizieren Sie die Einzelwerte für jede Rennmaus, um ein grobes Maß der Drüsengröße zu erhalten. Die Werte können Sie aber auch benutzen, um eine Ellipsenfläche zu berechnen, da die Form der Drüse annähernd der einer Ellipse entspricht.

Beobachten Sie jede Rennmaus einzeln etwa zehn Minuten lang im Beobachtungsareal. Während dieser Zeit zählen Sie jedes Auftreten von Markierverhalten und stellen die Gesamtzahl der markierten Plexiglasblöcke fest. Vergessen Sie nicht, nach jedem Einzelversuch die

Dieser Abschnitt soll herausfinden helfen, ob das Markierverhalten durch die Anwesenheit anderer Männchen beeinflußt wird. Markieren Sie zunächst eine Gruppe von drei Männchen individuell mit Farbe oder notfalls auch mit farbigen Ohrmarken und setzen Sie diese dann in das Areal. Zeichnen Sie während einer zehnminütigen Testphase Häufigkeit und Ort der Markierungen getrennt für jedes Versuchstier auf. Nach dem Versuch wird die Arena gesäubert und das Experiment mit zwei neuen Gruppen von je drei Rennmäusen wiederholt.

C. Fragen

1. Gibt es einen direkten Zusammenhang zwischen der Größe der ventralen Talgdrüse und der Markierungshäufigkeit einerseits oder der Zahl der markierten Blöcke andererseits? Glauben Sie, daß das Entfernen des Fells um die Drüse herum in irgendeiner

Weise das Markierverhalten der Rennmäuse beeinflußt? Welche möglichen Funktionen solcher Duftmarkierungen gibt es wohl, abgesehen vom Abgrenzen von Territorien?
2. Verglichen mit den Ergebnissen aus Abschnitt A als Kontrolle: Markieren die Tiere häufiger oder seltener, wenn eine andere Rennmaus das gleiche Gebiet vor ihnen markiert hat? Markiert das Versuchstier dieselben Blöcke wie die erste Rennmaus? Welche Bedeutung kann das beobachtete Markierverhalten unter diesen Bedingungen haben?
3. Welche Unterschiede in Markierverhalten und -häufigkeit wurden beobachtet, als die Rennmausgruppe geschlossen in den Ring gesetzt wurde? Irgendwelche Aggressionen? Markierten die Gruppentiere häufiger oder seltener als die einzeln getesteten Tiere aus Abschnitt A? Warum? Gab es unter den drei Rennmäusen in jeder Gruppe eine, die deutlich häufiger als die beiden anderen markierte? Welche Gründe sind dafür denkbar?

D. Zusätzliche Aufgaben

Um den Einfluß von Hormonen auf das Markierverhalten näher zu untersuchen, kann es ratsam sein, kastrierte männliche Rennmäuse zu beobachten; eine Operationsanleitung für Kastrationen findet sich bei Thiessen et al. (1968, 1970). Kastrieren Sie zehn bis zwölf erwachsene Männchen, geben Sie ihnen drei Wochen Erholungszeit nach der Operation und teilen Sie dann die Tiere in zwei gleichgroße Gruppen. Die erste Gruppe wird nicht weiterbehandelt und wird, Tier für Tier, gemäß Abschnitt A beobachtet. Achten Sie auf die Verkleinerung der Drüse bei diesen Kastraten. Gibt es eine entsprechende Abnahme im Markierverhalten?

Jede Rennmaus der zweiten Gruppe erhält eine Implantation von Testosteron-propionat in kristalliner Form. Die Substanz wird im Nacken unter Haut und Bindegewebe eingesetzt. Für den Beginn ist eine Dosierung von 10 mg angemessen, sie kann jedoch modifiziert werden. Testen Sie die so behandelten Tiere frühestens eine Woche später.

Verändert die Hormonbehandlung die Größe der ventralen Talgdrüse? Untersuchen Sie auch diese Tiere wieder gemäß Abschnitt B 1. Vergleichen Sie deren Markierverhalten mit dem der Kastraten und dem der unbehandelten Tiere. Gibt es Unterschiede, und warum wohl?

(Ein anderes mögliches Versuchstier ist der erwachsene Goldhamster *(Mesocricetus auratus)*. Hamster-Männchen haben paarige seitliche Rumpfdrüsen (schwarze Oberfläche), die durch Beschneiden des Fells auf den Bauchflächen nahe der Mittellinie in Höhe der Hinterbeine freigelegt werden können. Die Plastikblöcke im Beobachtungsareal sollten für Hamster 7 cm hoch sein. Alle anderen Angaben und Anleitungen treffen unverändert auch für Goldhamster zu.)

Literatur

Drickamer, L. C., J. C. Vandenbergh und D. R. Colby, Predictors of social dominance in the adult male golden hamster *(Mesocricetus auratus)*. Anim. Behav. **21**, 557–563 (1973).

Eisenberg, J. F. und D. G. Kleinman, Olfactory communication in mammals. Ann. Rev. Ecol. Syst. **3**, 1–32 (1972).

Johnson, R. P., Scent marking in mammals. Anim. Behav. **21**, 521–535 (1973).

Ralls, K., Mammalian scent marking. Science **171**, 443–450 (1971).

Thiessen, D. D., Footholds for survival. Amer. Sci. **61**, 346–351 (1973).

Thiessen, D. D., M. Friend, und G. Lindzey, Androgen control of territorial marking in the Mongolian gerbil *(Meriones unguiculatus)*. Science **160**, 432–442 (1968).

Thiessen, D. D., S. L. Blum und G. Lindzey, A scent marking response associated with the ventral sebaccous gland of the Mongolian gerbil *(Meriones unguiculatus)*. Anim. Behav. **18**, 26–30 (1970).

Vandenbergh, J. G., The effects of gonadal hormones on the aggressive behavior of adult golden hamsters *(Mesocricetus auratus)*. Anim. Behav. **19**, 589–594 (1971).

IV. Entwicklung und Lernen

38. Die Stimmentwicklung vor dem Schlüpfen bei Vögeln

GILBERT GOTTLIEB

Dorothea Dix Hospital, Raleigh, North Carolina

Diese Übung gibt mit Hilfe eines interessanten und leicht durchführbaren Versuchs eine Einführung in die Embryologie des Verhaltens. Sie betrifft die Ontogenie der Lauterzeugung bei Vögeln. Beobachtet wird, in welchem Alter sich die Stimmentwicklung bei Hühner- und Entenküken vollzieht, wie sich die Laute zunehmend verändern und welche Reize sie auslösen.

A. Brutmethoden

1. Grundausrüstung

Folgendes Material können die Teilnehmer gemeinsam benutzen: einen Flächen- oder Motorbrutschrank, einen Eidurchleuchter, 70%igen Alkohol, Flamme oder Mikroskoplampe, Vaseline oder Salzlösung. Jeder einzelne Teilnehmer benötigt eine gebogene Irisschere, eine spitze Pinzette, eine stumpfe Pinzette und sterile Watte.

Um die geöffneten Eier bei einer geeigneten Temperatur halten zu können, ist es nützlich, zusätzlich einen Flächenbrüter mit Sichtscheibe zur Verfügung zu haben.

2. Tiermaterial

Eier von Hühnern und Pekingenten; beide sind das ganze Jahr über erhältlich. Bei den Hühnern sind Fleischrassen brauchbarer als Legerassen.

3. Brutvorgang

Um sicherzustellen, daß das Entwicklungsalter der Embryonen genau errechnet werden kann, werden alle Eier von Beginn an im Labor bebrütet. Ist dies jedoch nicht möglich oder zu umständlich, kann man vorbebrütete Eier von einer Geflügelzüchterei oder von Instituten beziehen. Für die Zwecke der vorliegenden Übung sind 15–19 Tage alte Hühnereier und 21–26 Tage alte Enteneier geeignet.

Zum Bebrüten im Labor sind Motorbrutschränke geeigneter und ergeben meist einen höheren Schlüpferfolg als Flächenbrutschränke. In den ersteren werden Hühner- wie Enteneier bei etwa 37,5°C (60–70% relative Luftfeuchte) bebrütet, in Flächenbrütern werden die besten Erfolge bei einer Temperatur von 39°C (65–75% relative Luftfeuchte) erzielt. Hühnerküken schlüpfen nach 20tägiger Brutzeit (das heißt ab dem 21. Tag), Pekingentenküken nach 26,5tägiger Brutzeit. Schlüpferfolg, Fertilität und Embryosterblichkeit hängen von der Jahreszeit, der Konstanz von Temperatur und Feuchtigkeit im Brutkasten und einer Anzahl weiterer Faktoren ab. Die Eier müssen täglich vier- bis achtmal gewendet werden, bei Hühnereiern vom 1.–2. Tag der Brutzeit bis zum Ende des 17. Bruttages (408 Stunden), bei Enteneiern bis zum Ende des 23. Bruttages (552 Stunden). Um Mißverständnisse zu vermeiden sei angemerkt, daß das Alter eines Embryos auf zweierlei Weise angegeben werden kann: einmal wie beim Menschen, das heißt, 52 Stunden nach Brutbeginn ist der Embryo 2 Tage, 4 Stunden alt – zum andern nach dem Bruttag, das heißt, 52 Stunden nach Brutbeginn befindet sich der Embryo im 3. Bruttag. Wir verwenden die erste Methode, weil sie genauer ist.

Je nach Art des verwendeten Brutkastens werden die Eier mit der Längsachse in der Horizontalen oder Vertikalen (stumpfes Ende oben) bebrütet. Bei waagerechter Lage werden die Eier mit der Hand gewendet (eine Vierteldrehung), bei senkrechter Lage drehen sich die Einsätze je nach Brutschrank um 45 bis 180°; es ist wichtig, daß das stumpfe Eiende in keiner Drehphase nach unten zeigt, weil sonst die Lage des Embryos im Ei ernsthaft gestört wird.

Wenn das Verhalten von Embryonen verschiedener Entwicklungsphasen in einem einzigen Kurs untersucht werden soll, müssen die Eier vorher in periodischen Abständen zum Brüten angesetzt werden.

B. Operationstechnik

Die Technik, den Kopf des Embryos für diese Übung freizulegen, ist einfach und kann auch für andere Versuche zum Verhalten des Vogelembryos während des letzten Viertels der Brutzeit benutzt werden. Zwei weitere Techniken sind im folgenden Kapitel beschrieben, das die Beobachtung des Embryos durch ein Fenster in der Eischale in situ behandelt. Abb. 70 zeigt die Lage der für die vorliegende Übung wichtigen Strukturen.

Es empfiehlt sich, die ersten Eier am letzten Tag vor dem Schlüpfen (bei Hühnern spät am 19. Tag, bei Enten spät am 25. oder zu Beginn des 26. Tages) zu öffnen, um mit der Operationstechnik vertraut zu werden. Zu diesem Zeitpunkt befindet sich der Schnabel des Embryos bereits in der Luftkammer. Der Embryo wird dann wahrscheinlich sofort Laute von sich geben und schließlich, wenn sterile Bedingungen und richtige Temperatur und Feuchtigkeit weiter gegeben sind, auch schlüpfen. Da die Operation nur wenige Minuten dauert, kann sie bei Zimmertemperatur ausgeführt werden; der Embryo muß aber wieder in die Bruttemperatur zurückgebracht werden, wenn er überleben und sich normal verhalten soll. Wenn Sie die Operationstechnik beherrschen, untersuchen Sie 16–19 Tage alte Hühner- und 21–25 Tage alte Entenembryonen. Zum Öffnen der Schale und Freilegen des Embryokopfes geht man folgendermaßen vor:
1. Durchleuchten Sie das Ei und markieren Sie mit einem Stift den Rand der Luftkammer am stumpfen Eiende.
2. Reiben Sie zur Sterilisation das stumpfe Ende mit Alkohol (70%) ein.
3. Durchbohren Sie behutsam unter Benutzung des scharfen Endes einer sterilisierten

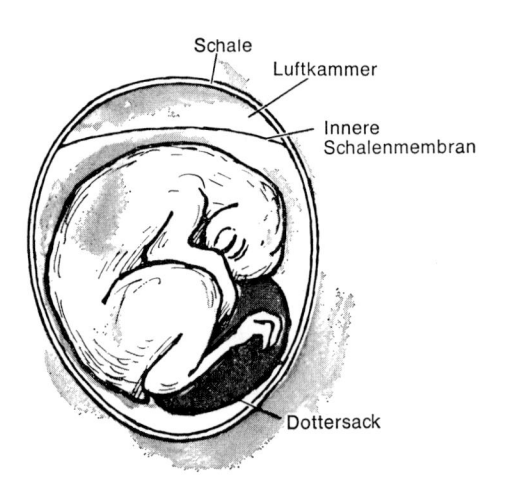

Abb. 70: Schematische Darstellung eines Eies

Irisschere die Schale über der Luftkammer (Abb. 71).
4. Schneiden Sie die gesamte Schale über der Luftkammer so sorgfältig wie möglich und ohne daß scharfe Zacken entstehen ab (Abb. 72).
5. Bringen Sie auf die nun freiliegende opake, innere Eihaut warme Vaseline oder Salzlösung. Die innere Eihaut wird dabei durchsichtig. Auf der Innenseite der Eihaut erkennen Sie jetzt den Dottersack und die großen Blutgefäße des Allantochorions (Abb. 73).
6. Ziehen Sie unter Verwendung der stumpfen Pinzette am Allantochorion; vermeiden Sie dabei alle großen Blutgefäße und ziehen Sie nicht am Dottersack. Es ist entscheidend, daß es nicht zu starken Blutungen und zum Einreißen des Dottersackes kommt.

Wenn sich der Embryo in der für dieses Stadium normalen Lage befindet, sind Hals und Kopf unmittelbar unter dem Allantochorion im Uhrzeigersinn aufgerollt (ein Teil des Dottersackes kann die Sicht verdecken). Augen und Kopf des Embryos sind meist vom rechten Flügel verdeckt, der Schnabel ist entweder sofort sichtbar oder nicht (Abb. 73). Bei normal liegenden Embryonen kann auch ein Fuß über dem Kopf liegen. Verwerfen Sie falsch (das heißt, zum spitzen Ende hin) liegende Embryonen. Es gibt allerdings beträchtliche individuelle Unterschiede, und nicht alle Embryonen haben in einem gegebenen Brutstadium genau dieselbe Lage zur Luftkammer.

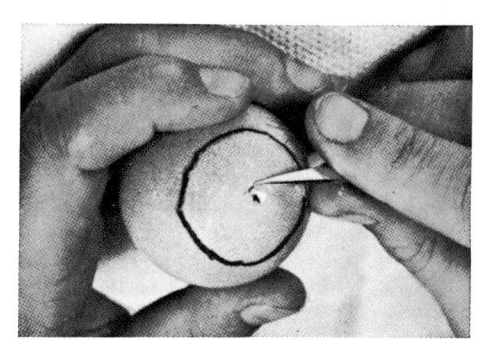

Die Stimmentwicklung vor dem Schlüpfen bei Vögeln 147

Abb. 71: Herstellen eines Loches in der Luftkammer am stumpfen Eiende

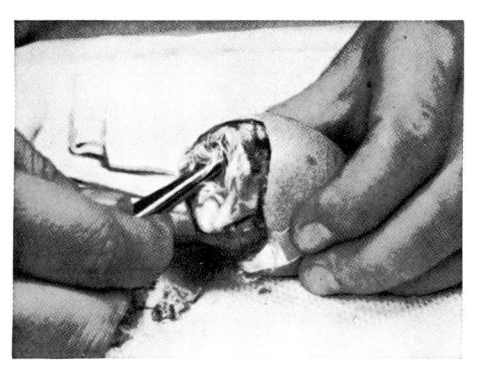

Abb. 74: Langsam und vorsichtig hebelt man den Kopf des Embryos aus dem Amnion, wobei man die Pinzette unter dem Nacken ansetzt

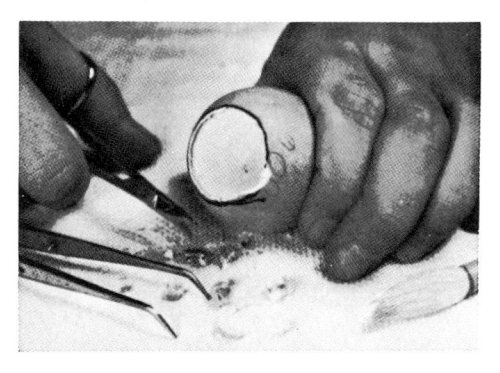

Abb. 72: Nach Entfernen der Schale über der Luftkammer wird die undurchsichtige, innere Schalenmembran sichtbar

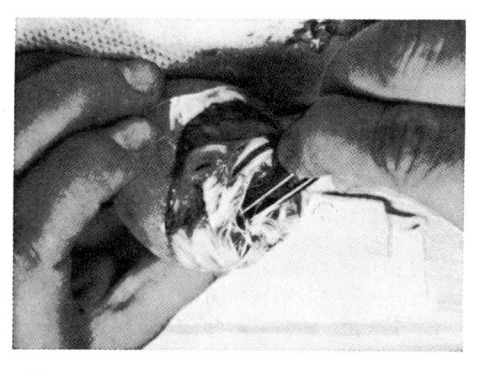

Abb. 75: Hier wurde die Schale weiter als üblich entfernt, um die Lage des 19 Tage alten Embryos deutlicher zu zeigen

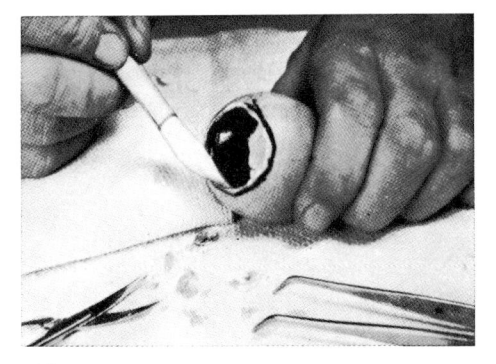

Abb. 73: Das Allantochorion wird sichtbar, wenn man die innere Schalenmembran leicht mit lauwarmer Vaseline oder warmer Salzlösung einpinselt

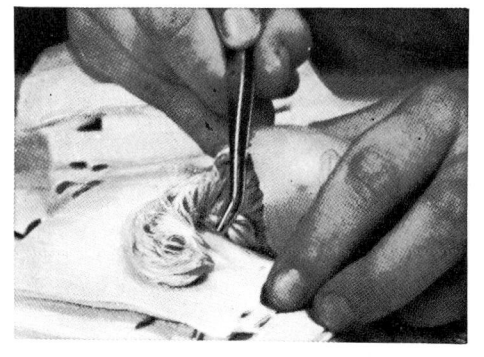

Abb. 76: Die Mundhöhle des Embryos wird zur Anregung der Lauterzeugung mit der Pinzette sondiert. Das stumpfe Eiende liegt erhöht, damit der Dottersack nicht herausgleitet oder sich an der Schale verletzt

7. Ziehen Sie unter Verwendung der spitzen Pinzette die dünne Membran (Amnion) um den Embryo herum weit genug heraus, um so weit aufschneiden oder -reißen zu können, daß der Kopf des Embryos aus dem Amnion gezogen werden kann.
8. Um den Kopf des Embryos aus der Schale herauszuholen, indem Sie die Pinzette unter seinen Hals schieben und wie einen Hacken oder Hebel benutzen (Abb. 74). Manchmal ist es auch möglich, den Schnabel des Embryos mit den Fingern zu fassen und den Kopf vorsichtig aus der Schale zu ziehen. Ziehen Sie langsam, wenn Sie diese Methode anwenden, da der Körper des Embryos sich in der Schale drehen muß, damit der Kopf herauskommt. Holen Sie den Kopf (nicht den ganzen Körper) des Embryos langsam an die Luft (Abb. 75).
9. Mit einiger Übung darf die gesamte Operation nur wenige Minuten dauern. Der freigelegte Embryo wird nun bei einer Temperatur von 37,5°C entweder im Brutkasten oder an einem vorgeheizten Ort aufbewahrt.
10. Um zu verhindern, daß der Dottersack aus dem Ei herausrutscht oder an der Schale hängenbleibt, hebt man das stumpfe Eiende leicht an, indem man sterile Gaze oder Watte unterlegt (Abb. 76).

Die Operation kann und muß unter sehr geringem Bluten des Allantochorions durchgeführt werden. Wenn es zu starken Blutungen gekommen ist oder wenn der Dottersack punktiert wurde, schließen Sie den Embryo vom Versuch aus. Embryonen, die keine Laute von sich geben, werden bei der Auswertung des Versuch nur berücksichtigt, wenn sie die Operation wenigstens um acht Stunden überleben.

C. Beobachtungen

Achten Sie besonders auf folgende vier Aspekte des embryonalen Lautverhaltens und stellen Sie fest, wie sie nach Alter und Stärke oder Art der Reizung variieren.
1. Gibt der Embryo Laute von sich?
2. Wann erzeugt der Embryo zum erstenmal einen Laut nach der Öffnung des Eies?
3. Handelt es sich um einzelne oder um vielfache Noten?
4. Ist die Tonhöhe relativ hoch oder niedrig?

Wenn sich der Schnabel des Embryos bereits in der Luftkammer befand (bei Hühnern nach mehr als 19, bei Enten nach mehr als 25,5 Tagen) gab der Embryo wahrscheinlich schon als das Ei bewegt wurde oder während der Operation Laute von sich. Bei solchen Embryonen kann man manchmal Unterschiede in der Lauterzeugung erzielen, wenn man leicht gegen den Kopf streicht oder stark in der Mundhöhle sondiert; es hängt davon ab, wie alt die Embryonen sind und wie lange sie sich in der Luftkammer befanden, ehe das Ei geöffnet wurde.

Befand sich der Embryo nicht in der Luftkammer beim Öffnen des Eies, warten Sie 30 Minuten oder länger, denn so lange dauert es, bis Lungen und Kehle frei von Flüssigkeit sind. Beobachten Sie in Abständen von 30 Minuten, solange es die Kursdauer erlaubt. Vielleicht wollen Sie Ihre eigenen Methoden der Reizung oder Nicht-Reizung entwickeln. Eine bewährte Methode besteht darin, in der Mundhöhle der jüngeren Embryonen alle halbe Stunde eine stumpfe Pinzette hin und her zu bewegen und die Lautgebung und andere Verhaltensweisen dabei zu registrieren.

D. Schlußfolgerungen

1. In welchem Alter setzte die Lauterzeugung bei Hühnerküken, in welchem bei Entenküken ein?
2. Welche Art war leichter zur Lauterzeugung bereit, welche häufiger?
3. Wie änderte sich die Lautgebung in Charakter und Lautspektrum mit zunehmendem Alter des Embryos?
4. Auf welche Reize (wenn überhaupt) reagierte der Embryo?
5. Nahm das Spektrum der Reize, auf die der Embryo reagierte, mit zunehmendem Alter ab oder zu?
6. Wie stimmt die Lauterzeugung bei Vogelembryonen mit Carmichaels Prinzip der vorweggenommenen morphologischen Reifung überein?
7. Könnte die Stimmentwicklung vor dem Schlüpfen die Reaktion des schlüpfenden Vogels auf den arteigenen Ruf der Mutter begünstigen?

Literatur

Carmichael, L. (Ed.): Manual of child psychology. Wiley, New York. 1963.

Driver, P. M.: Clicking in the egg-young of nidifugous birds. Nature **206**, 315 (1965).

Gottlieb, B.: Prenatal auditory sensivity in chickens and ducks. Science **147**, 1596–1598 (1965).

– Species identification by avian neonates: contributory effect of perinatal auditory stimulation. Anim. Behav. **14**, 282–290 (1966).

Gottlieb, G. und Z.-Y. Kuo: Development of behavior in the duck embryo. J. Comp. Physiol. Psychol. **59**, 183–188 (1965).

Kuo, Z-Y.: The dynamics of behavior development. Random House, New York. 1967.

Vince, M. A.: Potential stimulation produced by avian embryos. Anim. Behav. **14**, 34–40 (1966).

39. Die Entwicklung der Bewegungsfähigkeit und anderer Verhaltensweisen vor dem Schlüpfen bei Vögeln

GILBERT GOTTLIEB

Dorothea Dix Hospital, Raleigh, North Carolina

Bis vor kurzem waren die meisten Untersuchungen an Hühnerembryonen auf die morphologische Entwicklung des Embryos konzentriert. Dank neuer Techniken der Beobachtung des lebenden Embryos im Ei ist aber heute bekannt, daß der Embryo charakteristische Verhaltensweisen hat, die im Lauf der Embryonalentwicklung Veränderungen unterliegen. Außerdem reagiert der Embryo auf Reize von innerhalb und außerhalb der Schale. Diese Reize können ihrerseits die Entwicklung beeinflussen. Zusätzlich zu besonderen Verhaltensweisen zeigt der Embryo aktive und inaktive Phasen – den sogenannten Bewegungszyklus.

Ihr Ziel in der vorliegenden Übung ist die Beobachtung lebender Embryonen im Ei. Die Untersuchung steht unter zwei Gesichtspunkten. Der eine betrifft die Messung der Dauer aktiver und inaktiver Phasen des embryonalen Bewegungszyklus und ihrer Veränderungen mit zunehmendem Alter. Der zweite betrifft die Beobachtung des Auftretens und der Entwicklung besonderer Verhaltensweisen und ihrer Beeinflussung durch die Lage des Embryos im Ei und andere mechanische Faktoren. Es ist am besten, diese beiden Gesichtspunkte getrennt zu untersuchen.

Da die Beherrschung der in dieser Übung benutzten Techniken einige Erfahrung erfordert, sollten wenigstens drei, besser vier Kurse für diesen Stoff vorgesehen sein. Auch dann sollte sich jeder Teilnehmer nur auf einen Gesichtspunkt konzentrieren und die Untersuchung des zweiten Fragenkreises anderen überlassen. Die Ergebnisse aller Teilnehmer, die denselben Verhaltensaspekt beobachtet haben, werden am Ende zusammengefaßt.

Eine wichtige Frage in der heutigen Embryologie des Verhaltens betrifft den Einfluß sensorischer und mechanischer Faktoren auf das Verhalten des Embryos. Eine Theorie besagt, daß die Periodizität der embryonalen Aktivität bis in späte Entwicklungsphasen fast vollständig endogen determiniert sei. Eine andere Ansicht vermutet, daß die Bewegung des Embryos in enger Beziehung zu mechanischen Faktoren und Sinnesreizen stehe, die vom Beginn der Entwicklung an innerhalb des Eies wirksam seien. Beide Theorien können zutreffen. Um sie jedoch nachzuprüfen, muß man sich zuerst grundlegende Kenntnisse verschaffen, indem man Embryonen durch Fenster in der Eischale beobachtet.

A. Methode

1. Grundausrüstung

Folgendes Material kann von den Teilnehmern gemeinsam benutzt werden: Flächen- oder Motorbrutschrank, Eidurchleuchter, Alkohol

(70 %ig), Flamme oder Mikroskoplampe, Vaseline oder Salzlösung. Jeder Teilnehmer braucht eine gebogene Irisschere, eine spitze und eine stumpfe Pinzette, sterile Watte, einen Kymographen zur Messung der embryonalen Bewegungszyklen, ein Binokular oder eine Handlupe und ein kleines, durchsichtiges Brutgefäß aus Plastik, das 1–2 Eier aufnehmen kann.

2. Tiermaterial

Embryonen von Pekingenten sind etwas anspruchsloser und zuverlässiger als Hühnerembryonen. Andererseits kosten Hühnerembryonen weniger und sind leichter zu beschaffen. Wenn die Kosten keine Rolle spielen, ist der Entenembryo vorzuziehen, weil er größer ist und eine längere Brutzeit sowie eine größere Toleranz gegenüber der experimentellen Belastung besitzt. Ein Farbfilm (16 mm) von 21 Minuten Dauer, der das Verhalten des Pekingentenembryos während der gesamten Brutzeit und auch die beiden unten beschriebenen Techniken, Fenster in der Eischale anzulegen, zeigt, kann vom Psychological Cinema Register, Pennsylvania State University, University Park, Pennsylvania unter der Katalognummer PCR 2143 K entliehen oder gekauft werden.

3. Zwei Verfahren zur Herstellung von Fenstern in der Eischale

Verfahren 1. Es ist besonders geeignet zur Beobachtung von Hühner- und Entenembryonen während der ersten Hälfte der Brutzeit, kann aber ebenso in späteren Stadien benutzt werden.
1. Durchleuchten Sie das Ei und markieren Sie den Rand der Luftkammer am stumpfen Eiende und die Schalenregion über dem Embryo. (Die Lage des Embryos ist leicht zu ermitteln beim Durchleuchten eines weißschaligen Eies; um die Embryolage in einem braunschaligen Ei festzustellen, ist eine stärkere Lichtquelle notwendig.)
2. Machen Sie am breiten Eiende über der Luftkammer ein kleines Loch in die Schale. Ein weiteres kleines Loch bringen Sie an der bezeichneten Schalenstelle über dem Embryo an. Achten Sie bei der Herstellung des zweiten Loches darauf, nur die Kalkschale zu durchbohren und gerade noch die weiße, undurchsichtige Membran unter der Schale zu punktieren; entfernen Sie die Schale so weit, daß die weiße Membran freiliegt und ganz vorsichtig punktiert werden kann (Abb. 77). Dann durchleuchten Sie das Ei erneut, um festzustellen, ob sich das Allantochorion von der Schalenmembran gelöst und eine neue (zweite) Luftkammer unterhalb der punktierten Membran gebildet hat. Wenn die zweite Luftkammer vorhanden ist, gehen Sie zu Punkt 4 über, wenn nicht, zunächst zu Punkt 3.
3. Saugen Sie vorsichtig mit dem Mund Luft durch das Loch am stumpfen Eiende. Das Ansaugen der Luft führt dazu, daß Luft in das zweite Loch eindringt und eine zweite Luftkammer bildet. Durchleuchten Sie das Ei. Wenn Sie Erfolg hatten, muß sich unter dem Loch über dem Embryo ein kleiner Luftraum befinden. Lassen Sie sich nicht irritieren, wenn sich der Embryo gedreht hat, er wird in seine frühere Lage zurückkehren. Die zweite Luftkammer ist nicht so deutlich wie die Luftkammer am stumpfen Eiende, sie ist aber beim Durchleuchten sichtbar. Wiederholen Sie das Saugen, bis sich der zweite Luftraum über dem Embryo zeigt. Dabei wird das Allantochorion von der Eischale getrennt, so daß Sie anschließend ein

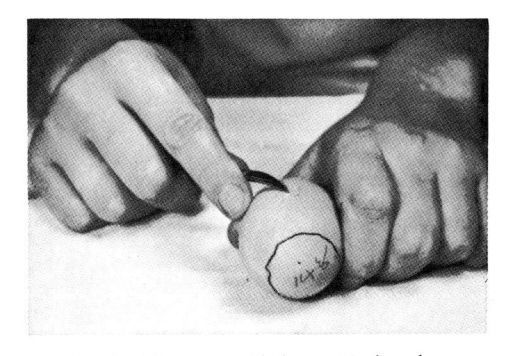

Abb. 77: Ehe man seitlich am Ei über dem Embryo ein Fenster anlegt, macht man über der Luftkammer und über dem Embryo je ein kleines Loch in die Schale. Während das Loch über der Luftkammer die Schalenmembran, die in direktem Kontakt mit der Schale steht, deutlich durchbohren muß, sollte das Loch über dem Embryo kaum in die Schalenmembran eindringen (die helle Stelle unter der Scherenspitze)

Fenster von etwa 2,5 cm Durchmesser in die Schale und die darunterliegende weiße Membran schneiden können, ohne das gefäßreiche Allantochorion zu verletzen. Da das Allantochorion normalerweise in Kontakt mit der weißen Membran steht, treten beim Anlegen eines Fensters ohne vorheriges Ablösen des Allantochorions unter Bildung eines Luftraumes starke Blutungen und Schädigungen des Embryos auf.

Versuchen Sie beim Anlegen des Fensters über dem Embryo (Abb. 78 und 79) zu verhindern, daß Schalenbruchstücke auf das Allantochorion fallen, weil sie sonst Blutungen hervorrufen und die Beobachtung des Embryos behindern. Mit Vorsicht und Übung kann man alle Schalenbruchstücke, die auf das Allantochorion gefallen sind, mit der Pinzette oder feuchter, steriler Watte entfernen. Wenn Blutflecken auf dem Allantochorion die Sicht auf den Embryo verdecken, entfernt man sie durch Abtupfen der Membran mit trockener, steriler Watte.

Relativ starke Beleuchtung, z. B. eine Mikroskoplampe, ist erforderlich, um den Embryo gut zu sehen. Meist sieht man nicht den gesamten Embryo. Wird das Allantochorion trocken und trüb, tropfen Sie Salzlösung darauf oder betupfen es mit feuchter, steriler Watte, damit es wieder klar wird. Wenn Sie nicht beobachten können, was Sie wollen, legen Sie in einem zweiten Ei ein ähnliches Fenster oder ein Fenster nach der Methode von Kuo an (s. unten). Während der ersten Hälfte der Brutzeit ist die vorliegende Technik meist zufriedenstellender als die Technik nach Kuo.

5. Da die Temperatur die Aktivität des Embryos stark beeinflußt, ist es wesentlich, den Embryo während der Beobachtung bei normaler Bruttemperatur zu halten. Das erreichen Sie, wenn Sie das Ei in einen vorher auf Bruttemperatur (37,5 °C) gebrachten Brutbehälter aus Plastik bringen.
6. Wenn die Beobachtungen des Tages abgeschlossen sind, bringen Sie das Ei in den großen Brutkasten zurück. Kleben Sie das Fenster mit sterilisierter Klebefolie zu, um die Feuchtigkeit im Ei zu erhalten und die Überlebenschancen des Embryos zu steigern.

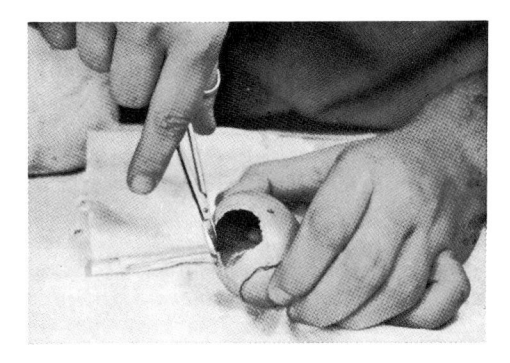

Abb. 78: Durch behutsames Saugen am Loch über der Luftkammer trennt man die gefäßreiche Membran von der Schale; dann legt man über dem Embryo ein Fenster in der Schale an

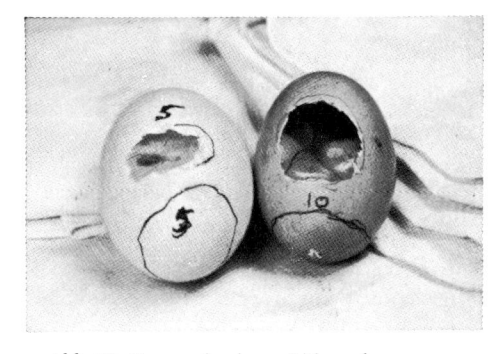

Abb. 79: Fenster in einem 5 Tage alten Pekingentenei (links) und in einem 10 Tage alten Hühnerei

Verfahren 2. Dieses von Kuo entwickelte Verfahren besteht einfach darin, ein Fenster in das stumpfe Eiende zu schneiden. Es ist brauchbar in den späteren Entwicklungsphasen, wenn der Embryo schwerer wird und auf den Boden des Eies sinkt. Zu diesem Zeitpunkt bedeckt der Dottersack die Ventralseite des Embryos und die ungehinderte Beobachtung des Embryos wird problematisch. Die Technik von Kuo beeinträchtigt die innere Dynamik des Eies nicht (und verändert deshalb auch nicht die Lage des Embryos, was bei der vorigen Technik manchmal der Fall ist).

1. Erhitzen Sie Vaseline, bis sie lau und flüssig ist.
2. Durchleuchten Sie das Ei und markieren Sie den Rand der Luftkammer.
3. Machen Sie mit der Spitze der Irisschere ein Loch in die Mitte der Luftkammer.
4. Schneiden oder schälen Sie die Schale über der Luftkammer ab; achten Sie dabei darauf,

daß keine Bruchstücke auf die Membran darunter fallen.
5. Bringen Sie die verflüssigte Vaseline auf die undurchsichtige Eihaut, indem Sie sie mit einem weichen Pinsel leicht auftragen. Dadurch wird die Eihaut durchsichtig (Abb. 80).
6. Treffen Sie dieselben Vorsichtsmaßnahmen zur Temperaturkonstanthaltung usw. wie unter 5 und 6 des ersten Verfahrens beschrieben. Beobachten Sie den Embryo in schräger Eilage (das freiliegende Ende nach oben). Zur Beobachtung und Bebrütung nach Öffnung des Eies sind Eierkartons praktisch. Nach Abschluß der täglichen Beobachtung und dem Zurückbringen des Eies in den Brutkasten setzen Sie auf das stumpfe Eiende eine Schalenkappe, um die Feuchtigkeit innerhalb des Eies zurückzuhalten.

Es ist schwierig, einen normal funktionierenden Embryo nach Anlegen des Schalenfensters länger als zehn Tage zu halten. Deshalb ist es für ausgedehnte Beobachtungen besser, verschiedene Embryonen auf unterschiedlicher Entwicklungsstufe als dieselben Embryonen längere Zeit zu beobachten.

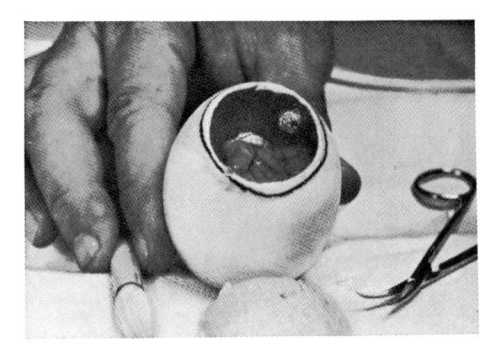

Abb. 80: Fenster am stumpfen Eiende (Methode nach Kuo). Schale und äußere Schalenmembran über der Luftkammer wurden entfernt; die opake, innere Schalenmembran am Grunde der Luftkammer wurde mit warmer Vaseline bestrichen, um die Membran durchsichtig zu machen. Danach kann man die Venen des Allantochorions (das sich unter der inneren Schalenmembran befindet) und den Embryo sehen. Die Membran kann erneut bestrichen werden, wenn das Fenster nach längerer Beobachtung trübe (trocken) wird

B. Beobachtungen

1. Aktivitätszyklen

Bewegung ohne äußere Reizung. Ein Bewegungszyklus besteht aus einer aktiven und einer passiven Phase. Die absolute und relative Dauer dieser beiden Phasen verändern sich mit fortschreitender Entwicklung. Zunächst ist es notwendig, das Niveau einer Grundaktivität, die ohne Reizung auftritt, festzustellen. Setzen Sie den Kymographen in Gang und registrieren Sie aktive und passive Phasen des Bewegungszyklus. Die einfachste Methode besteht im manuellen Bedienen des Schreibers; er wird während der Aktivitätsphasen abgelenkt und bleibt während der Inaktivitätsphasen in Ruhelage. Achten Sie auf aktive Bewegungen aller Teile des Embryos. Registrieren Sie nicht das passive Schwingen des Embryos, eine Folge von Kontraktionen des Amnions, oder andere passive Bewegungen. Legen Sie selbst ein Kriterium für Aktivität und Inaktivität fest oder benutzen Sie das folgende: wenn sich mindestens 9 Sekunden lang kein Teil des Embryos bewegt, handelt es sich um die inaktive Phase. Bewegungen, die vor Ablauf von 10 Sekunden nach der vorausgegangenen Bewegung erfolgen, werden mit zur aktiven Phase gerechnet. Wenn sich also ein Embryo bei 2 Sekunden, bei 8 Sekunden und bei 14 Sekunden aktiv bewegt und dann erst wieder bei 28 Sekunden, ist die Aktivitätsphase 14 Sekunden lang und die Inaktivitätsphase ebenfalls. Mit der Bewegung bei 28 Sekunden beginnt die Aktivitätsphase des nächsten Bewegungszyklus. Wenn kein Kymograph oder ein vergleichbares Gerät zur Verfügung steht, gehen Sie am besten zum zweiten Abschnitt über (Beobachtung bestimmter Verhaltensweisen), da das Registrieren der aktiven und passiven Phasen mit einer Stoppuhr sehr schwierig ist.

Registrieren Sie 15 Minuten lang; errechnen Sie dann die mittlere Dauer eines Bewegungszyklus und den relativen Anteil der aktiven und der passiven Phase. Wiederholen Sie die obigen Beobachtungen an Embryonen mehrerer Entwicklungsstufen, die für die gesamte Brutperiode repräsentativ sind.
1. Ist die Aktivität des Embryos auf allen Altersstufen periodisch, das heißt diskontinuierlich?
2. Ändert sich die Dauer von aktiver und inaktiver Phase mit dem Alter? Wenn ja: sind die Veränderungen regelhaft?

3. Zeigen Hühner- und Entenembryonen desselben relativen Alters die gleiche Art periodischer Bewegungen?

Bewegung bei Reizung von außen. Gehen Sie nun, nachdem die Bewegungsweisen des ungereizten Embryos festgestellt sind, dazu über, die Wirkungen eines oder mehrerer äußerer Reize verschiedener Modalität zu prüfen. Wenn Berührung, Licht und Schall als Reize verwendet werden, denken Sie daran, daß Reaktionen darauf sich in verschiedenen Altersstufen entwickeln; bestimmte Körperteile sind unter Umständen zu verschiedenen Zeiten sensibel. Intensives Licht und lauter Schall können auch mit anderen Rezeptoren als Auge und Ohr wahrgenommen werden. So kann z. B. eine 500 Watt starke Lichtquelle die motorischen Zentren des Rückenmarks oder Photorezeptoren in der Haut direkt beeinflussen, lange bevor der Embryo fähig ist, visuell zu reagieren. Wenn Licht als Reiz verwendet wird, benutzen Sie zusätzlich ein Wärmefilter, um sicherzustellen, daß es nicht die Wärme ist, die das Verhalten des Embryos beeinflußt. Wärmeabsorbierendes Glas ergibt ein wirkungsvolles, billiges Filter.

Benutzen Sie zur taktilen Reizung des Embryos eine Schlinge aus Kinderhaar (Erwachsenenhaar ist zu grob). Man steckt beide Enden eines Haares in eine fein ausgezogene Glasrohrspitze (Abb. 81) und bildet so eine Schlinge von etwa 3–4 mm Durchmesser. Dann befestigt man das Haar mit flüssigem Paraffin in der Röhre. Bringen Sie kein Paraffin auf den Teil Schlinge, der zur Reizung benutzt werden soll. Bei der Verwendung dieser Schlinge ist es schwierig, Stärke, Dauer und exakte Lage der Reizung bei mehreren Experimentatoren zu standardisieren. Gehen Sie trotzdem daran, verschiedene Teile des Embryos zu reizen und die Reaktionen von Kopf, Extremitäten und Körper auf Reize unterschiedlicher Dauer und Stärke zu beobachten. Lassen Sie die Schlinge die Haut des Embryos nur leicht berühren, da tiefere Reizung direkt auf die darunter liegende Muskulatur wirken und rein mechanisch eine Verhaltensänderung bewirken könnte. Wenn das Allantochortion den Embryo umgibt, schneiden Sie es unter Vermeidung größerer Blutgefäße weg, damit die Schlinge den Embryo selbst berührt. Wenn eine tiefer liegende Membran (Amnion) im Weg ist, kann man trotzdem versuchen, den Embryo ohne Entfernung des Amnions, das durchsichtig und sehr dünn ist, zu reizen. Wollen Sie das Amnion entfernen, um Lage und Stärke der Reizung besser Kontrollieren zu können, fassen Sie einfach das Amnion mit einer spitzen Pinzette, heben es an und schneiden mit einer Irisschere ein Loch hinein.

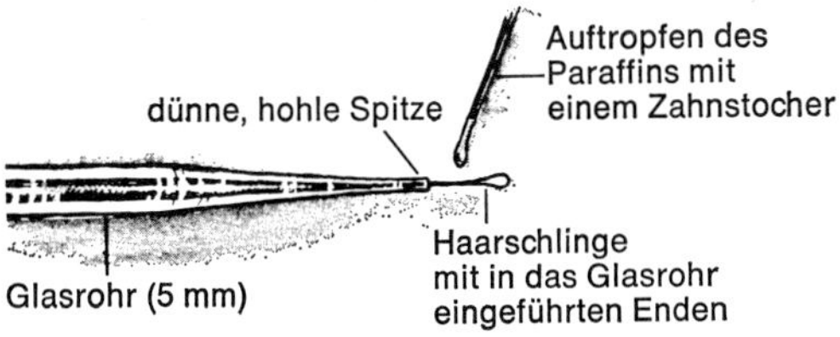

Vergleichen Sie die Reaktionen von Embryonen verschiedenen Alters. Geben Sie dem Embryo zwischen den Versuchen jeweils 1 bis 2 Minuten Zeit, auf das normale Aktivitätsniveau zurückzukehren. Setzen Sie am Anfang in jedem Versuch nur einen raschen Berührungsreiz.

Prüfen Sie dann die Reaktionen der Embryonen auf Licht und Schall verschiedener Stärke und Dauer. Alle Teilnehmer müssen, damit die Ergebnisse vergleichbar sind, dieselben genormten Reizverfahren benutzen. Am einfachsten ist es, zunächst eine ununterbrochene Beleuchtung mit einer 500 Watt starken Lampe oder einen Schallreiz von 75–85 db und 30 Sekunden Dauer zu verwenden. Später können Sie sich über Modifikationen einigen. Sie können die Lichtstärke verändern oder ein flimmerndes statt eines kontinuierlichen Lichtes benutzen. Schallreize können in Intensität (db-Pegel), Frequenz (200 oder 2000 Hz) und Kontinuität verändert werden.

1. Reagiert der Embryo auf den Reiz? Wie?
2. Beeinflußt der Reiz die Länge des normalen Bewegungszyklus? Wenn ja: ändert sich die Gesamtdauer des Zyklus oder der relative Anteil von aktiver und inaktiver Phase?
3. Was können Sie bezüglich der Spontaneität der embryonalen Beweglichkeit folgern, wenn der Embryo auf den Reiz reagiert, der Bewegungszyklus aber unverändert bleibt?

Abb. 81: Herstellung einer Haarschlinge zur Reizung des Embryos

2. Beobachtung bestimmter Verhaltensweisen

Es ist interessant, während der Brutdauer die Ontogenese von Kopfbewegungen (z. B. der

Augen- und Schnabelregion) zu beobachten. Vielleicht wollen Sie für sich selbst eine Zeittafel der Tage aufstellen, an denen verschiedene Arten von Kopfbewegungen auftreten, bei Hühnern beginnend mit dem 2., bei Enten mit dem 4. Bruttag. Oder Sie beobachten, in welcher Reihenfolge bei einer oder beiden Arten bestimmte Kopfbewegungen auftreten. Achten Sie auf folgende Verhaltensweisen:

Passive Kopfbewegungen
1. Wann beginnt passives Nicken oder Rukken des Kopfes?
2. Was ist offenbar der mechanische Reiz, der das passive Nicken bewirkt?
3. Wann beginnt aktives Kopfheben?

Aktive Kopfbewegungen
4. Tritt aktives Kopfheben früher auf als aktives Kopfdrehen?
5. Womit ist die Abnahme im passiven Kopfnicken verbunden?
6. Tritt im Lauf der Entwicklung aktives Kopfheben häufiger auf als passives Kopfnicken?
7. Verschwindet das passive Kopfnicken schließlich völlig?
8. Ab wann tritt aktives Kopfdrehen (nach rechts oder links) sehr viel häufiger auf als Kopfheben?
9. Ab wann tritt Kopfdrehen nach rechts (mit dem Embryo gesehen) ständig häufiger auf als Kopfdrehen nach links?
10. Wie ist die Lage des Embryos zum Dottersack, wenn das Kopfdrehen häufiger und ausgedehnter nach rechts als nach links erfolgt?
11. Tritt Kopfdrehen nach rechts auch dann häufiger auf, wenn die Lage des Embryos zum Dottersack anders ist?
12. Wie ist das Verhältnis von Kopfdrehen nach rechts zu Kopfdrehen nach links, wenn sich der normal liegende Embryo in der zweiten Bruthälfte weiter bewegt?
13. Scheint diese Tendenz, den Kopf nach rechts zu drehen, durch den Dottersack determiniert zu sein? Wenn ja: wie?

Wenn man das Ei einige Tage vor dem Schlüpfen am stumpfen Ende öffnet, trägt ein normaler Embryo als Vorbereitung auf das Durchbrechen in die Luftkammer den Kopf unter dem rechten Flügel. In diesem Stadium sind Kopf und Hals schraubenzieherartig im Uhrzeigersinn gewunden (Aufsicht auf das stumpfe

Eiende). Der Embryo nimmt diese Stellung vor dem Durchbruch in die Luftkammer ein.

Kopf- und Augenbewegungen
14. Hängt die Einnahme dieser Stellung mit der vorherrschenden Rechtsdrehtendenz zusammen, die sehr viel früher beginnt?
15. Können Sie Ihre Vermutung beweisen oder widerlegen?
16. Muß ein Hühner- oder Entenküken, den Kopf unter den rechten Flügel stecken, um normal schlüpfen zu können?
17. Wann treten Bewegungen des Augapfels und Lidverschlusses zum erstenmal auf?
18. Wann zieht sich die Pupille des Embryos zum erstenmal als Reaktion auf Beleuchtung zusammen?

Schnabelbewegungen
20. Ab wann tritt Schnabelklappen auf?
21. Wann finden sich exkretorische Stoffe im Ei? Es ist noch nicht bekannt, ob der Embryo Amnionsflüssigkeit aufnimmt oder ob die Abfallstoffe von der Verdauung von Dottermaterial herrühren.
22. Kommt es zu Veränderungen in der Frequenz des Schnabelklappens, wenn der Schnabel leicht von den Füßen berührt wird?
23. In welchem Alter bewirken Schall- und Lichtreize Frequenzänderungen des Schnabelklappens?

C. Bedeutung der Untersuchung

Im Verlauf dieser Übung haben Sie die Entwicklung des Embryonalverhaltens beobachtet und einige Reize festgestellt, die es kausal beeinflussen. Hat dieses Verhalten irgendeine Funktion wie dasjenige erwachsener Tiere? Eine Anzahl Untersuchungen deutet darauf hin, daß vieles davon tatsächlich funktionelle Bedeutung hat. Wenn z. B. Embryonen kurzfristig mit Curare gelähmt werden, tritt an den Knochengelenken übersteigertes Wachstum ein und die schlüpfenden Tiere sind deformiert und unfähig zu stehen oder normal zu picken. Wenn der Dotter während der zweiten Hälfte der Brutzeit die Bauchseite des Embryos nicht bedeckt und so die Beine des Embryos zwingt, sich nach unten gegen den Thorax zu falten, hat der Embryo Schwierigkeiten, sich aus dem Ei zu schieben und kann, wenn er schlüpft, weder richtig stehen noch laufen. Diese Befunde zeigen, daß das Verhalten von der strukturellen Entwicklung des Embryos abhängt, aber seinerseits für die körperliche Weiterentwicklung wesentlich ist.

Sie haben vermutlich beobachtet, daß der Embryo seinen Kopf häufiger nach rechts als nach links dreht. Könnte diese embryonale Bevorzugung sich in das spätere Leben fortsetzen und möglicherweise die ontogenetische Ursache für die Rechtshändigkeit bei Menschen und Tieren sein?

Literatur

Drachmann, D. B. und L. Sokoloff: The role of movement in embryonic joint development. Develop. Biol. **14**, 401–420 (1966).

Gottlieb, G.: Prenatal auditory sensivity in chickens and ducks. Science **147**, 1596–1598 (1965).
– Conceptions of prenatal behavior. In L. R. Aronson, D. S. Lehrman, J. S. Rosenblatt und E. Tobach (Eds.), Development and evolution of behavior. Freeman Co, San Francisco. 1968.
Gottlieb, G. und Z.-Y. Kuo: Development of behavior in the duck embryo. J. Comp. Physiol. Psychol. **59**, 183–188 (1965).
Hamburger, V., E. Wenger und R. Oppenheim: Motility in the chick embryo in the absence of sensory input. J. Exper. Zool. **162**, 133–160 (1966).
Hooker, D.: The prenatal origin of behavior. Lawrence, University of Kansas Press. 1952
Kuo, Z.-Y.: The dynamics of behavior development. Random House, New York. 1967.
Turkewitz, G., E. W. Gordon und H. G. Birch: Head turning in the human neonate: effect of prandial condition and lateral preference. J. Comp. Physiol. Psychol. **59**, 189–192 (1965).

40. Soziale Integration bei Vögeln

Martin W. Schein

Pennsylvania State University, University Park

Bei vielen Tieren sind frühere Sozialerfahrungen für die normale Ausbildung des Sozialverhaltens im späteren Leben des Individuums notwendig. Wechselwirkungen und ständiger Umgang mit Geschwistern und/oder mit Elterntieren von der Geburt oder dem Schlüpfen an verschaffen dem Individuum während der kritischen Zeitspanne die erforderliche, soziale Erfahrung. Die Art und Intensität der für eine normale Entwicklung notwendigen Sozialisierung sind noch nicht allgemein untersucht worden, doch besitzen wir Informationen über den kritischen Zeitpunkt der sozialen Integration bei einigen Vogelarten und wenigstens einem Säugetier, dem Hund. Bei Nestflüchtern dauert die empfindlichste Phase der kritischen Periode nur wenige Stunden und liegt manchmal innerhalb der ersten beiden Tage nach dem Schlüpfen. In der vorliegenden Übung sollen Sie die Wirkung sozialer Isolierung im frühen Leben auf die nachfolgende soziale Einordnung beobachten.

Die Entfernung zwischen zwei frei beweglichen Tieren einer sozial lebenden Art ist oft ein Anzeichen für den Grad der Vertrautheit zwischen ihnen. Dies bietet uns einen günstigen Index zum Abschätzen der sozialen Einordnung: wenn die normale Individualdistanz bekannt ist, kann man Versuchstiere, die größere Individualdistanzen zeigen, als weniger anhänglich oder weniger sozial bezeichnen. Natürlich müssen wir bei der Interpretation von Individualdistanzen im Auge behalten, daß uns Faktoren irreführen können, die gar nichts mit der sozialen Integration zu tun haben. Zum Beispiel gibt die Ansammlung von Tieren um eine Futterquelle (minimale Individualdistanzen) die Grenzen der Futterquelle und nicht den Grad der sozialen Einordnung wieder.

A. Methode

Für diese Übung ist jede Nestflüchter-Art geeignet; wir verwenden wochenalte Hühnerküken. Eine Gruppe ist in völliger Isolation aufgezogen worden, so daß keines der Tiere je einen anderen Vogel gesehen hat (mit Ausnahme vielleicht der ersten Minuten nach dem Schlüpfen). Die andere Gruppe ist gemeinsam aufgezogen worden, mit freier und ununterbrochener Wechselwirkung unter den Geschwistern. Die Kursteilnehmer bilden Dreier- oder Vierergruppen, jeder Gruppe werden drei Tiere nach folgendem Schlüssel zugeteilt: A. 3 Gruppentiere, B. 2 Gruppentiere und ein Einzeltier, C. 1 Gruppentier und 2 Einzeltiere und D. 3 Einzeltiere.

Wenn mehr als vier Arbeitsgruppen vorhanden sind, können Versuch A und D mehrfach ausgeführt werden, um mehr Werte zum Normal- und zum Extremfall zu erhalten. Zur Wiedererkennung werden die drei Versuchstiere mit Farben markiert und in einem ausreichend großen, kreisförmigen Behälter (etwa 3 m Durchmesser) bei Zimmertemperatur zusammen freigelassen. Eine einfache Art der Herstellung des Behälters besteht darin, einen 30 cm breiten Karton oder entsprechend steifes Packpapier zu verwenden. Um die Versuchsbedingungen zu standardisieren, entfernen Sie für die Dauer der Beobachtung Futter und Wasser. Damit schließen Sie Gruppierungen als Reaktion auf einen gemeinsamen Reiz aus. Machen Sie die Einfriedigung möglichst genau kreisförmig, damit die Entfernungen zwischen jeweils zweien der drei Versuchstiere nicht künstliche Folge eines Eckeneffekts sind. Jeweils ein Gruppenmitglied übernimmt die Aufgabe, über eine Beobachtungsdauer von 25 Minuten alle 30 Sekunden die Entfernung zwischen zwei bestimmten Tieren abzuschätzen (da jeweils drei Versuchstiere vorhanden sind, ergeben sich drei Kombinationsmöglichkeiten). Ein weiteres Gruppenmitglied kann als Zeitansager mitwirken und bei der qualitativen Beobachtung des Verhaltens der Küken helfen. Versuchen Sie, die Entfernungen auf 5 cm genau zu schätzen. Die Beobachter müssen sich ruhig und bewegungslos verhalten, um die Störung der Versuchsküken so gering wie möglich zu halten.

Führen Sie entweder während oder nach der 25minütigen Beobachtung qualitative Beobachtungen zum Verhalten der Küken durch.

1. Bestehen irgendwelche groben oder auffälligen Unterschiede in den Bewegungsweisen beider Gruppen?
2. Gibt es Unterschiede in der Lauterzeugung?
3. Gibt es Unterschiede in der Neigung zu Fluchtversuchen?
4. Ändert sich das Verhalten der Küken im Verlauf der 25minütigen Beobachtung?

B. Analyse

Fassen Sie nach der Beobachtung alle entsprechenden Werte zusammen. Errechnen Sie für jede Versuchsgruppe die mittlere Durchschnittsdistanz zwischen den drei möglichen Paaren. Gibt es zwischen den Gruppen signifikante Unterschiede in der Durchschnittsdistanz? Wenn ja: besteht ein durchgehender Trend in den Unterschieden von A nach D? Vergleichen Sie Ihre quantitativen und qualitativen Ergebnisse mit den von Denenberg dargestellten Verhältnissen bei anderen Arten wie Ratten, Hunden und Rhesusaffen.

Wiederholen Sie, wenn es die Zeit gestattet, Ihre Beobachtungen an einer anderen Art. Können Sie allgemeine Folgerungen bezüglich der Rolle sozialer Isolierung für die spätere soziale Einordnung ableiten? Wie verändern sich die Durchschnittsdistanzen innerhalb der Gruppen während der Kurszeit? Bestehen in den Gruppen unterschiedliche Tendenzen? Können Sie auf der Grundlage der gruppeninternen Tendenz vorhersagen, wie groß die mittlere Individualdistanz in einer Stunde, in einem Tag und in einer Woche sein wird?

Was wäre nach Ihrer Ansicht das Ergebnis der vorliegenden Übung gewesen, wenn die Versuchstiere zu Versuchsbeginn erwachsen statt eine Woche alt gewesen wären?

Literatur

Denenberg, V. H.: The effects of early experience. In E. S. E. Hafez (Ed.), The behavior of domestic animals. Williams und Williams, Baltimore. 1962.

41. Die operante Konditionierung von Ratten

Hans-Joachim Bischof

Lehrstuhl für Verhaltensphysiologie der Universität Bielefeld

Den Begriff «Lernen» verwendet man in der Biologie für Prozesse, bei denen ein Tier entweder durch die Verarbeitung von Informationen aus der Umwelt angeborene Verhaltensmuster der spezifischen Situation anpaßt oder bei denen es neue, für die Lösung eines speziellen Problems notwendige Verhaltensweisen erwirbt und für die Bewältigung von später auftretenden gleichartigen Problemen speichert. Da Lernvorgänge einen sehr unterschiedlichen Komplexitätsgrad haben können, wurde vielfach versucht, verschiedene Lernkategorien zu bilden. Die einfachste Form stellt die Gewöhnung dar, die nach mehrmaliger Wiederholung eines Reizes das Erlöschen der zugehörigen Reaktion des Tieres bewirkt, als komplizierteste Kategorie wird dagegen das «Lernen durch Einsicht» angesehen, das sich dadurch auszeichnet, daß Tiere komplizierte Verhaltensfolgen gleichsam durchdenken, bevor sie handeln. Wichtig für jede Lernleistung ist es, daß das Tier für seine Handlung belohnt wird, sei es dadurch, daß es eine Belohnung (z. B. Futter) erhält, oder nur dadurch, daß es durch sein Handeln seine Umweltbedingungen verbessert oder einer drohenden Verschlechterung dieser Bedingungen entgeht. Diese Belohnungsabhängigkeit der Lernleistungen ist besonders bei der operanten Konditionierung deutlich. Bei dieser Lernform werden einzelne Verhaltensweisen selektiv verstärkt und dadurch gegenüber dem normalen Ablauf, z. B. in der Frequenz ihres Auftretens, verändert. Es ist deshalb nicht möglich, die Verhaltenselemente selbst zu untersuchen. Mit bestimmten Versuchsanordnungen können dagegen sehr gut Aussagen über Leistungen des Zentralnervensystems und der Sinnesorgane gemacht werden, was sich vor allen Dingen die biologische Forschungsrichtung zunutze macht. Die mehr psychologisch orientierte Forschung studiert an der operanten Konditionierung überwiegend Lernphänomene und Einflüsse der Umwelt auf Lernleistungen. Die verschiedenen Fragestellungen bedingen eine Vielzahl unterschiedlicher Versuchsaufbauten, die aber im Prinzip alle ähnlich arbeiten wie die von Skinner entworfene »klassische« Apparatur zur operanten Konditionierung, die sogenannte «Skinner-Box».

Für die Erarbeitung der Grundlagen der operanten Konditionierung ist es wichtig, das von Skinner aufgestellte und von anderen Autoren erweiterte Begriffssystem zu kennen. Deshalb soll hier eine kurze Einführung folgen. Von der sogenannten «klassischen» Konditionierung unterscheidet sich diese Lernform dadurch, daß der Ausgangspunkt des Lernvorganges keine Reaktion auf einen Reiz ist, sondern eine Aktion des Tieres, z. B. der zufällige Hebeldruck auf eine Taste während der Futtersuche, oder die Wahl «links» in einem Labyrinth.

Diese Aktion wird belohnt, im Experiment z. B. durch die Gabe von Futter. Falls diese Belohnung nach der Aktion häufiger erfolgt, bildet sich beim Tier eine Assoziation («Aktion bedingt Belohnung»), und es wird die Aktion zukünftig verstärkt ausführen. Die Belohnung wirkt als die Verstärker der Aktion. Meßbar ist der Verlauf der Lernkurve an der Zahl der Aktionen pro Zeiteinheit, der Aktionsrate. Sie ändert sich während des Versuchsablaufs in ganz charakteristischer Weise.

Die Phase der Verknüpfung zwischen Aktion und Belohnung wird «Lernphase» genannt, dabei steigt die Aktionsrate kontinuierlich an. Anschließend erfolgt die «Kannphase», in der das Tier die Assoziation geknüpft hat. Hier bleibt die Aktionsrate weitgehend auf einem konstanten Niveau. Bleibt nach der Kannphase die Belohnung aus, so ist eine Extinktion zu beobachten, die dadurch gekennzeichnet ist, daß sich die Aktionsrate zuerst stark erhöht, dann unter die Rate während der Kannphase absinkt und schließlich das Niveau erreicht, das vor dem Lernvorgang registriert wurde. Die Extinktion ist nicht mit Vergessen gleichzusetzen: Nach erneuter Belohnung kommt es rasch wieder zu einer Erhöhung der Aktionsrate des Tieres. Der Zeitverlauf der Lernkurve kann durch eine große Zahl von Parametern verändert werden. Variationen der Lernkurve bewirkt z. B. die Zeitbeziehung zwischen Reiz und Belohnung, vor allem aber die Verstärkungsrate. Wird jede Aktion verstärkt, spricht man von kontinuierlicher oder Immerverstärkung, wird nur ein Teil der Aktionen belohnt, von diskontinuierlicher Verstärkung. Diese kann in festgelegten Intervallen (z. B. jedes 2. Mal, alle 2 Min.) erfolgen oder in unregelmäßigen Abständen eingesetzt werden (regelmäßig bzw. unregelmäßige periodische Verstärkung). Die Ausbildung der Assoziation, der Einfluß einiger Verstärkungsformen und die Möglichkeit, durch Aneinanderreihen mehrerer Assoziationen auch komplexere Handlungsabläufe zu lernen, soll in diesem Kurs untersucht werden.

A. Material und Methode:

Benötigt wird eine Skinnerbox, die folgende Programme ermöglicht:
a. Das Tier erhält auf Tastendruck Futter.
b. Das Tier erhält bei Tastendruck nur Futter, wenn eine Lampe über der Taste leuchtet.
c. Das Tier kann die Lampe durch einen Stab selbst anschalten; durch den Tastendruck wird sie wieder gelöscht.

Die Skinnerbox sollte über einen verschließbaren Durchgang mit dem Wohnbehälter der Ratten verbunden sein (Abb. 82). Ratten (nicht wesentlich älter als 100 Tage) für den Versuch sind von einem Züchter zu beziehen; sie werden einzeln in Wohnkäfigen gehalten. Einige Tage vor den Versuchen sollte der Wohnkäfig regelmäßig um die Versuchszeit mit der Skinnerbox verbunden werden; während dieser Zeit sollten die Tiere in der Box gefüttert werden. Die Tiere suchen dadurch am Versuchstag schneller die Versuchsapparatur auf. Vor dem Kurs sollten die Tiere einen Tag lang hungern.

Außer unerfahrenen Tieren sollten Tiere vorhanden sein, die die einzelnen Lernvorgänge beherrschen. Die Ratten lernen während eines Versuchsnachmittags nie das gesamte Programm, es kommt relativ häufig vor, daß sogar die einfachste Stufe (Assoziation Taste-Futter) nicht vollständig gelernt wird. Man sollte davon ausgehen, daß nur die Lernphase bei einem untrainierten Tier untersucht wird, Kann- und Extinktionsphase aber an trainierten Ratten.

Sämtliche Ratten müssen vor dem Versuch an den Menschen gewöhnt werden (möglichst nicht in einen isolierten Raum stellen) und auch damit vertraut sein, daß sie beobachtet werden. Während des Versuchs sollte das Verhalten der Ratte möglichst vollständig protokolliert werden. Die Zeiten der Beobachtungen sollten mit Hilfe einer Stoppuhr festgehalten werden, wobei besonderes Augenmerk auf die Zeiten gerichtet werden soll, die mit dem zu erlernenden Vorgang im Zusammenhang stehen, wie dem Zeitpunkt von Tastendruck oder der Futteraufnahme.

B. Versuchsdurchführung

1. Eine untrainierte Ratte wird in die Skinnerbox gelassen; der Durchgang zum Wohnkä-

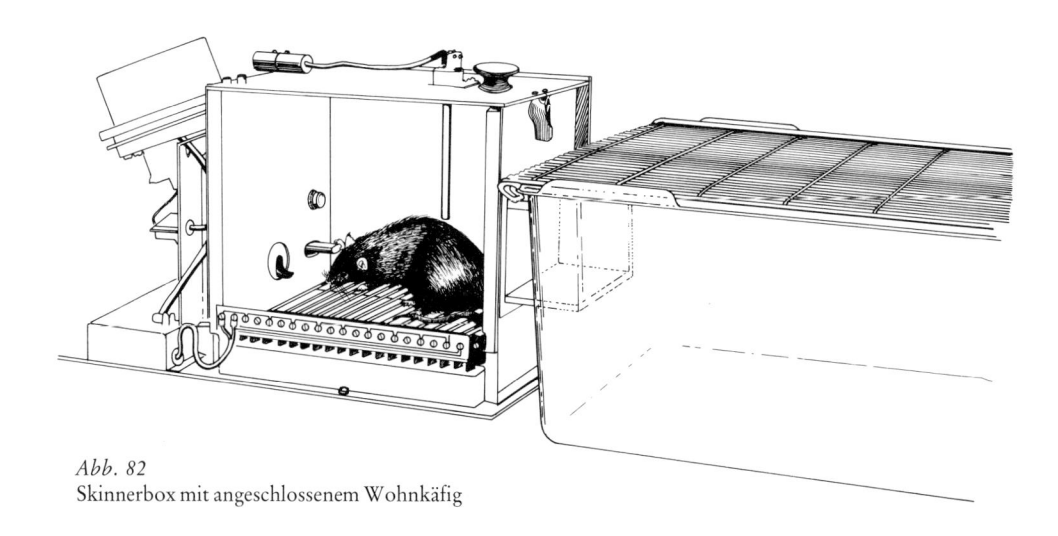

Abb. 82
Skinnerbox mit angeschlossenem Wohnkäfig

fig wird wieder verschlossen. Die Ratte soll jetzt das einfachste Programm erlernen; bei Hebeldruck erhält sie ein Pellet aus dem Futterautomaten. Ist nach ½ Stunde noch kein Anzeichen von Lernen zu erkennen, ist es möglich, der Ratte zu helfen, indem man z. B. Futter gibt oder selbst die Taste drückt, wenn sie während des Suchverhaltens in die Nähe der Taste kommt.
2. Hat die Ratte die Kombination gelernt, wird die Kannphase beobachtet.
3. Nach ca. 5–10 Min. Kannphase wird die Belohnung gestoppt (Extinktion).
4. Ist die Hebeldruckfrequenz stark abgesunken, wird erneut Futter gegeben. Falls die unerfahrene Ratte keine deutliche Kannphase zeigt, wird nach 1. eine erfahrene Ratte in die Skinnerbox gesetzt (der Wohnkäfig wird mit der Skinnerbox verbunden, nachdem diese kurz mit einer schwachen Desinfektionslösung ausgewischt wurde), und dann Versuch 2, 3 und 4 durchgeführt.
5. Wenn Versuch 1–4 mit der unerfahrenen Ratte durchgeführt werden konnte, kann mit der erfahrenen Ratte, die das Programm «Taste-Futter» beherrscht, der Einfluß der Belohnungsrate geprüft werden, indem nur noch etwa jedes 2. oder 5. Mal Futter gegeben wird. Auch der Einfluß von variablen Intervallen kann geprüft werden, indem man die Zahl der für die folgende Belohnung notwendigen Tastendrücke mit Hilfe eines Würfels ermittelt (vor dem Versuch eine Zahlenreihe erwürfeln, der Mittelwert sollte bei 3,5 liegen).
6. Falls noch Zeit zur Verfügung steht, sollte versucht werden, der Ratte die Kombination: «Futter erfolgt nur bei Licht über der Taste» beizubringen.
Sonst wird mit einer Ratte, die dieses Programm beherrscht, diese Kombination demonstriert.
7. Entsprechend wird die Kombination Stabdrücken → Licht → Tastendruck → Futter an einer erfahrenen Ratte demonstriert.

C. Auswertung

Das Verhalten der Ratte wird ständig protokolliert. Wie ändert sich das Verhalten während der Lernphase?

zu 1.–4. Die Frequenz der Hebelbrücke wird während er einzelnen Phasen über der Zeit aufgetragen.
Die Zeiten zwischen Hebeldruck und Futteraufnahme werden gemessen und ebenfalls über der Versuchszeit aufgetragen. Der Zeitmaßstab muß je nach der Häufigkeit des Verhaltens sinnvoll variert werden. Welche Parameter der gemessenen Kurve charakterisieren die einzelnen Abschnitte der Lernphase?

zu 5: Auswertung wie 1–4. Welche Unterschiede sind in bezug auf den Erfolg der verschiedenen Verstärkungsarten zu beobachten?

zu 6: Wie lange braucht die Ratte, bis sie «gemerkt» hat, daß das Licht über der Taste brennt (Latenz der Reaktion). Wie lange «überdauert» die Reaktion den Reiz (Licht)?

zu 7: Wie läuft die Bewegung ab, mit der die Ratte die einzelnen Handlungen (Hebeldruck, Tastendruck, Fressen) vollführt – ändern sich die Zeiten zwischen den einzelnen Tätigkeiten – ändert sich der Bewegungsablauf selbst?

Einige wichtige Komponenten, die im Verlauf der operanten Konditionierung auftreten, sind nicht besprochen worden – so z.B. die Rolle der sogenannten «sekundären Verstärker». Darunter versteht man Verstärker, die mit den «primären Verstärkern», von denen bisher die Rede war, zusammen auftreten und entweder deren Wirkung erhöhen oder diese sogar ganz ersetzen können (in unserem Versuchsaufbau ist das Klicken der Futtertaste ein solcher sekundärer Verstärker). Denken Sie sich Versuchsanordnungen aus, die die Rolle dieses und anderer Parameter, die sie aus der Literatur entnehmen, verdeutlichen und ihre Einflüsse auf das Lernverhalten meßbar machen!

Literatur

Angermeier, W. F.: Kontrolle des Verhaltens. Das Lernen am Erfolg. Springer Berlin, Heidelberg, New York, 1972.
Buchholtz, Das Lernen bei Tieren. Fischer, Stuttgart. 1973.
Ferster, Ch. B. u. B. F. Skinner: Schedules of Reinforcement. Appleton-Century-Crofts, New York. 1957.

42. Sexuelle Prägung

Klaus Immelmann

Lehrstuhl für Verhaltensphysiologie der Universität Bielefeld

Unter der Bezeichnung «Prägung» werden üblicherweise Lernprozesse zusammengefaßt, die das Objekt für «objektlos» angeborene Verhaltensweisen festlegen. Darunter versteht man Bewegungsfolgen, die in ihrem Ablauf zwar weitgehend genetisch vorprogrammiert sind, für die die Kenntnis der zugehörigen auslösenden und richtenden Reize jedoch erworben werden muß.

Zu den kennzeichnenden Merkmalen dieses Vorgangs gehören die große Stabilität des Lernergebnisses, die sich im Extremfall in einer völligen Unauslöschbarkeit äußern kann (sogen. Irreversibilität der Prägung), sowie die Tatsache, daß Prägung nur während einer bestimmten Phase in der ontogenetischen Entwicklung des Organismus, der sogenannten sensiblen Phase, möglich ist und nach deren Ende nicht mehr nachgeholt werden kann. Prägungsvorgänge sind bisher hauptsächlich in zwei Funktionskreisen festgestellt worden, für die Nachlaufreaktion junger Nestflüchter und für die sexuellen Reaktionen vieler Tierarten aus verschiedenen Verwandtschaftsgruppen. Im ersten Fall wird die Kenntnis der Eltern bzw. der Mutter festgelegt, im zweiten Fall die Kenntnis derjenigen Merkmale, an denen später der arteigene Geschlechtspartner erkannt wird. Daneben kennt man heute eine Fülle weiterer Lernvorgänge, für die die genannten Merkmale «sensible Phase» und «Stabilität» gleichfalls zutreffen und die deshalb häufig ebenfalls als Prägung oder «prägungsartiger Vorgang» bezeichnet werden (z.B. Nahrungs-, Orts- und Biotopprägung).

A. Material und Methode

Zur Demonstration der sexuellen Prägung eignen sich am besten zwei Arten aus der Familie der Prachtfinken (Estrildidae), der australische Zebrafink (*Taeniopygia guttata castanotis*) und das sogenannte Japanische Mövchen (*Lonchura striata* f. *domestica*), eine in Ostasien seit Jahrhunderten gezüchtete und heute völlig domestizierte Form. Beide Arten sind im Tierhandel regelmäßig erhältlich. Sie lassen sich im Käfig leicht halten und züchten, brüten das ganze Jahr hindurch und sind schon mit spätestens vier Monaten geschlechtsreif, bieten also ideale Voraussetzungen für die zu untersuchende Fragestellung.

Um festzustellen, welchen Einfluß frühkindliche Erfahrungen auf die spätere Auswahl des Geschlechtspartners haben, werden Austauschversuche durchgeführt: Jungtiere der einen Art läßt man von Stiefeltern der anderen Art aufziehen und vergleicht später ihre sexuellen Reaktionen mit der solcher Tiere, die von ihren eigenen Eltern aufgezogen wurden.

Die Zucht von Zebrafinken und Mövchen bereitet in der Regel keine Schwierigkeiten. Man bringt die Paare einzeln in etwa 60–100 cm langen Käfigen unter, an die als Brutgelegenheit geschlossene oder halboffene, im Handel erhältliche Nistkästen angehängt werden. (In der Regel ist es nicht möglich, mehr als ein Paar im selben Käfig zur Brut zu bringen, da es bei stärkerer Käfigbesetzung häufig zu gegenseitigen Störungen kommt.) Der Boden der Nistkästen wird mit Baumaterial ausgelegt, weiteres Material wird zum selbständigen Verbauen lose auf dem Käfigboden verstreut. Besonders geeignet als Baumaterial sind Kokosfasern oder sehr weiches Heu. Als Futter bietet man ein Hirsegemisch (unter dem Namen «Exotenfutter» im Fachhandel erhältlich) sowie zusätzlich ein handelsübliches Aufzuchtfutter für Exoten (Eibiskuit etc.) und nach Möglichkeit etwas Grünfutter (Salatblätter, Vogelmiere o.ä.). Weitere Einzelheiten über die Haltung und Zucht beider Arten finden sich in den meisten Leitfäden zur Vogelpflege, z.B. Rutgers (1969), sowie bei Enehjelm, Immelmann und Radtke (1967) und Immelmann (1973).

Die meisten Paare beginnen bereits wenige Tage nach dem Einsetzen in den Brutkäfig mit Nestbau und Eiablage. Das Gelege besteht in der Regel aus 3–6 Eiern. Die Brutdauer beträgt knapp 14 Tage. Die Jungen verlassen im Alter von 3 Wochen das Nest und sind etwa zwei Wochen später selbständig.

Einen Teil der Jungen läßt man von den eigenen Eltern, die übrigen von Stiefeltern der anderen Art aufziehen. Hierzu benötigt man je ein Brutpaar der beiden Arten, die etwa zur gleichen Zeit zu legen begonnen haben. Eine solche Synchronisation läßt sich in der Regel relativ gut erreichen, wenn man die Brutpaare schon Tage vor dem gewünschten Brutbeginn zur Gewöhnung im künftigen Brutkäfig, jedoch ohne Nistmöglichkeiten, zusammenhält und ihnen dann annähernd gleichzeitig Nistkästen und Baumaterial anbietet. (Da Mövchen im Durchschnitt etwas schneller zu bauen und zu legen beginnen, stellt es sich mitunter als vorteilhaft heraus, die Zebrafinkenpaare einige Tage früher damit zu versorgen als die Mövchen, doch muß sich ein solcher Zeitplan nach den individuellen Eigenschaften der Paare richten, die man schon bei den ersten Bruten kennenlernt. Ebenfalls vorteilhaft ist es, wenn man m e h r e r e Brutpaare jeder Art mit ihren Käfigen im selben Raum unterbringt, weil sich die Tiere dann durch ihre Rufe gegenseitig stimulieren und im allgemeinen früher zu bauen und zu legen beginnen.)

Zwischen den Paaren kann man je nach Fragestellung (s. Abschnitt C) ganze Gelege oder einzelne Eier austauschen. Auch frisch geschlüpfte Nestlinge, deren Augen noch nicht geöffnet sind, können getauscht werden. Von den Japanischen Mövchen nehmen nahezu alle Paare die fremden Jungen an und ziehen sie – selbst gemeinsam mit arteigenen Nestlingen – reibungslos auf. In der umgekehrten Richtung gelingen die Austauschversuche dagegen nicht immer mit der gleichen Regelmäßigkeit, da Zebrafinken die artfremden Jungen mitunter verlassen, besonders wenn gleichzeitig auch die eigenen Jungen vorhanden sind und damit Vergleichsmöglichkeiten bieten. Im Alter von etwa fünf Wochen werden die Jungen von ihren (Stief-)Eltern getrennt und von nun an zur Vermeidung weiterer sozialer Kontakte ohne jede Sichtmöglichkeit zu anderen Vögeln einzeln in kleineren Käfigen gehalten. * Sobald die Tiere geschlechtsreif sind, d.h. im Alter von etwa vier Monaten, können ihre sexuellen Reaktionen getestet werden. Hierzu eignen sich besonders die Männchen, die ein sehr ausgeprägtes und gut quantifizierbares Balzverhalten besitzen und mit gesträubtem Gefieder singend auf das Weibchen zuhüpfen (s. Kapitel 28).

B. Versuchsdurchführung

Die Tests können am besten in Form simultaner Zweifachwahlversuche mit je einem Weibchen der eigenen und der fremden Art durchgeführt werden. Dies kann in einem g r oßen Versuchs-

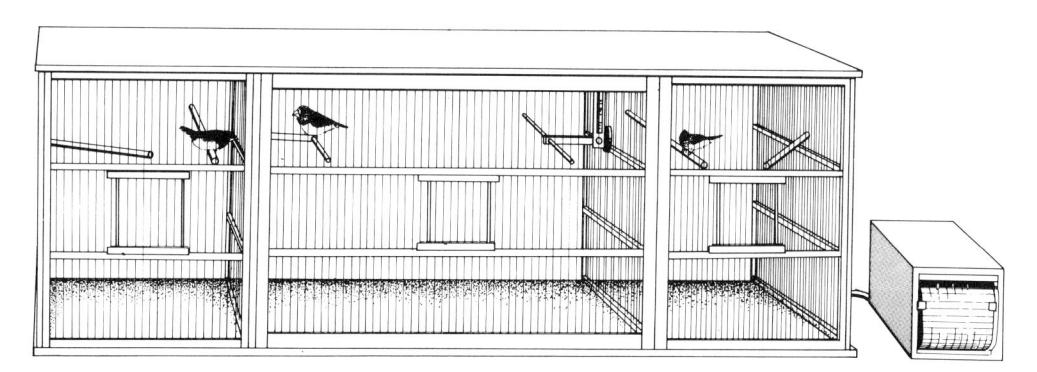

Abb. 83: Versuchsanordnung zum Nachweis sexueller Präferenzen im Zweifachwahl-Test: Im mittleren Abteil befindet sich das zu testende Männchen, in den Seitenabteilen je ein Weibchen der eigenen Art und der Art der Aufzuchteltern. Die Sitzstangen im mittleren Käfigteil registrieren über magnetische Kontakte die jeweilige Verweildauer des Männchens vor dem einen oder anderen Seitenabteil, die über einen Zweikanalschreiber aufgezeichnet werden kann

käfig geschehen, in den alle drei Tiere gleichzeitig eingesetzt werden. Eine solche Anordnung bietet den Vorteil, daß während des Versuchs auch solche Verhaltensweisen ablaufen können, die unmittelbaren körperlichen Kontakt erfordern (s. u.). Da dabei jedoch gelegentlich starke Aggressivität zwischen den beiden Weibchen auftritt, die den Versuchsablauf stören kann, ist auch eine andere Versuchsanordnung zu empfehlen, bei der die Tiere einzeln in drei nebeneinanderstehenden Einzelkäfigen oder in einem dreiteiligen Versuchskäfig mit Trennwänden aus Drahtstäben untergebracht sind (Abb. 83). In diesem Fall werden das Männchen in der Mitte und die Weibchen – um jeden Ortseffekt auszuschalten – in einer von Versuch zu Versuch in unregelmäßiger Weise wechselnden Anordnung in den Seitenkäfigen oder -abteilen untergebracht.

Die meisten Männchen beginnen schon kurze Zeit nach dem Einsetzen in den Versuchskäfig zu balzen. Bei der zuletzt geschilderten Versuchsanordnung balzen sie die Weibchen durch die Gitterstäbe hindurch an. Die Zahl und Art der Balzfolgen (Beschreibung s. Kapitel 28) gegenüber den beiden Weibchen und – wenn sich alle Tiere im selben Käfig befinden – die Zahl der Kopulationen und Kopulationsversuche wird protokolliert. Außerdem können weitere Verhaltensweisen zu beobachten sein, die bei Prachtfinken dem Paarverhalten im weiteren Sinne zugerechnet werden und wahrscheinlich zum Festigen der Paarbindung beitragen können. Das gilt vor allem für ein enges Aneinanderschmiegen («Kontaktsitzen») und das gegenseitige Kraulen des Gefieders («Soziale Gefiederpflege»). Bei Versuchen im dreigeteilten Käfig, in deren Verlauf diese zusätzliche Verhaltensweisen nicht möglich sind, kann statt dessen als ein weiteres Maß für die Bevorzugung des einen oder anderen Weibchens die jeweilige Aufenthaltsdauer vor dem einen oder anderen Seitenabteil über magnetische Kontakte oder Lichtschranken registriert und mit Hilfe eines Zweikanalschreibers aufgezeichnet werden (Abb. 83).

Über diese Grundversuche hinaus eignen sich mövchengeprägte Zebrafinken auch zu einer Prüfung der Merkmale, an denen der Geschlechtspartner erkannt wird. So kann man

Abb. 84: Mövchenaufgezogener Zebrafink balzt in Anwesenheit der arteigenen Weibchen-Attrappe (links) die Mövchen-Attrappe an

Stimme und Bewegung als Auswahlkriterien ausschalten und damit die Bedeutung allein der Gefieder- und Schnabelfarbe prüfen, indem man statt der lebenden Weibchen nur Weibchen-Attrappen bietet. Hierzu werden ausgestopfte Tiere in wechselnder Anordnung auf den Sitzstangen des Käfigs montiert (Abb. 84). Solche Attrappen können durch künstliche Veränderung der Schnabelfarbe und/oder des Gefieders darüber hinaus immer ähnlicher gestaltet werden, um den minimalen «Abstand» zu prüfen, bei dem das Versuchstier noch einwandfrei zwischen ihnen unterscheiden kann. Umgekehrt kann man mit lebenden Weibchen als Auswahlobjekten arbeiten, die Versuche aber unter monochromatischem Licht (z.B. durch Verwenden von Natriumdampflampen) durchführen und auf diese Weise zwar Stimme und Bewegungsweisen als Auswahlkriterien erhalten, die Farbmerkmale des Schnabels und des Gefieders dagegen ausschalten.

Die Dauer der Versuche kann den jeweiligen Erfordernissen angepaßt werden, sollte aber wegen der besseren Vergleichsmöglichkeit innerhalb einer Versuchsserie konstant gehalten werden. Bei den meisten Männchen läßt die anfänglich sehr hohe Balzaktivität nach ca. 15–30 Minuten merklich nach.

Die Versuche bringen sehr eindeutige Ergebnisse: Alle Männchen, die bei ihren eigenen Eltern aufgewachsen waren, balzen später ausschließlich die arteigenen Weibchen an. Die von einer fremden Art aufgezogenen Tiere dagegen richten ihre sexuellen Reaktionen fast ebenso ausschließlich auf die Weibchen der Art der Stiefeltern. Die arteigenen Weibchen werden dagegen ignoriert oder sogar angegriffen und verjagt. Nur ganz selten einmal – vorzugsweise zu Zeiten, zu denen das artfremde Weibchen sehr inaktiv ist – werden sie kurz angebalzt. Auch Kontaktsitzen und soziale Gefiederpflege bleiben in den meisten Fällen auf das artfremde Weibchen beschränkt.

Solche Auswahlversuche zeigen, daß die spätere Wahl des Geschlechtspartners in entscheidender Weise durch Erfahrungen bestimmt wird, und zwar – da die Versuchstiere sofort nach dem Selbständigwerden isoliert worden waren – durch sehr frühzeitige Erfahrungen noch während der Zeit der Abhängigkeit von den (Stief-)Eltern.

C. Zusätzliche Untersuchungen

1. Irreversibilitäts-Tests

In weiteren Experimenten läßt sich auch die Stabilität einer solchen Prägung prüfen. So kann man zum Beispiel untersuchen, ob sich Tiere, die auf eine fremde Art geprägt sind, durch intensiven Kontakt mit Weibchen der eigenen Art nachträglich wieder auf diese «zurückprägen» lassen. Zu diesem Zweck setzt man die «fremdgeprägten» Männchen einzeln in einen Käfig mit einem oder mehreren arteigenen Weibchen. Um jeglichen optischen und akustischen Kontakt mit der Art der Stiefeltern zu vermeiden, sollte ein solcher «Kontaktkäfig» in einem separaten Raum untergebracht werden. Nach einiger Zeit (die Dauer des intraspezifischen Kontaktes kann variiert werden) wird das Männchen wieder getrennt, anschließend – um ein Wiederansteigen der sexuellen Motivation abzuwarten – einige Tage in einem Einzelkäfig isoliert gehalten und schließlich in neuen Zweifachwahlversuchen getestet. Der Vergleich der Ergebnisse dieser Versuche mit denen vor dem Beginn des intraspezifischen Kontaktes kann Auskunft über folgende Fragen geben: Hat sich die sexuelle Präferenz für die Weibchen der Aufzuchtart durch den intraspezifischen Kontakt verändert? Was sagen die Ergebnisse über die Stabilität sexueller Prägung aus? Lassen sich Unterschiede zwischen Prägung und Gewöhnung aufzeigen?

2. Geschwistereinfluß

Die vorausgegangenen Versuche haben gezeigt, daß frühe soziale Erfahrungen einen entscheidenden Einfluß auf die Festlegung sozialer und sexueller Präferenzen ausüben können. Es stellt sich damit die Frage, von wem die in diesem Zusammenhang entscheidenden Einflüsse ausgehen, d.h. ob die Eltern (Stiefeltern) oder Geschwister (Stiefgeschwister) stärker prägend wirken. Um dies zu untersuchen, kann die Art und Anzahl der Geschwister und Stiefgeschwister für die «Fremdaufzucht» junger Zebrafinken variiert werden: Durch den Austausch ganzer Gelege kann man Zebrafinken mit arteigenen Geschwistern, durch den Austausch nur einzelner Eier dagegen mit Mövchen-Stiefgeschwistern aufwachsen lassen. (Eine geschwisterlose Aufzucht ist in der Regel nicht möglich, da einzelne Junge aus bisher noch nicht näher untersuchten Gründen nur selten überleben.) Ein Vergleich der Ergebnisse dieser Tiere während der späteren Zweifachwahlversuche kann die eingangs gestellte Frage beantworten. Die mögliche biologische Bedeutung der gefundenen Rangfolge in der prägenden Wirkung sollte Gegenstand einer anschließenden Diskussion sein.

Literatur

Bateson, P. P. G.: The characteristics and context of imprinting. Biol. Rev. 41, 177–220 (1966)

Enehjelm, C. af, Immelmann, K. und G. A. Radtke: Der Zebrafink. Sonderheft der Zeitschrift «Die Gefiederte Welt». Verlag Gottfried Helène, Pfungstadt/Darmstadt. 1967.

Hess, E. H.: Prägung. Die frühkindliche Entwicklung von Verhaltensmustern bei Tier und Mensch. Kindler, München. 1975.

Immelmann, K.: Beiträge zu einer vergleichenden Biologie australischer Prachtfinken (Spermestidae). Zool. Jb. Syst. 90, 1–196 (1962).

– Über den Einfluß frühkindlicher Erfahrungen auf die geschlechtliche Objektfixierung bei Estrildiden. Z. Tierpsychol. 26, 677–691 (1969).

– Zur ökologischen Bedeutung prägungsbedingter Isolationsmechanismen. Verh. Zool. Ges., Köln 1970, 304–314.

– Der Zebrafink. Die Neue Brehm-Bücherei, No. 390. 4. Auflage. Ziemsen, Wittenberg-Lutherstadt 1973.

Rutgers, A.: Handbuch für Zucht und Haltung fremdländischer Vögel. Neumann-Neudamm, Melsungen. 1969.

Schutz, F.: Sexuelle Prägungserscheinungen bei Tieren. In: H. Giese (Ed.). Die Sexualität des Menschen. Ferdinand Enke, Stuttgart. 1968.

Film

Immelmann, K.: Sexuelle Prägung bei Prachtfinken. Film C 1085 Inst. Wiss. Film, Göttingen. 1973.

LANGZEITVERSUCHE

43. Die Auslösung von Nachfolge- und Brutpflegeverhalten bei Buntbarschen (Cichlidae)

PETER KUENZER

II. Zoologisches Institut der Universität Göttingen

Bei den meisten Cichliden bleiben Eltern und Jungfische einige Tage bis mehrere Wochen zusammen. Dieser Familienzusammenhalt erfordert eine sinnvolle Verständigung der Gruppenmitglieder. Da sowohl die Reaktionen der Jungfische als auch die der Eltern vorwiegend durch optische Reize ausgelöst werden, kann man diese mit Attrappen bzw. entsprechenden Ersatzobjekten analysieren. Derartige Untersuchungen geben Aufschluß über das Funktionsprinzip von Auslösemechanismen und über die Wirkungsweise von Schlüsselreizen.

Es ist allerdings erfahrungsgemäß schwierig, die gewünschten Versuche zu einem vorbestimmten Zeitpunkt durchzuführen, denn die Zuchttiere laichen nicht immer zuverlässig und oft mit einer gewissen Unregelmäßigkeit ab. Es empfiehlt sich daher, die Untersuchungen in einem längeren Zeitraum (1–2 Wochen) durchzuführen und sich bei der Auswahl und Reihenfolge der hier beschriebenen Versuche und Beobachtungen nach den jeweils zur Verfügung stehenden Stadien der brutpflegenden Eltern und Jungfische zu richten. Man sollte auch nach Möglichkeit mehrere Arten halten und züchten. Die folgenden Angaben gelten für *Nannacara anomala* bzw. *Pseudocrenilabrus multicolor*; für einzelne Versuche eignen sich aber auch die leichter zu züchtenden Arten: *Hemichromis bimaculatus, Cichlasoma nigrofasciatum* (Brutpflegeverhalten der Eltern), sowie einige *Apistogramma*- und *Tilapia*-Arten (Verhalten der Jungfische).

A. Haltung und Aufzucht der Versuchstiere

Für Versuche ist der gestreifte Zwergbuntbarsch *Nannacara anomala* Regan besonders gut geeignet. Dieser läßt sich in kleinen (50 l fassenden) Becken relativ leicht zur Fortpflanzung bringen. Das Aquarium muß gut bepflanzt sein und reichlich Versteckmöglichkeiten bieten. Die Tiere, die möglichst nicht älter als 6 Monate sein sollten, werden paarweise oder 1 Männchen mit 2–3 Weibchen zusammengehalten, und zwar bei einer Wassertemperatur von 25–30° C.

Zur isolierten Aufzucht entnimmt man das Gelege einen Tag nach dem Ablaichen; da die Eier vom Weibchen an einen Stein angeklebt werden, ist dieses recht einfach. Bei täglichem Wasserwechsel bereitet die Aufzucht in einer gut durchlüfteten Plastikschüssel in der Regel keine große Schwierigkeiten. Am 2. Tag schlüpfen die Jungen aus der Eihülle und nach weiteren 5 Tagen schwimmen sie frei und fressen frischgeschlüpfte Nauplien von *Artemia salina*.

B. Beobachtungen und Versuche zum Brutpflegeverhalten

Bei den Zwergcichliden übernimmt vor allem das Weibchen die Brutpflege, erst wenn die Jungen größer sind, beteiligt sich auch das

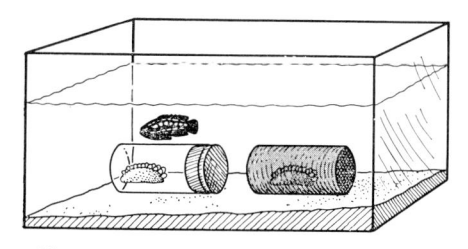

Abb. 85: Versuchsanordnung zum Gelege-Erkennen

Männchen daran. Während der Brutpflege tritt eine Farbänderung ein: Die Weibchen von *Nannacara anomala* tragen in dieser Zeit ein auffallendes schwarzweißes Schachbrettmuster.

Die Brutpflege verläuft in 3 Phasen. An den ersten beiden Tagen wird das Gelege, das an einem Stein klebt, befächelt und bewacht. Dann nimmt das Weibchen die Eier ab, indem es die schlüpfreifen Dottersacklarven aus der Eihülle saugt und diese an einer versteckten Bodenstelle unterbringt. Hier werden diese weiterhin bewacht und befächelt und u. U. mehrmals umgebettet. Nach 5 Tagen schwimmen die Jungen frei, sie werden vom Weibchen geführt und weiterhin bewacht. Ausreißer, die sich zu weit entfernen, werden aufgeschnappt und zurückgespuckt.

Beobachtungen

1. Eiphase

a) Häufigkeit und Intensität des Fächelns registrieren (Anzahl der Fächelbewegungen pro Zeiteinheit). Besteht eine Abhängigkeit zwischen Fächelintensität des Weibchens und Alter des Geleges?
b) Wann tritt das Zupfen an den Eiern auf und wie oft wird es ausgeführt?
c) Bis auf welche Distanz dürfen sich Fische dem Gelege nähern? Wird das Männchen stärker angegriffen als andere Fische?
d) Schnecken werden an oder auf das Gelege gesetzt und die Reaktion des Weibchens registriert.

2. Larvenphase

a) Wann bettet das Weibchen das Gelege um? Verändert sich das Verhalten des Weibchens im Verlauf der Larvenphase?
b) Verhalten der Larven unter dem Binokular beobachten: Zuerst schwänzeln die Larven dauernd, später nur noch, wenn sie durch Erschütterungen oder Wasserbewegungen gereizt werden.

3. Jungfischphase

a) Genaue Beobachtung von Weibchen und Jungfischen. Wie weit schwimmt die Gruppe an den einzelnen Tagen? Wie oft schnappt das Weibchen Jungfische auf?
b) Wie bewegt sich das Weibchen? Häufigkeit der Bewegungen in Ruhe und nach einer Störung registrieren.
c) Färbung und Farbänderungen des Weibchens beim Verjagen anderer Fische bzw. nach einer Störung beschreiben.

Versuche

1. Erkennen des Geleges

Das Gelege wird in ein Glasrohr eingeschlossen (Abb. 85) und dieses an einen anderen Ort im Aquarium gelegt. Mit einer Stoppuhr wird die Aufenthaltsdauer am alten Gelegeort und am Glasrohr registriert.

Wie findet das Weibchen das Gelege nach einer Verfrachtung? Wonach orientiert sich das Weibchen auf seinem Weg zum Gelege?

2. Erkennen der Larven

Entsprechende Versuche lassen sich mit Larven durchführen. Die Larven kommen in ein Glasrohr, durch das ein Wasserstrom läuft; so können optische und chemische Reize gesondert geboten werden. Bei *Nannacara* erkennen die Weibchen die Larven vor allem optisch.

3. Erkennen der Jungfische

Die Jungfische kommen in einen Glaszylinder, der mit Aquarienwasser durchströmt wird (Abb. 86). Der Zylinder wird abgedeckt und die Reaktion des Weibchens am Ausstrom registriert.

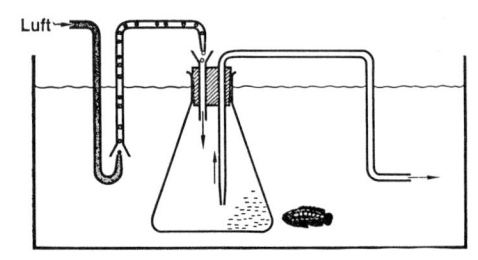

Abb. 86: Versuchsanordnung zum Erkennen der Jungfische

striert. Danach wird der Sichtschutz entfernt und weiter beobachtet. Solange sich Eltern und Jungfische sehen können, bleibt der Familienzusammenhalt erhalten.

Verhalten des Weibchens und Aufenthaltsdauer an den einzelnen Orten unter verschiedenen Versuchsbedingungen registrieren.

4. Auslösung von Brutpflegeverhalten bei Weibchen außerhalb der Brutphase

Auch bei Weibchen, die nicht abgelaicht haben, kann man Brutpflegefärbung und Brutpflegeverhalten durch optische Reize auslösen. Dazu gibt man eine Petrischale mit *Tubifex* oder ein Becherglas mit Daphnien in ein Aquarium, in dem sich mehrere *Nannacara*-Weibchen befinden. Das Verhalten der Weibchen und die Zeit bis zur Umfärbung wird registriert. Wie verhält sich das Weibchen bei den *Tubifex*, wie bei den Daphnien? Wie reagiert ein Weibchen, das eigene Junge führt, in dieser Situation?

C. Die Auslösung der Nachfolgereaktion bei jungen Nannacara

Zur Analyse der Schlüsselreize, die die Nachfolgereaktion der Jungfische auslösen, werden Attrappen angefertigt. Die besten Ergebnisse erzielt man durch Wahlversuche zwischen zwei verschiedenen Attrappen. Dazu klebt man zwei Grau- oder Farbpapiere (Kreise von ca. 2 cm Durchmesser) nebeneinander auf eine durchsichtige Astralon- oder Plexiglasplatte (8×20 cm). Nach DIN genormte Farb- und Graupapiere stellt der Musterschmidt-Verlag (Brauweg 40, 34 Göttingen) her. Man kann Graupapiere auch selbst anfertigen, indem man Photopapiere verschieden lange belichtet.

Die Versuche gelingen am besten mit künstlich in einer weißen Schüssel aufgezogenen Jungfischen. Wenn diese schon einige (4–10) Tage freischwimmen, reagieren sie in der Regel sehr gut. Zu den Versuchen kommen Gruppen von mindestens 10 Jungfischen in das Versuchsgefäß, das von oben beleuchtet und durch ein Wasserbad auf der optimalen Temperatur (27 °C) gehalten wird. Zuvor wird reichlich mit *Artemia-salina*-Nauplien gefüttert. Die Schüssel muß erschütterungsfrei stehen. Auch gegen optische Reize sind die Tiere empfindlich. Sie benötigen daher zunächst mindestens eine Stunde, um sich an die Versuchssituation und an die Lichtverhältnisse zu gewöhnen. Erst wenn sie sich zu einem dichten Schwarm gesammelt haben, kann man mit den Versuchen beginnen.

Die Attrappen werden in einer konstanten Entfernung (15–20 cm) von den Versuchstieren eingetaucht (Abb. 87) und durch kleine kräftige Rucke hin- und herbewegt. Ausgewertet wird jeweils die Reaktion der Gruppe, nicht die einzelner Tiere; und zwar sowohl das Wahlergebnis als auch die Anschwimmzeit. Um ein gesichertes Ergebnis zu erhalten, müssen mit jeder Attrappenkombination zahlreiche Versuche gemacht werden; die Signifikanz der Unterschiede wird durch den X^2-Test geprüft. Um eine Seitenstetigkeit auszuschalten, ist auf einen vorbestimmten Seitenwechsel zu achten (die Plexiglasscheiben werden auf Vorder- und Rückseite mit der gleichen Attrappenkombination, jedoch in verschiedener gegenseitiger Stellung beklebt).

1. Versuche mit einer Attrappe (mittlere Graustufe) und Registrierung der Anschwimmzeit

Registriert man die Anschwimmzeit in einer Serie gleicher Versuche, so ergibt sich eine deutliche Zunahme der Reaktionsbereitschaft. Es handelt sich um einen Gewöhnungs- bzw. Umstimmungsvorgang. Der Zeitabstand zwischen den Versuchen (5 Min.) kann variiert und die Auswirkung auf den Umstimmungsvorgang geprüft werden.

Beim Eintauchen der Attrappen tritt bei älteren Tieren eine Schreckreaktion auf. Welchen Einfluß hat diese Schreckreaktion auf die Reaktionsbereitschaft?

Wie verändert sich die Reaktion auf das Eintauchen der Attrappen
a) mit zunehmendem Alter?
b) innerhalb einer Versuchsserie?

2. Wahlversuche zwischen Graustufen

Man fertigt eine Serie von 6–8 Graustufen an und läßt die Jungfische jeweils zwischen der 1. und 3., der 2. und 4., 3. und 5. usw. Stufe einer solchen Serie wählen.

Welcher Graubereich wird in einer weißen Schüssel bevorzugt? Welchen Einfluß hat die Abhebung vom Hintergrund? (Die Versuche werden in einer grauen Schüssel wiederholt, auf vergleichbare Beleuchtungsstärken ist zu achten.)

Das Ergebnis zeigt, daß es auf die Abhebung vom Hintergrund ankommt: Nur Attrappen, die sich dunkel abheben, werden angeschwommen.

3. Wahlversuche zwischen Farben und Graustufen

Je eine rote, gelbe, grüne und blaue Attrappe wird mit der Serie der Graustufen verglichen.

Wie unterscheidet sich die Auslösewirkung von Rot und Gelb von der von Blau und Grün?

Welche Graustufen sind genauso wirksam wie Blau und Grün?

4. Die Bedeutung der Bewegung

In dieser Versuchsreihe wird eine Attrappe (mittlere Graustufe) verschieden häufig bewegt, und zwar entweder alle 2–3 Sekunden oder alle 30 Sekunden. Als Maß für die Wirksamkeit der Reizsituation gilt hier die Anschwimmzeit. Dabei ist bei der Versuchsplanung zu berücksichtigen, daß die Reaktionsbereitschaft innerhalb einer Versuchsreihe zunimmt.

Welchen Einfluß hat die Bewegungsweise und die Bewegungshäufigkeit auf die Wirksamkeit einer Attrappe?

Vergleichen Sie das Ergebnis mit der Bewegungsweise des Weibchens.

5. Der Einfluß der Erfahrung

Einer Jungfischgruppe wird täglich in mehreren Versuchen eine graue Attrappe gezeigt, einer anderen die weniger wirksame rote. Nach 10 Tagen müssen beide Gruppen zwischen Rot und Grau wählen.

Wie reagieren Tiere, die im Alter von 10 Tagen zum erstenmal ein Attrappe sehen?

D. Die Auslösung der Anschwimm- und Eindringreaktion bei jungen Maulbrütern

Die Zucht ist bei Maulbrütern in der Regel problemloser als bei Substratbrütern; daher sind Jungfische dieser Arten meistens leichter zu erhalten. *Pseudocrenilabrus* (= *Hemihaplochromis* bzw. *Haplochromis*) *multicolor* laicht auch schon in kleinen Aquarien ab und ist somit für Praktikumsversuche besonders gut geeignet. Das Weibchen behält die Brut 10 Tage lang im Maul und entläßt dann die freischwimmenden Jungfische. Für Versuchszwecke ist es am einfachsten, dem Weibchen die fast freischwimmenden Jungfische 8–9 Tage nach dem Ablaichen aus dem Maul zu entnehmen und sie dann in weißen oder grauen Plastikgefäßen bei guter Durchlüftung aufzuziehen. Die Versuche werden wie in Abb. 87 durchgeführt, die Attrappen jedoch zur Vermeidung störender Wasserbe-

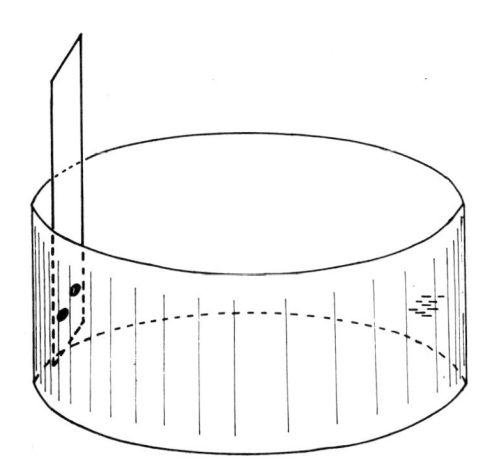

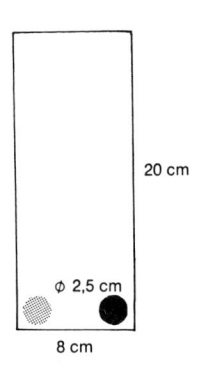

Abb. 87:
Attrappenversuch zur Auslösung der Nachfolgereaktion

wegungen hinter einer Glaswand geboten. Dazu empfiehlt sich folgende Anordnung: In einem undurchsichtigen Plastikgefäß (Größe ca. 20×20×5 cm) befindet sich eine runde Glasschale (∅ 15 cm, Höhe 8 cm). Beide Gefäße sind 5 cm hoch mit Aquarienwasser gefüllt. Die ca. 5–10 Jungfische befinden sich im inneren Glasgefäß, während die Attrappen außen an der Glaswand in das Wasser des Plastikgefäßes eingetaucht und dann mit der Hand ruckweise bewegt werden.

Bei den Reaktionen der Jungfische sind zwei Reaktionen zu unterscheiden:

Anschwimmen: Zwei Attrappen werden ca. 15 cm von den Jungfischen entfernt eingetaucht, und man registriert, welche von beiden angeschwommen wird. Sobald die Schwarmrichtung eindeutig zu erkennen ist, werden die Attrappen herausgenommen.

Eindringen: Die Attrappen werden unmittelbar vor den Jungfischen eingetaucht und solange bewegt, bis einer oder mehrere von ihnen Eindringversuche an der Glaswand zeigen.

In Zweifachwahlen wird eine mittelgraue und eine schwarze Attrappe angeboten. Welche Attrappe wird beim Anschwimmen und welche beim Eindringen bevorzugt?

In weiteren Versuchen werden einfache Grauattrappen, Graustufen und Farben und verschiedene grauschwarze Attrappen (dunkler Punkt auf hellem Grund) angeboten (Attrappen entsprechend Abb. 87). Dabei kann versucht werden, die folgenden Fragen zu klären:

Welchen Einfluß auf die Auslösbarkeit beider Reaktionen hat
a) die Helligkeit
b) die Abhebung vom Hintergrund
c) der Helligkeitskontrast innerhalb der Attrappe
d) der Farbwert?

Welche Abhängigkeit der Reaktionsbereitschaft besteht
a) vom Alter der Jungfische
b) von der Anzahl der Versuche
c) von der Tageszeit
d) von der spezifischen Erfahrung mit einer bestimmten Attrappe?

Literatur

Baerends, G. P. and J. M. Baerends van Roon: An introduction to the study of the ethology of cichlid fishes. Behaviour, Suppl. **1**, 1–243 (1950).

Kuenzer, E. und P.: Untersuchungen zur Brutpflege der Zwergcichliden *Apistogramma reitzigi* und *A. borellii*. Z. Tierpsychol. **19**, 56–83 (1962).

Kuenzer, P.: Zur optischen Auslösung von Brutpflegehandlungen bei *Nannacara anomala*-Weibchen (Teleostei, Cichlidae). Naturwissenschaften **52**, 19–20 (1965).

– Wie «erkennen» junge Buntbarsche ihre Eltern? Umschau **66**, 795–800 (1966).

– Die Auslösung der Nachfolgereaktion bei erfahrungslosen Jungfischen von *Nannacara anomala* (Cichlidae). Z. Tierpsychol. **25**, 257–314 (1968).

– Analyse der auslösenden Reizsituationen für die Anschwimm-, Eindring- und Fluchtreaktion junger *Hemihaplochromis multicolor* (Cichlidae). Z. Tierpsychol. **38**, 505–545 (1975).

– und L. Peters: Versuche zur Auslösung und Umstellung der Brutpflegephasen bei ♀♀ von *Nannacara anomala* (Cichlidae). Z. Tierpsychol. **35**, 425–436 (1974).

Noble, G. K. und B. Curtis: The social behavior of the jewel fish. *Hemichromis bimaculatus* Gill. Am. Mus. nat. Hist., B **76**, 1–46 (1939).

44. Nachfolgeprägung bei Entenküken

EKKEHARD PRÖVE

Lehrstuhl für Verhaltensphysiologie der Universität Bielefeld

Viele Tierarten besitzen angeborenermaßen keine oder keine vollständige Kenntnis vom Aussehen der eigenen Art. Insbesondere bei nestflüchtenden Vogelarten (Enten-, Gänse-, Hühnervögel) muß diese Kenntnis nach dem Schlüpfen erst erworben werden. Unter natürlichen Bedingungen sind es immer die eigenen Eltern, bzw. die eigene Mutter, von denen ein frisch geschlüpftes Küken zuerst Laute, Bewegungen, Körperfarben und -formen wahrnimmt. Im Experiment lassen sich diese Parameter definiert verändern.

Bei dem hier beschriebenen Versuch soll gezeigt werden, daß es sich bei dem Erwerb der Kenntnis von Merkmalen, die die eigene Art kennzeichnen, bei frisch geschlüpften Entenküken um einen Lernvorgang handelt, der als «Prägung» zu bezeichnen ist (Definition und Beschreibung des Begriffes «Prägung» siehe Kapitel 42). Bei diesem Prägungsvorgang wird bei den Jungtieren innerhalb einer sensiblen Phase die Kenntnis des Objektes für die Nachfolgereaktion dauerhaft festgelegt.

A. Material und Methode

1. Bebrütung und Schlupf

Für die Versuche zur Nachfolgeprägung hat sich die Pekingente, eine der domestizierten Formen der Stockente, als besonders geeignet erwiesen. Es hat sich bewährt, vorbebrütete Eier von einer gewerblichen Geflügelfarm zwei bis drei Tage vor dem errechneten Schlupftermin zu beziehen und diese vorbebrüteten Eier am Ort des Versuches zum Schlupf kommen zu lassen. Beim Transport ist dafür Sorge zu tragen, daß die Eier nicht auskühlen. Für ein Blockpraktikum sollten, abhängig von der Teilnehmerzahl, pro Gruppe etwa 50 Küken zur Verfügung stehen, um verschiedene Fragestellungen untersuchen zu können. Bei der endgültigen Bebrütung müssen die Angaben des Züchters in bezug auf die Temperatur und Luftfeuchtigkeit im Brutschrank genau beachtet werden, um ein optimales Schlupfergebnis zu erzielen.

Die Küken sollen nach Möglichkeit optisch voneinander isoliert in kleinen Pappschachteln schlüpfen. Nach dem Trocknen des Gefieders werden sie in einem warmen Raum einzeln in kleinen Boxen (ca. 30 × 30 × 30 cm), die einen rutschfesten Boden besitzen müssen, bis zum Beginn der Versuche gehalten. Sämtliche Manipulationen mit den frisch geschlüpften Tieren müssen lautlos geschehen, und es muß darauf geachtet werden, daß die Küken den Experimentator nicht sehen können. 24 Stunden nach dem Schlüpfen sollte den Küken Futter (eingeweichte Küken-Pellets) und Wasser geboten werden. Hierbei muß den Tieren in der Regel das Futter sichtverdeckt mit einem Glasstab o.ä. gezeigt werden, um sie zum Fressen zu animieren.

2. Nachfolgeprägung

Anhand des Lebensalters (siehe Abschnitt B 1) werden die Küken in verschiedene Gruppen zur Untersuchung verschiedener Fragestellungen eingeteilt. Der Prägungsvorgang erfolgt am besten in einer Prägungsapparatur nach Hess (Abb. 88). Hier wird über einer ringförmigen Arena mit rutschfestem Boden (Durchmesser etwa 150 cm) ein von einem Elektromotor (z. B. Scheibenwischermotor mit Übersetzung) angetriebener Arm bewegt, an dessen einem Ende die jeweils zur Prägung benutzte Attrappe fest angehängt ist. Die Bewegungsrichtung des Armes ist durch einfaches Umpolen der Stromquelle (Regeltransformator) umkehrbar. In der Attrappe befindet sich ein Lautsprecher, aus dem über ein Tonbandgerät oder einen Kassettenrecorder Laute aus der Attrappe abgespielt werden können. Als Laut kann eine menschliche Stimme dienen (z. B. ein rhythmisch wiederholtes «komm, komm, komm»), oder es können natürliche Laute einer lockenden Entenmutter oder Glucke wiedergegeben werden. Der Boden des Laufringes wird durch feine Markierungen in gleiche Streckenabschnitte unterteilt. Die gesamte Arena muß so gleichmäßig wie möglich mit Klemmlampen oder Neonröhren ausgeleuchtet sein. Die Beobachter des Prägungsvorganges befinden sich hinter einem Sichtschutz, der mit schmalen Sehschlitzen versehen ist, und von dem aus die gesamte Arena gut überblickt werden kann.

Sollte eine Hess'sche Prägungsapparatur nicht zur Verfügung stehen, kann der Prägungsvorgang auch mit einem einfacheren Versuchsaufbau (Abb. 89) durchgeführt werden.

Zur Durchführung der Prägung werden die Küken einzeln in geschlossenen Pappschachteln in der Arena neben oder hinter die Attrappe eingebracht. Nachdem die Beobachter hinter dem Sichtschutz versteckt sind, wird der Deckel der Schachtel mit Hilfe eines Bindfadens angehoben und entfernt. Das Versuchstier befindet sich jetzt frei neben der Attrappe. Der Kassettenrecorder (oder das Tonbandgerät) wird angestellt, und nach 10 bis 15 Sekunden wird der Arm in Bewegung gesetzt. Die Geschwindigkeit soll so gewählt werden, daß das Küken der Attrappe gut folgen kann und diese sich nicht allzuweit von dem Küken entfernt.

Es ist schwer, geeignete Kriterien für den Erfolg der Nachfolgeprägung zu finden. Hier muß von den Praktikanten ein einheitliches Vorgehen abgesprochen werden. Es bietet sich an, als gut meßbaren Parameter den Abstand des Kükens von der Attrappe zu wählen (daher die Einteilung des Bodens der Arena in gleiche Streckenabschnitte). Hält sich das Küken immer in unmittelbarer Nähe der Attrappe auf, d.h. entfernt es sich nicht weiter als 30–40 cm von ihr, kann die Prägung als abgeschlossen angesehen und das Tier in seine Haltungsbox zurückgesetzt werden.

B. Versuchsdurchführung

1. Prägen Sie Tiere unterschiedlichen Lebensalters (z.B. 8, 16, 24 und 48 Stunden nach dem Schlüpfen) auf eine relativ natürlich aussehende Attrappe, die Laute hervorbringt. Nehmen Sie als Bezugstermin für den Zeitpunkt des Schlüpfens ein einheitliches definiertes Ereignis (z.B. nachdem sich die Küken selbständig vollkommen von der Eischale befreit haben). Gibt es in der Ontogenese der Küken einen Zeitraum, in dem das Prägungsobjekt besonders gut gelernt wird (sensible Phase)?
2. Verwenden Sie im Gegensatz zu Versuch 1 eine Attrappe, die keine Laute hervorbringt. Haben Laute einen Einfluß auf den Prägungsvorgang? Zeigen die Tiere gleich gute Folgereaktionen wie die Tiere aus Versuch 1?
3. Konfrontieren Sie Versuchstiere verschiedenen Alters (z.B. wie in Versuch 1) in der Arena für einen bestimmten Zeitraum (z.B.

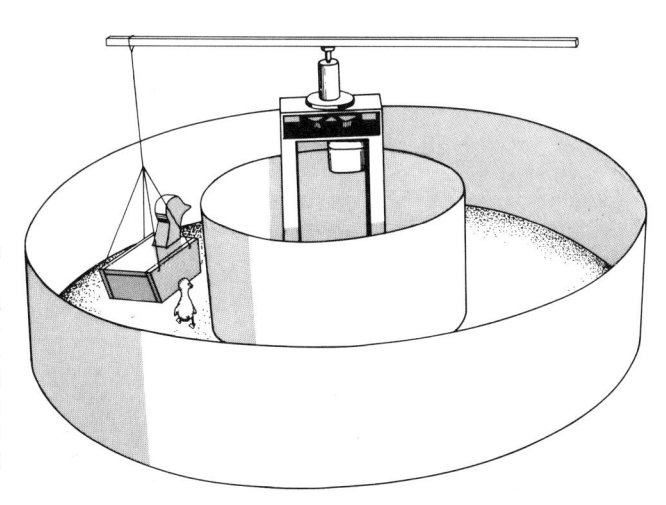

Abb. 88: Prägungsapparatur nach Hess
Die ringförmige Arena wird innen und außen von Seitenwänden begrenzt. Die Steuereinheit (Geschwindigkeitsregelung, Vor- und Rücklauf, Tongeber) befindet sich hinter einem Sichtschutz. Der freie Arm dient zur Befestigung der zweiten Attrappe im Test

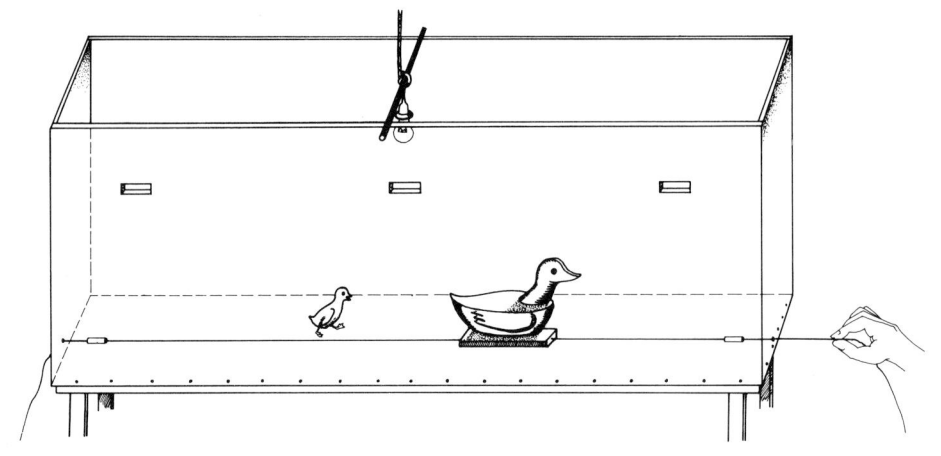

Abb. 89: Einfache Versuchsapparatur zur Nachfolgeprägung
Die Attrappe wird mit einer Schnur von Hand über die gerade Strecke bewegt. Seitenwände mit Sehschlitzen grenzen die Versuchsstrecke ab.

2, 6, 10 und 20 Minuten) mit der Attrappe. Nach diesem Zeitraum werden die Tiere in die Haltungsboxen zurückgesetzt. Gibt es eine minimale Prägungsdauer, bei der die Küken im Test noch Nachfolgereaktionen zeigen? Ändert sich diese mit dem Lebensalter der Küken?

4. Benutzen Sie zur Prägung bei Tieren im Alter von 13 bis 16 Stunden nach dem Schlüpfen, bzw. dem Alter, in dem in Ihren Versuchen die Küken die besten Nachfolgereaktionen zeigen, Attrappen unterschiedlicher Form und Farbe. Hierzu werden aus Sperrholz oder Plastikmaterial ausgehend von der natürlichen Form einer Ente immer weiter vereinfachte Attrappen hergestellt. Die Form kann so weit vereinfacht werden, daß nur noch quader- oder kugelförmige Attrappen verwendet werden. Eine zweite Serie gleichförmig aussehender Attrappen wird mit unterschiedlichen Farben bemalt (z.B. gelb, rot, grün, weiß, grau, schwarz), und diese farblich unterschiedlichen Attrappen zur Prägung benutzt. Spielen Sie im Test des Prägungserfolges (siehe Abschnitt C) die verschiedenen Parameter gegeneinander aus. Hat die Form oder Farbe einer Attrappe einen Einfluß auf das Ergebnis der Prägung?

5. Bei einer natürlich aussehenden Attrappe wird die Oberfläche mit Federn beklebt. Diese zur Prägung benutzte Attrappe wird im Test gegen eine natürlich aussehende Attrappe ohne Federn (z.B. eine Lockente; im Jagdzubehörhandel erhältlich) geprüft. Machen Sie auch den umgekehrten Versuch. Hat die Oberflächenbeschaffenheit der Attrappe einen Einfluß auf den Prägungserfolg?

C. Test des Prägungserfolges

Der Erfolg der Prägung wird in einem Zweifachwahlversuch getestet. Hierzu wird 24 bis 48 Stunden nach erfolgter Prägung neben dem Prägungsobjekt am freien Arm der Prägungsapparatur eine zweite Attrappe befestigt, die sich im Idealfall nur in einem einzigen Merkmal (z.B. nur in der Farbe) vom Prägungsobjekt unterscheidet. Das Versuchstier wird in die Mitte zwischen die beiden Attrappen gesetzt, so daß es beide gleich gut erkennen kann. Die Versuchsapparatur muß unter den gleichen Bedingungen bedient werden wie beim Prägungsvorgang. Registrieren Sie, auf welche Attrappe das Versuchstier zuläuft und welcher Attrappe es folgt, wenn der Schwenkarm bewegt wird. Dieser Test kann in einem späteren Lebensalter der Versuchstiere wiederholt werden. Was können Sie anhand der Ergebnisse dieser Versuche über die Stabilität des Lernergebnisses aussagen? Ist das Aussehen des Objektes, dem die

Versuchstiere nachfolgen, irreversibel gelernt worden? Diskutieren Sie die Frage, inwieweit man bei der Nachfolgeprägung überhaupt von Irreversibilität sprechen kann.

Literatur

Buchholtz, C.: Das Lernen bei Tieren. Fischer Verlag, Stuttgart. 1973.

Fabricius, E.: Crucial periods in the development of the following response in young nidifigous birds. Z. Tierpsychol. 21, 326–337 (1964).

Fantz, R. L.: Form preferences in newly hatched chicks. J. Comp. Physiol. Psychol. 50, 422–430 (1957).

Hess, E. H.: Imprinting. An effect of early experience, imprinting determines later social behavior in animals. Science 130, 133–141 (1959).

Moltz, H.: Imprinting: empirical basis and theoretical significance. Psychol. Bull. 57, 291–314 (1960).

Schaefer, H. H. und Hess, E. H.: Color preferences in imprinting objects. Z. Tierpsychol. 16, 161–172 (1959).

Schutz, F.: Die Bedeutung früher sozialer Eindrücke während der «Kinder- und Jugendzeit» bei Enten. Z. exp. angew. Psychol. 11, 169–178 (1964).

Weidmann, U.: Verhaltensstudien an der Stockente *(Anas platyrhynchos L.)*. II. Versuche zur Auslösung und Prägung der Nachfolge- und Anschlußreaktion. Z. Tierpsychol. 15, 277–300 (1958).

Film

Schutz, F.: Prägung bei Entenküken – Nachfolgereaktion. Film C 987 (LT), Inst. Wiss. Film, Göttingen. 1969.

45. Das Fortpflanzungsverhalten der Lachtaube

WOLFGANG HEINRICH

I. Zoologisches Institut der Universität Göttingen

Während eines ethologischen Kurses läßt sich nur bei wenigen Vögeln ein vollständiger Fortpflanzungszyklus so gut und leicht demonstrieren wie bei der Lachtaube *(Streptopelia risoria)*, einer Ziertaubenart, die seit vielen Jahrhunderten in Gefangenschaft gehalten wird und die der Nordafrikanischen Lachtaube *(Str. roseogrisea)* sehr nahe steht (Goodwin 1970). Wenn man Lachtauben häufig umsetzt, einfängt, ergreift, stört usw., scheinen sie zahmer zu werden als die meisten anderen Tauben und sind deshalb diesen vorzuziehen. Bei geeigneten Beleuchtungsverhältnissen (z. B. 14 Stunden Licht täglich) kann jederzeit durch Zusammensetzen eines bruterfahrenen Paares ein vollständiger Fortpflanzungszyklus in Gang gesetzt werden. Er besteht aus ca. einer Woche Balz, zwei Wochen Brüten und drei Wochen Aufzucht der Jungen. Da das erste Ei sehr regelmäßig 6 bis 8 Tage nach dem Zusammensetzen des Paares gelegt wird, können parallel laufende Versuche über die genannten drei Fortpflanzungsphasen je nach Kursdauer «gezielt» angesetzt werden.

A. Material und Methode

Neben der wildfarbenen Lachtaube sind auch albinotische Formen jederzeit im Handel erhältlich. Wegen des fehlenden Sexualdimorphismus wird das Geschlecht eines Tieres entweder mindestens drei Tage vor Kursbeginn durch Öffnen der linken Bauchhöhlenseite bestimmt, oder es werden jeweils zwei Tiere unbekannten Geschlechts ca. vier Wochen vor dem Kurs probeweise zusammengesetzt. Wenn dabei sofort häufiges «Flügelboxen» auftritt, handelt es sich wahrscheinlich um zwei Männchen, die getrennt werden müssen. Gelegentliches Hacken, Federziehen und Jagen durch ein Tier, nämlich das Männchen, tritt selbst bei einem gut züchtenden Lachtaubenpaar auf.

Beugegurren ist ein gutes Indiz für ein Männchen. Bei Ablage von Eiern läßt man die Tiere brüten, um leicht prüfen zu können, ob die Eier befruchtet sind. Zu empfehlen ist dauerhaftes Markieren der Individuen mit Fußringen oder Anfärben des Gefieders mit äther- oder alkohollöslicher Farbe. Das Mindestalter der Tiere sollte ein Jahr betragen, da bei jüngeren Tauben die Dauer vom Zusammensetzen bis zur Eiablage länger ist und zu stark variiert.

Der Käfig (Abb. 90) enthält feinkörniges Ziertaubenfutter – normales Taubenfutter ist wenig geeignet –, frisches Wasser, Futtersteinchen (Grit), eine Nistschale mit 10 bis 15 cm breiter Öffnung, feingeschnittenes Stroh oder Heu oder nach Möglichkeit trockene Kiefernnadeln, Sitzstangen sowie eine Trennwand mit Durchschlupf, wodurch die Regelmäßigkeit des Brutrhythmus erhöht wird (Heinrich 1975).

Unmittelbar nach dem Einsetzen der Beleuchtung oder nach dem Zusammensetzen einander bekannter oder unbekannter Tiere sind besonders viele Verhaltensweisen zu sehen, was für das Aufstellen eines Verhaltensinventars ausgenutzt werden sollte.

B. Versuchsdurchführung

1. Aufstellen eines Verhaltensinventars

Setzen Sie zusammen:
a) zwei Weibchen (für ca. 15 min),
b) zwei Männchen (für ca. 15 min),
c) ein Weibchen und ein Männchen (für ca. 30 min oder als Beginn eines Dauerversuchs).

Beobachten Sie diese Tiere und versuchen Sie, alle sich wiederholenden Verhaltensmuster zu beschreiben, also auch Verhaltensweisen, die nicht unmittelbar mit der Fortpflanzung zusammenzuhängen scheinen. Benennen Sie sie zunächst nach der Erscheinungsform, denn einen Einblick in ihre Funktion gewinnt man oft erst nach längerer Beobachtungszeit und/oder genauer Motivationsanalyse. Außerdem hängt es u. U. von Definitionen ab, ob Sie bestimmte Verhaltensweisen zu einem bestimmten Funktionskreis zählen können oder nicht. Oft wird es von der Intuition des Beobachters abhängen, welche Kombination von detaillierten Einzelbewegungen er als eine Verhaltensweise oder Handlung bezeichnet. Erst nachträglich sollten Sie deshalb Ihre Ergebnisse mit Filmdokumenten (Heinrich 1976 a und b, 1977) und mit der folgenden Liste vergleichen; genaue Beschreibungen der hier aufgeführten Verhaltensweisen sind bei Miller und Miller (1958), Lehrman (1964), Heinrich (1975) und Grote (1976) zu finden.

Aufnahme, Transport und Einbau von Nistmaterial, Treteln und «Kuscheln» im Nest, Eiablage.
Beugegurren, Sitzgurren, Nestgurren, Flügelzucken, Partnerputzen, Aufforderung zum Schnäbeln («Balzfüttern»), Kopulationsaufforderung, Kopulation.
Treiben, Hüpfen, «Lachen», Flügelboxen,

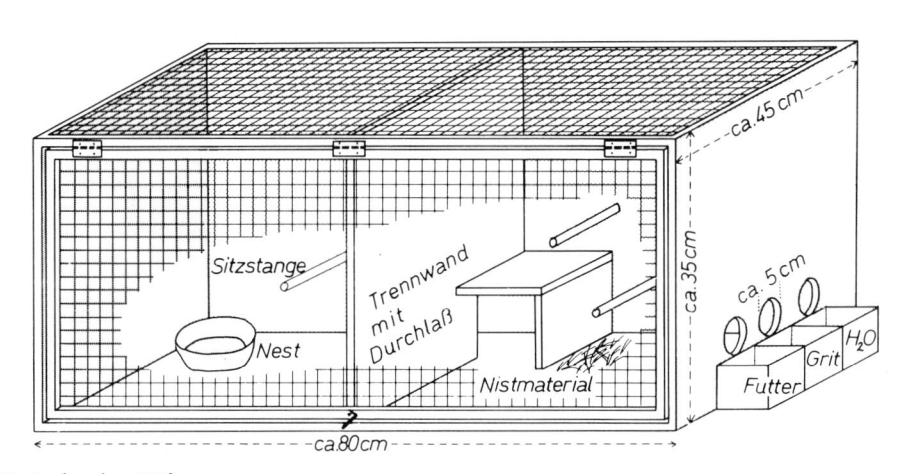

Abb. 90: Lachtauben-Käfig

Hacken, Federziehen, Nestverteidigung, Flucht.
Brüten, Fressen bzw. Entfernen der Eischalen, Füttern mit Kropfmilch oder/und mit aufgeweichten Körnern, Reinigung der Jungen, Nestreinigung.
Anbetteln, ungerichtetes Betteln der Jungen.
Sonnen(Regen)bade-Haltung, Baden im Wasser, Sitzen auf erhöhtem Platz oder am Boden, Fressen, Trinken (Saugtrinken), Putzen des eigenen Gefieders, Stehen auf dem Nestrand, Sitzen im Nest (geht später in Brüten über), Stehen auf dem Partner z. B. bei der Übergabe von Nistmaterial, Kopfschütteln.

Wie bereits erwähnt, ist die Lachtaube – wie übrigens die meisten Tauben – geschlechtsmonomorph. Versuchen Sie durch mehrmaliges Wiederholen der Versuche a bis c herauszufinden, woran eine Lachtaube das Geschlecht eines Artgenossen erkennt. Entscheidend ist dabei, daß das Verhalten der Tauben in den ersten Sekunden nach dem Zusammensetzen sehr genau beobachtet wird. Haben Sie Verhaltensweisen nur bei Weibchen oder nur bei Männchen beobachtet, so daß Sie trotz der relativ kurzen Beobachtungszeit einen geschlechtsspezifischen qualitativen Unterschied vermuten können? Bei welchen dagegen ist nur ein quantitativer Unterschied vorhanden? Welche Verhaltensweisen sind am besten als «Anzahl pro Zeiteinheit», welche als «Dauer pro Zeiteinheit» protokollierbar? Welche Nachteile ergeben sich beim Verwenden einer zu kurzen oder zu langen Zeiteinheit?

2. Beobachtungen zum Balzverhalten

Der erste Teil des Fortpflanzungszyklus, die Balzphase, wird verstanden als die Zeitspanne zwischen dem Zusammensetzen eines Paares bis zur Ablage des ersten Eies, die nach ca. 7 Tagen am späten Nachmittag oder frühen Abend – gegen 17^{00} Uhr – erfolgt. Die meisten Balz-Verhaltensweisen treten in der ersten Tageshälfte häufiger als in der zweiten auf. Wenn in einer Beobachtungsreihe in 30- oder 60-min-Protokollen die typischen Balzaktivitäts-Änderungen protokolliert werden sollen, empfiehlt es sich, die Tiere über Nacht zu trennen und einen gewissen «Aktivitätsstau» unmittelbar nach dem Zusammensetzen am Morgen auszunutzen (Tiere tagsüber zusammenlassen und erst wieder am Abend trennen). Einer «Nestdemonstrations-Phase» des Männchens, in der es am Morgen «nestgurrend» am künftigen Nistplatz zu finden ist, folgt eine Phase, in der das Weibchen fast die ganze erste Tageshälfte im Nest zubringt (Gerlach et al. 1975). Wie reagiert ein Männchen, wenn in der ersten Balzphasen-Hälfte das Weibchen ins unbesetzte Nest geht?

Was passiert umgekehrt, wenn ein Männchen in der zweiten Balzphasen-Hälfte längere Zeit im Nest sitzt? Welcher Laut ist mit größter Wahrscheinlichkeit bei einem Tier zu hören, wenn in der zweiten Balzphasen-Hälfte sein Partner entfernt wird? (Das Umsetzen und Einfangen – auch entflogener Tiere im Versuchsraum – geschieht am leichtesten bei ausgeschalteter Raum- und Käfigbeleuchtung; Tauben fliegen im Dunkeln auch dann nicht weg, wenn sie sekundenlang mit einer Taschenlampe angeleuchtet werden.) Wenn mehrere Versuchsreihen protokolliert werden, gibt es u.a. zwei Möglichkeiten, die Daten zu ordnen: 1. nach dem Tag des Zusammensetzens (Abb. 91 unten) oder 2. nach dem Tag der ersten Eiablage (als «Tag 0» bezeichnet; Abb. 91 oben). Welche Methode der beiden Datenzusammenfassungen ist bei den einzelnen Verhaltensweisen am günstigsten, wenn man davon ausgeht, daß das Verhalten verschiedener Tiere, die sich in einem ähnlichen physiologischen Zustand befinden, statistisch weniger variiert, als wenn man Daten von Tieren zusammenfaßt, deren Stimmungen, Motivationen usw. sehr verschieden sind? Versuchen Sie, durch Registrieren der Verhaltensaktivität den Reifezustand eines Weibchens bzw. den Tag der Ablage des ersten Eies im voraus zu bestimmen (Heinrich 1975). Vergleichen Sie Ihre Beobachtungen mit Filmdokumenten (Heinrich 1976 a).

3. Beobachtungen zum Brutrhythmus

Wir wissen nicht nur, daß wahrscheinlich bei allen Tauben beide Geschlechter am Brutgeschäft beteiligt sind, sondern auch, daß jeweils zu einer bestimmten Tageszeit das Männchen bzw. das Weibchen brütet. Um die ganze zweiwöchige Brütephase beobachten zu können, werden einige Paare 8 Tage vor Kursbeginn zusammengesetzt.

176 Wolfgang Heinrich

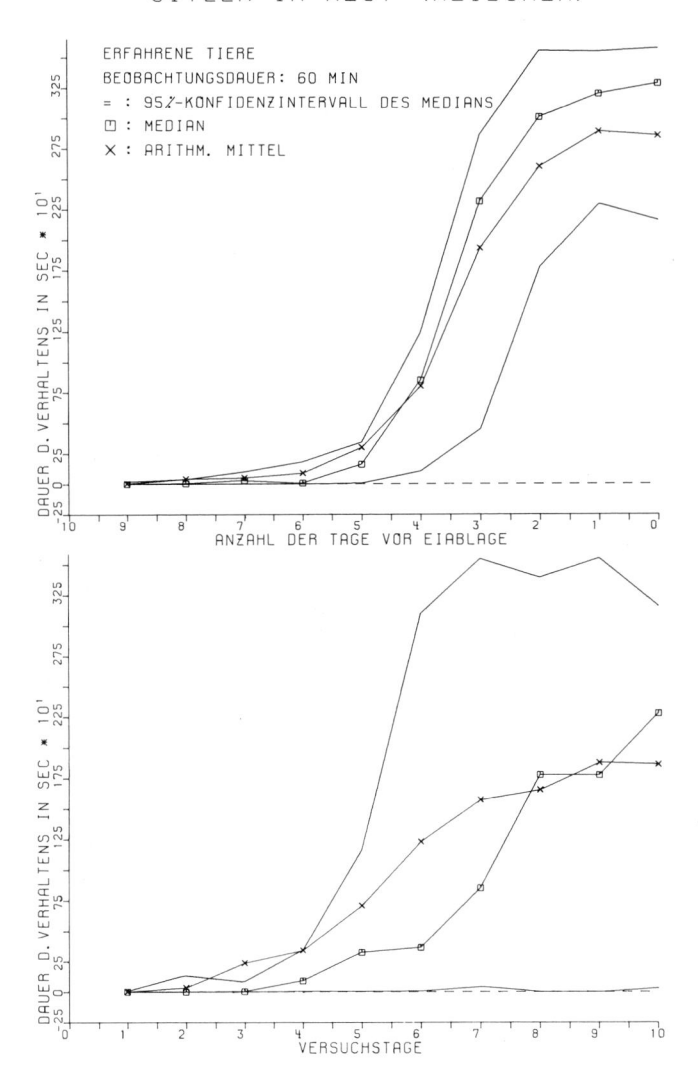

Abb. 91: Dauer des Sitzens im Nest (n = 13 Weibchen). Dieselben Daten wurden einmal nach dem Tag der Eiablage (oben), ein andermal nach dem Tag des Versuchsbeginns (unten) geordnet und zusammengefaßt. Man beachte die unterschiedliche Größe der 95 %-Konfidenzintervalle (aus Heinrich 1975).

Ca. 40 Stunden nach Ablage des ersten Eies, also gegen 9⁰⁰ Uhr des übernächsten Tages, wird das zweite Ei gelegt; wegen der «Pünktlichkeit» dieses Vorganges kann die Eiablage ohne längere Wartezeit beobachtet werden. Ist der für Tauben typische Brutrhythmus (vgl. Abb. 92) am Tage nach Ablage des ersten Eies schon voll entwickelt oder ist dies erst dann der Fall, wenn das Gelege komplett ist? Er wird erfaßt, indem miteinander abwechselnde Kursteilnehmer tagsüber alle 5 oder 10 min registrieren, welches der beiden Tiere auf den Eiern sitzt. Welche Arten der Ablösung beim Brüten können Sie beobachten (Heinrich 1975, 1977)? Wie oft pro Tag wird beim Brüten abgewechselt? Vergleichen Sie bei einzelnen Brutpaaren die «Pünktlichkeit» der morgendlichen und abendlichen Ablösungen miteinander. Wie oft wird das Nest mit den Eiern ohne Bedeckung gelassen? Vergleichen Sie in dieser Beziehung Tauben mit anderen Vögeln, bei denen nur ein Elternteil brütet. Vergleichen Sie Ihre Ergebnisse auch mit den Beobachtungen an anderen Taubenarten (Hoffmann 1969).

4. Beobachtungen zur Aufzucht der Jungen

Taubenmännchen und -weibchen füttern ihre Jungen zunächst mit «Kropfmilch», einem käseartigen Brei aus umgewandelten und abgestoßenen Kropfepithel-Zellen (Lehrman 1964). Erst später wird die Kropfmilch nach und nach durch einen im Kropf bereiteten Brei aus vorgeweichten Körnern ersetzt. Wenn Versuchspaare drei Wochen vor Kursbeginn zusammengesetzt werden, schlüpfen die Jungen kurz nach Beginn des Kurses, und es kann beobachtet werden, wie sie sich zunächst sehr passiv verdem Sie gleichzeitig 4 bis 5 Käfige mit Brutpaaren beobachten – am besten morgens sofort nach Beleuchtungsbeginn. Auf einer Strichliste ist die Häufigkeit bestimmter Verhaltensweisen nur einmal zu notieren, wenn das Verhalten innerhalb der gewählten Zeiteinheit, z. B. 30 Sekunden, mindestens einmal auftritt. Bedenken Sie, wie wichtig eine Absprache unter den Kursteilnehmern über die zu beobachtenden Verhaltensmuster ist, wenn Sie abwechselnd beobachten, aber Ihre Daten zusammenfassen wollen. Konzentrieren Sie sich auf die Verhaltensweisen Anbetteln, Aufenthalt der Eltern im Nest, Füttern oder Würgebewegungen, Nestreini-

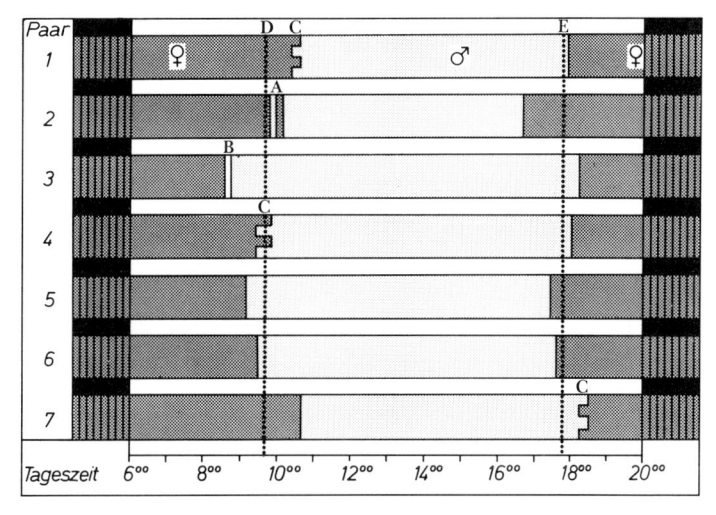

Abb. 92: Tagesrhythmus der Ablösung beim Brüten, dargestellt an je einem Tag bei 7 Paaren. Beleuchtungszeit: 6^{00} bis 20^{00} Uhr (vgl. Abszisse). Dunkles Raster: Weibchen brütet; helles Raster: Männchen brütet.
A: Nach der Brutablösung brütet das Weibchen nochmals für kurze Zeit und verläßt dann endgültig das Nest (Paar Nr. 2).
B: Nest mit Eiern steht bei der Brutablösung für kurze Zeit leer (Paar Nr. 3).
C: Beide Elterntiere sitzen gemeinsam auf dem Nest (Paare Nr. 1, 4 und 7).
D: Durchschnittliche Brutablösungszeit am Vormittag gegen 9^{40} Uhr (n = 46 Paare; aus Gerlach et al. 1975).
E: Durchschnittliche Brutablösungszeit am Abend gegen 17^{45} Uhr (n = 46 Paare; aus Gerlach et al. 1975).

halten, wenn sie gefüttert werden. Das ändert sich im Laufe der dreiwöchigen Entwicklung insofern, als die Jungen die Elterntiere immer stärker mit Betteln bedrängen (Heinrich 1976 b). Versuchen Sie, das Brutpflegeverhalten an einigen Tagen auch quantitativ zu erfassen, indem gung, Putzen der Jungen durch die Eltern. In der zweiten Hälfte der Jungenaufzucht-Phase beginnen vor allem jene Männchen erneut zu balzen, die nur ein Junges hatten (Grote 1976), was an der Häufigkeit des Jagens, Hackens, Beugegurrens und Nestgurrens zu erkennen ist.

Literatur

Gerlach, J.L., W. Heinrich und D.S. Lehrman: Quantitative Beobachtungen zum tagesrhythmischen Balzen, Brüten und Hudern der Lachtaube (Streptopelia risoria). Verh. Dtsch. Zool. Ges. 1974, 351–357 (1975).

Goodwin, D.: Pigeons and doves of the world. Publ. No. 663 Trust. Brit. Mus. (Nat. Hist.) London. 1970.

Grote, M.: Das Brutpflegeverhalten der Lachtauben. Staatsexamensarbeit (Math.-Naturw. Fak.), vorhanden in: Universitätsbibliothek, Göttingen. 1976.

Heinrich, W.: Quantitative Untersuchungen über das Balzen und Brüten bei unerfahrenen und erfahrenen Lachtauben (Streptopelia risoria; Columbiformes). Habilitationsschrift (Math.-Naturw. Fak.), Universität Göttingen. 1975.

Hoffmann, K.: Zum Tagesrhythmus der Brutablösung beim Kaptäubchen (Oena capensis L.) und bei anderen Tauben. J. f. Orn. 110, 448–464 (1969).

Lehrman, D.S.: The reproductive behavior of ring doves. Scient. Amer. 211, 48–54 (1964).

Miller, W.J. and L.S. Miller: Synopsis of behavior traits of the ring neck dove. J. Anim. Behav. 6, 3–8 (1958).

Filme

Heinrich, W.: Streptopelia risoria (Columbidae) – Balz und Kopulation. Encyclop. Cinemat., Farbtonfilm E 2363, Inst. f. d. Wiss. Film, Göttingen. 1976.

Heinrich, W.: Streptopelia risoria (Columbidae) – Aufzucht der Jungen. Encyclop. Cinemat., Farbtonfilm E 2381, Inst. f. d. Wiss. Film, Göttingen. 1976.

Heinrich, W.: Fortpflanzungsverhalten der Lachtaube *Streptopelia risoria*. Unterrichtsfilm C 1264, Inst. f. d. Wiss. Film, Göttingen 1977.

46. Die Wechselwirkung von Raum- und Rangbeziehungen bei Hausmeerschweinchen

HUBERT HENDRICHS

Lehrstuhl für Verhaltensphysiologie der Universität Bielefeld

Für diesen Kurs ist einiges Fachwissen Voraussetzung: Grundkenntnisse der Ethologie und der Biologie der Säugetiere sollten gegeben sein; auch einige Übung darin, Daten zu erfassen und zu analysieren, ist erforderlich. Es ist zu empfehlen, diese Kenntnisse in einem vorbereitenden Seminar zu überprüfen oder zu vermitteln. Mindestens ebenso wichtig ist aber das Interesse und die Geduld, sich die Tiere in Ruhe anzusehen. Eine Hauptschwierigkeit beim Beobachten von Säugetieren liegt darin, daß das sichtbare Verhalten von sehr vielen, miteinander konkurrierenden Faktoren beeinflußt wird, deren Einwirkungen nur sehr schwer voneinander zu trennen sind. Das sehr wichtige «Einsehen» in eine Art, das weitgehend intuitive Erlernen der Ausdrucks-«Sprache» ihrer Zustandssymptome, erfordert viel Zeit, Interesse und Geduld und ist in einem Blockkurs nicht zu erreichen. Da den Kursteilnehmern also in der Regel das eigentlich erforderliche intuitive Wissen des Fachmannes fehlt, muß besonderer Wert auf sorgfältiges wissenschaftliches Vorgehen gelegt werden.

A. Material

Erforderlich sind etwa 50 in Gruppen verschiedener Zusammensetzung lebende Hausmeerschweinchen, darunter eine Reihe hochträchtiger Weibchen und zahlreiche einige Tage bis einige Wochen alte Jungtiere. Genauere Angaben zu Haltung und Fortpflanzung finden sich im Kapitel 33. Für Begegnungen auf «neutralem Boden» ist eine Arena wie die in Abb. 93 darge-

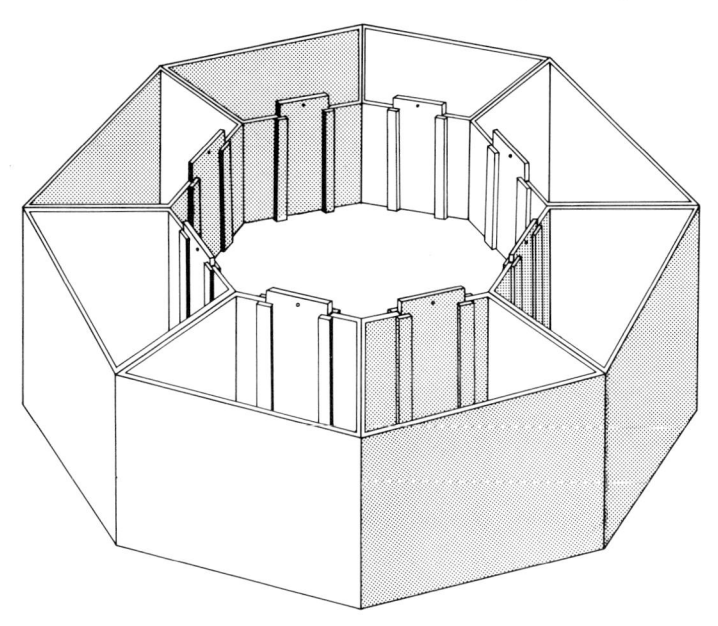

Abb. 93: Arena zur Beobachtung von Begegnungen auf «neutralem Boden» (Gesamtdurchmesser 200–250 cm, Durchmesser der inneren Arena 100–120 cm)

stellte geeignet, die sich begegnenden Tiere leben dauernd in den Randabteilen. Der Einfluß der Raumgröße auf die Kampfbereitschaft der Männchen läßt sich in einer Kiste nach Abb. 94 demonstrieren.

B. Aufgaben

Die Kursteilnehmer sollen Fragestellungen und geeignete Versuchsanordnungen – beraten von den Kursbetreuern – soweit wie möglich selbständig entwickeln. Von der Zeit und dem Material her ist die Möglichkeit vorzusehen, daß die Teilnehmergruppen auch Fragestellungen eigener Wahl nachgehen können. Grundsätzlich sollten aber zumindest zwei der folgenden drei Punkte untersucht werden:

1. Die Entstehung und Entwicklung von Rang- und Raumbeziehungen bei heranwachsenden Tieren.
2. Die Entstehung und Entwicklung von Rang- und Raumbeziehungen bei neu zusammengesetzten erwachsenen Tieren.
3. Die Orts- und Erfahrungsabhängigkeit von Überlegenheit bei erwachsenen Tieren.

C. Ziele

Der Kurs hat drei Hauptziele. Erstens soll er Kenntnisse von den Eigenschaften sozialer Strukturen wie Raum- und Rangbeziehungen erbringen; er soll demonstrieren, wie diese auf die Verfassung und das Verhalten des einzelnen Tieres einwirken. Zweitens soll er Einblicke vermitteln in die Entstehung und Entwicklung dieser Strukturen, sowohl bei heranwachsenden Jungtieren als auch beim Zusammensetzen sich unbekannter Tiere. Drittens soll der Kurs Klarheit darüber verschaffen, wie die Aussagen zu diesen Punkten zustandekommen, auf welche Beobachtungsdaten sie sich stützen, daß die verschiedenen Ebenen (Verhalten, Zustand oder Verfassung, Sozialstruktur) zu trennen und bei Argumentation und Aussage auseinanderzuhalten sind. Neben diesen drei Hauptzielen soll der Kurs auch dazu anregen, sich Gedanken darüber zu machen, welche Bedeutung Sozialverhalten und Sozialstrukturen für funktionierende Sozialprozesse und für die Lebensfähigkeit einer Population haben. Er soll keine wissenschaftlichen Ergebnisse bringen, aber die eigene Erfahrung mit den bei einer solchen Untersuchung zu berücksichtigenden Zusammen-

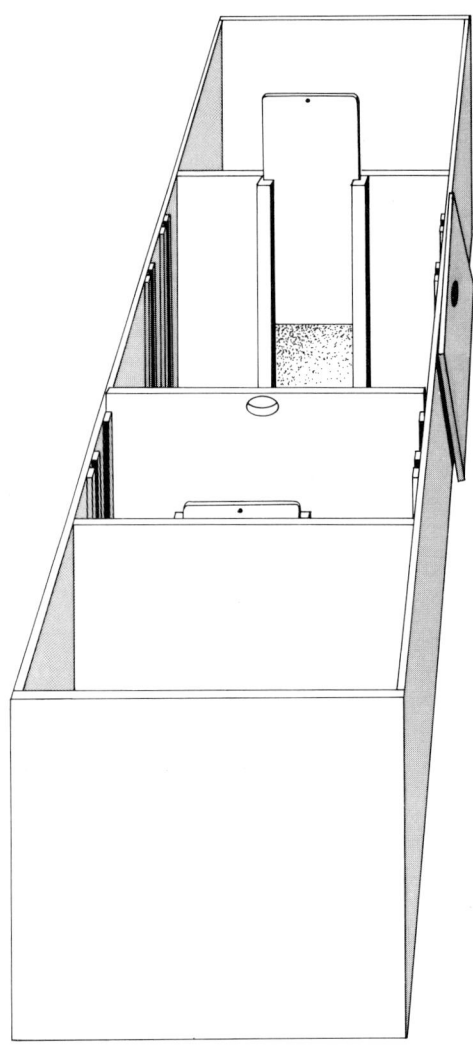

Abb. 94: Kiste zur Demonstration des Einflusses der Raumgröße auf die Kampfbereitschaft von männlichen Hausmeerschweinchen
(Länge etwa 200 cm, Breite etwa 70 cm, Höhe etwa 50 cm)

res und seiner ebenfalls nicht sichtbaren Raum- und Sozialbeziehungen. Deshalb müssen die beobachtbaren sozialen Verhaltensweisen, nachdem sie interpretationsfrei benannt, beschrieben und begrenzt wurden, korreliert werden mit Zuständen wie Überlegenheit oder Unterlegenheit, Sicherheit oder Unsicherheit, die jeweils aus mehreren Verhaltensweisen erschlossen werden können und müssen. Der Zustand eines Tieres setzt sich zusammen aus konkurrierenden Tendenzen, und ein Verhalten weist meist nur auf eine Tendenz oder auf eine bestimmte Kombination mehrerer Tendenzen hin, die sich ihrerseits wieder in mehreren Verhaltensweisen ausdrücken können. Einige Beispiele mögen das verdeutlichen: Annähern kann ein Indikator sein sowohl für Sozialinitiative als auch für Sexualinteresse, immer zeigt es eine gewisse Sicherheit an, auch bei einem in der Rangordnung unterlegenen Tier. Ausweichen ist bei gleichgeschlechtlichen erwachsenen Tieren meist ein Indikator für Unterlegenheit, das ausweichende Tier braucht dabei nicht unsicher zu sein. Das Hinterteilzudrehen der Männchen zeigt meist Überlegenheit, Sicherheit und Kampfbereitschaft an, Anspringen meist Sicherheit und Kampfbereitschaft, Scharren Überlegenheit und Sicherheit. Wetzen und Schnauzenheben können Kampfbereitschaft bei geringerer Sicherheit, Treteln kann Unsicherheit, aber auch Sexualinteresse ausdrücken. Diese Beispiele zeigen, daß es sich nicht um die einfache Zuordnung einer bestimmten Verhaltensweise zu einer bestimmten Zustandskomponente handelt, vielmehr muß ein Komplex von Verhaltensweisen auf der einen Seite einem Komplex von Zustandstendenzen auf der anderen Seite zugeordnet werden. Erschwert wird die Zuordnung dadurch, daß aus kontinuierlichen Änderungen der Zustandskomponenten plötzlich Umschläge des Gesamtzustandes und des Verhaltens resultieren können. Die Komplexität des Zusammenhanges von Verhalten und Zustand sollte immer im Auge behalten werden. Die Häufigkeit des Auftretens der gewählten Verhaltensweisen bei Jungtieren verschiedenen Alters erlaubt es dann, über das Verhalten als Indikator die ontogenetische Entstehung und Entwicklung von Raum- und Rangbeziehungen zu beschreiben. Entsprechend lassen sich die Entwicklungen bei neu zusammengesetzten Gruppen verfolgen.

hängen soll den Teilnehmer befähigen, in Zukunft eine kleinere Arbeit in diesem Bereich selbständig zu entwerfen und durchzuführen.

D. Versuchsdurchführung

Das sichtbare Verhalten ist Symptom (= Indikator) des nicht sichtbaren Zustandes eines Tie-

E. Fragen

1. Benutzen die Weibchen überwiegend einen bestimmten Liegeplatz? Vertreiben sie andere Weibchen von diesem Platz? Werden sie von ihm vertrieben? Unterscheiden sich die Liegeplätze der ranghohen von denen der rangtiefen Weibchen?
2. Hängt die Ortsbeziehung eines Weibchens mit seinem Fortpflanzungszustand zusammen?
3. Ändert sich die Überlegenheit eines Weibchens mit dem Abstand von seinem Liegeplatz?
4. Wie läßt sich die Rangordnung der Weibchen kennzeichnen?
5. Wie läßt sich die Rangordnung der Männchen kennzeichnen, wenn nur Männchen und wenn auch Weibchen im Gehege sind?
6. Wovon hängt der Kampfausgang zwischen zwei Männchen ab? Welche Gewichtsunterschiede kann die größere Kampfbereitschaft überwinden?
7. Wovon hängt die Kampfbereitschaft eines Männchens ab? Ein um wieviel schwererer Gegner wird noch angegriffen: a. im eigenen Gehege, b. auf neutralem Boden, c. im Gehege des Gegners? Gibt es individuelle Unterschiede in der Kampfbereitschaft? Wie wirken sich Sieg oder Niederlage hinsichtlich des Ortes und des Gegners aus?

Literatur

Asdell, S. A.: Patterns of mammalian reproduction. Cornell University Press, Ithaca, 386–400 (2. Aufl.). 1964.

King, J. A.: Social relations of the domestic guinea pig living under semi-natural conditions. Ecology 37, 221–228 (1956).

Kunkel, P. und I. Kunkel: Beiträge zur Ethologie des Hausmeerschweinchens *Cavia aperea f. porcellus* (L.). Z. Tierpsychol. 21, 602–641 (1964).

Rood, J. P.: Ecological and behavioural comparisons of three genera of Argentine cavies. Anim. Behav. Monog. 5, 1–83 (1972).

47. Kastration und Testosteronsubstitution bei Zebrafinken

EKKEHARD PRÖVE

Lehrstuhl für Verhaltensphysiologie der Universität Bielefeld

Die Abhängigkeit des Sexualverhaltens von hauptsächlich in den Gonaden gebildeten Hormonen, den Sexualhormonen, ist bei vielen Tierarten nachgewiesen worden. Die klassischen Methoden, eine derartige Abhängigkeit nachzuweisen, beinhalten folgende Arbeitsgänge: 1. Beobachtung des normalen Verhaltens der Versuchstiere; 2. Ausschaltung des hormonproduzierenden Organs (Kastration); 3. Beobachtung der durch die Operation hervorgerufenen Verhaltensänderungen; 4. Substitution des entsprechenden Hormones; 5. Beobachtung der wieder auftretenden Verhaltensweisen.

Die Untersuchung dieser komplexen Fragestellung benötigt bei höheren Wirbeltieren normalerweise einen längeren Zeitraum, da die sexuellen Verhaltensweisen nicht sofort nach der Kastration erlöschen, sondern in der Regel erst allmählich verschwinden. Bei Zebrafinken ist dieser Zeitraum sehr kurz. Neben dieser Tatsache und dem Umstand, daß Zebrafinken sehr leicht zu halten und zu züchten sind, sind die Männchen dieser Tierart zur Demonstration des Zusammenhanges zwischen sexuellen Verhaltensweisen und Sexualhormonen besonders gut geeignet. Die Versuche sollten sich auf die Untersuchung des männlichen Sexualverhaltens beschränken. Sowohl die Kastration als auch die Quantifizierung des Sexualverhaltens ist bei den Weibchen erheblich schwieriger als bei den Männchen. Bei letzteren läßt sich das Balzverhalten gut und leicht quantitativ erfassen (vgl. Kapitel 28); insbesondere eignet sich die Anzahl der Gesangsstrophen, die während der Balz vorgetragen werden, als Maß für die Balzaktivität der Tiere. Die Versuche sollen zeigen, daß die Balzaktivität der Männchen von dem in den Hoden gebildeten Testosteron abhängig ist.

A. Material und Methode

1. Tierhaltung

Als Versuchstiere dienen männliche, domestizierte Zebrafinken *(Taeniopygia guttata castanotis* Gould), deren Vorgeschichte genau bekannt sein sollte. Es sollen nur voll geschlechtsreife Tiere (Alter mindestens 120 Tage) verwendet werden. Die Männchen werden in Einzelkäfigen optisch voneinander isoliert gehalten, mit einem Körnergemisch aus verschiedenen Hirsearten gefüttert (sogenanntes «Exotenfutter») und ausreichend mit Wasser versorgt. Dem Trinkwasser sollte mehrmals wöchentlich ein Vitaminpräparat zugesetzt werden (Einzelheiten siehe Kapitel 42).

2. Verhaltensuntersuchungen

Um die Balzaktivität der Tiere vor und nach der Kastration zu erfassen, werden die Männchen im Wochenabstand zu immer der gleichen Tageszeit mit immer dem gleichen Weibchen in einem Beobachtungskäfig zusammengesetzt. Die Beobachtungszeit beträgt pro Tier jeweils 30 Minuten. Dabei werden aus der Balz der Männchen folgende Verhaltensweisen quantitativ registriert: Balzstrophen, Hüpfer des Männchens auf das Weibchen zu (Balztanz) und Kopulationen. Nachdem auf diese Weise das Normalverhalten der Tiere erfaßt wurde, wird ein Teil von ihnen kastriert, die anderen werden als Kontrollen verwendet (s.u.).

3. Kastration

Zur Vorbereitung der Operation werden die Beine des Männchens mit einem etwa fünf Zentimeter langen Tesafilmstreifen zusammengeklebt. Die Flügel werden vorsichtig nach oben geklappt und mit einer Holzklammer, deren Spitzen mit Schaumstoff gepolstert sind, zusammengehalten. Der Vogel wird jetzt seitlich auf eine 20–30° schräg geneigte Styropor-Platte gelegt und die Holzklammer festgesteckt. Der Kopf des Tieres wird mit einem drei Zentimeter breiten Tuchstreifen bedeckt und der Streifen am Halsansatz mit Stecknadeln auf dem Styroporbrett befestigt. In der Regel liegt jetzt der Vogel mit verdecktem Gesichtsfeld ganz ruhig. Die Beine werden weit nach hinten gezogen und der Tesafilmstreifen mit Stecknadeln fixiert. Bei unruhigen Tieren können zusätzlich breitere Gummibänder, die über die Flügel und Beine gespannt werden, zur Befestigung verwendet werden. Anschließend feuchtet man die Federn der nach oben weisenden Körperseite an und streicht sie beiseite. Im Operationsfeld (im Bereich der letzten Rippen) befindliche Dunenfedern werden vorsichtig entfernt. Störende Schwungfedern der Flügel werden mit einem längeren Nagel zur Seite gedrückt. Abbildung 95 zeigt einen derartig zur Operation vorbereiteten Vogel. Im Bereich des Operationsfeldes wird ein mit einer 2 %igen Pantocainlösung getränkter Mulltupfer auf die Haut gelegt und nach ca. fünf Minuten wieder entfernt. Nach dieser Lokalanästhesie kann mit der Operation begonnen werden.

Vor der vorletzten Rippe wird mit einer feinen Pinzettenschere ein maximal 0,5 Zentimeter langer Hautschnitt angelegt (unterbrochene Linie, Abb. 95). Dabei dürfen die gut sichtbaren großen Hautgefäße nicht verletzt werden. Der Schnitt wird in caudaler Richtung gezogen, und zwischen der letzten und vorletzten Rippe wird mit Hilfe eines scharfen, spitzen Skalpells die Intercostalmuskulatur durchtrennt (durchgezogene Linie, Abb. 95). Die Wunde wird durch feine Wundhäkchen caudad und craniad gespreizt. Nach Durchtrennung des Peritoneums ist im oberen Operationsfeld der Hoden gut sichtbar. Mit Hilfe von zwei feinen Pinzetten wird der Hoden vorsichtig von den Mesenterien gelöst. Um den Hoden wird eine feine Drahtschlinge (hier hat sich der Einsatz eines feinen Polypenschnürers bewährt) gelegt, der Hoden durch Anziehen der Schlinge abgetrennt und aus der Bauchhöhle herausgezogen. Hierbei kann eine an einer Wasserstrahlpumpe hängende Glaskanüle mit leichter Sogwirkung zu Hilfe genommen werden. Der Hoden sollte für spätere histologische Untersuchungen in einem Fixierungsgemisch (z.B. Bouinsches Gemisch) aufbewahrt werden. Nach Entfernung der die Wunde spreizenden Instrumente wird die Haut über die Bauchhöhlenwunde gezogen und die Hautwunde mit einem Gewebekleber (z.B. Hi-

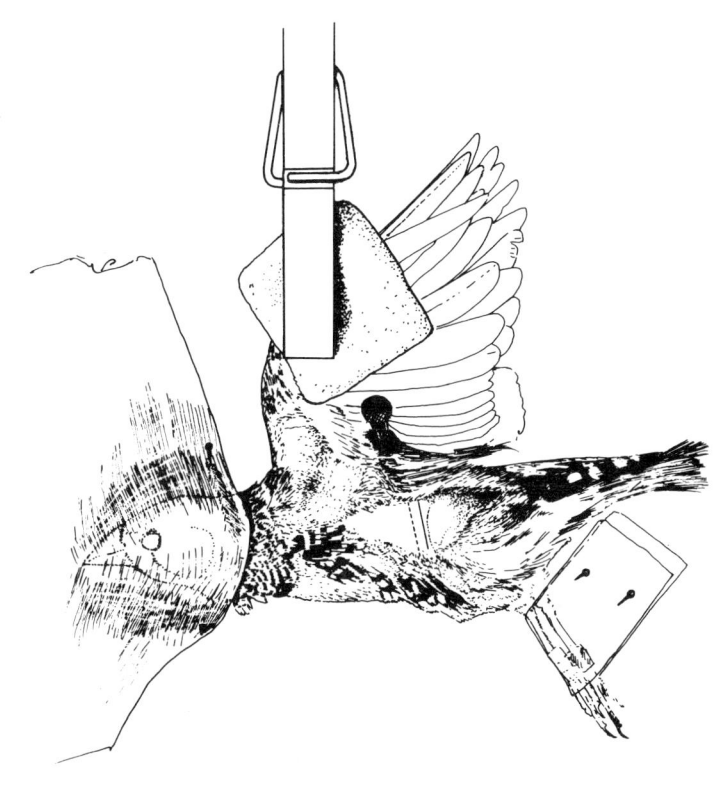

Abb. 95: Zur Operation vorbereitetes Zebrafinkenmännchen (Einzelheiten siehe Text)

stoacryl blau, Fa. B. Braun, Melsungen) verschlossen. Der Schnitt durch das Peritoneum und die Intercostalmuskulatur ist dadurch vollständig von der Haut bedeckt und braucht nicht besonders versorgt zu werden.

Der Vogel wird von der Styropor-Platte befreit, in ein luftdurchlässiges Leinensäckchen gesetzt und für 30 bis 60 Minuten zur Ruhigstellung in einen warmen dunklen Raum gehängt. Anschließend wird das Tier in seinen Käfig zurückgesetzt. Die Operationswunde ist in der Regel nach vier bis sieben Tagen völlig verheilt. Nach sieben Tagen wird die Operation auf der anderen Körperseite wiederholt, da in den meisten Fällen nicht beide Hoden bei einem Eingriff entfernt werden können. Es ist darauf zu achten, daß die Hoden wirklich unverletzt und vollständig entfernt werden, da sich schon aus geringen Resten Regenerate bilden können. Zur Kontrolle wird an einigen Tieren die gleiche Operation durchgeführt, die Hoden aber dabei nicht entfernt. Über den Verlauf der Operation sollte bei jedem Tier ein Protokoll geführt werden. Die Bestimmungen des Tierschutzgesetzes sind zu beachten.

Drei bis vier Tage nach der vollständigen Kastration können bei Kastraten und Kontrolltieren die Balztests wie unter A 2 beschrieben fortgeführt werden, wobei die gleichen Parameter wie vor der Operation quantitativ erfaßt werden.

Wie verhalten sich kastrierte Tiere im Gegensatz zu den Kontrollen? Welchen Einfluß hat die Operation auf das Verhalten der Tiere? Erlischt das gesamte Sexualverhalten der Kastraten schlagartig nach der Kastration oder sinkt die Balzaktivität allmählich ab? Gibt es Verhaltensweisen in der Balz der Männchen, die durch die Kastration stärker beeinträchtigt werden als andere? Verhalten sich alle Männchen nach der Kastration gleich? Welche Ursachen könnten individuelle Unterschiede haben?

4. Hormonbehandlung

Vier bis sechs Wochen nach der Kastration wird bei den Kastraten eine Behandlung mit Testosteron begonnen. Da sich im Anschluß an die Kastration bei den Versuchstieren höchstwahrscheinlich starke individuelle Unterschiede im Absinken der Balzaktivität (ein Vorgang, der viele Wochen dauern kann) ergeben werden, sollten zu dieser Behandlung Tiere verwendet werden, die im Gegensatz zu der vor der Kastration gezeigten Balzaktivität stark erniedrigte Werte (im Idealfall keine Balzaktivität) zeigen.

Jedem Tier werden mit einer Tuberkulinspritze (Inhalt 0,5 ml, unterteilt in 100 Einheiten) vier subkutane Injektionen von je 0,1 mg Testosteronpropionat gelöst in 0,05 ml Sesamöl alternierend in die Flanken vor der Oberschenkelmuskulatur verabreicht. Dabei erweist sich folgender Rhythmus für die Injektionen am wirksamsten: zwei Injektionen im Abstand von 24 Stunden, die nächsten beiden im Abstand von jeweils 48 Stunden. Es ist darauf zu achten, daß aus der Injektionsstelle kein Lösungsmittel wieder austritt. Andere Kastraten erhalten zur Kontrolle entsprechende Injektionen nur mit dem Lösungsmittel Sesamöl.

Um zu überprüfen, wieviel von der durch die Kastration unterdrückten Balzaktivität durch die Injektionen mit Testosteron wieder hervorgerufen werden kann, werden die Tiere im Anschluß an die Hormonbehandlung in mehrere Versuchsgruppen – jeweils bestehend aus Kastraten und Kontrolltieren – eingeteilt. Mit diesen Gruppen werden zu verschiedenen Zeiten nach Beendigung der Injektionen (2, 3, 4, 5, 6, 7 Tage) Balztests durchgeführt.

Wird durch die Hormonbehandlung das gesamte Balzverhalten bei den Kastraten wieder induziert? Wie verhalten sich die Kontrolltiere, denen nur Sesamöl injiziert wurde? Welche Verhaltensweisen treten als erste nach der Hormonbehandlung wieder auf? Zu welchem Zeitpunkt nach dem Behandlungsende zeigen die Hormoninjektionen die größte Wirksamkeit? Auf welchen physiologischen Grundlagen könnte die Tatsache beruhen, daß einige Balzverhaltensweisen durch die Hormonbehandlung stärker induziert werden als andere?

B. Versuchsdurchführung

Der Versuch sollte mit der Beobachtung des Balzverhaltens intakter Männchen beginnen. Steht zur Durchführung dieses Versuches für die Praktikanten ein ganzes Semester zur Verfügung, so können die Versuche in der gleichen Reihenfolge wie unter Abschnitt A beschrieben durchgeführt werden.

In einem Blockpraktikum von vier bis sechs Wochen Dauer können nicht alle Teilversuche (Voruntersuchung, Kastration, Hormonbehandlung) hintereinander durchgeführt werden. Hier sollten vom Kursleiter bestimmte Voraussetzungen geschaffen werden, um die Abhängigkeit des männlichen Sexualverhaltens vom Testosteronspiegel deutlich machen zu können. Zu diesem Zweck werden den Praktikanten die folgenden Gruppen von Zebrafinkenmännchen zur Durchführung der Versuche zur Verfügung gestellt:

1. Intakte Zebrafinkenmännchen: An dieser Gruppe untersuchen die Praktikanten das normale unbeeinflußte Balzverhalten der Männchen. Ein Teil dieser Männchen wird nach der Durchführung eines Balztestes in der ersten Praktikumswoche kastriert. An den Kastraten wird über die Dauer des Praktikums das Absinken der Balzaktivität untersucht. An einem anderen Teil der Männchen wird eine Scheinoperation zu Kontrollzwecken durchgeführt.

2. Kurzfristig vor Praktikumsbeginn kastrierte Männchen: An dieser Gruppe von Männchen, die etwa drei bis vier Wochen vor Praktikumsbeginn kastriert wurden, wird ergänzend zu 1. das Absinken der Balzaktivität weiter verfolgt.

3. Längerfristig kastrierte Männchen: An dieser Gruppe, deren Tiere drei bis vier Monate vor Kursbeginn kastriert wurden, wird, nachdem die Balzaktivität der Tiere in den ersten beiden Praktikumswochen registriert wurde, in der dritten Woche eine Testosteronbehandlung durchgeführt.

Die Vorgeschichte der Männchen aller drei Gruppen sollte bekannt sein. Ebenso muß die Balzaktivität der Tiere vor der Kastration registriert worden sein, um den Praktikanten Vergleichsdaten zur Protokollauswertung in die

Hand geben zu können. Für jeden Versuchsabschnitt sollten fünf bis zehn Tiere zur Verfügung stehen.

C. Zusätzliche Untersuchungen

Neben dem Gesang, den die Männchen bei der Balz vortragen, gibt es bei Zebrafinken noch einen weiteren Gesangsvortrag, der als ungerichteter Gesang bezeichnet wird. Diese Gesangsform ist bei adulten Tieren vom sexuell motivierten Gesang im Aufbau nicht zu unterscheiden und wird außerhalb der Balz, auch wenn die Männchen von den Weibchen optisch und akustisch getrennt sind, ganzjährig recht häufig vorgetragen. Gedeutet wird dieser ungerichtete Gesang als die sexuelle Verhaltensweise mit dem niedrigsten hormonellen Schwellenwert. Er kann aber offenbar, da er unabhängig vom eigentlichen Balzverhalten auftreten kann, auch andere Funktionen erfüllen. Eventuell dient er außerhalb der Brutzeit dem Paarzusammenhalt und ermöglicht außerdem durch die großen individuellen Unterschiede im Gesangsaufbau das individuelle Erkennen des Männchens durch das Weibchen.

Die Registrierung des ungerichteten Gesanges kann auf sehr einfache Weise und parallel zu den Untersuchungen des Balzverhaltens erfolgen. Jedes Männchen wird hierzu im Abstand von sieben Tagen zu immer der gleichen Tageszeit (möglichst in den Vormittagsstunden, da in diesem Zeitraum die meisten Strophen gesungen werden) für zwei Stunden allein in seinem Käfig vor ein Aufnahmegerät gebracht. Der in dieser Zeit auftretende Gesang wird auf Tonband festgehalten und nachfolgend ausgezählt. Es empfiehlt sich, an das Tonbandgerät einen Akustomaten (z. B. Uher Akustomat F 411) anzuschließen, um nur die auftretenden Schallereignisse aufzuzeichnen. Diese Maßnahme verringert die Zeit, die zum Auswerten der Tonbänder benötigt wird.

Vergleichen Sie den Balzgesang und den ungerichteten Gesang quantitativ und qualitativ miteinander. Werten Sie als Strophe die kleinste sich wiederholende Sequenz von Elementen im Gesangsvortrag, die Sie akustisch voneinander unterscheiden können. Sollte die Möglichkeit gegeben sein, fertigen Sie von beiden Gesangsformen bei einigen Tieren Klangspektrogramme an und vergleichen diese miteinander.

Ist die Anzahl der Strophen, die beim ungerichteten Gesang und beim Balzgesang hintereinander gesungen werden, gleich? Vergleichen Sie die Körperhaltungen und Gefiederstellungen, die die Männchen beim gerichteten (Balz-) und ungerichteten Gesang haben. Welche Unterschiede sind erkennbar und wie deuten Sie diese? Tritt der ungerichtete Gesang auch während der Balz auf? Wenn ja, in oder nach welchen Situationen? Was sagen die Termini «gerichteter» und «ungerichteter» Gesang aus?

Vergleichen Sie die Häufigkeiten von ungerichtetem Gesang und Balzgesang in den verschiedenen Versuchsabschnitten miteinander. Werden beide Verhaltensweisen in gleicher Weise durch die Kastration und anschließende Hormonbehandlung beeinflußt? Versuchen Sie, etwaige Unterschiede zu deuten. Das Vorhandensein zweier verschiedener Gesangsformen sowie die verschieden starke Hormonabhängigkeit der einzelnen sexuellen Verhaltensweisen sollte Gegenstand einer abschließenden zusammenfassenden Diskussion sein.

Literatur

Arnold, A. P.: The effects of castration and androgen replacement on song, courtship, and aggression in Zebra Finches *(Poephila guttata).* J. Exp. Zool. **191**, 309–326 (1975).

Beach, F. A.: Hormones and behavior. Cooper Square Publishers, New York. 1961.

– : Coital behavior in dogs: IV. Long term effects of castration upon mating in male. J. Comp. Physiol. Psychol. **70**, 1–32 (1970).

Berthold, P.: Die Laparotomie bei Vögeln. Zool. Garten (NF) **37**, 271–279 (1969).

Carpenter, C. R.: Psychobiological studies of social behavior in Aves. I. The effect of complete and incomplete gonadectomy on the primary sexual activity of the male pigeon. J. Comp. Psychol. **16**, 25–57 (1933a).

– Psychobiological studies of social behavior in Aves. II. The effect of complete and incomplete gonadectomy on secondary sexual activity with histological studies. J. Comp. Psychol. **16**, 59–90 (1933b).

Immelmann, K.: Beiträge zu einer vergleichenden Biologie australischer Prachtfinken (Spermestidae). Zool. Jb. Syst. **90**, 1–196 (1962).

– Zur biologischen Bedeutung des Estrildidengesanges. J. Orn. **109**, 284–299 (1968).

Morris, D.: The reproductive behaviour of the Zebra Finch *(Poephila guttata),* with special reference to pseudofemale behaviour and displacement activities. Behaviour **6**, 271–321 (1954).

Neumann, F. und H. Steinbeck: Hormonale Beeinflussung des Verhaltens. Klin. Wschr. 49, 790–806 (1971).

Pröve, E.: Der Einfluß von Kastration und Testosteronsubstitution auf das Sexualverhalten männlicher Zebrafinken *(Taeniopygia guttata castanotis* Gould). J. Orn. 115, 338–347 (1974).

Young, W. C.: The hormones and mating behavior. In: Sex and internal secretions, Vol. II; Ed. W. C. Young; Baltimore. 1961.

48. Hormone und Verhalten bei Nagetieren

MILTON DIAMOND

University of Hawaii, Honolulu

Das Verhalten eines Tieres ist ein Produkt sowohl äußerer als auch innerer Reize. In den Versuchen dieser Übung sollen Sie einige Auswirkungen bestimmter innerer Reize, nämlich der Sexualhormone, auf das Verhalten von Ratten und Meerschweinchen beobachten. Zunächst verfolgen Sie die Wirkung auf ein nicht sexuelles Verhaltensmuster (Laufen), dann auf verschiedene Aspekte des Sexualverhaltens.

Die Laufaktivität der Ratte

Da eine Verhaltensuntersuchung stets Aktivitätsmessungen irgendwelcher Art einschließt, ist es entscheidend, beurteilen zu können, wie ein grundlegendes Verhaltensmuster durch normale oder außergewöhnliche Faktoren beeinflußt wird. Sie sollen deshalb die Einwirkung von drei Faktoren auf die Laufaktivität messen:
1. Tageszeit,
2. Nahrungsentzug,
3. Sexualhormone.

A. Tiermaterial und Ausrüstung

Jede Arbeitsgruppe sollte mit folgendem ausgerüstet sein:

Je zwei ausgewachsene Ratten-Männchen und -Weibchen. Vier Laufräder mit Zählwerk. Operationsbesteck (für die Kastration): Skalpell und Klingen, Zange, Wundklammern, Schere, Gefäßklemmen.

Zwei Injektionsspritzen zu 1 ml, 2 Injektionsnadeln (20–25 gauge), 10 µg Oestradiolbenzoat, 10 mg Testosteronpropionat.

B. Tägliche Variabilität

Setzen Sie die beiden Männchen und die beiden Weibchen einzeln in einen mit Laufrad und Umdrehungszähler versehenen Käfig. Lassen Sie die Tiere nach Belieben fressen und trinken. Stellen Sie die Käfige so auf, daß sie so wenig wie möglich gestört werden und nur dem normalen, täglichen Lichtwechsel ausgesetzt sind; lassen Sie sie also nicht in einem Labor stehen, in dem die ganze Nacht Licht brennt oder viel Unruhe herrscht. Registrieren Sie exakt alle 12 Stunden, am besten morgens und abends um 8 Uhr, die Zahl der Radumdrehungen. Nehmen Sie zusätzliche Ablesungen vor, wenn Sie die stündlichen Schwankungen erfassen wollen. Registrieren Sie mindestens zehn Tage lang die 12-Stunden-Aktivität jedes Tieres. Tragen Sie die Ergebnisse in Abb. 96 a) für alle Tiere zusammen, b) nach Geschlecht getrennt, c) für jedes einzelne Tier getrennt ein.

1. Was sagen die Diagramme über das Normalverhalten aus?
2. Während welcher Tageshälfte ist die Aktivität größer?
3. Sind die Tiere an manchen Tagen aktiver als an anderen? Warum?
4. Würden Sie intuitiv erwarten, daß die Aktivitätsniveaus von Tag zu Tag ziemlich konstant bleiben? In Abschnitt D werden wir uns weiter mit diesem Punkt befassen.

C. Nahrungsentzug

Entfernen Sie das Futter aus den Käfigen (lassen Sie Wasser darin) und registrieren Sie die Akti-

Hormone und Verhalten bei Nagetieren 187

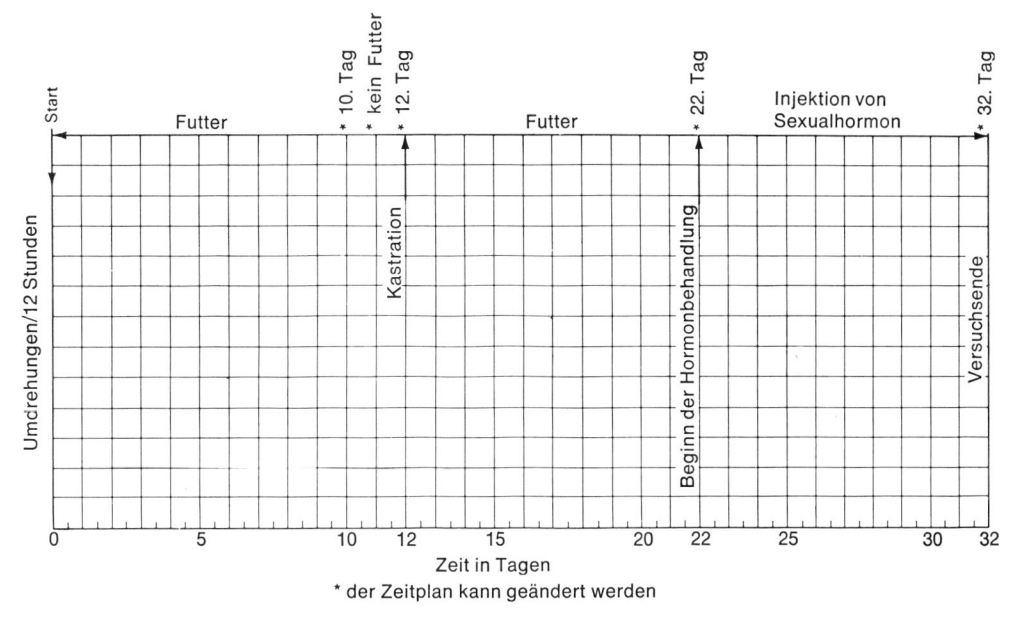

Abb. 96: Wirkung von Hunger, Kastration und Hormonbehandlung auf Aktivitätsniveaus von Ratten

vität an den nächsten beiden Tagen. Würden Sie erwarten, daß Tiere ohne Futter aktiver oder weniger aktiv sind als mit Futter? Diese Frage ist nicht einfach zu beantworten. Hunger gilt im allgemeinen für die meisten Tiere als stimulierend und aktivierend, aber stimmt das immer? Was würde mit der Aktivität geschehen, wenn die Tiere mehr als 2 Tage lang ohne Futter gelassen würden? In welcher Beziehung stehen Hunger und Aktivität?

D. Geschlecht und Hormone

Wie unterscheidet sich die Aktivität der Männchen von der der Weibchen? Zeigen die Männchen ein konstantes Aktivitätsniveau? Womit könnte die zyklische Aktivität der Weibchen zusammenhängen?

Entfernen Sie unter Benutzung einer einfachen Kastrationstechnik (s. Zarrow, Yochim und McCarthy) einem der beiden Männchen die Hoden und einem der beiden Weibchen die Ovarien. Führen Sie an den beiden anderen Tieren Scheinoperationen aus. (Bei einer Scheinoperation nimmt man alle operativen Eingriffe vor, ohne aber die Hoden oder Ovarien tatsächlich zu entfernen. Auf diese Weise läßt sich die Wirkung der Gonadenentfernung unabhängig von möglichen Wirkungen der Operation selbst feststellen.) Registrieren Sie die nächsten zehn Tage lang die Zahl der Laufradumdrehungen. Was ist mit der Aktivität geschehen? Warum? Ist die Keimdrüse selbst für die normale Aktivität entscheidend? Statt die Tiere zu kastrieren, könnten Sie sie durch vorpubertäre Tiere ersetzen und einen ähnlichen Vergleich ziehen.

Die nächsten zehn Tage über geben Sie jedem Ratten-Weibchen tägliche Injektionen von 1,0 µg Oestradiol und jedem Männchen 1,0 mg Testosteron. Die Injektion kann entweder subkutan oder intramuskulär in die Glutäalmuskeln erfolgen.

1. Was geschieht mit der Laufaktivität?
2. Scheint es Ihnen merkwürdig, daß die Laufaktivität mit Sexualhormonen und Fortpflanzungsvorgängen zusammenhängt?
3. Welche Beziehungen könnten dabei eine Rolle spielen?
4. Eine Untersuchung von prä- bis postpubertären Tieren (etwa im Alter von 40–95 Tagen) müßte ähnliche Befunde ergeben. Warum?
5. Warum ist es grundsätzlich eine wissenschaftlich einwandfreie Methode, Scheinoperationen vorzunehmen und sowohl Männchen wie Weibchen zu injizieren?

E. Weitere Aufgaben

Welche anderen Faktoren könnten das Laufen beeinflussen? Arbeiten Sie als besondere Aufgabe mit Ihrem Übungsleiter einfache Methoden aus, um die von Ihnen vorgeschlagenen Faktoren zu prüfen. Sie werden erstaunt sein, welch breites Spektrum von Faktoren Sie finden werden.

Meinen Sie, wir wären zu gleichen Ergebnissen gelangt, wenn wir statt Ratten Meerschweinchen verwendet hätten? Diskutieren Sie diese Frage.

Obwohl wir nachgewiesen haben, daß das Laufverhalten in einem Rad durch bestimmte Umweltmanipulationen beeinflußt werden kann, dürfen wir uns nicht zu der Annahme verleiten lassen, daß jede Art von Aktivität notwendigerweise ähnlich beeinflußt wird. Andere Messungen der Aktivität können abweichende Ergebnisse bringen. Z. B. verglichen Treichler und Hall die Wirkung von Nahrungsentzug auf die Aktivität nach Messungen mit dem Laufrad, dem Stabilimeter und nach Labyrinthuntersuchung. Richards geht ebenfalls auf diesen Punkt ein und diskutiert dazu die Aktivität während verschiedener sexueller (endokriner) Phasen.

Das normale Sexualverhalten des Meerschweinchens

Obwohl Sexualverhalten erst seit kürzerer Zeit wissenschaftlich untersucht wird als andere Verhaltenskomplexe, sind für wenige Verhaltensweisen die damit verbundenen, biologischen Grundlagen so gut bekannt. Es gibt ein reiches Tatsachenmaterial aus der Anatomie, der Physiologie und der Biochemie des Sexualverhaltens. Das ist jenen frühen Forschern zu verdanken, die die engen Beziehungen zwischen dem Sexualverhalten und endokrinen und neuralen Mechanismen nachwiesen. Eine Einführung in dieses ausgedehnte Gebiet soll in den folgenden Versuchen gegeben werden.

A. Tiermaterial und zusätzliche Ausrüstung

Jede Arbeitsgruppe sollte mit folgendem ausgerüstet sein:

Meerschweinchen: 6 erwachsene Weibchen und 3 erwachsene Männchen. 6 Käfige. Beobachtungsbehälter mit wenigstens 60 × 60 cm Grundfläche. Oestradiolbenzoat (in Öl), Progesteron (in Öl). Stoppuhr, farbiger Spannlack.

B. Das Verhalten der Weibchen

1. Verhalten normaler Weibchen

Halten Sie die sechs Meerschweinchen-Weibchen in Einzelkäfigen. Setzen Sie eines nach dem andern, ungefähr im Abstand von 5 Minuten, in einen gemeinsamen Beobachtungskäfig. Beobachten Sie die Wechselwirkungen. Sie werden bemerken, daß die Tiere meist nach einer Zeit des Zögerns ihre neue Umgebung und sich untereinander erkunden. Dieses gegenseitige Untersuchen kann in mehrere Komponenten beobachtbaren Verhaltens untergliedert werden. Dazu gehören das *Schnuppern* und das *Nibbeln*, die sich auf ein allgemeines Erkundungsverhalten beziehen, wobei ein Tier seinen Kopf in Körperkontakt mit einem zweiten Tier bringt; ferner das *Schnüffeln*, womit wir ein auf die After- und Genitalregion beschränktes Schnuppern und Lecken bezeichnen. Registrieren Sie für die beiden Weibchen, wie oft jedes während der ersten 5 Minuten der Begegnung a) schnuppert und b) schnüffelt (Tabelle 12). Registrieren Sie dann, nachdem auch das sechste Weibchen eingesetzt wurde, das Verhalten von Weibchen 1, 2 und 6.

1. Wie unterscheidet sich das Verhalten eines weiblichen Meerschweinchens, das in den Käfig gesetzt wird, wenn sich erst 1 anderes Weibchen darin befindet von dem Verhalten eines Weibchens, das in einen Käfig mit 5 anderen Weibchen gesetzt wird?
2. Welches Weibchen beginnt mit der Untersuchung der anderen?

Es kann zu vereinzelten Kämpfen kommen, die aber nach wenigen Minuten aufhören. Setzen Sie die Tiere später in ihre Einzelkäfige zurück.

Die meisten Wechselwirkungen im Verhalten, die Sie beobachten, sind sozialer Art und beruhen auf Neugier, obwohl Sie sie vielleicht intuitiv eher als sexuell oder homosexuell betrachten würden. (Wie könnten die in diesem Verhaltensbereich benutzten Begriffe nach Ihrer Meinung Ihre Beobachtungen, Diskussio-

Tabelle 12: Soziales Erkundungsverhalten weiblicher Meerschweinchen

	Weibchen 1		Weibchen 2		Weibchen 6
Zeitspanne (in Minuten nach Einsetzen des 1. Weibchens)	5–10	25–30	5–10	25–30	25–30
Häufigkeit des Schnüffelns (pro 5 Minuten)					
Häufigkeit des Schnupperns (pro 5 Minuten)					

nen und Schlußfolgerungen beeinflussen? In welcher Hinsicht ist der unüberlegte Gebrauch von Begriffen ein allgemeines Problem der Verhaltensforschung?) Gegenseitiges Untersuchen der Genitalien kommt bei vielen Tieren vor, z. B. auch bei Hunden.

2. Das Verhalten kastrierter Weibchen

Kastrieren Sie die Weibchen (s. Zarrow, Yochim und McCarthy) und wiederholen Sie nach einer Woche die obigen Beobachtungen. Welche Unterschiede stellen Sie (wenn überhaupt) im Verhalten der Tiere fest?

3. Oestruserzeugung bei kastrierten Weibchen

Geben Sie dreien der sechs kastrierten Weibchen eine subkutane Injektion von 6,0 µg Oestradiolbenzoat und 26 ± 1 Stunden später eine Injektion von 0,4 mg Progesteron. Markieren Sie die hormonbehandelten Tiere so, daß sie leicht zu erkennen sind (z. B. kann man einen Tag vor dem Versuch an den Ohren roten Spannlack auftragen). Setzen Sie alle sechs Versuchstiere in den Beobachtungskäfig; beobachten und registrieren Sie dann 15 Minuten lang unauffällig die Häufigkeit des von jedem Weibchen gezeigten Schnupperns und Schnüffelns. Registrieren Sie außerdem, wie oft und in welcher Art die Weibchen aufreiten. Tragen Sie in einer Tabelle (s. Tabelle 13) das Verhalten der hormonbehandelten Tiere über, das der nicht behandelten unter der punktierten Linie ein. Man unterscheidet abortives, hinteres und fehlplaziertes Aufreiten. Beim abortiven Aufreiten setzt das Tier eine oder beide Vorderpfoten ohne direkten Körperkontakt auf ein anderes Tier. Beim fehlplazierten Aufreiten und beim Aufreiten von hinten kommt es zu unmittelbarem Körperkontakt mit oder ohne Beckenstöße; die beiden Typen unterscheiden sich nur in der Lage des Körperkontaktes: fehlplaziertes Aufreiten erfolgt überall außer von hinten, das Tier reitet also z. B. auf den Kopf oder die Flanke eines andern auf. Nach 15 Minuten langer Beobachtung versuchen Sie bei jedem Weibchen Lordosis (Anheben und Anbieten der Vagina nach hinten) auszulösen, indem Sie mit einer langsamen, sanften und kontinuierlichen Bewegung mit den Fingern kopfwärts über die Lendengegend streichen. Versuchen Sie das bei jedem Weibchen mehrmals.

1. Welche Weibchen reagieren auf das Streicheln?
2. Sind die Weibchen, die Lordosis zeigen, dieselben, die aufreiten?
3. Wie erklären Sie sich das?

Wiederholen Sie diese 15minütigen Beobachtungen und Lordosistests stündlich über zehn Stunden. Tragen Sie auf dem Protokollblatt (Tabelle 13) das Auftreten jeder Verhaltensweise ein, bei injizierten Tieren über, bei nicht injizierten Tieren unter der punktierten Linie. Setzen Sie danach die Weibchen in ihre Einzelkäfige zurück.

4. Unterscheiden sich die beiden Gruppen in allen Verhaltensweisen?
5. Unterscheiden sie sich die ganze Zeit über?
6. Ist die Unterscheidung verschiedener Typen des Aufreitens aufschlußreich?
7. Kam es ausschließlich zu Aufreiten von hinten? Diskussion!
8. Warum müssen wir die Tiere längere Zeit beobachten?
9. Welche Verhaltensweise würden Sie nun als bestes Kriterium für den Oestrus bezeichnen?

Oestrus (Hitze, Brunst) ist ein Ausdruck, der in der Ethologie benutzt wird, um das Verhalten eines sexuell reaktionsbereiten Weibchens zu bezeichnen, das gegenüber einem aufreitenden Männchen Lordosis zeigen würde. Bei den

Weibchen der meisten Arten ist dies eine sehr begrenzte Zeitspanne, die weniger deutlich beschränkt erscheint, je mehr wir uns auf dem Weg der Evolution dem Menschen nähern. Oft wird der Begriff auch auf den Zustand der Vagina während der Ovulation bezogen. Der Ausdruck Brunstzyklus bezeichnet im weiteren Sinne die periodischen Veränderungen in Ovarien und Genitalien. Der Sprachgebrauch ist also sehr verwirrend. Man sollte stets angeben, ob der Ausdruck im ethologischen oder im physiologischen Sinne benutzt wird. Das Verhalten im künstlich erzeugten Oestrus ist von dem spontan auftretenden nicht zu unterscheiden.

10. Gibt es beim Menschen Brunstperioden (im ethologischen Sinn)?
11. Wie lange dauert die Brunst der von Ihnen beobachteten Meerschweinchen?
12. Wann begann und wann endete die Brunst bezogen auf den Zeitpunkt der Progesteroninjektion? Die Zeit zwischen Progesterongabe und der ersten gezeigten Lordosis nennen wir Brunstlatenz.
13. Ist eine begrenzte Brunstperiode im Hinblick auf Evolution und Selektion günstig? Diskussion!
14. Mit welchem physiologischen Vorgängen hängt die Brunst normalerweise zusammen?
15. Stimmen diese Vorgänge mit unserer Verwendung von Oestrogen und Progesteron zur Brunsterzeugung überein?
16. Warum war es günstiger, den Oestrus der Weibchen künstlich zu erzeugen als sein spontanes Auftreten zu beobachten?
17. Wie oft kommt ein weibliches Meerschweinchen spontan in Brunst?
18. Im Anschluß an die Brunst befindet sich das Weibchen in einer Refraktärperiode und kann nicht unmittelbar danach wieder künstlich in Brunst gebracht werden. Was besagt dies im Hinblick auf Wechselwirkungen des neuralen und des endokrinen Systems?

Lassen Sie die Tiere in ihren Einzelkäfigen und induzieren Sie bei den vorher nicht injizierten Weibchen Brunstverhalten. Wählen Sie die beiden Weibchen aus, die beim Streicheln die beste Lordosisreaktion geben; setzen Sie sie im Beobachtungskäfig zusammen und registrieren Sie ihr wechselseitiges Verhalten in einem zehnminütigen Versuch.

19. Was geschieht?
20. Wie ist das Verhalten im Vergleich zu jenem der als Gruppe getesteten Weibchen? Wir werden darauf in Abschnitt C zurückkommen.
21. Halten Sie es für ungewöhnlich, daß Tiere desselben Geschlechtes untereinander aufreiten und meinen Sie, daß dies nur bei vom andern Geschlecht isolierten oder domestizierten Tieren auftritt?
22. Zeigen Weibchen Lordosis, wenn ein anderes Weibchen aufreitet? Wenn man sie mit dem Finger reizt? Ist also ein Männchen notwendig?
23. Was bedeutet das bezüglich der Adäquatheit bestimmter Reize für eine bestimmte Reaktion?
24. Wie würde sich nach Ihrer Meinung das Sexualverhalten eines Weibchens von dem beobachteten Verhalten unterscheiden, wenn es statt mit einem Weibchen mit einem Männchen zusammen getestet würde? Wir werden dies in Abschnitt C untersuchen.
25. Was würde nach Ihrer Meinung geschehen, wenn man den Weibchen höhere Dosen Oestrogen oder Progesteron geben würde?

Wir haben uns in diesem Versuch mit einem weiblichen Brunstzyklus befaßt, der in der Regel mit dem Ovulationszyklus des Tieres zusammenfällt. Im Gegensatz dazu sind viele andere Tiere, z.B. Kaninchen, Frettchen und Katze, entweder ständig oder während bestimmter Jahreszeiten ständig paarungsbereit und ovulieren erst nach dem Reiz der Kopulation. Man nennt das «induzierte Ovulation» im Gegensatz zur «spontanen Ovulation».

C. Das Verhalten der Männchen

Bei der Beobachtung und Registrierung der Sexualaktivität von männlichen Meerschweinchen benutzen Sie dieselben Verhaltenskategorien, die vorher für die Weibchen verwendet wurden; Lordosis wird allerdings selten vorkommen. Achten sie zusätzlich auf Intromissionen (Einführen des Penis) und Ejakulation. Intromissionen werden häufig von langsamen Beckenstößen begleitet, im Gegensatz zu den raschen Beckenstößen beim Aufreiten ohne Einführung des Penis. Die Ejakulation erkennt man am krampfartigen Einziehen der Flanken und einer Unterbrechung der Beckenstöße.

Tabelle 13: Liste zum Eintragen der Beobachtungen zum Sexualverhalten; für jedes Auftreten einer Verhaltensweise setzt man ein Zeichen in das entsprechende Kästchen

Verhaltensweise	Zeiteinheiten (in Stunden oder Minuten für Weibchen, in Minuten für Männchen)															
	1	2	3	4	5	6	7	8	9	10	11	12	13	14	15	insgesamt
Schnuppern																
Schnüffeln																
Abortives Aufreiten																
Aufreiten von hinten																
Fehlplaziertes Aufreiten																
Lordosis																
Einführung des Penis																
Ejakulation																
Sonstige																

Setzen Sie ein erwachsenes Männchen in den Beobachtungskäfig und geben ihm einige Minuten Zeit zur Gewöhnung an die neue Situation. Warum? Setzen Sie dann vorsichtig ein kastriertes Weibchen ein, das künstlich in Brunst gebracht wurde (drei Tage lang je 6,0 µg Oestradiol, 12 ± 1 Stunden nach der letzten Injektion 0,4 mg Progesteron). Um Paarungsbereitschaft gegenüber einem Männchen zu induzieren, sind mehrere Oestrogeninjektionen notwendig; sie bereiten die Vagina auf die Peniseinführung vor, indem sie sie öffnen und die Verhornung der Hautzellen fördern. Da die Tiere durch laute Geräusche und plötzliche Bewegung leicht zu erschrecken sind, seien Sie bei der Beobachtung so ruhig und bewegungslos wie möglich. Die Tiere erstarren, wenn sie beunruhigt sind, und man muß nach einer Beruhigungspause von vorn beginnen.

Auf einer Protokolliste ähnlich Tabelle 13 registrieren Sie, welche Verhaltensweisen innerhalb von 10 Minuten auftreten. Tragen Sie das Verhalten des Männchens über, das des Weibchens unter der Linie ein. Als Zeiteinheit benutzen Sie Minuten.

1. Wie ist das Verhalten des Männchens im Vergleich zu dem des Weibchens?
2. Wer ist aggressiver und hartnäckiger bei der Einleitung von Kontakten?
3. Ist die Aktivität über alle Beobachtungsminuten gleich groß?

Wiederholen Sie diesen zehnminütigen Versuch mit einem neuen Männchen und einem nicht brünstigen Weibchen und registrieren Sie wieder dieselben Werte. Welche Unterschiede beobachten Sie im Verhalten von Männchen und Weibchen?

Obwohl sich das Weibchen im Oestrus befindet, wird das Männchen manchmal innerhalb der zehnminütigen Versuchszeit nicht ejakulieren; auch eine Verlängerung des Versuchs ändert vielleicht nichts daran. Überrascht Sie das? Warum? Haben Männchen einen Brunstzyklus? Wiederholen Sie den Versuch mit einem anderen Männchen und einem anderen brünstigen Weibchen. Was könnte dafür verantwortlich sein, daß das Männchen nicht ejakuliert?

Beschreiben Sie das Verhalten des Männchens nach der Ejakulation. Es ist meistens sehr charakteristisch und kann zur Bestätigung dienen, daß die Ejakulation tatsächlich stattgefunden hat.

4. Unterschied sich das Verhalten des mit einem Männchen zusammengesetzten Weibchens von dem eines mit einem anderen Weibchen zusammengesetzten Weibchens' (s. Abschnitt B)?
5. Beobachten Sie zwei 10 Minuten lang zusammengesetzte Männchen. Können Sie nun sexuelles Verhalten von sozialem oder aggressivem Verhalten unterscheiden?
6. Was sind die wichtigsten Kennzeichen des männlichen Sexualverhaltens?
7. Welche davon unterscheiden sich von den Verhaltensweisen des Weibchens?

Lesen Sie in den Arbeiten von Avery und Louttit die Beschreibung des normalen Sexualverhaltens des Meerschweinchens.

Anfänger unter den Praktikumsteilnehmern verstehen vielleicht nicht, warum wir bei diesen Versuchen weder Balzverhalten noch die Pflege der Jungen mitberücksichtigt haben. Sexualverhalten im weitesten Sinne würde diese Verhaltensweisen in der Tat einschließen. Ferner könnte dazu jede nach Geschlecht verschieden ausgeführte Verhaltensweise zählen, wie Territorialverhalten, Aggressivität oder Dominanz. Zur Erleichterung der Untersuchung werden sie hier nicht behandelt. Da die Abgrenzung willkürlich geschieht, kann dies auch bei den zur Registrierung ausgewählten Untereinheiten, wie Lordosis, Aufreiten und Ejakulation, der Fall sein. Auch die Registriermethoden selbst sind willkürlich. Überlegen sie sich, welche anderen Verhaltensmuster man möglicherweise beobachten könnte und schlagen Sie empfehlenswerte Registrier- und Meßmethoden dafür vor. Diskutieren Sie die Vor- und Nachteile der verschiedenen Möglichkeiten, Verhaltensweisen zu messen und zu berechnen.

Auswirkungen von Androgen auf das Sexualverhalten

In Teil II wurde das normale Sexualverhalten von Meerschweinchen beobachtet. Dabei zeigte sich, daß es stark von Keimdrüsenhormonen abhängt, besonders bei Weibchen. Die folgenden Versuche gelten dem Sexualverhalten der Ratte und untersuchen ferner die Rolle von Hormonen, besonders eines Androgens (Testosteron), im Sexualverhalten von Ratte und Meerschweinchen.

A. Tiermaterial und Ausrüstung

Jede Arbeitsgruppe sollte mit folgendem ausgerüstet sein:

Ratten: 9 Männchen mit Sexualerfahrung, 6 erwachsene Weibchen, die kastriert wurden.
Meerschweinchen: 12 Weibchen, 4 Männchen.
Beobachtungskäfig: wie in Teil I.
Chirurgische Ausrüstung zur Kastration: wie in Teil I.
350 mg Testosteronpropionat (50 mg/ml), 20 µg Oestradiolbenzoat und 35 mg Progesteron. Spritzen und Injektionsnadeln wie in Teil I.

B. Reaktion auf Kastration bei Männchen

Kastrieren Sie 6 der 9 sexuell erfahrenen Ratten-Männchen (Methode nach Zarrow, Yochim und McCarthy). In der vorigen Übung wurden Meerschweinchen verwendet, da die Geschwindigkeit ihrer verschiedenen sexuellen Handlungen gering genug ist, um Anfängern die Beobachtung zu ermöglichen. Ratten sind im Vergleich viel schneller und die verschiedenen Komponenten des Aufreitens sind weniger leicht zu unterscheiden. Eine Beschreibung des normalen Sexualverhaltens von Ratten-Männchen gibt Stone.

Prüfen Sie zwei Wochen oder länger nach der Kastration alle 9 Männchen auf ihr Sexualverhalten. Setzen Sie jedes Männchen 15 Minuten lang mit einem brünstigen Weibchen zusammen und registrieren Sie wie in Tabelle 13 die Verhaltensweisen jedes Paares. Ratten-Weibchen können künstlich zum Oestrus gebracht werden, indem man ihnen 1,0 µg Oestradiolbenzoat und nach 30 ± 1 Stunden 2,0 mg Progesteron injiziert. Die Weibchen werden in der Regel 3–6 Stunden nach der Progesteroninjektion mit dem Oestrus beginnen und 2–4 Stunden lang paarungsbereit bleiben. Dasselbe Weibchen kann mit mehreren Männchen so lange verwendet werden, wie es paarungsbereit erscheint, das heißt beim Streicheln oder Aufreiten des Männchens mit Lordosis reagiert.

1. Wie unterscheidet sich das Sexualverhalten intakter von dem kastrierter Männchen?
2. Beeinflußt die Kastration alle Bestandteile des Sexualverhaltens gleich?
3. Welche Unterschiede registrieren Sie unter den kastrierten Männchen selbst?
4. Reagieren die Weibchen auf ein kastriertes Männchen anders als auf ein intaktes Männchen?
5. Halten Sie es für ungewöhnlich, daß das Verhalten eines Tieres das Verhalten eines anderen beeinflußt?
6. Die Wirkung der Kastration ist nicht immer augenfällig. Warum wurde nach Ihrer Meinung zwischen Kastration und Versuch eine Wartezeit von wenigstens zwei Wochen eingehalten?
7. Ist es notwendig, mit sexuell erfahrenen Männchen zu arbeiten? Warum?
8. Wie lange würde es nach Ihrer Meinung dauern, bis deutliche Kastrationswirkungen bei sexuell erfahrenen Katern und Männern zu bemerken wären?
9. Kastrationswirkungen sind von Art zu Art und von Individuum zu Individuum verschieden. Was könnte dies im Hinblick auf genetische, neurale und ontogenetische Komponenten des männlichen Sexualverhaltens bedeuten?
10. Welche Wirkungen hat die Orchidektomie (Hodenentfernung) im Vergleich zur Ovariektomie (Eierstockentfernung) – der Begriff Kastration kann bei Männchen und Weibchen verwendet werden – auf das Sexualverhalten von Ratte, Katze und Menschen (s. Bastock, Bremer und Rosenblatt und Aronson)? Der Nachweis von Kastrationswirkungen dauert bei Meerschweinchen länger als bei Ratten.

C. Reaktion auf Hormonsubstitution bei kastrierten Männchen

Injizieren Sie dreien der sechs kastrierten Männchen eine Woche lang jeden Tag 1,0 mg eines Androgens (Testosteronpropionat) in die Glutäalmuskulatur; den drei anderen injizieren Sie in gleicher Weise je 10,0 mg Testosteronpropionat, den 3 intakten Männchen ein Placebo (Pflanzenöl) vergleichbarer Menge (0,1 ml). Nach diesen Injektionen prüfen Sie erneut alle neun Ratten-Männchen mit brünstigen Weibchen. Vergleichen Sie das Verhalten der drei Gruppen.

1. Was beobachten Sie nun?
2. Was können Sie über die Notwendigkeit von Androgen für die Auslösung des männlichen Sexualverhaltens folgern?
3. Wie könnte das Hormon bei der Auslösung dieses Verhaltens eingreifen?
4. Scheint sich das Verhalten der Männchen, die die höhere Dosis Testosteron erhielten, von dem der Männchen mit geringerer Dosis zu unterscheiden?
5. Würden Sie erwarten, daß gesteigerte Androgenmengen eine Zunahme im Auftreten sexueller Verhaltensweisen bewirken?
6. Würde eine Androgengabe das Verhalten intakter Ratten beeinflussen?
7. Leiden alle Verhaltenskomponenten in gleicher Weise durch die Kastration?
8. Messen Sie dem Alter der Tiere zum Zeitpunkt der Kastration irgendwelche Bedeutung zu?

Die Folgerungen, die Sie aus Ihren Untersuchungen an Ratten ziehen, treffen vielleicht nicht genau auf andere Arten zu. Ehe man verallgemeinert, muß man stets mehrere Arten untersuchen.

D. Reaktion von Weibchen auf Androgen

Wir haben jetzt das Sexualverhalten normaler und kastrierter Tiere geprüft. Der folgende Versuch gibt Einblick in das Verhalten unter dem Einfluß inadäquater Sexualhormone.

Injizieren Sie vier der zwölf Meerschweinchen-Weibchen (kastriert oder intakt) zwei Wochen lang täglich intramuskulär je 2 mg Testosteronpropionat. Injizieren Sie gleichzeitig vier anderen ein Pflanzenöl als Placebo. Testen

Sie nach diesen Injektionen jedes dieser Weibchen, als ob es ein Männchen wäre, das heißt, setzen Sie das Versuchstier mit einem anderen Weibchen zusammen und beobachten Sie 10 Minuten lang (s. Teil II, Abschnitt C).
1. Wie unterscheiden sich die androgen behandelten Weibchen von echten Männchen?
2. Was läßt sich daraus über die Beziehungen zwischen Hormon und Verhalten folgern?
3. Was läßt sich daraus über das auf die Hormone reagierende Nervensystem folgern? (Vergleichen Sie die Genitalien von unbehandelten und androgenbehandelten Weibchen: eine interessante Demonstration der Potenz des Androgens).

Lesen Sie zur Diskussion einiger der hier erwähnten Punkte die Arbeiten von Young und Beach.

Wir haben gezeigt, daß man Weibchen zu männlichem Verhalten veranlassen kann. Besagt dies, daß jedes Sexualverhalten durch im Blut zirkulierende Hormone bestimmt wird? Zeigen Weibchen auch ohne Androgen «männliche» Verhaltensweisen? Verstehen Sie, warum wir den Begriff «männlich» in Anführungsstriche gesetzt haben?

Es wäre ein schwerer Fehler, anzunehmen, daß im Sexualverhalten nur endokrine Faktoren wirksam sind. Was könnte noch beteiligt sein? In den Arbeiten von Beach werden viele solcher Faktoren diskutiert.

Die Wirkung einer Hormonbehandlung während der Entwicklung auf das Verhalten adulter Tiere

In der Entwicklung des Nervensystems und der davon abhängigen Verhaltensmuster besitzt das Konzept der «kritischen Periode» eine reale Bedeutung. Eine kritische Periode kann definiert werden als eine Zeitspanne während der Frühentwicklung, in der bestimmte physiologische oder umweltbedingte Einflüsse dauernde Auswirkungen auf das Verhalten im Adultzustand haben. In der Regel fällt es schwer sich vorzustellen, daß ein einzelner oder relativ einfacher Vorgang in der Frühentwicklung das gesamte, künftige Verhalten unwiderruflich bestimmen könnte. Die folgenden Versuche sollen feststellen, wie eine physiologische Störung während der Frühentwicklung das Sexualverhalten des adulten Tieres beeinflussen kann.

A. Tiermaterial und Ausrüstung

Jeder Arbeitsgruppe sollte folgendes zur Verfügung stehen:
Ratten: 12 am dritten Tag nach der Geburt vorbehandelte Weibchen, 6 sexuell erfahrene Männchen und 6 unerfahrene Männchen.
Laufräder wie in Teil I.

B. Sexualverhalten

Die Ratten werden in drei Gruppen für den Versuch vorbereitet. Die erste Gruppe besteht aus sechs Weibchen, denen drei Tage nach der Geburt eine einzelne Dosis von 2,0 mg Testosteronpropionat subkutan injiziert wird. Die zweite Gruppe, ebenfalls sechs Weibchen, erhält eine vergleichbare Menge Pflanzenöl. Die dritte Gruppe besteht aus sechs normalen Männchen aus denselben Würfen.

Wenn die Ratten 100 Tage alt sind, kastrieren Sie alle Weibchen und testen nach zwei Wochen jedes auf weibliches Verhalten, nachdem Sie wie in Teil III, Abschnitt A Oestradiolbenzoat und Progesteron angewandt haben. Beobachten Sie das Verhalten jedes Weibchens, wenn es 10 Minuten mit einem erfahrenen Männchen (nicht den Männchen der dritten Gruppe!) zusammengesetzt wird. Registrieren Sie, wie oft jedes Weibchen Lordosis zeigt, wenn das Männchen aufreitet, und beachten Sie, wie empfänglich es für die Annäherungsversuche des Männchens ist.
1. Wie ist das Verhalten der Versuchstiergruppe im Vergleich zur Kontrollgruppe?
2. Welcher Mechanismus könnte für solch einen dramatischen Wechsel im Paarungsverhalten als Folge einer einzigen Injektion kurz nach der Geburt verantwortlich sein?
3. Wäre die Injektion wirkungsvoller, wenn sie in einer anderen Entwicklungsphase gegeben würde, z.B. während der Schwangerschaft, in der Pubertät, bei Geschlechtsreife? Warum?
4. Nehmen Sie an, daß die Wirkung anders wäre, wenn kurz nach der Geburt ein weibliches Hormon injiziert worden wäre?

Viele Arbeiten erörtern die obige Wirkung im Detail; die meisten sind bei Whalen besprochen. Eine histologische Untersuchung der Ovarien kurz nach der Geburt behandelter Weibchen würde erweisen, daß die Ovarfunktion ebenso wie die Genitalienausbildung schwer beeinträchtigt ist. Würden Sie erwarten, daß auch außergeschlechtliche Funktionen betroffen sind? Dieser Frage wird im folgenden Versuch nachgegangen.

C. Aktivität

Setzen Sie jedes Tier aus den drei Gruppen 10 Tage in ein Laufrad und registrieren Sie die Gesamtzahl der Umdrehungen wie in Abb. 69.
1. Wie unterscheiden sich die drei Gruppen in ihrer Laufaktivität?
2. Wird die Änderung im Fortpflanzungsverhalten von einer Änderung im Laufverhalten begleitet?
3. Wie erklären Sie diese Befunde?

Daß an vielen nach Geschlecht verschiedenen Verhaltenskomplexen unterschiedliche endokrine und neurale Mechanismen beteiligt sind, hat sich signifikant herausgestellt. Es zeigt sich, daß ein Einfluß auf bestimmte Verhaltensweisen nicht notwendigerweise auch andere Verhaltensweisen trifft. Es muß aber auch beachtet werden, daß ein einziger Mechanismus mehr als bloß eine Verhaltensweise beeinflussen kann (s. Goy).

Der Nachweis, daß einfache und vorübergehende physiologische und äußere Einflüsse dauerhafte Auswirkungen auf das Verhalten eines Tieres haben können, führt zu weitreichenden Folgerungen; über einige sollten sich die Praktikumsteilnehmer informieren (s. Diamond).

Literatur

Avery, G. T.: Notes on reproduction in guinea pigs. J. Comp. Psychol. 5, 373–396 (1925).
Bastock, M.: Das Liebeswerben der Tiere. Eine zoologische Untersuchung. Fischer, Stuttgart. 1969.
Beach, F. A.: Sex and behavior. Wiley, New York. 1965.
– Factors involved in the control of mounting behavior by female mammals. In M. Diamond (Ed.), Perspectives in Reproduction and Sexual Behavior. Indiana University Press, Bloomington. 1968.
Bremer, J.: Asexualisation, a follow-up study of 244 cases. MacMillan, New York. 1959.
Denenberg, V. H. und E. M. Banks: Techniques of measurement and evaluation. In E. S. E. Hafez (Ed.), The Behaviour of Domestic Animals. Williams und Wilkins, Baltimore. 1962.

Diamond, M.: Genetic-endocrine interactions and human psychosexuality. In M. Diamond (Ed.), Perspectives in Reproduction and Sexual Behavior, Indiana University Press, Bloomington. 1968.
Eibl-Eibesfeldt, I.: Das Verhalten der Nagetiere. In W. Kükenthal (Ed.), Handbuch der Zoologie 8, 10 (13), 1–88 (1958).
Goy, R. W.: Role of androgens in the establishment and regulation of behavioral sex differences in mammals. J. Anim. Sci. 25, 21–35 (Suppl.) (1966).
Gray, J. S., L. Levine und P. L. Broadhurst: Gonadal hormone injections in infancy and adult emotional behavior. Anim. Behav. 13, 33–45 (1965).
Hanke, W.: Hormone. Sammlung Göschen, de Gruyter, Berlin. 1969.
Kennedy, G. G.: Mating behavior and spontaneous activity in androgen-sterilyzed female rats. J. Physiol. 172, 393–399 (1964).
Louttit, C. M.: Reproductive behavior in the guinea pig. I. The normal mating behavior. J. Comp. Psychol. 7, 247–265 (1927).
Richards, M. P. M.: Activity measured by running wheels and observation during the oestrus cycle, pregnancy and pseudopregnancy in the golden hamster. Anim. Behav. 14, 450–458 (1966).
Richter, C. P.: A behavioristic study of the behavior of the rat. Comp. Psychol. Monogr. 1, 1–55 (1922).
Rosenblatt, J. S. und L. R. Aronson: The decline of sexual behavior in male rats after castration with special reference to the role of prior sexual experience. Behaviour 12, 285–338 (1958).
Slonaker, J. R.: The effect of pubescence, oestruation and menopause on the voluntary activity of the albino rat. Am. J. Physiol. 68, 294–315 (1924).
Stone, C. P.: Congenital sexual behavior of young male albino rats. J. Comp. Psychol. 2, 95–153 (1922).
Treichler, F. R. und J. F. Hall: The relationship between deprivation, weight loss and several measures of activity. J. Comp. Physiol. Psychol. 55, 346–349 (1962).
Wang, C. H.: The relation between «spontaneous» activity and estrous cycle in the white rat. Comp. Psychol. Monogr. 2, 6, 1–27 (1923).
Whalen, R. E.: Differentiation of the mechanismus which control gonadotropin secretion and sexual behavior. In M. Diamond (Ed.), Perspectives in reproduction and sexual behavior. Indiana University Press, Bloomington. 1968.
Young, W. C.: Hormones and mating behavior. In W. C. Young (Ed.), Sex and internal secretions. Williams and Wilkins, Baltimore. 1961.
Young, W. C. und W. R. Fish: The ovarian hormones and spontaneous running activity in the female rat. Endocrinology 36, 181–189 (1945).
Zarrow, M. X., J. M. Yochim und T. L. McCarthy: Experimental endocrinology: a source-book of basic techniques. Academic Press, New York. 1964.

49. Ethologische Lehrveranstaltungen im Zoologischen Garten

Klaus Immelmann

Lehrstuhl für Verhaltensphysiologie der Universität Bielefeld*

Lehrveranstaltungen in Zoologischen Gärten bedeuten für die ethologische Ausbildung eine ganz erhebliche Erweiterung der Möglichkeiten. Dies gilt sowohl in bezug auf die Tierarten als auch – durch die größere Artenvielfalt – in bezug auf die zu behandelnden Themen. Wo immer möglich, sollten daher Zoobesuche im Rahmen einer ethologischen Kurs- oder Praktikumsveranstaltung fest in das Programm eingeplant werden.

Allerdings sind solche Besuche in der Vorbereitung zeitlich nicht minder aufwendig als Laborkurse, da in mehrfachen Vorausbesuchen geklärt werden muß, welches Verhalten welcher Tiere zum vorgesehenen Zeitpunkt mit einiger Wahrscheinlichkeit demonstrierbar sein wird. Zu einer solchen Vorbereitung gehört auch die Absprache mit der wissenschaftlichen Leitung des Gartens und mit den zuständigen Revierwärtern und Tierpflegern.

In einem Zoologischen Garten muß von seiner Aufgabenstellung her der öffentliche Schaubetrieb immer Vorrang haben. Eingriffe (Absperrungen, Umsetzen von Tieren, Veränderungen in der Gruppenzusammensetzung usw.) sind daher nur ausnahmsweise und in geringem Umfang möglich. Dadurch sind gezielten Experimenten hier enge Grenzen gesetzt. Trotzdem können schon geringfügige und störungsmäßig ganz unaufwendige Maßnahmen eine verhältnismäßig große Wirkung besitzen.

Ein Beispiel möge dies verdeutlichen: Nashörner markieren, gleich vielen Säugetieren, ihr Revier durch Verspritzen von Harn. Dieses Verhalten tritt in der Regel recht selten auf, und man wird es im Laufe des Tages nur zufällig oder nach sehr langem «Ansitzen» beobachten können. Läßt es sich aber einrichten, daß man das Gehege gleich am frühen Morgen besucht, und bittet man den Wärter, die Tiere erst nach dem Eintreffen der Studentengruppe aus den Innenstallungen, in denen sie die Nacht verbringen, herauszulassen, so wird sich das Markieren in der Regel sehr bald beobachten lassen, da der Revierbesitzer nach dem neuerlichen Betreten der Außenanlagen in der Regel durch das Absetzen von Harnmarken auch sofort erneut angezeigt wird.

Im Zoo sind zwei Arten von ethologischen Lehrveranstaltungen möglich: Serien von mehrstündigen bis halbtägigen Einzelführungen oder mehrtägige oder -wöchige durchlaufende oder in Abständen wiederholte Beobachtungen in kleinen Gruppen. Führungen im Rahmen des ethologischen Unterrichts haben einen anderen Charakter als «allgemeine» Zooführungen, die lediglich der Erweiterung der Formenkenntnis dienen. Sie sollten daher nicht in Form des üblichen «Rundgangs» durchgeführt werden. Vielmehr ist es günstig, jeweils ein bestimmtes Thema in den Vordergrund zu stellen und die Anzahl und Reihenfolge der zu besuchenden Tierhäuser und -gehege danach festzulegen.

Zu den Themen selbst können hier nur einige sehr allgemeine Hinweise gegeben werden, weil sich die konkrete Auswahl nach dem Tierbestand des Zoologischen Gartens, nach der Jahreszeit und in mancher Hinsicht auch nach dem Wetter und nach weiteren Faktoren richten muß.

Folgende Themen sind für Beobachtungen im Zoo in der Regel geeignet:

A. Aggressives Verhalten

Bei allen paar- oder gruppenweise gehaltenen Zootieren kommt es zu bestimmten Jahreszeiten und/oder in bestimmten Situationen (am Futterplatz, am Schlafplatz) zu aggressiven Verhaltensweisen, an denen sich manche Erscheinungsformen der Aggressivität bei Tieren beobachten lassen. Echte Kämpfe, die unter natürlichen Bedingungen dem Verdrängen von Konkurrenten dienen und fast niemals Verletzungen zur Folge haben, können sich im Zoo

---

* Herrn Dr. H. Frädrich, Zoologischer Garten Berlin, danke ich herzlich für die Durchsicht des Manuskriptes für dieses Kapitel.

wegen der begrenzten Ausweichmöglichkeiten dagegen sehr negativ auswirken und müssen durch Absperren oder Herausnehmen von Einzeltieren verhindert werden. Trotzdem sieht man oft Andeutungen von Kampfbewegungen, die sich in der Regel fließend aus dem Drohverhalten entwickeln und an ihrer Form vielfach schon den «Kommentcharakter» innerartlicher Auseinandersetzungen erkennen lassen. Außerdem ist ein Vergleich der Kampfandeutungen verschiedener Arten gut dazu geeignet, auf die Zusammenhänge von aggressivem Verhalten und Körperbau hinzuweisen.

Häufiger zu beobachten ist das Drohverhalten. Ein gutes und fast regelmäßig demonstrierbares Beispiel bietet die Drohmimik der Affen, bei der durch Entblößen der Zähne potentielle «Waffen» dem Gegner dargeboten werden, eine bei Tieren weit verbreitete Drohform. Eine zweite Drohweise besteht in einer Vergrößerung der Körperfläche, die durch Aufrichten von Haaren oder Federn oder durch bestimmte Körperhaltungen erreicht werden kann. Auch sie ist bei Vögeln und Säugetieren nicht selten im Zoo zu beobachten.

B. Revierverhalten

Das Abgrenzen echter Reviere ist für Zootiere in der Regel nicht möglich. Trotzdem können Teile des Revierverhaltens im weitesten Sinne zu beobachten sein, vor allem die «Inneneinrichtung» von Revieren und das Markerverhalten. Die Inneneinrichtung kann man vor allem in geräumigen Huftiergehegen studieren. Hier läßt sich eine Anzahl von «Fixpunkten» feststellen, z.B. Futterstellen, Kotplätze, Ruheplätze und mitunter Scheuerstellen oder Suhlen. Diese Stellen sind häufig durch ausgetretene und deshalb deutlich erkennbare Pfade miteinander verbunden. Ihr Vorhandensein zeigt, daß selbst unter den vergleichsweise beengten Raumverhältnissen eines Zoogeheges der zur Verfügung stehende Raum nicht gleichmäßig ausgenutzt wird. Unter natürlichen Verhältnissen besitzen die Reviere vieler Säugetierarten in noch stärkerem Maße den Charakter eines «Wegesystems mit Zielpunkten».

Von den bei Tieren vorkommenden Methoden der Revierkennzeichnung lassen sich im Zoo vor allem die olfaktorische Markierung und die bei ihr verwandte Art der «Duftstoffe» gut demonstrieren. Nashörner und katzenartige Raubtiere markieren durch Harnspritzen, Flußpferde können den austretenden Kot durch kreisende Schwanzbewegungen weit verteilen, und viele Säugetiere besitzen eigene Drüsen, deren Sekrete der Reviermarkierung dienen: Die auffälligsten sind die Analdrüsen der marderartigen Raubtiere, deren Sekrete durch Reiben der Aftergegend auf dem Untergrund abgesetzt werden, und die Voraugendrüsen vieler Wiederkäuer, deren Sekrete an vorspringenden Stellen (Zweigenden, Mauervorsprüngen) angebracht werden. Auch wenn sich das Markierverhalten selbst nicht beobachten läßt, können bei häufig markierenden Arten, z.B. bei Hirschziegenantilopen, oft Sekrettropfen an den regelmäßig benutzten Markierstellen oder die Sekretdrüsen selbst – u.U. vergleichend bei verschiedenen Arten – demonstriert werden.

Eine Verhaltenseigentümlichkeit vieler Tierarten, die wegen ihrer Raumbezogenheit häufig mit dem Revierverhalten verglichen wird, ist das Distanzverhalten. Gerade auf diesem Gebiet bieten Zoologische Gärten hervorragende Möglichkeiten zu vergleichenden Beobachtungen. Es lassen sich sowohl Kontakttiere, die beim Ruhen ihre Körper in möglichst großflächige Berührung miteinander bringen, als auch ausgesprochene Distanztiere, die eine solche Berührung unter allen Umständen vermeiden, feststellen. Zu den Distanztieren gehören Flamingos, Pelikane und Wiederkäuer, Kontakttiere sind u.a. die meisten Papageien und Prachtfinken sowie Schweine und Flußpferde. Noch interessanter sind Arten, die prinzipiell Kontakt dulden, bei denen die Berührungen aber auf bestimmte Altersstadien (z.B. nur auf Jungtiere) oder bestimmte Situationen (z.B. nur auf verpaarte Tiere) beschränkt bleiben. Solche Arten eignen sich auch für quantitative Untersuchungen, im Verlauf derer man den räumlichen Abstand, etwa beim Ruhen und bei der Nahrungsaufnahme, zwischen erwachsenen und zwischen jungen oder zwischen männlichen und weiblichen Tieren bestimmen und miteinander vergleichen kann (wobei die Entfernung in den meisten Fällen allerdings wohl nur geschätzt werden kann).

C. Sexualverhalten

Das Fortpflanzungsverhalten der meisten Wildtiere ist auf wenige Wochen oder Monate im

Jahr beschränkt. Da jedoch die natürlichen Fortpflanzungszeiten der einzelnen Arten aufgrund ihrer unterschiedlichen Herkunft sehr verschieden liegen können, und da sich viele Tiere der Tropen oder der südlichen gemäßigten Breiten in ihrer Jahresperiodik nicht auf die veränderten Verhältnisse der nördlichen Breiten umstellen, besteht praktisch jederzeit die Möglichkeit, daß auch Verhaltensweisen aus dem sexuellen Bereich beobachtet werden können. Wissenschaftsgeschichtlich besonders interessant ist das Balzverhalten der Entenvögel, an dem viele Grunderscheinungen tierlichen Verhaltens erstmals erkannt und beschrieben worden sind. Es läßt sich auf den Teichen für Wassergeflügel – falls sie nicht zahlen- und artenmäßig zu stark übersetzt sind – im zeitigen Frühjahr und bei manchen Arten, wie bei der Stockente, auch schon im Herbst beobachten. Eine Schilderung der dabei auftretenden Verhaltensweisen ist in den meisten ethologischen Übersichtswerken zu finden.

Das Balzverhalten der Entenvögel, aber auch das vieler anderer Vogelgruppen, bietet außerdem eine gute Gelegenheit, einige der Eigenschaften von sozialen Auslösern zu demonstrieren. Auslöser zeichnen sich vielfach durch eine Art «Kompromißcharakter» aus: Sie müssen im Dienste der sozialen Kommunikation möglichst auffällig, in bezug auf die Feindvermeidung dagegen möglichst unauffällig sein. Aus diesem Grund sind auffällige Auslöser vielfach nur auf ein Geschlecht – in der Regel das männliche – und, durch eine zweimalige Mauser und einen regelmäßigen Wechsel zwischen Brut- und Ruhekleid, auf bestimmte Jahreszeiten beschränkt. Schließlich befinden sie sich nicht selten auf «zusammenfaltbaren» Organen (Flügel, Schwanz, Federhauben) und werden nur dann voll entfaltet, wenn ihnen – etwa im Verlauf der Balz – eine bestimmte soziale Funktion (z. B. Anlocken oder Stimulieren des Weibchens) zukommt. Eine Fülle von Beispielen hierzu liefern Enten- und Fasanenvögel. Unter den letzteren läßt sich an dem aus den Schwanzdeckfedern gebildeten «Rad» männlicher Pfauen eine «an-» und «abschaltbare» Massierung von optischen Auslösern besonders eindrucksvoll demonstrieren.

Neben der eigentlichen Paarungseinleitung lassen sich vielfach auch Elemente des Paarbindungsverhaltens an Zootieren beobachten. Man versteht darunter Verhaltensweisen, die «nur» den Zusammenhalt der Partner eines Paares fördern, also nicht bis zur Kopulation führen, wobei die Übergänge zum echten Balzverhalten allerdings mitunter fließend sind. Besonders interessant sind Paarbindungshandlungen, wenn sie auch außerhalb der Fortpflanzungsperiode auftreten, weil sich dann u. a. die Frage ergibt, ob sie noch dem Sexualtrieb oder aber einem eigenen «Bindungstrieb» zugeordnet sind. Hierzu gehören das «Kontaktsitzen» bei Kontakttieren (s. o.) und die «soziale» Fell-, Gefieder- oder Hauptpflege. Besonders häufig beobachtet man die dort als «Kraulen» bezeichnete gegenseitige Gefiederpflege bei einigen Vogelarten, etwa bei Löffelreihern, vielen Papageien, bei Brillenvögeln und bei vielen Timalien und Prachtfinken. Zur Fellpflege der Säugetiere gehört das oft als «Lausen» bezeichnete Entfernen von Hautschuppen bei vielen Affen.

D. Verhalten der Brutpflege

Auch aus dem Bereich der Brutpflege kann man – da die Zahl der erfolgreich züchtenden Tierarten in den Zoologischen Gärten ständig zunimmt – viele Einzelheiten beobachten. Gut geeignet für vergleichende Beobachtungen sind die Art der Nahrungsübergabe an die Jungen und die dabei auftretenden Bewegungen und Körperhaltungen. So haben viele Säugetiere charakteristische Säugestellungen (z. B. Wiederkäuer und Einhufer im Stehen, Schweine im Liegen); Tauben, Papageien und Prachtfinken verfüttern hochgewürgte Nahrung; Enten- und Hühnervögel überreichen gar kein Futter, sondern führen die Jungen nur zu geeigneten Nahrungsplätzen, und die Mehrzahl der Singvögel schließlich trägt die Nahrung für die Jungen im Schnabel herbei.

Zum Bereich der Brutpflege gehören auch jene Verhaltensweisen, die der Reinhaltung der Jungen dienen. Besonders bei Säugetieren beobachtet man oft ein intensives Lecken der Jungen durch die Mutter. Interessante Vergleichsmöglichkeiten bietet die Frage, wer sich an der Brutpflege beteiligt: nur die Mutter, beide Eltern oder – in seltenen Fällen – außerdem noch weitere Gruppenangehörige. Solche Unterschiede treten mitunter schon bei relativ nahe miteinander verwandten Arten auf. Das lehrt z. B. ein Vergleich des Jungeführens bei Enten und Gänsen.

Bei Primaten werden die – hier deshalb auch als Traglinge bezeichneten – Jungen von der Mutter getragen, und zwar vielfach zunächst an der Brust, später auf dem Rücken. Hier ergibt sich eine Fülle interessanter Fragen, die durch mehrstündige Beobachtungen oder durch Wiederholung der Beobachtungen in gewissen Abständen geklärt werden können, vor allem, wenn mehrere Affenarten zum Vergleich zur Verfügung stehen: Wie oft hält die Mutter das Junge mit der Hand, und wie oft klammert es sich selbständig an ihrem Fell fest? Wie lange hat es zusätzlich die Zitze der Mutter im Mund? Halten bestimmte Arten ihre Jungen immer mit der rechten oder immer mit der linken Hand; oder gibt es Rechts- und Linkshänder, oder kann die Tragweise auch bei ein- und demselben Weibchen wechseln? Wo liegt der Kopf des Jungen? In welchen Situationen klammert es sich besonders fest an die Mutter?

Jungtiere, vor allem junge Säugetiere, bieten außerdem die Gelegenheit, die Merkmale festzustellen und zu vergleichen, die das sogenannte «Kindchenschema» ausmachen, das in der Lage ist, beim Menschen eine positive Gefühlstönung auszulösen und das vielfach als Beispiel für einen angeborenen Auslösemechanismus beim Menschen angesehen worden ist.

E. Gruppenverhalten

Ein weiterer Verhaltensbereich schließlich, der sich für Zoobeobachtungen eignet, obwohl hierfür immer nur wenige Arten in Frage kommen, ist das Sozialverhalten im engeren Sinne, d. h. das Verhalten in der Gruppe. Hier kann man das Vorhandensein von Rangordnungen prüfen, wenn man feststellt, wer an der Futterstelle oder an anderen Plätzen gegenüber wem den Vortritt hat, wer aggressive Auseinandersetzungen gegenüber wem initiiert und wer schließlich vor wem ausweicht.

Neben der Rangordnung können bei gruppenlebenden Tieren eigene Verhaltensweisen ausgebildet sein, die zur Stabilität der Gruppe beitragen und wahrscheinlich den Zusammenhalt zwischen ihren Mitgliedern festigen. Hierzu gehört abermals die soziale Gefieder- und Fellpflege, sofern sie über die Grenzen eines Paares hinausgeht, und darüber hinaus eine Anzahl sogenannter «Begrüßungsbewegungen», die vielfach Elemente aus dem Bereich der Balz oder Brutpflege erkennen lassen. Es ist deshalb lohnenswert, in einer solchen Gruppe zu verfolgen, welche Verhaltensweisen bei der Begegnung zweier Mitglieder ablaufen, ob sie jeweils häufiger von einigen wenigen Gruppenmitgliedern eingeleitet werden (vorausgesetzt, man kann sie individuell unterscheiden, was aber bei kleineren Gruppen nach einigem Einsehen in der Regel auch möglich ist), und ob es Situationsunterschiede im Ablauf solcher Verhaltensweisen gibt.

F. Sonstige Verhaltensmerkmale

Neben diesen mehr oder minder geschlossenen Themenkreisen lassen sich stets auch «allgemeinere» Verhaltenselemente beobachten, die mehreren Funktionskreisen zugeordnet sein können. So ergibt sich fast immer Gelegenheit, auf typisches Übersprungverhalten hinzuweisen oder ganz allgemein die Formen der Fortbewegung zu studieren und zu vergleichen. Im letztgenannten Fall ist wegen der Vielfalt der Erscheinungsformen allerdings eine thematische Eingrenzung empfehlenswert (z. B. Klettern bei Primaten oder Gangarten bei Huf- und Raubtieren). Auch Spielverhalten und vereinzelt (vor allem bei Primaten) Verhalten beim Werkzeuggebrauch kann von Fall zu Fall beobachtet werden. Mitunter zeigen Zootiere plötzlich und ohne jeden erkennbaren Anlaß Fluchtbewegungen. Sie bieten Gelegenheit, auf das Phänomen der «Leerlaufhandlung» und die Problematik ihres Erkennens hinzuweisen.

Die Erscheinung der Prägung läßt sich im Zoo zwar nicht in ihrer Entstehung, wohl aber mitunter an ihren Ergebnissen beobachten. In Käfigen und Gehegen mit gemischter Besetzung, vor allem in den Wasservogelanlagen, gibt es immer wieder «Mischpaare» aus Angehörigen zweier Arten. Sie können dadurch zustandekommen, daß Einzeltiere keinen arteigenen Partner haben und sich deshalb an eine andere Art anschließen «müssen». Sie können aber auch darauf beruhen, daß einer der beiden Partner von Stiefeltern oder gemeinsam mit Stiefgeschwistern der anderen Art aufgezogen wurde und deshalb auf diese geprägt ist. Deshalb sollten durch gezielte Beobachtungen u. a. die folgenden Fragen beantwortet werden: Befinden sich im selben Käfig oder Gehege noch weitere Tiere der beiden Arten? Geht der Zusammenhalt des Paares nur von einem der beiden Partner aus? Wie verhält sich dieser gegenüber Artgenossen? Ist zwischen den Partnern sexuelles Verhalten zu beobachten?

Weitere Verhaltenselemente – allerdings mit einem etwas «negativen» Anstrich – sind die bei manchen Zootieren zu beobachtenden «Bewegungsstereotypien», d.h. zwanghaft wirkende und mitunter stundenlang anhaltende Bewegungen, z.B. Kopfdrehen, Hin- und Herschwingen oder Wendebewegungen des ganzen Körpers oder Hin- und Herlaufen in festen Bahnen. Sie treten allerdings mit der rasch zunehmenden Verbesserung der Haltungsbedingungen heute allmählich immer seltener auf.

G. Längerfristige Projekte

Alle genannten Themenkreise lassen sich bereits in Form von «Führungen» behandeln. Viele von ihnen eignen sich jedoch auch für längerfristige Beobachtungen. So lassen sich, um nur einige Beispiele zu nennen, zeitliche Veränderungen in der Rangordnung innerhalb einer Gruppe, der jahreszeitliche Verlauf im sexuellen oder aggressiven Verhaltensbereich oder Änderungen in der Individualdistanz in ein- oder mehrtägigem, wöchentlichem oder längerfristigem Abstand qualitativ und quantitativ verfolgen. Sehr ergiebig für längere oder mehrfach wiederholte Beobachtungen sind stets auch die Verhaltensontogenese von Jungtieren, sowie alle Verhaltensweisen im Bereich der Mutter- (oder Eltern-)Kind-Beziehungen und ihre zeitliche Entwicklung in Abhängigkeit vom Alter des Jungtiers. Ein ethologisch besonders interessantes Stadium dieser Beziehungen ist die Zeit des Lösens der engen Bindungen, d.h. die Altersstufe, auf der sich das Junge von der Mutter bzw. den Eltern zu trennen beginnt. An diesem Prozeß können beide Seiten Anteil haben, die sich allmählich immer mehr voneinander zurückziehen. Sein quantitativer Verlauf kann verfolgt und bei mehreren Arten verglichen werden, wobei Beziehungen zur Lebensweise der betreffenden Arten herausgearbeitet werden sollten.

Gerade in den eben genannten Verhaltensbereichen kann die Beobachtung bei Tierarten, die bisher nur selten in Menschenobhut gezüchtet worden sind, auch wichtige neue Erkenntnisse für die Verhaltenswissenschaften erbringen.

Literatur

Frädrich, H. und J. Frädrich: Zooführer Säugetiere. Fischer, Stuttgart, 1973.

Hediger, H.: Skizzen zu einer Tierpsychologie im Zoo und im Zirkus. Europa-Verlag, Stuttgart. 1954.

– Mensch und Tier im Zoo: Tiergarten-Biologie. A. Müller-Verlag, Zürich. 1965.

Literaturverzeichnis

Die am Ende der einzelnen Kapitel aufgeführten Veröffentlichungen enthalten in der Regel nur spezielle Hinweise, Ergänzungen und Quellen für die dort beschriebenen Versuche. Zur Vorbereitung und Begleitung des gesamten Kurses sind u. a. die folgenden Werke geeignet, die Einführungen oder Übersichten für das Gesamtgebiet der Verhaltensforschung oder für einzelne ihrer Teilgebiete geben.

Abeelen, J. H. F. van (Hrsg.), The Genetics of Behaviour. North-Holland Publishing Company, Amsterdam-Oxford. 1974.
Alcock, J.: Animal Behavior. An Evolutionary Approach. Sinauer Ass., Sunderland, Massachusetts. 1975.
Bastock, M.: Das Liebeswerben der Tiere. Fischer, Stuttgart. 1969.
Buchholtz, Ch.: Das Lernen bei Tieren. Fischer, Stuttgart. 1973.
Eibl-Eibesfeldt, I.: Grundriß der vergleichenden Verhaltensforschung, 3. Auflage. Piper, München. 1972.
Ewer, R. F.: Ethologie der Säugetiere, Parey, Berlin und Hamburg. 1976.
Ewert, J.-P.: Neuro-Ethologie. Springer, Berlin, Heidelberg, New York. 1976.
Frisch, K. von: Tanzsprache und Orientierung der Bienen. Springer, Berlin und Heidelberg. 1965.
Hinde, R.: Das Verhalten der Tiere, 2 Bände. Suhrkamp, Frankfurt. 1973.
Holst, E. von: Zur Verhaltensphysiologie bei Tieren und Menschen, 2 Bände. Piper, München. 1969 und 1970.
Immelmann, K. (Hrsg.): Verhaltensforschung. Kindler, München. 1974.
– Wörterbuch der Verhaltensforschung. Kindler, München. 1975.
– Einführung in die Verhaltensforschung. Parey, Berlin und Hamburg. 1976.
Jürgens, W. und D. Ploog: Von der Ethologie zur Psychologie. Kindler, München. 1974.
Klopfer, P. H.: Ökologie und Verhalten. Fischer, Stuttgart. 1968.
Lamprecht, J.: Verhalten, 3. Auflage. Herder, Freiburg, Basel und Wien. 1974.
Lorenz, K.: Über tierisches und menschliches Verhalten, 2 Bände. Piper, München. 1965.
Manning, A.: An Introduction to Animal Behaviour, 2. Auflage. Arnold, London. 1972.
Marler, P. R. und W. J. Hamilton: Tierisches Verhalten. BLV-Verlag, München. 1972.
Nicolai, J.: Elternbeziehung und Partnerwahl im Leben der Vögel. Piper, München. 1970.
Pawlow, J. P.: Die bedingten Reflexe. Kindler, München. 1972.
Ploog, D. und P. Gottwald: Verhaltensforschung, Instinkt-Lernen-Hirnfunktion. Urban und Schwarzenberg, München. 1974.
Remane, A.: Sozialleben der Tiere. Fischer, Stuttgart. 1971.
Rensch, B.: Gedächtnis, Begriffsbildung und Planhandlungen bei Tieren. Parey, Berlin und Hamburg. 1973.
Tinbergen, N.: Instinktlehre. Parey, Berlin und Hamburg. 1952.
Wickler, W.: Antworten der Verhaltensforschung. Kösel, München. 1970.
– Stammesgeschichte und Ritualisierung. Piper, München. 1970.
Wickler, W. und U. Seibt: Vergleichende Verhaltensforschung. Hoffmann und Campe, Hamburg. 1973.
Wilson, E. O.: Sociobiology, The New Synthesis. Belknap Press, Cambridge, Massachusetts. 1975.

Sachregister

A

Aggregation 52, 53, 54
Aggression 77, 92
Aggressionshandlung 102
Aggressivität 77, 84, 85, 89, 93, 95
Androgen 192, 193
Angriffsverhalten 125
Appetenzverhalten 63
Artbildung 63
Auslösemechanismus 33
Auslöser 19, 67, 68, 197
–, optische 67
Außenreize 37, 39
Attrappe 88, 95, 97, 98
Attrappenversuche 67

B

Balz 60, 61, 82, 83, 88, 89
Balzhandlung 60, 62
Balzmuster 117
Balzverhalten 63, 83, 88, 93, 113, 114, 115, 116, 117, 119, 120, 122, 174, 181, 184, 191, 197
Begrüßungsbewegungen 198
Berührungsreize 50
Beschwichtigungsverhalten 135
Beuteauslöser 34
Beutefangschlag 36, 37, 38
Beutefangverhalten 33
Beuteflug 67, 70
Bewegungsfolge 9
Bewegungskomponente 32
Bewegungsmuster 1, 49
Bewegungsreize 33
Bewegungsstereotypien 199
Bewegungsweisen 8
Bindungstrieb 198
Biotop 66, 67
Brunst 189
Brunstzyklus 191
Brutpflege 89, 198
Brutpflegeverhalten 96, 139, 165, 166, 177
Brutrhythmus 175

D

Distanzverhalten 197
Dressur 21
Drohhandlung 100
Drohen 84
Drohverhalten 125, 196
Dominanzverhalten 77
Duftmarkier-Verhalten 142

E

Einstellbewegung 34
Eintrageverhalten 141
Embryologie 145
Embryonalverhalten 154
Endhandlung 33, 37, 63, 84
Erbkoordination 33, 34, 36, 37
Erregungsmuster, spezifisches 38

F

Fellpflege 198
Fluchtauslöser 34
Fluchtbewegungen 89
Fluchtverhalten 92
Flug 15
Flugmuster 16
Formensehen 20
Formkonstanz 33
Fortbewegung 8
Fortbewegungsmuster 10
Fortpflanzungsverhalten 83, 93, 136, 173, 197
Fortpflanzungsverhalten, Handlungskette beim 70
Führungsverhalten 102
Funktionskreise 32, 67

G

Gangformel 10, 14
Gefiederpflege 198
Gewöhnung 18, 31, 157, 163
Gesang 79
Geschlechtsdimorphismus 66
Gruppenverhalten 198

H

Handlungen, deplazierte 89
Handlungsbereitschaft 69, 70
Handlungsfolge 33
Handlungskette 69, 113
Harnmarke 196
Hierarchie 77
Hierarchische Rangfolge 57
Hormone 112, 185, 186, 193
Hormonbehandlung 183
Hormonimplantation 40
Hormonsubstitution 193

I

Integration, soziale 155
Intentionshandlung 121
Isolation, sexuelle 63
Isolationsmechanismus 67
Isolationsmechanismen, ethologische 66

K

Kampfflug 67, 68, 70
Kampfhandlungen 100
Kampfverhalten 68, 102, 122, 135, 136
Kaspar-Hauser-Tiere 96
Kastration 180, 181, 184, 192
Kastrieren 188, 193
Kindchenschema 198
Klangspektrogramm 79
Klinotaxis 18
Komforthandlung 121
Konditionierung, operante 157, 159
Kontaktsuche 26
Kontakttiere 197
Kraulen 198

L

Laufmuster 9
Lausen 198
Lautmuster 82

Sachregister

Lernen 157
Lernen durch Einsicht 157
Lernfähigkeit 44
Lernphase 33
Lockgesang 79

M

Magneteffekt 33
Markierung, olfaktorische 196
Markierverhalten 142, 143, 196
Motivation 88
Motivneurone 82
Musterdressur 22

N

Nachfolgeprägung 167, 170, 172
Nachfolgeverhalten 96, 98, 99, 165
Nachlaufreaktion 160
Nestbau 86, 89
Nestbauverhalten 85
Netzbau 47

O

Oestrus 189, 191
Olfaktorische Reize 142
Organisation, soziale 120
Orientierung 16
Orientierungskomponente 32

P

Paarbildung 114
Paarbindungsverhalten 197
Paarungsrufe 109, 110
Paarungsverhalten 58, 61, 62, 66, 88, 119, 136, 137, 194
Periode, kritische 193
Phase, sensible 160, 171
Pheromone 19
Photoklinotaxis 16, 18
Photorezeptor 17, 18
Phototaxis 16, 18
Populationsdichte 54, 74
Prägung 160, 163, 169, 170, 172, 199
–, sexuelle 160, 163
Prägungsapparat 170

R

Rangbezeichnungen 177, 178, 180
Rangfolge 123
–, hierarchische 57
Rangordnung 75, 77, 78, 79, 91, 92, 93, 122, 132, 179, 180, 198, 199
Raumbeziehungen 177, 179
Reaktionsbereitschaft 94
Registriertechnik 4
Reize, olfaktorische 142
Rufaktivität 112
Rufverhalten 107, 108
Revier 55, 66, 67, 73, 74, 78, 85
Revierflug 67, 68, 70
Revierinhaber 84
Reviermarkierung 197
Revierverhalten 58, 196
Reviertyp 67
Rivalengesang 78, 79
Rivalenkampf 77

S

Säugestellungen 198
Saugtrinken 45
Schlüsselreize 165, 167
Schreckreaktion 29
Schrittfolge 10
Schwänzeltänze 23, 24, 25
Schwarmbildungsverhalten 104, 105
Schwarmverhalten 98, 106
Schwellerniedrigung 114
Schwellenwert 67, 69, 70
Sexualhormone 185
Sexualverhalten 75, 77, 78, 117, 136, 137, 138, 181, 183, 184, 187, 190, 192, 193, 194, 197
Sexuelle Isolation 63
Sexuelle Prägung 160, 163
Signale, akustische 79
Signalhandlungen 61
Signalreiz 70, 96
Simultanversuch 95, 98, 99
Skinnerbox 158
Spielverhalten 199
Sonagramm 79
Soziale Integration 155
Sozialverhalten 130
Sukzessivversuch 95, 99
Superposition 33
Stimmentwicklung 145

T

Tagesrevier 67
Tanzsprache 20
Territorialität 73, 74
Territorialverhalten 72, 73, 74, 75, 77, 78, 83
Territorium 73, 74, 78
Testosteron 183
Tragling 198
Triebstau 94
Trinkverhalten 45
Trittformel 10

U

Übersprungshandlung 89
Übersprungverhalten 199

V

Verhalten, aggressives 84, 91, 117, 118, 119, 191, 196
–, agonistisches 92, 100, 132
Verhaltensanalyse 2
Verhaltenseinheiten 4
Verhaltensinventar 6, 7
Verhaltensmuster 4
Verhaltensökologie 72
Verhaltensparameter 1
Verhaltensweisen, aggressive 116
–, deplazierte 83, 86
Verhaltensmuster, angeborene 157
Verhaltensontogenese 199

W

Wandkontakt 26
Werbeflug 67, 71
Werbegesang 79
Werbeverhalten 67, 69, 70

Z

Zeitsinn 25
Zentralnervensystem 81
Zickzacktanz 88